吟遊問俠之

吟遊

遊的精神文化史論

龔鵬程 著

編序

人文的感應，友情的見證

陳曉林

編印這套「龔鵬程學、思、俠、遊特輯」，是由我向一些友人倡議，獲得熱烈回應而成事的。故而這一特輯問世之際，鵬程兄要我略綴數語以誌始末，我當然義不容辭。

鵬程兄是我深為敬重的朋友，就年齒言，尚小我數載，但他在人文學術上之造詣與著述，頗有非我所能企及的境域。更遑論他曾是佛光大學、南華大學的創校校長，及諸多民間著名學院、學會、學刊的創始人或主持者。我對鵬程這些與學術領域相關的煌煌履歷倒沒有什麼高山仰止的感覺，但對他於費心辦學與用世的同時，猶能寫出數量如此龐大、內容如此精湛的著作與論述，委實感佩無已。

在人文學術方面，我與鵬程論學脈則各有師承，論哲思亦各有宗主；但他對儒、釋、道三大主流的疏釋，及融貫三教而扼要詮述的創見，在大關大節處之把握，我率多能欣然認同，甚且歡喜讚嘆，至於若干考證或比勘上的細節，看法或有異同，則無關宏旨。總之，我認為鵬程在人文學術上的論述，其價值自有可大可久者在焉。

而我與鵬程能成為莫逆之交，亦非偶然，實因在一特定的時空情境下，他與我皆面對不測的凶險，卻不約而同表現了「臨大節而不可奪也」的氣概。後來發現，我與他皆從小認同俠義精神，並喜愛俠義傳奇，所以事到臨頭，能夠不畏強權、冷對橫逆，實也不足為奇。嗣後，鵬程和我及兩岸某些喜好俠義理念及武俠文學的朋友創辦中華武俠文學學會，推鵬程為會長，我則在主辦的出版社規畫出版古龍、梁羽生、倪匡、溫瑞安等的武俠經典，以迄於今，自也殊非偶然。

這套特輯的編選出自我的心裁，三教新論，是鵬程多年來對儒釋道三脈經典及相關理念的學術論述，海涵地負，自成一家。吟遊、大俠、武藝、食趣，是鵬程從文化與精神層面呈現古今詩人、文士、俠客的特殊風貌。九州心影，則是他遊歷神州大地的人文記錄，其間涵括論學的篇章、文化的光影，固不待言。

事實上，迄耳順之年，鵬程成稿的書籍早已遠逾百冊，由這十書編成的「學、思、俠、遊」特輯，不過只占其十分之一。但於我而言，這些是我在鵬程著作中特別珍視的篇章，充分凸顯了鵬程的深廣學思、俠義心性和淑世情懷；而這些，正是包括我及一些朋友和鵬程最能深心契合的交集所在。

常有關心的友人問我：你曾以文章述學抒懷，給人留下印象，何以多年未見大論述？我輒答以：在文化思想的大關節、大方向上與龔鵬程相近，他既寫下偌多著作，我便偷懶了。這雖或是戲言，卻真切反映了我對鵬程著作的契合和肯定。

此次和我一起出資集印這套特輯的友人，包括張正、黃滈權、吳安安、林鍾朝銓、龔明湘、古凌等位，皆是我引介給鵬程認識的朋友，且皆非人文學界中人（張正為陽明交大生技學院前院長，亦非人文學界）；他們與鵬程一見如故，多年來有機會便相聚暢敘，如平生歡。鵬程雖學養深厚，然為性情中人，與我們這些朋友尤其意氣相投，每聚皆開懷忘憂。他們一聽我有此倡議，皆熱烈回應，認為這套書可作為一個紀念，見證彼此友誼長在，文化價值長存。

自大陸經濟起飛後，常見內地一些具人文情懷的企業家基於對中華文化的認同，熱心拾穗蒐珍，捐資為在台灣漸被遺忘的文史大師們印行全集；而我確信，未來必有識貨之人會隆重編印鵬程的上百冊全集，當成重要文化典籍，垂諸久遠。然而鵬程畢竟是出身台灣的學者，是我們的好友，故此時推出這套特輯，誠然也不無微衷，意在彰示於所謂去中國化的狂潮下，台灣仍有對人文理念和實踐念茲在茲的明眼人也。

寫至此，忽憶起唐朝詩人韋應物的「喜會故人」五律，遂略易數字，藉以表達身邊這些俠氣朋友的情誼：

兩岸曾為客，相逢每醉還。
浮雲一別後，流水數年間。
歡笑情如舊，蕭疏鬢已斑。
何因不歸去？海上望空山。

自序

定光古佛今又來

龔鵬程

一、羊頭燉之已爛，挑燈說劍未央

晚清楊守敬以書名天下，友朋來往，筆札亦多妙趣。如梁鼎芬一短簡云：「燉羊頭已爛，不攜小真書手卷來，不得吃也。」詩人周棄子先生外祖母就是楊氏女兒，故後來看見此柬，不禁感歎「承平文宴，脯醊風流。神往前賢，心傷世變，不止妙墨劫灰之可為太息也！」

周棄公之嘆，當然與他們那一輩師友棄其鄉里、流散入台有關。但當年楊守敬、梁鼎芬等人的詩酒文墨之樂，台灣未必不能繼承。棄公自己在東坡生日時與友人劇談，便曾說：「清班台省夙迴翔，載酒江湖亦敢狂。直以友朋為性命，豈因才略掩文章……」。

當時他們一批輾轉入台的學仕文人，迴翔於故土和島嶼，歌哭於清班和江湖，正如此詩所云。大難之後，友朋尤親。我和陳曉林兄即在此時，因緣際會，輒與作歡，羊頭燉之已爛，挑燈說劍未央。

後來少年子弟江湖老，前輩師友漸漸消散，幸而陪著我們的共樂同袍卻始終不曾離去。

從前孫悟空怕闖禍，連累了師父，所以起誓說「絕不敢提起師父，只說是我自家會的便罷！」希臘赫拉克利特（Heraclitus）也說自己不是誰的學生，辯證法皆出於自己的探討。

我非老孫，豈敢說此違心之語？我的本領，都憑師友。早期的，是前文所述周棄公一類人，後來仰賴同行同業則愈來愈多。相信許多人也是如此。

但道遠而歧、術用而紛，靠知識專業或職業維繫下來的友誼，往往經不起消磨，因為人事變遷，知識專業和職業也隨之屢變。所以我還需要另一群非親、非故、非同鄉、非同行、非同業、也無任何利益交換的朋友。

不必噓寒問暖，不必引經據典，也不用家長里短，更不須以國破家亡、新愁舊怨來藉口。我鴻飛冥冥，他們也天南地北，擔簦異路，事業各別，彼此不能長聚。但想到王維形容古遊俠：「新豐美酒斗十千，咸陽遊俠多少年。相逢意氣為君飲，繫馬高樓垂柳邊」，或李白高歌「天生我材必有用，千金散盡還復來。烹羊宰牛且為樂，會須一飲三百杯」時，我馬上就會遇到他們了。

我是靠曉林兄跟他們聚起來的，非儒非墨，蓋近於俠乎？飲於山巔水涯，必以缺一人為憾。

今年我將返台，曉林說疫後久不見矣，應大集慶祝以補憾。乃輯編了我論儒道佛三教、論遊、論俠、論武、論飲食，以及在大陸十年間的遊記，合為十本，諸友贊助，共為紀念。

二、定光古佛今又來

我的感動是不消說的。但在此刻，正猶豫著，欲說感謝之辭還是休說為好呢，忽然想起從前恰好日本有位和尚就叫一休。

一休出身本也高貴，父親是後小松天皇，母親是藤原照子。可惜父母不合，照子逃出宮廷，生下了他。所以一休之名，意思大約同於「也罷」。

也罷之人，行止不免狂亂，狎妓縱酒，無所不為。「夜夜鴛鴦禪榻被，風流私語一身閑」「美人雲雨愛河深，樓子老禪樓上吟」。本應為名教所訶，不料竟暴得大名。晚年自稱「忍辱仙人常不經，菩提果滿已圓成。拔無因果任孤陋，一個盲人引眾盲」，也不知是自詡還是自傷。

我曾看過一休自己寫的「一個盲人引眾盲」書法條幅，拍賣價格三十八萬八。

其實此語是用典，早期丹霞天然、大慧宗杲等禪師都說過這等話。

大慧宗杲尤其是臨濟宗楊岐派高僧，與富季申，張九成等友善，積極參政。秦檜恐其議己，竟褫奪他僧籍，刺配衡陽。不料入城前夕「太守及市民皆夢定光佛入城，明日杲至」。所以百姓赴從者萬餘人，都說是定光佛降世。

一休寫這句詩，雖謙稱自己只是一盲導引眾盲，但心中不會沒有大慧宗杲這段故事，也不會不知道佛教自家的忍辱仙人故事。

我們學者文人，大抵皆如一休，乃時代之棄嬰。或苟全性命於亂世、或詩酒婦人以自晦、或議政干時以賈禍、或膺淡泊寧靜之空名、或蒙盲以導盲之譏誚，誰能僥倖有定光古佛之譽望哉？

詩曰：我亦定光佛，曾燃七寶燈，煮字三千萬，塊然土木僧。感激唯舊友，冰膡曾偕登，又觀雲中道，稽首謝鯤鵬。

三、莽蒼歲月，大海洄瀾

回首當年，我還年輕時，時代倒真是站在我們這邊的。梁啟超《少年中國說》曾經講得豪氣干雲：「今日之責任，不在他人，而全在我少年。少年智則國智，少年富則國富；少年強則國強，少年獨立則國獨立……」。

大概那時民國肇建，少年中國遂給了少年無窮底氣，故歌聲嘹亮若此。隨後毛澤東、方東美、王光祈都參加了的「少年中國學會」顯然即繼其風而起者，五四運動期間的北大「新青年」也是，但少年很快就成青年了。

青年都做了些什麼？壯烈者，如十萬青年十萬軍；陷於盲動者，如學潮不斷，趕老師、趕校長；到台灣以後，馮滬祥雖然還在寫著《青年與國運》，青年其實已對國運無從措手。

不只台灣如此。年輕的美國，才剛剛以年輕氣盛自誇，看不起老大腐朽的中國和英國；卻很快，二十世紀五十年代，青年就成了垮掉的一代（或稱疲憊的一代，Beat Generation）；然後是性解放、搖滾樂、衣衫襤褸、反戰和躺平。青年成了國家的對立面。

台灣不是美國，青年的氣焰張揚不起來，學潮都壓住了，時代也不一樣。一九四九年大批中壯老年學者來台，「新青年」只成為期待，老專家和中壯學者文化人才是主力。

張其昀、錢穆、唐君毅、牟宗三等在辦學；臺靜農、魏建功、洪炎秋、何欣等在台大、國語日報社；林尹、魯實先在師大；故宮、中研院、中央圖書館也是大老雲集。出版界，如王雲五的商務、劉國瑞的學生書局、劉紹唐的《傳記文學》等等更是。台灣及港澳新馬緬越各地不願附從紅旗之青年，乃亦因緣際會，群聚於此。

青年得前輩調護引導，甚或可以詩酒相從，無疑是幸運的。那些年，雖然李敖一直悻悻然喊著老人應該交棒，可實際上老輩愛才、獎掖青年，佳話頗多。

那時，美國流行大師為青年開設大一通識課程，台灣也頗從風。像我大一參加國學營，方東美先生居然親臨授課，大氣磅礴、渾淪浩瀚，令人難忘。

台北以外地區，隱士素儒，教化一方者也不罕見。友人王財貴，於師專畢業後去鄉間實習，聽聞當地有掌牧民先生，常指導鄉人讀書。財貴好奇，也跟著去看看。掌先生一問才知，除教科書外他並沒讀過任何古籍，於是才教他讀經之法。如今財貴在大陸推動兒童讀經，成果斐然，皆掌先生之賜也。

我最近在花蓮，地方人士也常與我談到當年老儒駱香林成立說頑精舍、奇萊吟社，編《洄瀾同人集》的事。花蓮青年受其裁成鼓舞者甚多。近年風氣澆薄，一說起五六十年代，好似白色恐怖之外，這些激揚文運、少長咸集的事都不值一提了。我對此，是深不以為然的。

四、出入三教，以實濟虛

當然，論斷老蔣在台功過，非我小文所能為。但相對於大陸之文化大革命、破四舊，老蔣主推的中華文化復興運動，無論如何，都是裨益千秋的大事，我自己亦深獲其益。

首先是潘重規、周何先生等所編語文課本，加上以四書為主的「中國文化基本教材」，對於國人之文化教養，植基甚厚。大陸至今引進、仿擬不斷，便足以見其價值。

我父立逑公，江西吉安（**古名盧陵**）人。鄉邦素以「文章節義」自許，崇拜歐陽修、文天祥。明正德年間，盧陵知縣王陽明又在當地青原山講學，嘉靖年間且在六祖惠能弟子行思的道場（**淨居寺**）旁創青原會館，並於附近安福、泰和、永豐、吉水、新建、南城等地廣設書院。一時人才稱勝，故黃宗羲說：「姚江之學，惟江右為得其傳。」

我生長雖在台灣，但盧陵父老很早就教會我歐陽文章、文山節義、陽明心學了。入學後，對於國語文課程植本立基之教自然也就少習若天成。

學校對我很滿意，要不就勸我跳級，不必浪費時間；要不就鼓勵我自學，免得在校淘氣；要不則留著我，派去各種國語文競賽（**作文、閱讀、朗誦、演講、書法**）得獎。我則樂於以此為保護傘，可以雖在校而嬉遊浪蕩為俠客行。老師輩憫其憨直，看了也只是笑笑。

其實那時已漸入魔道，不只是行為上練武、鬥狠、打架、爭地盤，更是從台灣武術秘笈漸漸搜羅到了香港《當代武壇》之類；從神打，進而講求神術神方如《秘術一千種》、《萬法歸宗》之類江湖術士的奇門道法，續命、起魂、入陰、養鬼、圓光、降神、修禪等等，差點還要去台北南懷瑾的十方叢林。

我家世傳之學，本來瞧不起這類江湖道術。伯父乾升公出身國立中正大學，可算新派知識份子。離開大陸時，與六十三代天師張恩溥大真人在韶關相遇，一時莫逆，竟爾結拜入台。天師後來主持政府冊封之嗣漢天師府，伯父翊贊甚力，而道法本諸易學易圖，從不講怪力亂神。即使後來以風水揚名，所用亦不過江西楊救貧、賴布衣之法。堂兄龔群後來輔佐天師多年，以符法精湛見稱，但大抵也是如此。

所以這時隱然覺得不妙，武人李小龍又猝死了，我則考上了大學，改弦更張，正當其時。乃下定決心由正道上去探微掘隱，闡發儒、道、佛的奧秘。

除了努力聽講，還要氾濫群書，充分利用淡江大學舊藏。其次是擔心遊騎散漫無歸，每年都要自訂功課，寫成稿本。大一是註解《莊子》，大二寫《謝宣城詩研究》，大三是《古學微論》，總說儒、道、名、法、墨、與陰陽，大四又寫了《近代詩家與詩派》。一年義理考據、一年詞章，交替而行。

五十年來，總是如此，縱橫求索，文學史、思想史、文化史、藝術史、社會史，什麼論題都要研究。每年不少於七十萬字，不徐不急，盈科而後進。

思想當然逐年遞有進境，範圍也愈來愈為廣袤，精勤博大，學界少有其比。古人常惋惜才子多半沒學問，因為揮灑其才即足以驚世了。享此才名，就懶得在書卷裡打熬氣力。這是才子的虛名和危險，所以我要下滿堅實工夫，不敢懈怠。

五、遊者不拘墟、百家不通竅

「我用我自己的流浪，換一個在你心裡放馬的地方，像那遊牧的人們一樣，把寂寞憂傷都奔到天上。」

讀書人何嘗不如此？他們雖只在書齋裡坐破蒲團，四體不勤、五穀不分；可總是自以為在書中流浪，尋找適合墾牧的地方。而學者思想流浪之處，也希望能成讀者心裡放馬馳騁的草原。

可是，流浪的歌者並不曉得學者所謂浪跡、放馬只是飾詞。守著地盤的專家哪需博學？田連阡陌，就耕不過來了，更何須草原連天？糊口學林，亦不能如孔子「博學而無所成名」，或如老子之為博大真人，只須簡單扼要、旗幟鮮明，便於品牌行銷即可。

此等專家，莊子就不滿了：「天下大亂，賢聖不明，道德不一。天下多得一察焉以自好。譬如耳目鼻口，皆有所明，不能相通。猶百家眾技也，皆有所長，時有所用。雖然，不該不遍，一曲之士也。判天地之美，析萬物之理，察古人之全。寡能備於天地之美，稱神明之容。是故內聖外王之道，暗而不明，鬱而不發，天下之人各為其所欲焉以自為方。」

我當年既註莊子，自然就不肯再做一曲之士，想要博通載籍，「判天地之美，析萬物之理，察古人之全」。內聖外王，能到不能到，不曉得，但立志當然如此。

我如此博、大、高、遠，迥異於一般學人，源頭雖皆本於孔子；入機，也就是方法和方法論卻無疑來自莊子。我自稱能「以逍遙遊為養生主」，當然也是從莊子那兒學來。

無論莊子孔子，所說道術當然沒能包括後世佛教道教，但論析判查他們的方法，我覺得可與研究古代道術一以貫之，也要通、博、美、備，不受某宗某派某時代之限。像道教，我傳承的是正一，但全真、金丹南北東西中也都講，辦「中華道教學院」時，於符籙、練養、文獻、科儀等更沒少傳授。佛教，我生長台中市，最盛的是李炳南居士的蓮社，但我沒參加，研究佛教仍從般若學六家七宗開始，空有雙輪，加上唯識和禪宗，原原本本。

後來我把這些三教論衡的文章稱為新論、新思、新解。是因為「三教講論」形成制度，是在唐高祖時期。每年祭孔後，邀請儒學祭酒、道教大法師、佛教大和尚一齊商兌義理。可是此等論辯，成果有限，甚至增添了誤解和火氣，原因在於沒一個人真能同時懂三教，所以爭來辯去，不免出主入奴、雞同鴨講，唯我乃期一洗舊觀，再開新局。

換言之，傳統整齊貫通了，自然就能脈絡井井，洞明諸家聚訟之癥結，並打開新思想的空間。

六、遊居四野，以義合天

想這樣，不只須要博極群書，也得遊半天下（這次特輯中《時光倒影》、《龍行於野》、《遊必有方》即是我一部分遊記）。

因爲學與遊不是一般人說「讀萬卷書，行萬里路」的分列關係。《論語》第一句話「學而時習之」就強調學本身就該時時練習熟習。朱子解習字為「鳥數飛也」。可見學本來就有實踐性，人不斷學，猶如鳥不斷飛。《莊子．逍遙遊》開頭大鵬小鳥那一大段，即是從《論語》這兒化出。

遊即是學，學在遊中，故孔子「從心所欲，不踰矩」，就是消遙遊，學與遊是二而一的。學，依文獻、耳目見聞和思慮省查；遊就加上了貼地的人類學、鄉土志工夫，以及遊屐中偶得的機緣。

機緣屬於天，不可能以計劃、調查得之，而要靠我的性氣、人緣，「以人合天」庶幾得之。所謂性氣、人緣等說不清楚的條件，古人常統稱為俠氣。俠，很難從階級屬性、行為類型或是非善惡去辨認，但其共同點是「俠」，其人皆有俠氣，能聚眾。聚眾當然也可憑權、錢、勢，但涉及俠和遊，卻還有個「義」的性質需要考量。

義是什麼？我有次說自己寫書，有點俠義心腸。古詩《獨漉篇》云：「雄劍掛壁，時時龍鳴。不斷犀象，繡澀苔生。」在我看，中國文化現今就彷彿這柄原是神兵利器，可以斬犀斷象的寶劍，無端遭了冷落，瑟縮在牆角裡生苔長蘚。美人落難、明珠蒙塵，皆是世上大不堪之事，我遂深懷出而搭救之心。

這不就是義嗎？見義勇為，義不帝秦，義憤填膺，路見不平、拔刀相助……說的都是這個。而這種義，有美國羅爾斯《正義論》或我國一般政治社會學者如陳喬見《義的譜系：中國古代的正義與公共傳統》之類所不能含括者，即是俠的精神。

俠有不軌於正義者，但正義不彰，俠者恥之，俠又是人間正義的持守者。凡事有可為、當為、不能不為，則俠客出焉，不出不足以為俠。學者的毛病，是書卷氣太重而人氣多半不足，所以要張天義、行俠道以振作之。這次特輯中《吟遊：遊的精神文化史論》、《大俠：俠的精神文化史論》、《武藝：俠的武術功法叢談》，即是例證。

七、集思，也集喜怒哀樂

我如此學、如此思、如此俠遊不已，當然成書數百種、交友無量數。此中是要有真正實踐工夫的，如人飲水。書要寫、酒要喝，一字一思，千折百轉，不是昏沉懵懂即可花開見佛。一人一緣，覿面相親，不是僅有「人類」、「人民」、「同胞」、「民主」等大詞就能歃血心傾。

歷年同學、同事，與我一同闖蕩社會，辦報、辦學、辦雜誌、辦活動之同懷友生，乃因此幾乎人人皆有可憶之處。

其中最特別的，當然是與這套書直接相關的陳曉林、吳安安、黃湋權、龔明湘、古凌、林鍾朝銓、張正諸位。曉林與我，文字骨肉，俠情尤為我所敬重。擅張鐵網之珊瑚，收輯神州欲散之文心；心光無量，又能傳將盡未盡之燈。黑白有集，宗風不替。他和安安、湋權等時日相聚，輒常邀我，或竟與我同其沆瀣。如我遠去新疆特克斯辦周易大會武林大會，他們也鷹揚草原，隨至雪山；明湘號召於台灣東北角觀海嘗鮮，我等亦簇湧而聚……，實踐並體驗著我這特輯中《食趣：飲饌叢談》的趣味。此時，定光佛亦跳牆過來矣！

孔子說詩可以興、可以觀、可以群，可以怨。友道裹人，未嘗不能如詩。故我的學、思、俠、遊，朋友們也最能欣賞。現在大家一起玩玩，把它印出來，也為時代添些光彩罷！

壬寅虎兒年，龔鵬程寫於泰山、倫敦、花蓮旅次

弁言

遊的課題

龔鵬程

一九九五年北京大學哲學系召開展望二十一世紀中國哲學與文化發展研討會，主題是「中國哲學如何現代化」，邀我與會。

我在奉命撰稿時，重新覃思了這個問題，覺得無論是就哲學這門學科的內涵與外涵之認定，或由我們討論哲學的方法等各方面看，中國哲學研究之現代化，可說基本上早已完成了。目前已不會再有人用傳統的表述語言、思維工具來討論「哲學」了。談哲學的人，對於中西方哲學，並不視為不同之兩種東西，而覺得它們都是「哲學」，也都可以用同樣的表述方法、思維方式、關心方向去要求它。

許多人把西力東漸，中國人開始接觸並學習西洋哲學思想的情形，模擬為魏晉南北朝時期佛教之傳入中國；並認為目前的主要課題，應在於「譯經」、應在於有系統地介紹西學、應在於消化之。但實際上，現在的情況與佛教傳入中國之際是不同的。佛教進入中國時，中國人對佛教無知，故以其所知之儒道思想去知之。此稱為「格義」。現在卻是對中國哲學一無所知，故用已知（**西方哲學**）來說明未知（**中國哲學**）。這種情形，與「格義」完全一樣，但掉轉了一個方向。

目前我們所說的「哲學」也者，根據我們目前對西方的一般瞭解，是指涉知識與理性思維的，而此思維又指向普遍存有。所以哲學並非普通的、一般的思想，只有針對事物之本質的探討才會被視為哲學。如亞里斯多德對形上學的定義，一般即被當作「哲學」之定義，他說：「有一類科學，它研究物之為物（being as being），及什麼屬於物之本身。這門科學與所謂的專門科學不同，因為在專門科學中，無探究普遍的物、探究物之為物者，而是從物中分割出一部分來，看其有何屬，就如數學中所做的。但是，我們既然是在追究起源和基本原因，很顯然這些原因一定有個特別性質」（見《形上學》卷四）。據其說，哲學不是討論某一種對象物，如數學、文學等專門科學那樣；而是討論普遍，以說明事物存在之本質，是所謂物之所以為物的學問。討論的方法，則是視之為客觀對象而思維之。故黑格爾說，思想必須「從自然事物裡擺脫出來，並且必須從感性直觀裡超拔出來」。

我們接受了這樣的「哲學」觀，因此雖然黑格爾認定中國並無哲學，我們仍然覺得哲學是研究物之為物以為物的學問，故積極去搜尋材料，建構中國哲學史。討論中國人如何思維普遍存有、如何建立客觀的知識。如此建構起來的中國哲學史，探討的主要當然就是古人如何思考「道」、思考「人之所以為人」的部分，亦即存有論與人性論。或此外雖亦有思想，多遭擯斥，故劉勰的《滅惑論》可能會被當作哲學來討論，其《文心雕龍》則不會被納入哲學史中。

哲學只探討存有與人性，又被認為只能涉及客觀之思辯言論；感性直觀以及體驗的資料，遂多半不予討論了。因此，我們所建構的，是老子莊子的知識「論」、存有「論」。對於孔、孟、朱、陸的學問，只能談它們關於天、道、性、理、心、仁的部分，觀察他們如何「思考」這些而建立其客觀知識。不僅摒略其整理文獻、詠歌應對，多能鄙事等部分，亦不甚討論其體道修養或感性生活。

結果，便是我們對於中國哲學，有了許多關於道、氣、性、理、仁、心的抽象概念，明白了中國人思考這些普遍者時，觀念與觀念的連結是在什麼樣的具體生活場域中浮顯出來的，也不明白這些觀念與具體的人文活動有何關聯。以致哲學研究只是抹去時空的概念編織，用沒有時空性的知識框架去討論活生生的歷史人文思想活動。研讀中國哲學的學者與學生，也往往成了擅長運用邏輯與概念、配擬西方哲學術語及理論，以「重建」中國哲學之理論體系的人。

可是他們經常是概念甚多而常識甚少。因為哲學研究固然與思想史不同，重在理論本身，而不甚關切理論發生的原因及歷史境遇。但由於西洋人本身活在其文化存處的社會中，對其中許多觀念和理論已有具體的、生活性的理解，故不妨超跡存神，尋探事物之上的絕對、普遍與本質。中國歷史與文化，對他們來說，經五四運動以降長時期之社會變遷，至今已成為未知。驟然捨棄思想史層面的研究，哲學探討即恐不免陷入喪失歷史性、遺忘具體生活場域的危險之中。若哲學研究又排棄了一切文學、藝術、宗教、政治、社會等人文活動之連結，忽略了在中國「哲」人的生命與思維之中，這些東西本來應是有機的整體，而孤立、抽象地討論理、氣、性、命等觀念，則這種危險便將更為顯著。

在方法上，又因視哲學為客觀思辨之學，則許多並非由理性思維而得的東西，亦不被視為哲學。但中國人做學問，事實上常是理事合一的，情理亦輒交融。這些若在哲學定義中被排斥掉了，對於理解中國文化，當然也是不利的。

面對這樣的窘境，我當時認為只有當我們也能像西方哲學那樣，由其古代及中古哲學中不斷發展出新的哲學理論與學派，不斷對其傳統做反芻與反省；然後，以傳統的或新發展出來的理論、思致、方向、形態為「已知」，去觀看西方，發展我們對世界的解釋。一如西方哲學家以其傳統的或新發展出來的觀念及方法，來解釋世界那樣，東西兩方才能共同結構形成為一個對話的情境。否則，即只不過是一方發聲，一方聽受、學習而已。

所以，中國哲學在現代的道路，就在於切實反省現代化，老老實實「歸而自求」，好好清理中國的學術傳統，勿徒以他人之眼光視己，亦不當徒慚形穢，認定老幹無法在現代開花，非得接枝或變種不可。如此方能使「中國哲學」在現代社會重新出發。

我的呼籲，人微言輕，一時之間當然不會有什麼反響，只好由我自己開始老老實實歸而自求，好好清理清理中國的學術傳統。一九九六年寫《遊的精神文化史論》，一九九七年寫《文化美學綜論》，都屬於這類工作。再勘經史，說明中國人一些觀念是在什麼具體生活場域中生長出來的，它又如何與具體的人文活動相關聯。

六〇年代，當代新儒家大師牟宗三先生曾有開展「生命的學問」的宏願，我這些工作，則有由生命的學問再發展到「生活的學問」的企圖。注重歷史性、注重具體生活場域，與西方胡塞爾、海德格爾等人由科學、語意、邏輯轉而關注日常生活世界，自認為也有一些相類似、相呼應或足以比觀之處。

本書討論的，是「遊」這個觀念。從各個角度、用各種方式，來說明遊這個觀念是在什麼具體生活場域中生長出來，它又如何與具體的人文活動相關。在我的描述中，遊不只是一個抽象的概念，也不是一個客觀的思辨物，它體現於遊戲、遊旅、遊藝、遊心、遊觀、遊學、遊仙等各種活動中，也與社會上的遊民、遊士、遊俠、流氓、遊唱等等人士有關。

這樣的描述，當然會與一般對中國歷史與社會的印象頗為不同。過去，我們老是喜歡把中國描繪成一座大農莊，它是黏著於鄉土的，人與人的關係是凝定的，勤儉勞作即其日常生活，安土重遷即為其人生態度，故精神上趨於保守，傷離別、嗟淪謫、哀流亡、歎遷貶，而自安於其以禮俗宗法維繫之田園鄉土社會。但是，我們忘了，我們也有逍遙遊的精神，也有四海為家、優遊槃樂的那一面。中國古代也不是一個凝固穩定的鄉土社會，而是充滿了各類遊人流民以及遊之活動的世界。這些遊人及遊的活動，顯示了中國文化中非常豐富的精神狀態；居者與遊者之間的辯證關係，則更是值得深入探索的課題。我這本書，就是想把遊的精神文化這一面呈豁出來。

我的人格與精神狀態本近於遊者。莊子〈逍遙遊〉一文正是我治學入機之處。其後從遊於師友之門，戰浴於學問之海，論遊俠、好嬉遊、同情政治社會文化上的流亡流浪者，都使得我對遊之精神文化史的討論，有些自我辯護的意味。我當然不否認我研究遊的問題，本來就是為著要了解自己甚或說明自己。但我也覺得：正因為我是遊者，所以才能洞察中國歷史上複雜的遊的現象，才能掌握遊的精神狀態。所以主觀活動之中，即顯露著客觀的意義。這層客觀意義，則有意顛覆歷來對中國文化史、思想史、社會史的解釋，打破舊的理解模型，調整我們對中國文化理解的進路以及對其內涵的認知。

本書曾因北大中文系陳平原先生的協助，由河北教育出版社印行。現增補若干材料，再刊台灣版，請關心中國文化的朋友們指教。

吟遊問俠之

吟遊

遊的精神文化史論

目錄

目錄

第一章　引論：鄉土中國？

一、社會現象的理解

中國社會學的先驅者之一，費孝通先生，在民國三十四年寫過一冊《鄉土中國》，三十七年又出版了《鄉土重建》，試圖從社會的結構型態來分析中國的鄉村。這原本是他講授「鄉村社會學」時所發展出來的講稿及意見，不料他在這兩本書中所描述的中國農村社會結構，卻成為邇後社會學界在分析中國文化特性時所常用的模型。

據費孝通的研究，中國農村與西洋社會有型態上的不同。例如中國農村社會是一種並無具體目的，僅因大家在一起生長而發生的社會，可稱為「有機的團結」，所以是一種「禮俗社會」。在這個社會中，人民很少遷徙移動，世代住在一塊土地上，附近全是生活在同一環境中的熟人與親戚，因此一切靠的不是法律，而是熟習所形成的禮俗。西洋社會則不然，它主要是一種為了完成某任務而結合的社會，故須要契約、須要法律，屬於「機械的團結」，可稱為

「法理社會」。

順著這種對比區分，我們就可以看到中國農村社會是靠著禮俗來構成秩序的長老統治型態，強調人治、重視血緣與地緣關係，由血緣地緣之親疏遠近來構成人與人的親疏判斷。因此中國農村基本上是種「差序格局」，以自己為中心，一圈圈推出去。反之，西洋社會是法理社會，人群以某些任務而組合，形成一個個團體。團體即其社會之單位，團體中人與團體外的人，分得很清楚，故為一種「團體格局」。

由於費先生的對比研究十分醒豁，文字又清新暢達，致使其差序格局、鄉土社會、長老統治、禮俗秩序等術語及概念大為流行。他對中國社會的定性分析，也成為這幾十年來討論中國社會及傳統文化者的基本常識和許多論述的起點，影響異常深遠。或者說，費先生對中國社會的描述，符合了大多數人對中國的印象。例如說中國是個農業文明，中國人鄉土觀念濃厚、不輕易離鄉，而且家族關係深厚、尊重家族中長幼人倫秩序、家長族老的權威比較大……等等。

費先生的研究，乃是把這些一般人的通俗印象，以學術研究的架構和一些社會學術語予以表述出來罷了。所以提出來以後，立刻獲得認同，廣為學界所援用。而且並不只社會學界引用其說，凡討論中國社會性質及中國傳統文化特性者，大抵都在基本論述框架上，運用了他的這些講法。

以林安梧先生近年一系列企圖為中國文化「解咒」的研究來看，就可知道費先生之說影響之深，已到了匪夷所思的地步。

林氏在論中國文化傳統中的「血緣性縱貫軸」時，整篇論文十四個附注，除引了一句《三字經》、一句《論語》、一句《孟子》之外，只參考過兩個人的著作，一是他自己，另一位就是費孝通。而且這種參考並非枝節式的引用或借徑，乃是整體性的。他完全接受了費孝通對中國社會的分析，說道：

漢文化的族群構造方式，這「血緣」的方式，不只有「血」性，更重要的是有「土」性，因為這「土」性，而有其「根」性，也因而有其「德」性。漢文化自古即有「安土重遷」、「祖德綿綿」之說。這「安土重遷」與「祖德綿綿」看起來分而為二，其實它們是一體的。之所以會有「祖德綿綿」則因為「小農精耕經濟」所致。這麼一來，我們可以說「血性」、「德性」都建立在「土性」之上的。費孝通在所著《鄉土中國》裡就說「從基層上看去，中國社會是鄉土性的」。這說的很有道理。

從文字上面，他這段話，只不過是接受費孝通「中國社會是鄉土性」的論斷。其實不！他整套觀念都是費孝通的。《鄉土中國・血緣與地緣》中曾說：

在穩定的社會中，地緣不過是血緣的投影，不分離的。生於斯，死於斯。把人和地的因緣固定了。生也就是血，決定了他的地。世代間人口的繁殖，像一個根上長出的樹苗，在地域上靠近在一夥。地域上的靠近，可說是血緣上親疏的一種反映。區位是社會化了的空間……空間本身是混然的，但是我們卻用了血緣的座標把空間畫分了方向和位置。

林安梧把血與土聯在一塊。且認為：「不是以土地為主，而是以其血緣統緒到這土地上做主。血緣與土地，血緣優先、土地其次。或者我們可以說：『血緣土地化，而有了根性；土地血緣化，而有了血性』。」云云，不就是費孝通所說的翻版嗎？「血緣性縱貫軸」的講法，不也就是由費氏「血緣座標說」來的嗎？

如此說來，難道從費孝通到林安梧，五十年間學術研究便無進步啦？那倒也不然。林安梧論中國社會具土根性、人民皆聚村而居、居此村多半為一宗族，均用費孝通說。但由此接著說因中國人皆如此依血緣性自然連結而生活，故發展出一種內聚關係，重視人與人之間的氣之感通；而且，因強調人與人之間的存在道德真實感，以致血緣性自然連結和人格性道德連結相滲透，形成道的感通性云云，則是費氏所未曾提到過的。

也就是說，把血、土性、德性合在一起講，是林安梧的貢獻。但為何氣的感通，又同時即具有道德的感通性？為何可以用氣的感通來解說怵惕惻隱之仁，實在難以令吾人明瞭。且加上了這個有關德性的解說，其實亦僅是對費孝通所云「中國鄉土社會乃一禮俗社會」的另一種說明。所以從大架構看，其說仍是費孝通鄉土中國論的翻版或借屍還魂。

依此架構看中國社會，乃是「鄉土社會——禮俗社會——家法社會」三位一體的。對於這樣的社會，費孝通希望予以改善。例如鄉土社會中人與人憑熟悉感與禮俗辦事，不需要文字，現在則須讓鄉村教育普及、鼓勵知識分子下鄉。林安梧則希望一面藉此辨明中國社會是如何地與那「經言說而論定之西洋契約法理社會」不同，一面想如何「調適而上遂」，解開中國封建帝制、宗法道德的魔咒。兩者目的不同，但對中國社會的認定卻是一樣。

類似林安梧這樣，深受費孝通影響的中國社會文化論者，其實不可勝數。舉林氏為例，只因他是我的老友，且其論述發表的時間最近而已。

但接受費氏學說的學者，包括林安梧在內，都沒有注意到這整個論述中間有個要命的錯誤：「鄉土社會」只是費孝通在講授鄉村社會學時，針對中國農村的分析，因此他說的只是中國「農村社會」的基本性質，不是中國「社會」的基本性質。

費孝通在《鄉土重建》最後一篇〈對於各家批評的總答覆〉中已特別聲明：

> 因為我的知識偏重在鄉村方面，所以我看一個問題時也不免從這方面入手。

又說：

> 我多年來研究的對象是中國的鄉村。鄉村只是整個中國社會的一部分，我從部分的認識中得來的看法，自不免亦有所偏。這一點是讀者必須先知道的。我明白如果不瞭解鄉村以外各種性質的社區，很容易像瞎子把象形容成四個大柱子。

這裡明確地說道：只從鄉村來分析中國，是一偏之見；唯因自己受知識所限，故僅能從這個角度來分析，希望讀者特別留意。事實上，在寫《鄉土重建》時，他已開始對鄉村之外的城市社區進行初步探索了，後期他的研究也越來越重視城鄉關係。但很不幸的是：他的讀者顯然未注意聽他的警告，竟把他對中國鄉村性質的描述，視為是對中國整個社會的說明，抱著大腿說是大象，且說大象就如四根大柱子。

不但如此，後來沿用費孝通學說的人，也沒考慮到：費氏所進行的是社會學式的調查，調查的是抗戰前期大陸某些鄉村的情況。這些民國時期的鄉村現象，是否能挪來做為歷史面的分析佐證，說明中國古代周秦漢唐宋元明清的社會性質，甚或文化性質？要這樣做，只有一個辦法，那就是進行「去歷史化」。假設中國社會是不變動的，民國時之農村，即為先秦之農村。如此才能逕以孔子墨子之言語來解釋中國家庭中的群己關係。

費氏本人即曾因此而把中國農村界定為一種「歷世不移」也「不變」的凝固型社會。後繼者更是完全忽略了此種做法與說法在方法學上的謬誤，未發現那種凝固不動的「歷世不遷」社會根本不可能存在、根本是基於去歷史化之需要而被製造出來的（**是把中國社會視為歷代不變的那種方法，讓我們看見了歷代不變的社會**），實在也可說是缺乏方法學的警覺。

此外，費氏在描述此種社會時，用以對比的所謂西方社會，難道又真是西方歷史上的社會狀態嗎？他為什麼不用西洋上古貴族奴隸社會或中古莊園社會來和中國農村相比較呢？在那樣的社會中，所謂西方「法理社會」、「契約社會」又安在哉？顯然，費氏在那兒，也是去歷史化的，把西方近世工業革命後的社會性質，當做西方社會的一般狀況，而拿來跟中國農村相比較。

如此衡量，在某種意義上說，正是「傳統／現代」、「中／西」比較的變型，用以扭轉改變中國當時之現況，促進中國的現代化而已。費孝通在這兒，用了「血緣↓地緣」、「身分

↓契約」、「欲望↓需要」等區分傳統社會與現代社會的術語，且區分之中即表明了進程。強烈主張中國應走脫此種鄉土傳統社會型態，朝向新工業富裕經濟時代邁進。後者因襲了這種意識型態，也套用著現代化論述，故亦不免把中國界定為「封建專制」，以相對於「民主法制」；為「宗法倫理」，以相對於「鄰人契約倫理」；為「農業鄉土社會」，以相對於「工商社會」，而希望打破那各種封建、宗法之宰制云云。

如此如此，從方法學上說，實乃錯亂不堪。但混雜了救世傷時之悲情與願力，有時還真是難以理喻。誰能發現中國社會不但不是農村鄉土社會，就連中國的農民也未必是定著於鄉土「安土重遷」的呢？

費孝通曾談到過中國農村裡經常發生的「逃荒」現象說：

> 像我這種在太湖流域裡長大的孩子，絕不會忘記一年一度甚至幾度的「難民到了」的恐怖。這就是所謂「就食江南」。……逃荒很可能是我們人口移動的經常原因。漢丁頓氏論中國民族性時特別重視這個現象。慷慨的、有同情心的人不容易不顧一切的就道，結果是被淘汰了。身體弱的、不容易適應別地水土的人在路上死了。留下的是代表著我們民族性的一輩肯低頭、自私、不康健卻也不容易死的難民們。
>
> ……災區裡的難民擁到了附近比較好的地方，如果這地方所有的糧食衹夠自己吃的，經這批難民來一擠，也變成不夠吃的災區了，於是衹有加入難民團體一起出外就食了。這些難民一方面是邊走、邊死，另一方面是邊走、邊增；一直要到有餘糧可以擋住他們前進的地方纔停得下來。淮河流

域的難民，逃荒可以一直逃到太湖流域。而且依我童年的記憶說，這是每年必有的現象。（《鄉土重建‧天災和逃荒》）

他的描述實在非常生動，當時逃荒的規模實在也非常驚人。但更驚人的是：為了維護他的鄉土中國說，他卻仍然堅信世代定居是常態，遷移只是變態：

鄉村裡的人口似乎是附著在土上的，一代一代的下去，不會有變動。這是鄉土社會的特性之一。我們很可以相信，以農為生的人，世代定居是常態，遷移是變態。大旱大水、連年兵亂，可以使一部分農民拋井離鄉，但是像抗戰這樣大事件所引起基層人口的流動，我相信還是微乎其微的。（《鄉土中國‧鄉土本色》）

這就幾乎是用信仰在對抗經驗事實了。且不說永嘉南渡、五胡亂華、靖康之難等等，曾引起基層人口流動的大事件，在歷史上絕非微乎其微，而是屢見不鮮。各朝廷本身對人口遷徙也有政策在推動著，例如移民實邊、徙民至京，規模動輒數十百萬。而那所謂「可以使一部分農民拋井離鄉」的天災與人禍，既是每年都有，甚或一年會發生好幾次，其規模亦達到「恐怖」的程度，則那還能說是變態嗎？

農村裡，有句俗話說：「人挪活，樹挪死」。人不是樹，因此，費氏所相信的那種世代定居「常態」，其實才是變態特例。因為一整個宗族村莊，大多數人都必然會流往外地，只有少數人才會留在原址。這就是為什麼所有中國人在其姓氏族望之發源地都非常寥落，反倒花繁葉茂於異鄉的緣故。太原王、博陵崔、清河盧、隴西李。

試問今日太原王氏、隴西李氏尚有若干？能比得上散居於各地的王李崔盧嗎？費氏只看到每年淮河流域的難民逃到太湖來，卻未想到秦漢關東關中之民奔走益州交州；中州衣冠，南渡長江；嶺南又繼而開發；然後，農民更駕著船，棄其田疇耕耨，赴南洋北美淘金伐木去了。世代定居？附著土地？哈哈哈！這是什麼神話？天底下怎麼可能有這樣的社會？中國尤其不是這種社會。

由歷史面看，依李泰初〈漢朝以來中國災荒年表〉（《新建設》一四期，一九三一年四月）、吳毓昌〈中國災荒之史的分析〉（《中國實業雜誌》一卷十期，一九三五年十月）、鄧雲特《中國救荒史》、史觀〈對災荒宣戰〉（《大公報》，滬，一九五〇年三月二十日）、竺藕舫〈中國歷史上之旱災〉（《史地學報》三卷六期，一九二五年六月）、寧可〈漢代農業生產漫談〉（《光明日報》一九七九年四月十日）等文和專書的研究，從公元前十八世紀的商朝時期開始，至漢朝末年，中國凡發生自然災害四七七次。其中商朝十三次，兩周八十九次，秦漢三七五次。

另外，寧可在〈漢代農業生產漫談〉指出，先秦大約十二年中有二個災年，占十六・六％。從秦始皇元年至漢呂后元年的六十年間，則有重災九次，占統計年度的十五％，其中大水、大旱八次。從呂后二年至新莽末年的兩百一十年中，有五十二個年度有重災，占統計年度的二十四・八％，其中大水、大旱即有四十二次。比先秦自然災害率要高。東漢自然災更嚴重，從光武建武元年至靈帝光和七年的一百六十年間，有四十六年有重災，占統計年數的二十八・八%，其中大水、大旱凡三十九次。可見地力越來越遭破壞，澇旱越來越多。所以到了費孝通的時代，才會出現那種連年災荒、難民奔波流離於道塗的情況。人口遷徙，正發生於此一自然條件中。

人口遷徙的因素當然不止是因為災荒。以先秦兩漢來說：

殷淑慧〈我國民族之轉移及混化〉（《朝華》二卷一、二期，一九三〇年十一月）

李斐然〈中華民族古代之遷徙考〉（《新亞細亞》一二卷五期，一九三六年十一月）

蒙文通〈中國古代民族遷徙考〉（《禹貢》七卷六、七期，一九三七年六月）

馬宗霍〈中華民族之遷徙與拓張及異族勢力之消長〉（《國師季刊》一〇期，一九四一年五月）

徐中舒〈殷人服象及象之南遷〉（《史語所集刊》二卷一期，一九三〇年五月）

梁園東〈商人自契至湯八遷重考與商民族興於東土駁議〉（《東方雜誌》三〇卷一九期，一九三三年十月）

衛聚賢〈殷人自江浙徙於河南〉（《江蘇研究》三卷五、六期，一九三七年六月）

李竣之〈周代西方民族之東殖〉（《清華周刊》三七卷九、一〇期，一九三二年）

譚戒甫〈先周族與周族的遷徙及其社會發展〉（《文史》六輯，一九七九年）

林劍鳴〈周公東征和嬴姓西遷〉（《文史知識》一九八二年一一期）

胡厚宣〈楚民族源於東方考〉（《史學論叢》一九三四年七月）

劉德岑〈秦晉開拓與陸渾東遷〉（《禹貢》四卷八期，一九三五年十二月）
龔自知〈第一批來雲南的移民——莊蹻開滇〉（《雲南日報》一九五七年三月十四日）
馬開梁〈楚族南遷的時代及遷徙路線〉（《思想戰線》一九八二年二期）
王雲渠〈西漢徙民於諸陵考〉（《師大史學叢刊》一卷一期，一九三一年六月）
梁園東〈漢代中國民族之南遷〉（《大夏年刊》一九三三年六月）
陶元珍〈兩漢之際北部漢族南遷考〉（《禹貢》四卷一一期，一九三六年二月）
呂克由〈秦漢移民論〉（《齊魯學報》二期，一九四一年七月）
宋廢嵩〈漢人北徙與匈奴南遷〉（《集美校友論著》一九四八年五月）
劉振華〈從考古上看漢代中原移民與吉林開發〉（《吉林日報》一九七九年四月十八日）
呂名中〈試論漢魏西晉時期北方各族內遷〉（《歷史研究》一九六五年六期）
葛劍雄〈西漢時期西北地區的人口遷移〉（《中華文史論叢》一九八四年二輯）

……等文章，更可以看出中國各民族各地域人民東遷西移南徙北走的事實。

據統計，東漢時期，關中地區的京兆、右扶風、左馮翊、涼州地區之戶與口數，只剩下兩漢時期的十九．一％及二十二．七％，可見八十％左右的人口都移走了，剩下的僅是少數。先秦兩漢交通不便時尚且如此，後世之移動當然只有更加迅速了。世代定居不移，顯然只是某些社會學家把社會凝型化，以便進行文化型態學式之對比時，以臆想構造出來的假象罷了。哲學家因為空疏無知，遂相採擷以為談證，則殊屬不智。

同理，從世代定居的角度看，中國農村的基本單位是家族。可是，若從人民遷移、不居恆處的角度看，則中國農村的基本單位就根本不是家族宗族，而是「社」或「社邑」、「社會」。

古代的社，從土從示。土即祖且之形，為陽具崇拜的祖先宗廟祭祀之地，它與宗族之關係當然極為緊密。封建宗邦以「社稷」連稱，也表明了它是一種結合封建王權、宗族血緣和農耕經濟的單位。但秦漢廢封建行郡縣以後，社便逐漸被「里」所混或取代，成為里社合一的制度。漢末三國兩晉南北朝，戰亂頻仍，人口流散。這時的里社雖然仍是地域性同里居民的結合，但又已從三個方面與漢代的里社有別。一是社與里分離，單獨組織單獨活動。主持社事者不再是里正、父老，而是有專門稱謂的社老、社正、社椽、社史。二是並非里中全體居民參加，而僅為部分居民的結合，參加者已有「社民」這樣的專門稱呼。三是除傳統的社祭外，又發展出了其他職能。它們與私社已沒有多大區別。所謂私社，有適應門閥世族制度和戰亂中舉族遷徙與聚保需要，以宗族地望關係為紐帶而結成的「宗社」；也有按階級和職業結成的社；但最盛行的則是東晉至南北朝時因佛教流行而由信徒組成的「邑義」和「法社」。

邑義主要流行於黃河流域，一般按村邑或宗族組成，在僧人參加或指導下，結集人眾，聚合財物，從事造像、修寺、建塔、營齋、編經等活動。主事者稱為邑主、邑長、邑維那、邑師等。參加者稱邑子、邑人。規模一般為十餘人到數十人，有的達數百人甚至千人以上。「法社」興於南方，側重講經、說法、修行。參加者往往是貴族、官僚、士大夫。

唐朝以降，私社更是大為盛行。許多私社隨自己的主要活動和社人成份而有專名，如親情社、官品社、女人社、坊巷社、法香社、香火社、燃燈社等等。它們大體可分兩類，一類主要從事宗教活動，如營窟、造像、修寺、齋會、寫經等，與寺院和僧人有密切關係，多數就是寺院和僧團的外圍組織，僧人參加或領導的也不在少數。另一類主要從事經濟和生活的互助，其中最主要的是營喪葬，也有的還兼營社人婚嫁、立莊造舍的操辦襄助，以及困難的周濟、疾病的慰問、宴集娛樂、遠行之餞送、回歸的慰勞等。有些社則兼具兩類社的職能。而傳統的社祭，則被此類私社消化吸收了，也成為這些私社會集的重要活動內容。此外，還有農民集資買牛的牛社、士兵集資買馬的馬社，及管理灌溉工程的渠社等。至於兩晉南北朝出現的「宗社」，則由於門閥制度衰落，已逐漸湮沒不彰。

另外，更有隋唐以後，普遍興盛的各種行會。隋代即有「行」，但只是同類工商業店肆集中的地方，沒有形成行會。唐代前期，「行」遍布於各城市與州縣治所，行有行首，負責一行事務，有共同的行業神祭祀活動和組織動員的「行社」。可見「行」已不單純是工商業者集中進行貿易的地方，而是同業人員的聯合組織，行會已初步產生。唐代後期，行進一步發展，行會的職能明顯化。各行不僅有共同的宗教活動，還產生了一些共同議定的行規。如無一定技術不得入行、非本地人不能入行、本行技術不得外傳等。同行者有共同語言，即後人所謂「行話」。行會的組織結構有行首、師傅、徒工之分。行首對內組織宗教祭祀，督促每人執行政府命令，對外代表一切，負責與官府聯絡、交涉、維護本行人利益。

上述社集雖也有些是按地域組成的，但只是部分居民自願與自由結合。更多的則是打破了地域界限，按性別、階級、職業結合。社的首領通常稱為社長、社官、尋事、社首、社頭，總稱三官，由社人推薦。社人之間的關係是「貴賤一般」、「如兄如弟」。社的活動開支，除臨事由社眾繳納外，還有若干公共積累，可以動支。社的宗旨、職能及社人的權利義務已非純依習慣和傳統，而是採用社條、社約的形式加以規定。

換言之，中國農村的基本國家行政單位是村里，社會生活組織是社或會，只有部分宗族聚居村落中則仍保留一些宗社遺風，或維持宗廟血緣祭祀體制。但家族絕不會是行使社會生活功能的基本單位，因此把中國農村「鄉土社會中的基本社群」認定是宗族或大家庭，無論如何都是荒謬的。

唯有把中國社會設想為一種以家族為基本社群的結構，才能推論說中國人是在其中進行長老統治，形成禮俗秩序。但事實上族長未必為村長里正，更不見得是社頭，族人里人又未必全屬同社社員。社員之間，則係以契約、以法理來結合來規範的「機械的團結」（Gesellschaft）型態。因此每個社都有契約、社條、條約，規約規程來界定彼此的權利義務關係。

宋代以後，連傳統的宗族也逐漸社團化了，蘇洵、歐陽修的族譜、范仲淹的義莊，都表現了這種意義。蘇洵建族譜亭，以族譜與族人立「約」，及范仲淹義莊，都把血緣性宗族轉換成一種經濟和生活互助的團體，而且立了族規條約來規範族內人士之權利義務關係。導致宋代以後的宗族迥異於唐宋以前。縱使族內長老要進行統治，所依據的也不再是禮俗與習慣，而是家法和族規。宗族祠堂除了承擔血緣祭祀功能之外，也成為社團性群聚集議的場所。如宋德安陳氏〈規程〉有云：

我家累世餘慶，子孫眾多，上下和睦。然恐雲礽漸夥，愚智不同，苟無肅睦之方，恐負乖和之理。今欲維之以局務、定之以規程，推功任能，勸善懲惡，使公私財用之費、冠婚喪祭之籌、衣食

與馬之給，子孫可以世守。

管轄族人、庫司經濟、管理莊田、任責教育等「局務」，與范仲淹所訂〈范氏義莊規則〉甚為類似。這便證明了此時的宗族在血緣上固然是一大家族，但在內部組織及功能上，卻已社團化了。有人昧於這種轉變，仍嚮往著古宗族狀況，或以為宋以後之鼓勵修族譜收合族，即是上復三代封建宗法之舊，周鍾岳〈騰沖青齊李氏宗譜・序〉便一語點破謂：「世之論宗祠與宗譜者，往往欲此以復宗法，其說遂膠固而不可通」。因為宗族事實上已不只是血緣群體了。

費孝通對中國鄉村的理解，正與周氏所批評的一樣，不知中國鄉村之基本社群並不是家族而是社；又不知社並非「禮俗社會」式的「有機的團結」，而是「法理社會」式的契約型態；更未認識到宗法家族已日益社團化，已變成一種仍維持家族血親人群組合的實質社團。猶如散布在各地的某某同鄉會，雖仍敘齒爵、講鄉誼，卻非以地緣組合為其社團運作原理，內部的權利義務乃至倫理關係，都需經由社約規程之界定。與職業行會社團、宗教人士法社、興趣遊藝社團如詩社蹴球社等等，沒什麼不同。

在這樣的社會中，因社團組織發達，人民的權利義務關係均由各自的社團處理了，政府一般遂都不處理這類民事問題。所有法律體系，如《唐律》、《宋刑統》以至《清律》都甚少民法的部分，民間的租賃借貸契約關係，悉由民間自理。政府主要只負擔刑法的部分。唯有民間無法處理的重大民事糾紛，才會鬧上衙門，由政府機關進行行政仲裁。但一旦由官府來處理，即不免於刑罰。故一般民事既無須赴官，告官又往往涉及刑案，百姓自以不打官司為常態。費孝通把這個現象完全弄錯了，竟以為我國鄉土社會中進行的是一種「無法」的「禮治」方式。不以法治而以禮治，討厭興訟。殊不知人民犯了族規，自有族家法處理，開祠堂、斷是非。犯了社規，自有社團依其章程規約來辦理，罰錢、服勞役，為何需要對簿公堂？此亦法治，但與西洋之法治不同耳。以此區分中西為禮治社會與法治社會，實屬無稽之談。

當然，這也不是說中國社會即是費孝通所說那種西方式的法理社會，而是說費氏這一套「鄉土中國論」根本不能解釋中國社會。要明瞭中國社會的實際情況，即必須從方法及視野上超越鄉土中國論。建立在費氏一切論述之上，由「鄉土中國」、「安土重遷社會」所發展出來的各種論說，也須放棄，否則都是妄談，講得越多，錯得越厲害。

二、研究方法的檢析

在費孝通的《鄉土中國》中，他曾提出了一個重要的社會學研究方法：社區分析。他說道：

以全盤社會結構的格式作為研究對象，這對象並不能是概然性的，必須是具體的社區。因為聯繫著各個社會制度的是人們的生活，人們的生活有時空的坐落，這就是社區。每一個社區有它一套社會結構，各制度配合的方式。因之，現代社會學的一個趨勢就是社區研究，也稱作社區分析。

社區分析的初步工作是在一定時空坐落中去描畫出一地方人民所賴以生活的社會結構。

社區分析的第二步是比較研究，在比較不同社區的社會結構時，常發現了每個社會結構有它配合的原則。原則不同，表現出來結構的形式也不一樣。於是產生了「格式」的概念。

依我這種對社會趨勢的認識來說，《生育制度》可以代表以社會學方法研究某一制度的嘗試，而這《鄉土中國》卻是屬於社區分析第二步的比較研究的範圍。在比較研究中，先得立若干可以比較的類型，那就是依不同結構的原則分別確定它所形成的格式。去年春天我曾根據Mead女士的The American Character一書寫成一本《美國人的性格》，並在這書的後記裡討論過所謂文化格式的意思。在這裡我不再複述了。這兩本書可以合著看，因為我在這書裡是以中國的事實來說明鄉土社會的特性，和Mead女士根據美國的事實說明移民社會的特性在方法上是相通的。

他的意思是說：社會學不能泛說社會如何如何，應研究具體時空區域中之社區；並由對具體生活及制度之分析，來獲知社區之結構。然後，通過對不同的社區結構原則之對比，我們又可進行文化格式的比較。

所謂文化格式，即文化型態。不同的社會有不同之文化型態，不同的文化型態則表現在它們不同的社會結構配合原則上。所以他以「移民社會」來說明美國文化這種型態，而以「鄉土定居社會」來描述中國之文化型態。

他這種研究方法，影響深遠。或者說，他反映了他所說的那種趨勢，因此在社會人類學學界，此類方法之運用，可謂屢見不鮮。從許烺光到楊國樞、李亦園，都嘗試藉著文化型態上的對比關係，勾勒中國人的國民性或美國人的性格。

但這套方法的第一步與第二步往往矛盾。怎麼說呢？社區分析之第一步是研究「一定時空座落中一地方人民所賴以生活的社會結構」。亦即特定之時空中的現象，例如費孝通所調查的田祿農村或花藍猺社會組織之類。但由此得知的該社區之社會結構原則，在第二步工作中卻立刻推到「中國」、「美國人」這麼廣大的範圍中去，上下包涉可達幾百年幾千年，地域涵蓋可至幾萬里，不再是「一定時空座落中一地方人民所賴以生活的社會結構」了。而且社會研究轉而成了文化研究。

社會研究在許多時候確實需走向文化研究，因為社會制度的建立，以及制度間相互配合的原則，涉及價值觀的問題。對於社會生活，為何這樣處理而不那樣處理，是文化的差異。要說明這些，當然須展開文化研究。但是，這樣的文化研究，是要與社會研究相結合的，其範疇必須相當。不能只研究某一時段某一地域之社會，便以此推斷中國文化如何如何、美國文化又如何如何。

其次，「每個社區有它一套社會結構、各制度配合的方式」，這是可以由社區之具體分析中得知的，有客觀可徵驗之材料可以說明。但「每個社會結構有它配合的原則，原則不同，表現出來結構的形式也不一樣」卻是需要透過解釋才能得見的。用涂爾幹（Durkheim）的話來說，前者是社會事實的部分，後者討論社會結構之所以如此存在的原理、原因和功能，則屬於如何解釋社會事實的問題。解釋若不相同，則對於整個文化「格式」的認定，當然就不會一樣。

那麼，費孝通是怎麼解釋呢？涂爾幹曾建議採用社會形態學，制定社會類型以解釋之（見《社會學研究方法論》第五章〈關於解釋社會事實的法則〉）。費孝通也是以分別類型的方法，區分「中國格式」與「西洋格式」，然後說明其社會結構之配合原則。

但如此一來，究竟是「依不同結構的原則，分別確立它所形成的格式」，還是自己「先確立若干可以比較的類型」，才據此類型說某社會的結構原則是如何如何？依我看，恐怕還是後者的成分多些。也就是說，他所解釋出來的所謂社會結構原則，所描述的那些因「結構原則不同，表現出來結構的形式也不一樣，於是產生了不同文化格式」現象，根本起自他原先即已預設的社會類型分類上。例如，先確立了社會可分成「移民社會／定居社會」「法理社會／禮俗社會」等可資比較的類型，然後說中國之社會結構原則就顯現了這樣那樣的狀態，所以可稱為定居禮俗社會，形成了一種可與西方相比較的文化格式。前提即是答案，自我論證，循環論證，所以越說好像越有道理。但若一旦不採用他的分類，則對社會結構原則的理解和解釋便會全然異趣。

此外我們則應注意費孝通這樣分類對比中西文化，有其時代因素。五四運動以後，有一段時期，論中西文化者，流行採用此類文化格式對照比較之方法，如梁漱溟說西方是向前看的文化、中國人中庸、印度人向後看。錢穆說中國是尚德重義的文化、西方是尚力重利的文化。唐君毅說中國是黃土文化、西方是海洋文化之類。藉著高度概括的兩相對立之類型，來凸顯中西文化的異質性，說明中國文化的特徵，以維護其價值或顯示它應予改造，乃二〇至五〇年代反傳統與尊重傳統之人士都常使用的方法。運用這樣的方法，有其特殊之時代感與論述情境，值得同情。但把歷史文化或民族性等問題，如此高度概括到一兩個詞語中，且予以極端化，形成「A」與「非A」兩種對比類型，卻是我們所難以同意的。

三、倫理關係的認知

依費孝通的鄉土中國論，中國傳統社會乃是長老統治型態，且人群以家庭或宗族型態聚居。因此長老統治，事實上即是父親對兒女的統治。林安梧則以血緣性縱貫軸來說明這種統治關係，謂：「父子這血緣性縱貫軸是中國人所謂『家』的核心，是宗法的原型與起點」，在宗法家庭及社會之中，「夫妻、兄弟，本來應該有其獨特的關係樣式，但卻沒有好好發展出來，反而深染著血緣性、縱貫軸的、上下的、隸屬的關係這樣的色彩」、「三綱的基本問題，是父子君臣化、君臣父子化，夫婦一倫不但被父子化，而且也被君臣化」……。於是傳統中國，乃是一種宗法國家，皇權與孝道合一。父子君臣化了，父親宰制著兒子，兒子隸屬臣服並孝順於父親。

中國傳統的親子倫理真是這種情形嗎？

從清朝末年政治改革逐漸走向文化革命之後，社會變遷，傳統價值體系崩潰，家庭結構與親子關係隨之鉅變。強力推動「現代化」觀念的仁人志士，大多抱著一種揮別過去的心情，批判傳統，鼓吹現代；以西方倫理狀況為模型，痛詆傳統倫理是專制性的父權體系。認為中國人在家庭裡，是以父親的權威來壓制、指導兒女，兒女則需順從、孝敬父母。這種「權威教化——恭敬孝順」的倫理結構，推而廣之，用在社會上，也同樣要求人們恭敬順從君上。君上則行使權威、教化百姓。此「君父倫理」，構成了中國的傳統，使中國變成了一個以宗法社會、專制王權、威權宰制性家庭相互聯結的體系，而導致中國的落後。

如果中國傳統親子倫理關係真是如此，那實在也沒什麼值得懷念或保存之處，趁早揚棄之，似乎還好些。

不錯，提倡現代化的人士，就是希望達到這樣的效果，才能促成社會改造之目的。「鄉土中國論」、「血緣性縱貫軸」之類說法，只是其中之一支而已。可是，為了特定目的而做的宣傳，往往與事實有些差距。中國傳統的親子倫理，並不如他們所描述的那樣。

讓我舉那最受詬病的「三綱五常說」來做點釋釋吧。

三綱之說，見諸《白虎通義》。這是東漢章帝時會集群儒在白虎觀討論經學家之歧見後，予以綜合整理而成的，可以代表儒家的基本觀點。它對於人倫關係，提出三綱六紀之說，說：「三綱者，何謂也？謂君臣，父子、夫婦也。六紀者，謂諸父、兄弟、族人、諸舅、師長、朋友也」。

此指幾種人際關係。三綱所指為三種基本關係，夫婦為情義關係，父子是血緣關係，君臣為政治關係。由此基本關係，可以衍生「六紀」那些社會關係。所以它又說：「六紀者，為三綱之紀者也。師長，君臣之紀也，以其皆成己也。諸父、兄弟，父子之紀也，以其有親恩連也。諸舅、朋友，夫婦之紀也，以其皆有同志為己助也。」

這種綱與紀的關係，此處乃是簡化的講法，因為此僅就其基本狀況而言。詳細說，諸舅何嘗不是「有親恩連」？師長更不僅只如君臣而已，《白虎通》論師道，曾明白指出：「師弟之道有三。《論語》『朋友自遠方來』，朋友之道也。又曰『回也視余猶父也』，父子之道也。以君臣之義教之，君臣之道也」，故師長一倫，其實就含有父子、朋友、君臣三類關係在。此處僅繫諸君臣項下，乃就師長須教子弟以君臣之義的正道這一點來說。

因此，從綱與紀的基本關係認定上，我們即可了解儒家對人倫關係內涵的看法。例如夫婦，此明言其與朋友一樣，清陳立《白虎通疏證》云：「禮記曰：同志為友。夫婦亦同志相助，故亦為之紀也」，解釋得十分正確。據儒家的看法，「夫婦之道，有義則合」、「夫妻一體，榮恥共之」，所以夫婦不是權力關係，也不只是性關係，而是道義相扶持相協助的同志，所以把朋友一倫歸屬在夫妻倫底下。

要這樣看，我們才不會誤會綱紀的意義，把三綱看成什麼鋼硬僵化且對人有宰制性的東西。反傳統的朋友或許要說：「好罷，三綱縱如你所言，只是表明三種基本人際倫理關係。可是『君為臣綱、父為子綱、夫為妻綱』，不仍是宰制性壓迫性的？」

當然不！《白虎通》說：「君臣、父子、夫婦，六人也。所以稱三綱者何？一陰一陽之謂道，陽得陰而成，陰得陽而序，剛柔相配，故六人為綱」。這表明了人倫是在兩兩相待中才能形成關係，而此種關係又皆如陰陽相需相配，缺一不可，兩者間更不是宰制與被宰制、隸屬與被隸屬的關係。

研究中國哲學的人理應知道：依中國哲學之基本看法，陰陽相合相配，但可有主從、剛柔、尊卑之分。因此君臣父子夫婦關係也常被批評為是陽尊陰卑、父尊子卑、夫尊婦卑。

但對於儒家所謂尊卑，我們實應再做深入之了解，因為它與一般所了解的地位尊卑有很大的差異。故《白虎通》開宗明義第一句話就說：「天子，爵稱也」，謂君臣只是職務上的分工，並非地位上的尊卑，顧炎武云：「知天子一位之義，則不敢肆於民上以自尊」，就是這個道理。

父子乃天生而成的關係，又與君臣不同，儒家對此，亦只說兒女須孝敬父母，卻不曾講父子地位是尊卑主從的。所以《白虎通》特別強調子諫父之義。

所謂勸諫，與教化觀不同。教化，代表由上而下的，君與父成為意義的來源、人格的典範、價值的指標。勸諫觀則不然，乃是倒過來，臣、子才是知識智慧的提供者，針對父親或君王的行為與思想，「是非相間，革更其行」。當然，它也並不否認君或父應做為子與臣之儀型。但應然並非實然，在一般狀況下，君或父應可教導或領導臣與子，但若君或父實際所為並不恰當，子與臣便也須提出諫諍，以導之入於正途。正因為如此，所以《禮記‧曲禮》注云：「子從父之令，不可謂孝也」。凡誤以為儒家講孝順，就是要人一切都順從父母，「從父之令」，且父子倫理只是「權威教化——恭敬順從」之關係，都可說是對儒家學說毫無了解的。

其次，君臣父子、陰陽尊卑云云也並不是絕對的。因為依據中國傳統的陰陽學說，「陽兼於陰，陰兼於陽，夫兼於妻，妻兼於夫。父兼於子，子兼於父。君兼於臣，臣兼於君」（《春秋繁露‧基義篇》）。夫妻父子等人倫關係既是相待而成的，在真實人生之中，夫妻之間、父子之際，哪有那麼僵固穩定的關係？夫原則上是剛的，但在許多時候也會卑下陰柔；妻原則上是柔順的，可是在許多地方卻是一家之主，發號施令。父子也是如此，父兼於子，子兼於父。猶如太極圖形，陰陽分判，而其中卻有相涵相融之處。男性有女性之特質，女人也不乏某些男性的特質。這才是真實的人生，才是人倫關係的實況。

由此即可知傳統儒家所講的親子倫理，絕非今人所描述的那種上下尊卑、森嚴僵化狀況。更不會教人盲目地孝敬服從父母，或主張父親可以其威權主導宰制其子女的思想行為。傳統的親子倫理，是一種有基本原則，卻又講究調節原理的關係。

親子倫理的基本原則，是「父子有親」，是血緣親情的聯屬，由此而生出仁愛。父以其仁愛待子，又教之以義，如後來《三字經》所云：「養不教，父之過」，教子則須「有義方」。但為人父者，未必只因他是父親就有能力教其子以義方，父親也是須要教養、也是須要學習的。向誰學呢？師長。

《白虎通疏證》卷八引宋均《禮緯注》：「師者，所以教人為君者也，長者所以教人為長者也」。做父親的，得向師長學習做父親的道理，教其子以正道。若不能，則交給老師去教。同理，兒女也基於仁愛，勸勉其父母以義方，《孝經・諫諍章》：「父有諍子，則身不陷於不義」，即是這個緣故。

諫諍本身就是一種調節原則，「父兼於子，子兼於父」，則是另一種調節方式。

整個中國傳統當然是極其複雜的，親子倫理在歷代亦各有不同，但上述這套漢代儒家的親子倫理觀，無疑仍可視為傳統中非常基本的一種樣態。依其原理，不難形成父子有仁有義的倫理關係，而且更沒有什麼「父子君臣化」、「夫妻君臣化」之類問題。這樣的關係，放在現代，不只不落伍，且正可藥現代之病。

現代的親子倫理，既喪失了相互的尊重，又不能平等對待；若非溺愛，則往往變成苛求與督責。而所求所責者，又非正道義理，而是要求小孩「聽話」，或適應父母親的功利世俗價值觀，以補償父母親的心理虛欠、滿足其虛榮。在這個父子之道苦的時代，青少年犯罪數量才會越來越多。反省的途徑之一，恐怕正是重新思索理解傳統親子倫理觀念的豐富內涵。而那依循現代化觀點、鄉土中國論而生的各種對中國傳統倫理觀之斷滅妄見，尤應及早放棄之。

第二章　居與遊互動的社會

一、居民與遊民

（一）生活世界中的兩種人

居民與遊民，是兩個相對的語詞。安居者樂業；居無定所的人，職業當然也總是不甚穩定的。天下人，好像都應有固定之居處與職業。不安居、不樂業、無固定職業身分，遊離流走於社會各地各階層各孔隙各管道之間，以謀衣食、找機會的人，則稱為遊民或流氓。這些人，也被喚做「畸零人」。畸，謂其不正常。零，表示這是多餘的，是在社會固定身分架構之外的人群①。

對於這些人，那「正常」的居民社會該怎麼處理呢？

遊民通常是弱勢者，因為他們並無固定的身分與收入可以依恃，他們只能在空間上流動，從這兒遊行浪跡到那兒，打零工、行乞、流娼，尋找能出售身體或尊嚴以換取衣食的機會。

《清稗類鈔‧乞丐類》載有一則國人至歐洲行乞的故事，謂：

光緒時，吏奏請移民實邊。於是湖北之興國州有貧民數萬，挈其妻孥，至黑龍江。而當道於安置之法，寂焉無聞。籽種未具、廬舍未建，欲耕無地、欲歸無資，乃流落而為丐。久之，聞外國之富，易於謀生也，遂沿西伯利亞鐵道之軌線，步行以赴歐。俄人嫉之，要於路，以劣等之汽車，載之回華。然仍無所得食也，乃又往。俄人又以車運之返。返矣，數月而又往。自是至俄，尋輾轉至法。

……宣統辛亥，徐新元留學歐洲時，嘗至巴黎。一日，與法人偕遊於市，見有行乞之我國男女，審其音，興國州人也。中有持摀打鼓者、有飛刀使舞者。

這一則取樣故事，實在就是大部分流民的寫照。他們因不喜歡愛拘束，或政策錯誤、時局不靖、收成不佳、土地不腴……等原因而不得不離開其定著之土地與原有的職業身分，展開空間移動。他們多是受害者，多是不得不流。水往下走，人往高流，希望能獲得較好的生活、更有尊嚴，所以他們移動的幅度極大，由湖北到黑龍江，再到俄國、到巴黎，靠的只是一雙腳。

這樣大規模的長途移動，實在令人驚異。但這不是特例，因為在《清稗類抄》中便收錄了另一則「上海有外國乞兒」的故事，中國人流至外國，外國人也同樣流到中國來。湖北人向北流，流入俄國、法國。同時也還有許多人向南流，流入東南亞；向西流，流進花旗國。而在中國境內流動的，當然就更多了。目前大陸上海、北京、廣州等每個大城市中的外地流民，仍舊動輒上百萬，號稱「盲流」。因為他們並無固定的方向，哪裡有可能的機會，有希望，他們就會向那兒流動。流啊流，一下又流出了國界，搭舟買筏，航向墨西哥、澳大利亞、美利堅……。自然，也有不少是流向了台灣。

（二）土對水的誤解和漠視

對此廣大流民現象，「正常社會」基本上是視若無睹的。

我們的社會學界，或講中國文化的先生們，不是老愛強調中國國民性如何如何與土地關係密切、如何如何「安土重遷」嗎？從費孝通所描繪的「鄉土中國」形象，到大陸上凸顯「黃河母親」之文化意象，中國人總是被形容成一個無可救藥的土地眷戀者，踩著黃土地、披著黃皮膚、擁抱著土地。社、稷、祖墳、土地公、大地母親，構成了中國人意識的根源。於是，中國文化被形成一種農業土地的文明，恰好和所謂西方海洋商業文明對反，成為兩種不同的典型②。

許多文化及社會研究，都是由這個認知基礎上建立起來的。例如說西方文明起於海洋多元文化之衝突與融合，中國則雖有夏殷商等不同之民族，然文化基本上是一元共貫的。故西方文化強調多元，尊重個體自由意志，學術文化亦多途分端發展。而且在西方文明形成的過程中，戰爭與商業，有非常重要的關係，使得西方側重向外探求，具有理性精神；中國文化則本於農業，愛好和平，依一個中心精神向外推擴，且著重於返本復始，而不若西方那樣向上向前發展（見唐君毅《中國文化之精神價值》第一章）③。

或者說中國封建社會是處在一個與世隔絕的地理環境中，東臨大海、西隔高原、西北東北及北部又是高山、沙漠森林與草原，故整個文明封閉在這塊土地上，無法與外部互動。又有人從人口與土地的生態關係上，指出一定的生產水平制約了二者的比例，使得我國社會發展逐漸停滯。還有人主張：中國的封建社會是通過宗法一體化結構，對社會進行強控制，把農民組織起來，形成巨大生產力，造就高度文明；但也因此使中國社會固體化，變成了超穩定結構（見金觀濤、劉青峰《探索與新知》第一輯〈在歷史的表象背後：中國古代社會的超穩定結構〉）。

凡此種種中國文明或中西文明論，邇來更促發了許多政治社會運動。如被中共指摘為患了民族虛無主義的〈河殤〉，其「主導思想是：背著一個衰落文明的沉重包袱的中國人，現在不得不拋開內陸封閉型文化，向海洋開放型文化發展」。由黃土地，走向蔚藍色。這個講法對台灣各界頗有啟發。於是誇耀台灣經驗者，立刻把台灣形容成一海洋文化，或直呼此為「海洋中國」，以與「大陸中國」相對比。台灣獨立建國論者，也逮到一個大好機會，隨即將先民渡海來台的意義擴大，謂「渡海」就代表了告別鄉土中國的儀式；海洋台灣，更是獨立於大陸中國之外。

但，台灣的主體性，雖靠著土地與海洋的對比而建立，台獨論者本身卻仍舊無法擺脫對土地的執戀，所謂海洋文化的台灣，仍陷入在嚴重的「本土」論述中。土地，成了符咒性的辭彙。聲嘶力竭地教人要愛這塊土地、要認同台灣，對移來的或準備移出的人也充滿了敵意。從這一方面看，豈不正是所謂的小農意識嗎？不正是固著於一封閉土地者的態度嗎？

他們都不理會中國歷史和現實社會中龐大的流民遊氓現象，兀自固執於定居社會觀，仍然用「正常／異常」、「定居／流動」、「土／水」、「主流／邊緣」等架構來理解社會，且自說自話地把中國形容成一個人人安土重遷、定著於土地的社會，人人不輕去父母之邦。流離遊走不是特例，就是別有深意，意在訣離故土，另闢新疆④。

而這並不只是一種歷史態度而已。由這種態度所表現出來的，是對我們這個社會中實際存在著大量遊民流氓的視若無睹。

在都市的地下道、街巷的拐角、公園的躺椅、車站的候車室……等幽暗處所，我們隨時會見到這些遊民。他們或無所事事地遊盪、或持槌打鼓、或飛刀使舞、或行乞、或兜售身體。在都會霓虹燈閃爍不定的光影中、酒闌曲散，「黑社會」流氓的身手便也晃動於其間。我們常會遇見他們，但總是漠然而過，不肯仔細看清他們的臉孔，更懶得傾聽其心聲、探問其身世。他們的存在，彷若幽靈，若有似無，飄過我們身邊，與吾人生活俱不相干。而且我們也不希望它會與我們有什麼相干。尤其是黑社會分子。既名之為「黑」社會，便理所當然應該不見陽光。我們偶與相遇，無不匆匆走避，如逢鬼魅。

但流動可能才是社會真正的行為方式。水不流則腐，人不動則朽。現今在都市中居廣廈者，當初亦多由其他地方流入，有過一段遊民生涯，「聞外地之富，易於謀生也，遂沿某某鐵道以赴該地」，不是大多數人曾經奉行不輟的模式嗎？

惟某地既富，人不斷流入，先入者便逐漸忘記了自己原本也是遊民，往往自居「土著」，排斥後來流入者，壟斷土地的所有權，鞏固自己既得的利益。就像台獨人士經常會發出「外省豬滾回去」之類言論那樣，老移民排擠拒斥新移民，在各國社會中也都是屢見不鮮的。

也就是說，社會對流氓遊民不但視若無睹、漠不關心，甚且還會露出敵意。

（三）土敵視水：水來土淹

因為他們把遊民視為另一種人。非我族類，其心必異。既擔心它會對我不利，自以及早將之攘除為佳。消滅黑社會、掃蕩都市無業遊民、限制流入人口，乃至逮捕並驅遣移民，都是他們努力做的工作。當年俄國人把湖北去該處謀生的興國州人抓起來，「以劣等之汽車，載之回華」，正是現今仍在世界各地發生的事。不但馬來西亞、澳州、美國逮著了中國船民便將之遣返，台灣也一樣。被送回原居地的人，由於在該地「仍無所得食也，乃又往。某地人又以舟運之返」的模式，也一再上演。

從人道觀點來看，此類移氓流民，皆堪矜恤。謀食萬里，歷盡辛酸，其中實有可歌可泣、涵天蓋地大悲痛大哀憫之故事。欲求更好的生活、更高的地位，而竟往往淪入社會之底層，遊盪無方，更是人生的大矛盾大諷刺。但自居土著者從不如此想，沒有人會由人道的角度看待遊民。他們不能理解遊居者為何要棄土離業、出走外鄉。故輒疑其為崇洋媚外、貪戀榮華，以致不能守住家園、無法「世其業」。又覺其出走即代表了對土地不夠愛惜、對執政者不夠滿意，而為之憎厭不已。另一方的「土著」，則擔心外來者會瓜分其資源、競奪其利益，因此總會想辦法限制其居地與工作條件。更甚者，則疑心外來者都是細作、都是敵人策動鼓扇而來，猜忌防嫌，亦不遺餘力⑤。

在此政治經濟角度的考慮下，人道精神自然就消失了。遊氓流民不被當人看。且受到各種不公正的待遇，當然很容易又由無土者變成了無業者，從無土遊民變成無業遊民，如湖北興國州人那樣，或行乞於異鄉異邦。

流民既如此遭受敵視，不齒於人類，排除於正常社會之外，流氓本身當然就成了不折不扣的貶辭。如《中文大辭典》對流氓的定義云：「一是指無一定居所之流浪者。二是莠民也。今謂擾亂社會安寧、專事不良行為者，亦曰流氓，與無賴同」。《漢語大辭典》也說：「本指無業遊民，後用以指不務正業，為非作歹的人」。流氓，就是流民。《詩經・衛風・氓》：「氓之蚩蚩，抱布貿絲」，或〈孟子・滕文公上〉：「許行自楚之，踵門而告文公曰：遠方之人聞君行仁政，願受一廛而為氓」，氓都指一般民眾。但氓是好人，流氓卻是壞人，是無賴、痞子。葛元煦《滬游雜記》甚至說他們是流虻：「氓或作虻，字典注『嚙人飛虫』，其義近似」。流氓，又被稱為流虻，即流亡乞食之人。總之，凡流氓就不是好人。警署一旦把一個人提報為流氓，他就該被送交監禁管束了⑥。

與「流氓」詞意類似的，還有遊手、遊人、遊棍、流痞、流隸、惰民、閑民、輕民、惡少、浮食者、浮末、僑人、閑漢、潑皮、光棍等等。含義或有輕重之殊，然基本上視之為莠民或可疑的群體，認為他們隨時會生事鬧亂，變成具體的流寇、流丐、流娼等等⑦。

（四）土輕視水：流落江湖

這些詞語，當然也顯示了居民社會對流民的輕賤態度。

前文已說過，流民遊氓基本上是弱勢者。他們喪失或拋棄了土地，去到別人的土地上謀生，他們的生存必須建立在居民的寬容上。獲得有土者的容許，流民才能耕耨或做生意。有土就有權力，而土地的所有權通常並不向流民開放，大抵只是租佃借予流民使用。除非流民住得夠久，真正定下來，並漸漸被認同為定居者後，居民社會才會接納他，使他在這個社會中安居樂業。各國給予外來移民居留權、居留證的過程，都顯示了這層意義。

遊民在此關係中，是被宰割的一群，只能請求有土者勿排斥他們，給予他們工作的機會。只有獲得了這些機會，遊民才有可能定下來，不再飄盪浪跡，而成為居民，擁有這個社會的正式民眾身分。否則他們就只好再流浪下去了。

也因為如此，故遊民常是投機者。陳宗良《中國流氓史》說：「在流氓中，雇佣意識也極嚴重。他們可以拋棄義氣，誰有錢就替誰出力。在這種意識的驅使下，流氓就不僅僅是違法犯禁，成為朝廷的對立面。而是可以投靠豪強，成為打手、保鑣；有時甚至成為朝廷的鷹犬，為統治階級出力賣命」⑧。這話大體是不錯。遊民往往受雇為佣僕、廝役、佣兵、佃戶、臨時工，做些居民們不願做的粗重活，或危險性較高、工資較低的事。如果能有好一點的工作機會，他怎麼會不轉投明主？

既然如此，居停主人對這些請求賜予工作的遊民，又怎麼不生輕藐之心呢？雇佣廝養之，自亦不必尊重他們。

遊民若不企圖轉換身分，變成居民；仍然要在社會中保持其流動之生活型態，那他就會成為那個社會中「跑江湖」的人士。江湖，是相對於土地的觀念。一種人，安居樂業於土地上；另一種人，則奔走於江湖之中。其所以謀生之方式及其職業。從居民的角度來看，都算不上是「正業」。汪康年《汪穰卿筆記》卷四有條雜記說：

凡遊民號走江湖者有八種。係九經、十八皮、四李、三瓜、七風、八火、五除、六妖。「經」者須動筆，算命、看相、六壬、文王卦、各色起課、測字、賣對（聯）、賣畫、討寶，凡九種。「皮」者是江湖賣藥者，凡十八種。「李」者變戲法等，凡四種。「瓜」者賣拳，為空手、持械、擄婦女三種。以上四類，皆不含犯刑法之事。南人謂之「春」，北人謂之「典」。「風」者多含用刀之事，而賭亦在內，凡七種。「火」者偽銀之類，凡八種。「除」者大率殺人，凡五種。「妖」者皆女人為之，凡六種。以上四類，皆干犯刑律。

開賭場、造偽鈔、殺人，或扮妖巫，當然是不務正業，要課以刑罰的。但賣藥、變戲法、算命看相似乎也不被認為是什麼高尚職業。這些打拳賣藥的人，更隨時可能轉而成為殺人或詐訛者。擄婦女走江湖打拳賣藝，不論是比武招親或什麼，也總透著點神秘氣息，與妖巫婦女，相去並不甚遠。可見汪氏所分犯刑律者四類，和不犯刑律的四類，其實未必有明確的界限，而其生活方式，恐怕也非正常居民社會的「良民」所能理解，更不可能得到尊重。因為賣藥打拳看相算命等，似乎都是不事生產的，也非社會之本務、民生之所急。所以這些江湖人雖亦從事職業，卻依然被看成是無聊的「無賴」、社會上的混混、閑漢、浮末之人。

為什麼社會上會有這麼些遊民呢？

居民社會一般的看法，多認為是因這些人自己特別懶惰或墮落使然。由於懶惰，故「不事家人生產作業」（《史記・高祖本紀》）；由於墮落，故即使祖上原本有產業也敗光了。否則怎麼會淪落到打光棍、跑江湖的地步？流氓又稱破落戶、破落無賴，原因即在於此。為什麼「撒潑無賴者，謂之破落戶」（元陶宗儀《輟耕錄》）？不是假設遊民流氓都是由良民居戶墮落破敗而成的嗎？好好一戶人家，出了不肖子孫，生性黠劣，又好吃懶做、遊手好閑，才會把家產敗光，才會淪落江湖。大家都這麼想。於是，對遊民就更加瞧不起了。

遊民之為遊民，真都是如此嗎？湖北興國州人，未必不勤勞、未必不刻苦，但終不能不成為遊民。為改善生活而離鄉背井，遠遊他處的盲流大軍，若真是家有恒產，又何須辛苦出來覓食待機？他們恐怕原本即是破落戶，故不得不遊行流動。造成他們不能安居、不願安居的，也未必全是因他們生性狡黠、好吃懶做，而是常有個人性格及品德之外的原因。例如刀兵水火，或政策不妥、人謀不臧。他們常常是這些原因下的受害者，可是卻要因其已受害，而遭世人賤看。

何況，真正魚肉鄉里、干犯刑律的，恐怕還是居民多些。例如漢朝王溫舒，任河內太守時，「捕郡中豪猾。郡中豪猾相連數千家」（《漢書・酷吏傳》）。這些豪猾，即是地方土豪，史書中通常以大豪、豪強、豪猾、豪桀、大猾稱之，彼等「家累數千萬，食客日數十百人，陂池田園、宗族賓客為權利」，橫行一方。交通官府、把持司法、壟斷漁鹽礦商、威嚇百姓、兼併土地、炒作房地產，都是這些人。作威福不能如此之甚者，則為一批小的地頭蛇。元曲〈青衫淚〉謂：「小子新娶小娘子，不知逃走那裡去了，一定有個地頭鬼拐著她去，你們與我拿一拿」。這種地頭鬼，又稱為土棍、地棍，專在地面上恃強使狠、詐訛拐騙。可見居民未必良善，遊民未必賤惰。把此類土痞惡棍、土豪劣紳和遊民流氓混為一談，更是不合理的⑨。

（五）土羨慕水：流動不拘

但不被正視、或被輕視、遭到敵視的遊民，在某些時候，卻也可能忽獲重視起來。物極者必反，此亦理勢之必然也。

在現實社會中，遊民本來就是階層間的流動者。他們可能只在社會底層流動，行走江湖，成為社會之賤民，但也可能流而為農、為兵、為商、甚至從政。流而為兵時，或許應徵受雇去從軍，或許為了自保而成為武裝集團或剽掠的盜賊。這時便可能據有土地，占山為王，割據一方。也許仍保持流動型態，成了流寇。流而為商時，或許去做行商；或許結合其擁有之武力去做生意，例如走鏢。這些都是遊民的流動型態。也就是說，遊民不是一個固定的階層，它本身即是流動的，會向各種社會階層與身分去流動。其中，最特殊的一種流動，就是由社會之最底層流動到社會的最上級。因為無賴潑皮流氓變而為流寇或形成武力之後，也可能因緣際會，成了皇帝。劉邦、朱元璋、李自成都是如此。

遊民在現實社會上所具有的這種可能性，使得人們不禁對遊民充滿了遐想。而且遊民一旦變身為帝王，更會造成社會整體的顛動，形成社會結構的重組。朝代變轉、宇宙重開、秩序新生，誰也不能不予重視。

不過這一種重視，常是由所謂正常居民社會的觀點來看，故亦不免以居民社會之價值來判定此一流動之意義。例如流寇因破壞了定居社會的結構，所以被批評；或因流寇瓦解了原有體制的不義，而獲褒揚。並不是對流民的流動本身之重視。即使討論到這種流動，也往往將之解釋為「農民」，把遊民之流動，視為農民起義。遊民流動當然不是農民起義，縱使他們本是農民，也須成為遊民才會上下左右流動之。流動之後，若仍為農，則其移墾行為之本身也是具有意義的。不幸論者執著於定居社會觀，故不免輕忽了遊民的身分及其流動之行為本身⑩。真正對遊民流動表示欣賞、讚美、充滿遐想的，不是上述這些狀況，而是一種對「遊」的嚮往。

遊民無土無業，從定居社會來看，自然顯得飄、不穩定、沒有立足點。可是，他們不也正因如此而特顯其無拘束、無負擔嗎？秦少游有云：「夢魂慣得無拘檢，又踏楊花過謝橋」。常人有家有業，不僅如蝸牛之有殼，更須知道這個殼是黏在地上、不能揹著走的。故居地與事業，固然是人的憑藉與依據，其實也是人最大的負擔和牽絆。而且，由安居者所建構起來的這個社會，最明顯的特徵就是「秩序」。鄉、黨、里、閭、三正、五老，親族倫理及地緣組織，構成一個嚴密的體系，制約著人們的行動與思維。在這樣的社會中，確實只有夢中才可能無拘束地漫遊，跨過小橋，浪漫地去謝家找小美人兒調情。否則，他們就只好艷羨遊民的浪遊了。

行為者和觀看者，往往會有所不同。正如夜泊楓橋的人看著江楓漁火，甚能興發美的感受；舟人寒夜舉火捕魚時，可不見得有什麼詩意。遊民之浪跡飄泊亦然。在遊民本身，也許是受著內在生理或心理的驅迫，追求更豐盛的食物、更美好的世界、更高遠的理想，而飄飄盪盪。如樹葉離了枝幹，在風裡飄呀飄，直飄到葉子乾了，就掉下地來，化為秋泥。在遊盪與流浪中，體會到的，多是自然界的風霜與世間人情的冷暖，而不太是無拘檢的快樂。反倒是長期被固著於土地上，彷彿上了腳鐐的人，才會特別對遠遊行旅深感嚮往。

因此，「遊盪無度」的遊手、閑漢，乃一轉而成為具有美感的人物：「身在法令外，縱逸常不禁」的遊俠、流賊，也忽然變成了令人欣賞的生活型態。離了土地、生業、秩序，心靈才能獲得優遊的空間。遊，乃因此而成為具有人生意義的字眼；遊民，亦成了生活世界中可羨慕的對象。

這時，「遊」的涵義是極富饒的。如鼓腹而遊，是饜足後無所事事的晃盪；遊盪無度、飛鷹走狗，是生命的放浪，沒有責任、不治行業，有揮霍青春的快感；遊食諸侯，是追求能施展抱負的機會；周遊天下，是跨越空間的限制，向世界無限拓展……。遊，在此便含有自由、不受拘束、超越固定界域等等意義。

除了居民土著對「遊」會形成前述看法外，遊民浪跡者，有時也會對自己的遊行流盪提出一些解說，例如莊子〈逍遙遊〉即為遊意識的經典文獻，屈原〈遠遊〉也表現了藉遠遊以超越現世困境的意義。

其中屈原本是有采邑的貴族，因遭流放而成為流人⑪；莊子則是殷商亡國者的後裔，屬於統治集團邊緣的遊離分子，本人更在戰國諸雄間遊走。他們或把遊民意識內在化，成為「遊心」；或強調遊的超越意義，希望人人都能成為放佚之民，反對秩序凝固僵滯的社會體制。這是流民對生命價值與生活方式的自我辯護與說明，比觀看者的艷羨之詞，似乎更當行出色、更理直氣壯。江湖傳言：「討了三年飯，給他皇帝都不幹」，此之謂也⑫。遊士、流人、遊民、行丐，本身蘊釀出的這類遊氓人生觀，對於困處在土地、職業、身分中的人，自然能成一種誘惑，頗具說服力。以致流民們遊的人生觀，也超越了它自身，流向定居社會，輻射影響甚為深遠。

二、虛民與實戶

（一）編戶齊民的社會控制

整個中國，其實並不如一般人或學界所描述的，是個以農耕定居為主體的社會。在這個社會中，存在著大量流民遊氓。只因此類人等難以掌握、無法統計，故官方調查、史冊記載中只能描述那些編戶齊民，且把編戶齊民視為社會之實體、主體或全體。

以唐代為例，唐朝即以「土戶」來稱呼定居百姓，又稱正戶、實戶、居戶、百姓、編戶、土著戶。相對於他們的遊民，是國家所無法掌握、無法課稅並徵發傜役的，則名為「客戶」，又叫浮戶、浮逃戶、浮客、浮寄戶、佃戶，「此等浮衣寓食，積歲淹年，王役不供，簿籍不掛」（《唐會要》卷八五〈逃戶〉）。以土戶為實戶正戶，以逃戶遊居者為浮寄之客，顯然意存軒輊，其以土戶為社會實體與主體之意甚明。但究竟整個社會裡，「簿籍不掛，王役不供」者多，還是土戶多呢？

我國戶籍制度，起於周朝。《周禮》天官冢宰〈小宰之職〉條：「聽閭里以版圖」，版，就是戶籍⑬。制立戶籍的功用，不但在於畫定行政區域，更可依此課稅。課稅有時僅以戶及口為基礎，唐行兩稅法以後，更以資產為基礎。此即「編戶齊民」之意，將人民編入戶籍，而後方能整齊管理之，也才能收得到稅賦，供給國家的運作。

周代戶籍制度尚在初期，其發展隨各封國政治社會成熟程度而異，楚、齊、晉等國都有這種制度，然史書明白記述者只有秦國。依現今可見之秦律來看，隱瞞或偽詐戶籍資料，處分也很嚴重。但當時便已有不少逃避登錄的人士了，《商君書・徠民》痛罵這些人：「上無通名，下無田宅，而恃奸務末作以處」。上無通名，即指官府沒有他們的戶口簿。商君所推行的秦制，是主張農戰的。無籍之人，無土、不田、不農，專幹些務農以外的事，自為秉國者所痛恨。

秦以後，各朝皆沿秦制，繼續貫徹「編戶齊民」這種使人民與田宅結合的政策。

可是這種政策要貫徹本極困難，漢宣帝時即下詔切責官吏們：「上計簿具文而已，務為欺謾，以避其課」（《漢書・宣帝紀》）。除非有一個非常有效率、非常廉明的龐大官僚體系，否則根本不可能不使此戶籍登記成為具文。而中國歷代之吏治，原即是不甚清明的。何況歷代之戶籍制度本身又一直很紊亂，例如劉銘恕〈元代之戶口青冊〉一文便感慨：「元據中原後，分社會為數級，操業既殊，戶簿已異。加之所謂放良、驅奴、投下、收戶等名色，於全國戶籍之系統，尤致糾繚紛亂。循常理以推，元代須有更詳細之戶口青冊，以應其變。但就今日所得而知者，實則反是」。元代如此，其他各朝其實也差不多。制度本身便多紊亂，執行又差，戶簿焉能整飭？

從老百姓的角度說，人是活的，自然也無法完全由戶口名簿來限制其居處。「凶年飢歲，君之民，老弱轉乎溝壑、壯者散而之四方者幾千人矣。……有司莫以告」（《孟子・梁惠王下》），碰上荒年凶歲，或兵災戰亂，人能不逃亡遊離嗎？元太宗時，「初籍天下戶得一百四十萬，至是逃亡者十四五」（宋子貞〈中書令耶律公神道碑〉），可見逃散者之多。而這些逃散人，官府多是睜一隻眼閉一隻眼，「有司莫以告」。要拖到不得已時，才再檢覈校正一次戶口，或乾脆修改賦稅制度來因應。我國人口史或戶口史上資料之參差，即由此而生。仍以元朝為例，元朝幾次戶口統計狀況，略如下表：

蒙元紀年	西元	戶數	口數
中統二年	一二六一	一，四一八，四九九	
中統三年	一二六二	一，四七六，一四六	
中統四年	一二六三	一，五七九，一一〇	
至元元年	一二六四	一，五八八，一九五	
至元七年	一二七〇	一，九二九，四四九	
至元十一年	一二七四	一，九六七，八九八	
至元十二年	一二七五	四，七六四，〇七七	
至元二十七年	一二九〇	一三，一九六，二〇六	五八，八三四，七一一
至元二十八年	一二九一		五九，八四八，九六四
至順元年	一三三一	一三，四〇〇，六九九	五八，二〇一，六五七
		一三，七一一，一七四	

由表上可見至元十一年戶數才一百九十多萬，次年竟飆漲到四百七十萬；到至元廿七年則高達三倍，一千三百萬。

這樣的數目，有幾種可能，一是調查不確，二是逃戶數量太高。以元太宗七年乙未的調查為例：「乙未料民，州縣率以無產僑客入籍，用示甚庶。及賦下，悉避逃徙」（姚燧〈譚公神道碑〉）。乙未年所調查得的戶數多，是因為把無產遊民一併計入之故。計入之後，因要課稅，所以人民又逃亡了。這時如果再普查一次，戶口不又大量減少了嗎？

另據宋子貞記耶律楚材在太宗時，「諸王、大臣及諸將校所得驅口，往往寄留諸郡，居天下之半。公因奏括戶口，皆籍為編民」。可見耶律楚材於太宗六年所整理的戶籍中，原本即有一半以上是「簿籍不掛」的。隔了四年，他所籍得的戶口一百四十萬戶中，又逃亡了一半，「而賦仍舊，天下病之。公奏除逃戶三十五萬戶，民賴以安」。統計戶口數，正是如此。把客戶逃戶計入便多，除掉就少。其增與減亦無一定的規則。因為客戶遊民本難確估其數，能算多少就是多少。

所謂戶籍編定，其真相，不過如此。商鞅所嚮往的：「四境之內，丈夫女子皆有名於上，生者著，死者削」（《商君書・境內》），終究是個難以實現的夢想。

每個朝代都是如此的，不是元朝戶政特別爛。唐朝，在永徽三年時，說隋有八百七十萬，而當時才三百八十五萬；可是人口繁殖了數百年，到唐末會昌年間，仍只有四百九十萬戶。建中元年定兩稅戶，有三百八十萬戶，元和年間卻立刻掉到二百四十萬戶。……凡此等等，乃是一筆糊塗帳。為什麼呢？「有析戶以張虛數，或分產以繫戶名，兼招引浮客，用為增益」。招引浮客之法，即與前述元朝乙未中之情形相同。故「徒使人心易搖，土著者寡」（《唐會要》卷八四），遊民浮客越來越多，土著越來越少。

因此，所謂編戶齊民，乃統治者治國之方法與理想，希望人民定著於土地上，田之宅之，而政府則向之課稅賦、徵傜役。可是實際的社會卻不是這樣的。編籍著土之土戶、實戶、正戶，未必屬於多數。大量民眾都是上無通名、下無田宅、浮衣寓食的。他們可能也務農，但不著於土地，也更可能「恃奸，務末作」，幹些農事以外的「末作」。

（二）以農為主的良賤身分

以農為本務，以其他職業為末作，是統治者的觀點。一如他們以上戶為正戶、以浮戶遊民為客戶那樣。因為正戶才收得到稅，才是真正屬於國家所管轄之人民；而百姓定居務農，亦便於治理也。

依此觀點，農人的地位，排名自然在工人商人之上。因工匠及商賈的流動性都大於農民，所以與農相比，即可稱商賈工匠為末作，這在漢人論述中是很常見的。但工與商雖不甚附著於土地，畢竟有家有業，故農工商相較於遊民，又都可稱為務本的良民，遊民則為奸人。荀悅〈三遊論〉曰：「國有四民，各修其業。不由四民之業者，謂之奸民。奸民不生，王道乃成」。正是商鞅指斥遊民「恃奸，務末作」的注腳。

商君農戰之說，終究不行於天下；重農抑商、崇本抑末，亦終不能阻止社會上不農人口越來越多。胡祗遹《紫山大全集》卷二十二〈論積貯〉即列有「不農品類」三十五種。其中如工、匠、行商、茶房、酒肆等，流動性都比農人大；而倡伎、貧乞、賣藥、賣卦、唱貨郎詞、陰陽二宅、醫、巫、鹽戶等，其實就全是遊民。

這些遊民，有些也被政府納編管束而課以戶籍賦稅，如鹽戶即是。《新唐書・食貨志》：「乾元元年……置鹽院，遊民業鹽者為亭戶，免雜淫，盜鬻者論以法」，業鹽者在唐肅宗以前未被戶籍法納編，此後才隸屬政府管轄，私鹽不得自賣。宋代則使罪犯製鹽，稱為「灶戶」或「亭戶」。此乃遊民納編者。但未被納入者仍然很多，社會上承認那些人也是一種品類，是實際存在的流品。政府則不以為然。

據統治者之觀點，只有農民才是良民，商工是賤民，逃戶是奸民。中國良賤身分制和土地有密切的關係，而國家之統治權則以身分制來體現。

堀敏一《均田制研究》第七章〈中國古代良賤制的發展〉說得很清楚：「中國古代社會，從秦漢到隋唐，一直是專制君主對於小農的一元化統治體制，即所謂的齊民制，或個別人身支配體制」。其中又可分為前後兩期，秦漢是由政府透過以父老、豪族所掌握的農民共同體來統治；北朝及隋唐，則是由政府通過均田制來直接控制小農生產。

在這種體制下，能被它統治之農民才有資格稱為良民，餘如行商、工匠、奴婢、妾隸、刑人等則為賤民。《漢書・地理志》：「漢興，六郡良家子，還給羽林、期門」，如淳注：「醫、商賈、百工不得預也」。〈武帝紀〉張晏注也說當時有所謂七科之謫，罪吏、亡命、贅婿、賈人、父母是商人、祖父母是商人及從前有商人籍的，都不是良民。這裡所謂亡命，就是指脫離戶籍逃亡者。此等人連賤民都稱不上。但實質上逃戶又往往淪為（或上升為）奴婢、僕隸、匠工等賤民雜戶，如《魏書・食貨志》云：「先是，禁網疏凋，民多逃隱。天興中詔：採諸漏戶令輸綸綿。自後諸逃戶占為細繭羅縠者甚眾，於是雜營戶帥，遍於天下。不隸守宰、賦役不周，戶口錯亂」。漏戶，或稱漏籍戶，是從國家戶籍中逃漏掉的。政策較寬鬆時，他們或附籍於軍隊成為營戶，或再向國家納稅而成為雜戶。此類人，仍為賤民。在通婚、任官、刑罰各方面都遭歧視，如北周保定三年大律：「盜賊及謀反、大逆、降叛、惡逆、罪當流者，皆甄一房，配為雜戶」，可見雜戶與流人、亡逆，在統治者來看，基本上是一類的。土敵視水，遂謂水為謀逆者，此種心理，前文已有分析了。

隋唐以後，均田制崩潰，但人民並沒有從土地的宰制，或帝王透過土地以宰制人的方式中解放出來。國家依然靠其戶籍，透過地主之中介，控制小農階層。小農階層在漢魏六朝間與豪族的矛盾、在宋以後和地主鄉紳的矛盾，更是一直是中國最主要的社會問題。要解決這個問題，許多人都朝取消中間層的方向去思考，如王莽所提倡的「王田制」、宋明清儒者一再鼓吹恢復的「井田制」、以及共產黨所實施之土地改革，打倒富農地主、土地收歸國有，都採取這個辦法。

他們都弄錯了。真正製造人民逃稅避役等問題的，不是豪族及地主，而是政府。政府對於一切與它在依土地控制人民的關係中，出現競爭狀況者，都會抑沮之，並不只對豪族及地主為然。例如人民為了避役賦，往往逃於方外，成為僧尼道士；或將田戶歸入寺院，成為由僧曹等管理之戶計，像北魏的「僧祇戶」和「佛圖戶」就是。政府收不到這些人的稅，就乾脆滅佛抑僧、裁汰沙門。幾次毀佛教，都是這個理由。

可是宗教團體與豪族、地宅，又都是協助政府輯撫流亡的。他們和政府，在促成人民和土地之緊密黏著關係方面，是同盟者。因為單靠國家之力，並不能完全使人民定著於田地上，故政府又往往要授予豪族、地主、宗教團體擁有自屬農民之權，也准許他們直接向人民抽取稅金。如元中統五年詔令：「自貴由皇帝至今，僧、道、也里可溫、達失蠻，地稅不曾出納，合無依舊徵納事」，教團所屬田產及事業之收入，大部或全部由教團自行收用。宋以後，如洪邁所云：「今下戶貧民，自無田而耕墾富豪家田，以五輸本田主。吾鄉俗正如此，謂之主客分云」（《容齋續筆》卷七），田主取得收成的一半，也是國家所容許的。

所以說，國家利用豪族、田主、宗教團體以收攝流亡、安輯百姓、編戶齊民，統治天下。在結構上，它們是同盟軍。但彼此有既聯合又鬥爭的關係。國家若覺得它所應拿的稅、應掌握的民、被豪族地主及教團分得太多了，便會取消中介者，直接來掌握人力與財稅資源。

陷入到此一統治策略中的良民，越奉公守法、越務本作農，便越被定著於土地上，提供勞役與稅納。直到再也受不了後，才拋棄戶籍，也就是離開土地，遊流四方。所謂：「天下百姓，自屬艱難，棄於鄉井；戶部版籍，虛繫姓名」（《唐會要》卷八五）。

流民漸多以後，政府自然會採取若干調整之措施，例如減少賦稅、嚴禁逃亡、裁抑豪強地主、降低中間層之剝削，或開闢更多的農地以安置流民。總之是恩威並施，要把人民重新拉回田地上。因為這是統治的基礎，故胡祗遹云：「為政者，首以招集逃戶為亟務」（《紫山大全集》卷二二〈論逃戶〉）。

此類措施，效果自難忽視。但人民也不傻，為商為工，雖被稱為賤民，人數卻越來越多，整個社會發展也朝人不再被定著於土地之方向前進。不農之品類，依統治者觀點，實乃不齒於人類者，卻逐漸在社會上被承認了。

（三）虛實相涵的社會體質

換言之，中國是以農立國之國家、人民以耕稼為主、安土而重遷、具有勤勞敦厚之美德、重視鄉里情誼……等，都是統治者意識型態的編織，用以建構人民的自我認識。

從哲學人類學的角度來看，人是文化的生產者，但也同樣被文化生產，「每一個人首先為文化所塑造，其後，他或許也成為一個文化的塑造者」，這個外在於人的文化體系，塑造了我們對人及自我的理解，我們的生活方式，大體上也只是既有生活形式的重新現實化而已。這麼說，不會成為社會環境決定論嗎？不！人類創造了各種不同的文化，把他自己變成某種樣子。其後，他又不像一般動物那樣，只是自然地重複該生物模式以延續物種之生命，人會自我效仿他自己選擇及創造之文化型態（例如一夫一妻制還是一妻多夫制、父權抑或母權、牧畜或是耕耨……），並按造他自己的準則來建設他的生活。所以人不僅生活，也指導生活。這就是「人的自我解釋」對人存在的重要作用。人必須靠著它，調節對自我塑造的理想和目標。依此，農耕民族及遊牧民族，對其本身創造之生活形式有許多自我解釋，藉著批判其他異文化，來顯現本民族文化方式之正當性，亦屬屢見不鮮之事。

但是，自我解釋，究竟是誰在解釋呢？

中國原本是東夷西戎南蠻北狄合組之國。堯舜禹湯，乃東西南北之人，匈奴等族亦俱言為黃帝之裔，直到據說會教人民種莊稼的稷降生時，周仍以羌戎之畜牧為重要維生方式。所以說農耕起源雖古，是否中國自始即為一以農為主之民族或國家，尚待商榷。

但這並不是爭論上古史的考據問題，而是提醒讀者：我們對農業的重視、強調只有務農才是好人、要求人民安居樂（農）業等，其實都是《周禮》、《商君書》之後，整個國家機器所努力宣揚的。透過政策、行政組織、觀念宣導、刑賞施用等各種辦法，建構了人民對自我存在的認識，讓人成為農業社會及農業文化中之一員，以定著於土地之準則，來塑造他自己的生活。

這當然是一種虛假的好國民自我意識，因為「自我」已被「政府」替代了。所謂良民，不過是政府所界定的意義；所謂生活，則是政府所希望他們過的方式。

不過，自我意識「久假不歸」，以他人為自我，也不是罕見的事，賢如顧炎武，論縣令稱不稱職，尚且說：「何謂稱職？曰：土地闢、田野治、樹木蕃、溝洫修、城廓固、倉廩實、學校興、盜賊屏、戎器完，而其大者則人民樂業而已」（《文集》卷一〈郡縣論三〉）。不稱職的縣令，他建議流放，稱職的則讓他世世代代都安居在那個縣：「其稱職者，既家於縣，則除其本籍。夫使天下之為縣令者，不得遷又不得歸，其身與縣終，而子孫世世處焉」（〈郡縣論二〉）。

可見在他的觀念中，流放是處罰；使稱職的縣令及其子孫獲得居留權，落地生根，成為土著，則是獎賞。如此威恩並行，「豈有不勉而為良吏哉？」

卻不知人若以土著為貴，要縣令放棄本籍，輕棄其父母之邦，為何竟是獎勵？做官做不好，要流放異鄉，但尚能保住籍貫；做官做好了，卻一樣得長留異地，不能返鄉，且子孫世世都不能回復原籍。以此為勸，成何邏輯？其論縣治，只以人民治田樂業為大旨，更是在《論語》裡找不到的言論。孔子曰：「君子懷德，小人懷土。君子懷（典）型，小人懷惠」（〈里仁〉），顧亭林之說，豈非小人之道也哉？

在《論語》中，對於安農樂稼，絕對不如顧氏那樣關心。其論及農事者四章，都沒有好話。一云：「君子謀道不謀食，耕也，餒在其中矣」（〈衛靈公〉）。二是長沮桀溺耦而耕，譏諷孔子未能避世，孔子發了一番鳥獸不可以同群的感慨。三是荷條丈人批評孔子四體不勤、五穀不分（均見〈微子〉）。顯見孔子與農耕之士道不同不相為謀，且以為農稼非政事之要，故樊遲請學稼，子曰：「吾不如老農」；請學為圃，曰：「吾不如老圃」。樊出，子曰：「小人哉，樊須也！上好禮，則民莫敢不敬；上好義，則民莫敢不服；上好信，則民莫敢不用情。夫如是，則四方之民襁負其子而至矣，焉用稼？」（〈子路〉）這簡直就是對顧炎武〈郡縣論〉的回答了。

孔子論政，要點在於「修文德以來之」（〈季氏〉）。而施行其道的社會基礎，即在於它不是個人人定著於戶籍與土地的社會，且鼓勵人民流動。人民襁負其子而至，才代表治績優良。號召四方人民流入之方法，更不是闢地治田修溝洫那一套。

不幸歷代號為循吏者，做的都是闢地治田修溝洫的事，如《漢書・召信臣傳》：「躬勸耕農……行視郡中水泉，開通溝瀆……其化大行，郡中莫不耕稼力田」，〈杜詩傳〉：「造作水排，鑄為農器……又修治陂池、廣拓土田，郡內比室殷足」之類，皆顧式縣治之典範。數千年來，孔子之教何嘗能行？

顧炎武怎麼會沒有讀過《論語》？可是相沿數千年的社會傳統雕塑了他的觀念，歷代政府對於好官、好社會的說解，建構了他的意識內容，使他未能考慮到：在闢地治田修溝洫之外，或許還有更好的吏政之道，在安居業農的社會形式之外，也許還有其他的類型。所以他的言論便再一次鞏固了秦漢以來一貫的統治模式與意識內容。

像顧炎武這樣的儒者太多了，其言論之編織，亦往往使人誤以為社會的實體即是如此。無奈社會發展之現實狀況，與政府及儒生胥吏之言辭構造，畢竟仍有些差距。虛假的非社會主體意識，縱或久假不歸，仍不能說它就是真的。大量遊民現象，以及歷代永遠無法解決的土地及定著問題，在在說明了商鞅之構想雖為控制社會之一法，然社會終不能為其所制。

且不說別的，顧炎武自己在〈生員論〉裡便曾分析道：

> 今之大縣，至有生員千人以上者，比比也。且如一縣之地有十萬頃，而生員之地五萬，則民以五萬而當十萬之差（役）矣；一縣之地有十萬頃，而生員之地九萬，則民以一萬而當十萬之差矣。民地愈少而詭寄愈多；詭寄愈多，而生員愈重。富者行關節以求為生員，而貧者相率而逃且死（中）。
>
> 人猶日夜奔走之如騖，竭其力而後止者何也？一得為此，則免於編氓之役，不受侵於里胥；齒於衣冠，得於禮見官長，而無笞、捶之辱。故今之願為生員者，非必慕其功名也，保身家而已（上）。

他估計當時天下生員有五十萬人。這些人所占的田地多，出身地主，卻不事農勞力役，故一個國家應有的差役全由一般百姓來擔任，人民當然受不了，受不了當然要逃，所以生員是製造逃戶的重大原因。但生員本身其實也是逃戶，是為了逃避編氓之役，才努力奔走以成為生員的。他認為當時基於此種心理而為生員者，至少占了七成。

可見主政者欲編戶以齊民，乃竟為淵敺魚，使民相率逃而為流民。或向上流，成為儒生；或向下流；或在空間上移動；或在階層上流為統治者視為賤民奸民的一層。有編氓，就有流氓。流氓，正是編氓制度所製造出來的。

從編戶齊民制中生出遊氓流民來，不僅此一端。因為編戶齊民制基本精神出於「農戰」，以人民務農安居為主要政策導向，理論上所有人民都應務農，工匠及商賈之所以被視為賤民，即生於此一觀念中。可是人類不齊、性行各異，各地物產與自然條件又都不同，強使性不喜附著於土地者、善於遊賈者、應行舟船之利之處、土地狀況不適宜農耕之處都去治田興農，根本就是荒謬的。但歷代主政者及討論治事之大臣慮不及此，只一味開闢土地、廣修溝渠、擴大耕地面積來容納更多的農民。農民看起來是愈來愈多，耕地似乎愈來愈不夠。但農民有多少是製造出來的呢？歷代又都不斷執行徙民墾荒的工作，規模大時，動輒一徙數十百萬。編戶齊民制度，製造大規模移民流動，使人民無法安居樂其業者，此為另一樁。

人民所居之地本不適合耕稼，或經災變及社會變動而不再適宜農耕，但政府未能通變，仍一味要求其為編氓、任農力役，導致人民只好棄土地、脫戶籍，逃出這個制度之外。是此制度結構性地生出流民之另一例。徙民拓墾，而其地實不利於耕種，民不聊生，乃流而為丐，則又是一例。前文所舉湖北興國州人，即是如此。據《清稗類抄・乞丐類》載，著名的鳳陽丐，產生的原因也是如此。明太祖以鳳陽為其故鄉，元末喪亂之後地少人荒，故強徙江南富民十四萬去該地。結果直到清朝，鳳陽流丐依然遍於江浙間。

又或有不流為丐而流為盜者。隋煬帝時「百姓困窮，財力俱竭，安居則不勝凍餒，死期交急；剽掠則獲得延生，於是始相聚為群盜」，正為孔子所說：「耕也，餒在其中矣」做了個醒豁的注腳。

流為丐或盜，是脫離了附著於土地的農耕生活方式，船戶亦然。地為水鄉澤國或瀕臨大川海洋，百姓自然多不務農。如《宋書・孔琳之傳》載：「昏作役苦，故穡人去而從商。商子事逸，末業流而寖廣。……天下蕩蕩，咸以棄本為事」。此類民戶，國家很晚才願承認它存在的正當性，如元朝即有舶商戶、採珠戶、沙魚皮戶、鮫戶、鯨戶、運糧船戶、撈鹽戶、駕船戶、海道梢水戶等等，但重要性在農戶之下，亦乏相關輔助生產之政策配合，出海行商貿易，尤少獲得鼓勵，不認為是正當且可提倡之治生方式。某些船戶，乃在自然漁撈之外、兼營娼妓業。據趙翼說，他在廣州任官時，該地有船戶，賣淫為生者七八萬人（見《簷曝雜記》）。此亦流民也，不但流在編氓之外，更不著土，生存在「王化」以外的領域。

娼、丐、盜，都逃離了編戶齊民的體制，是它外部的遊民；移墾者或顧炎武所說的儒生，則是在體制內朝階層或空間流動，成為其內部的遊民。但無論其為何種流民，大體上都是定居農耕體制製造出來的。

故從政府觀點看，農人土著是實戶，遊氓流人是虛民；知道社會上有這麼些人，但抓又抓不完，招也招不回，課不到稅，更無法差役，彷彿隱形人。所以實戶是良民，遊民則是危險的奸人或即將成奸之人。所謂：「今天下之人，流散非一，……非直課調虛蠲，缺於恒賦：亦自誘動愚俗，堪為禍患，不可不深慮」（《唐會要》卷八五）。而事實上社會乃是由這兩類人組成的，水土調揉，兩者合起來才成為社會的實體。虛與實之間。亦無固定之界域。逃戶隨時可以歸復為實戶，安居業農；實戶隨時可以拋棄田籍，流散於江湖。且此類虛民逃戶，又多生於編氓安土之制度中，虛實相涵，輾轉相生。絕對不是官方一廂情願之講法所能充分描述的。

三、遊居之典型

（一）優遊槃樂的生活

中國的社會，實際上是由安居業農者和不安居不業農者所共同組成，但因歷代主政者依一套「編戶齊民」的制度進行社會組織、動員及控制的工作，居者與遊者之間，乃形成了極複雜的對比關係。

居民與遊民的對比關係，可以演繹如下：「正常／異常」、「定居／流動」、「田宅／江湖」、「主體／邊緣」、「良民／賤民奸人」、「敦厚／輕浮」、「勤勞／遊惰」、「秩序／放逸」、「自食其力／寄食四方」、「安土重遷／見異思遷」、「安居樂業／不務正業」、「落地生根／流落江湖」、「聚／散」、「定／遊」、「農人／不治農者」、「土著／僑客」、「木／水」、「有產／無產」、「本／末」、「主／客」……等等。

過去我們討論中國人的思想與意識狀態，多只談到「統治者／被統治者」的朝野對比，或在野者入朝所涉及的「仕／隱」等問題，很少注意到：居民與遊民的區分，竟在我們的意識內容中形成了這麼複雜的對比架構，影響到我們的用語、思維方式及價值判斷。

這些價值判斷，因受王權及其具體編戶齊民制度之影響，往往不自覺地也會傾向於定居業農的一方。但因社會實況並不如此，故在人的意識內容上又會自動予以平衡、調整。例如安田居宅，在一般情況下，大家同意它是一種可追求的生活方式，然若形容某人只知「求田問舍」，大家又會認為這是譏諷此人平庸無大志，彷彿必須去闖盪江湖一番，才能顯示人生尚有豪情。因為與田宅安居相關聯的觀念，即是靜態、穩定、厚重，是人被納入秩序中。人在其中能獲得安全感，卻不能由此獲得創造、新奇、放逸、不正經等感受，難免為之怏怏。所以，居者與遊者間的評價，絕不如主政者的觀點那樣單一、畸側，而是動態平衡的。

何況，在我國歷史中，另有一些以遊民為主體的社會典型，提供了另一種與「編戶齊民」體制相對比的視域，可供我們參照。

此典型，最重要的，即為周朝的城邦和春秋戰國的遊士社會。

周代的城邦統治，原本也是要求人民定著於土地的，所謂：「有人斯有土，有土斯有財」，在每塊耕域內設立封疆以防止農民逃逸。故農莊有凝固性，「飲食相約，興彈相庸，耦耕俱耘，男女有婚，墳墓相連」（《逸周書・大聚》），農民在田萊間集體操作，冬天無法耕種，便進入城邑中休養，「今民畢出在野，冬則畢入於邑」（《漢書・食貨志》）。

邑，屬於貴族，其祿即取之於田野民眾的勞作。貴族與民眾的關係，與後世實施之編戶齊民制，看起來並沒什麼太大的差異。但其間實有甚大之不同，首先，土地所有權的觀念尚未形成，人與耕地的關係是鬆動的。其次，是在封建貴族和田夫野老之間，另有一種「國人」。國人住在城廓裡，和住在郊外田野中的「野人」，地位不同，他們雖也務農，可是他們是勝國遺民和周民族本身的百姓，並非被征服者，因此貴族承認他們有干政的權力，在法令和力役方面，待遇也很不同。所謂「士」即指此類人而言。《左傳》襄公十四年：

自王以下，各有父兄子弟以補察其政：史為書、瞽為詩、（樂）工誦箴諫、大夫規誨、士傳言、庶人謗、商旅於市、百工獻藝。

士傳言、庶人謗，就是《左傳》襄公二十一年所說的：「鄭人遊於鄉校以論執政」。國人之所以能遊、能謗，是因為他們的力量來自氏族傳統的勢力，而非土地。他們與封建貴族並不盡為統治者與被統治者的關係，故能遊於鄉校以論執政。此即為最古之遊士階層。

不但如此，從《左傳》襄公十四年這段記載中我們還可發現「商旅於市，百工獻藝」的說法。商旅與百工，在秦漢以後均視為賤民末業，在此卻是平衡王權的重要力量。另《左傳》定公八年又說：「茍衛國有難，工商未嘗不為患（共患難）」，可見工商之地位頗為重要。或曰工商即殷商之遺民，周朝的統治若要穩定，自須注意它與殷民族的關係。其說未必的確，然此與秦漢以後置農於工商之上，差異甚顯。而工商當然也較農民流動，故曰「旅」於市。

看了這些，孔子的許多話就好懂了。《論語・子罕》：「子貢曰：『有美玉於斯，韞櫝而藏諸？求善賈而沽諸？』子曰：『沽之哉！沽之哉！我待賈者也』」，師弟間全以商賈做買賣的行為來討論進退出處。子貢當然是個大商人，孔子也以待賈者自稱，這是與後世重農抑商之態度迥異的。又，〈衛靈公〉：「子貢問為仁。子曰：『工欲善其事，必先利其器。居是邦也，事其大夫之賢者，友其士之仁者』」。為仁之道，是孔子學說之重點，這裡也以工匠使用器具為喻，而孔子是從來不曾以農事為喻的。此外，《論語・述而》所云：「志於道、據於德、依於仁、遊於藝」的藝字，注家多解釋為「六藝」。從孔子這些用語方式來看，恐怕未必需要如此狹隘地理解。「遊於藝」的藝，應與百工獻藝的「藝」涵義相近。猶如孔子自稱：「吾不試，故藝」。

士遊於鄉校、商旅於市、工遊於藝，這裡都具有一種遊的精神，而不是像後世那樣，一味強調安土重農，商旅百工的地位也在農夫野老之上。從社會結構上看，這其中有個重要的原因，就是此時政治上的主體係在「城」而不在「田」。

周人的封建統治，是以城邑為中心，向外輻射：「邑外謂之郊，郊外謂之牧，牧外謂之野，野外謂之林，林外謂之坰」（《爾雅・釋地》）。這時的城邑，固然難以和後世的商業城市相提並論，但它在政治、軍事、身分、文明，乃至經濟上擁有優勢是十分明顯的。商業活動，從「商旅於市」可以補察王政之記錄上看，不但已甚蓬勃，且亦甚受主政者重視。這種以城市為主的文明，和後世注重農村而不願正視城市的類型，實甚不同。

《唐會要》卷八九〈疏鑿利〉：「貞觀十一年，揚州大都督府長史李襲譽，以江都俗好商賈，不事農業，𨹧乃引雷陂水，又築城塘，溉田八百餘頃」。江都即揚州，是商業都市區，俗業商賈，是非常自然的，這位官吏卻偏要將它改造成農業文明之型態，其實即顯示了秦漢以後治國者一般的想法和做法。

在他們的看法中，城市是工商、遊手、浮末聚集之地。一談起城市，就不免感嘆：「洛陽輕薄子，長安遊俠兒，宜城溢渠碗、中山浮羽　」昭明太子〈將進酒〉「四方輻湊，京師二邑，號為難治。……其閭里少年、博徒酒客，或財利爭鬥，妄相誣引」（《宋書・沈約自序》）「時都下多舛雜且多奸盜」（《南史・王曇首傳》）……。大都市，總是被形容成道德最淪喪、治安最敗壞、「去農從商，爭朝夕之利；遊手為事，競錐刀之末」（見《隋書・地理志上》）的地方。其實都市的發展，只是個社會自然的進程；但在意識上，秦漢之後以編戶務農為主的社會群體，對之卻毫不感興趣。他們只是無奈地接受這個事實，並發些牢騷，準備隨時離開這俗濁的城市，回歸田園。

因此，田園逐漸成為「聖世界」，是安頓心靈與生命的處所，代表自然、純樸以及精神超越上拔的向上追求。城市則是「俗世界」，汙穢、人為、機巧、利祿、犯罪、塵濁都集中於此，代表人心纓於世網、精神向下沉淪陷溺的場域。

周朝不是這樣的。「氓之蚩蚩，抱布貿絲」，被視為正常的活動，市集本來也即是農村人民定期來此聯絡感情、交換訊息、貿易貨物以及趕熱鬧的地方。我們可以想像農人們對市集一定是充滿期待與喜悅之情的。拿了織的布、收的麥去交易，更是再自然不過的事。何況在市集中還可欣賞到「百工獻藝」和「商旅於市」時的傳言與謗語，多麼有趣？相較於農勞單調的

「苦生活」，城邑市集當然顯得歡喜、新奇、熱鬧，是個「樂世界」。城邑同時還是個聖世界。因為它是祭祀中心。《詩・大雅・下武》：「下武維周，世有哲王。三后在天，王配於京。王配於京，世德作求，永言配命，成王之孚」。上天降命，王者受之，接武前后之道，繼世而昌，乃能上配於天。在那兒配天呢？就在鎬京。宗廟明堂均在此間也。

祭祀活動在當時人生活中的重要性，是不用再強調的，但我們更要指出：舉行祭祀活動時，同時也正是人民歡樂遊戲之際。孔門師弟問答，曾點所說那一段令人悠然神往的生活方式：「浴乎沂，風乎舞雩，詠而歸」（〈先進篇〉），就是剛參與了祭祀活動。《周禮・舞師》：「教羽舞，師而舞四方之祭祀。教皇舞，師而舞旱暵之事」，旱暵之事，即是雩。雩是大祭，要跳舞的，故曰風乎舞雩。浴乎沂，則是祓禊，《詩經・鄭風・溱洧》所描述的士女遊樂，觀於洧溱、贈以芍藥之景象，便是上巳修禊時的事。這些活動雖不在城中，但城裡的祭祀同樣能使人民歡樂遊戲歌舞。王在鎬京上配於天，而鎬京即歡樂之地，故《小雅・魚藻》曰：「魚在在藻，有頒其首。王在在鎬，愷樂飲酒。魚在在藻，有莘其尾。王在在鎬，飲酒樂愷！」聖世界與樂世界在此是合一的。城中人的形象，也因此而顯得高雅有教養。《小雅・都人士》：「彼都人士，狐裘黃黃，其容不改，出言有章。行歸於周，萬民所望」，蓋即為都城人士之寫真。

這種城市人的形象，絕對與後世不同。試看六朝的建康城，本身完全沒有耕地、沒有農民（**這一點更勝於今日的台北市**）；又是政治、軍事、經濟、祭祀、文化中心，但史書上講到這個地方，總是說它「號為難治」、「都下舛雜，且多奸盜」、「小人率多商販，君子資於官祿」、「動家子弟多縱恣，以淫盜屠殺為樂」，人民不可愛、生活不快樂；其遊佚放縱的生活型態，為史官所難以接受。

但在周人的生活中，卻充滿了優遊的態度。例如《詩・大雅・卷阿》：「有卷者阿，飄風自南，愷悌君子，來游來歌，以矢其音。伴奐爾游矣，優遊爾休矣，愷悌君子，俾爾彌爾性，似先公酋矣」，來遊來歌，優遊而樂。這即是周人生活中一重要特徵。「優遊」一詞，在詩中屢屢出現，與之配合的另一詞，便是「逍遙」。如《小雅・白駒》形容一位懷念的人，「其人如玉」，並說此人：「所謂伊人，於焉逍遙」、「慎爾優遊，勉爾遁思」、「毋金玉爾音，而有遐心」。顯然此人正如莊子〈逍遙遊〉所說，是一位有遁思、有遐心的玄遠之士，而其遁思與遐心即生於那種優哉遊哉的態度。

「優哉遊哉」一語，便出自《小雅・采菽》。在《詩經》中，大雅小雅多正面寫優遊之樂，風則多就「以遊銷憂」的方面說，如《邶風・柏舟》：「泛彼柏舟，亦泛其流。耿耿不寐，如有隱憂。微我無酒，以遨以遊」、〈泉水〉：「駕言出遊，以寫我憂」、《衛風・竹竿》：「駕言出遊，以寫我憂」。

中國人遊的三種主要型態，不是都已具型於此了嗎？一是優遊，代表寬鬆和豫的生活方式，優哉遊哉，聊以卒歲，聽點歌、跳個舞，遊息晃盪，如「鼓腹而遊」的擊壤歌者，如「浴乎沂，詠而歸，風乎舞雩」的曾點，如飲酒樂愷的王者，如《莊子・人間世》所謂：「南伯子綦遊乎商之丘」；或無所事事，隨意遊歷、遊觀、遊處，或跟著別人到處跑跑，如〈德充付〉

所云：「吾與夫子遊十九年矣」。

二是藉著出遊，擺脫土地居處的束縛、以及心理憂煩的糾纏，宣洩自己的煩鬱。如屈原〈遠遊〉說：「悲時俗之迫阨兮，願輕舉而遠遊」，就是「駕言出遊，以寫我憂」的模式。《左傳》昭公十二年云：「穆王欲肆其心，周行天下」，也是如此。所謂肆其心，即是因為覺得生命被封閉住了，心靈無法縱肆，所以需要周遊。據《列子・周穆王篇》及《穆天子傳》所述，穆王西涉流沙，遠赴河源，與西王母相會於瑤池。這美麗動人的遠遊故事，啟發了後人無窮的想像，也替遠遊型態奠立了原型。

這兩種型態，或以遊樂為生命充裕滿足、無拘束無壓力的狀況；或以遊為陶寫憂愁，消解生命之困苦的方法。總之，生命是快樂優遊的，如不快樂，便優遊以消之。第三種則具有更積極的作用，亦即以優遊為一種人所追求的生活方式，有價值意義。如《小雅・白駒》所描述的那位高士，「慎爾」優遊、「勉爾」遁思，其超越世俗之遁思與遐心，是有意慎勉而為的一種人生價值選擇。以此優遊，來達致逍遙的人生境界。此等超塵絕俗之人，《詩經》形容他：「其人如玉」。莊子的〈逍遙遊〉，便是這一態度之發展，故他所描繪的逍遙仙子，也是：「肌膚若冰雪，綽約若處子」的。

（二）遠遊求道的精神

以貴族城邑為中心，構成的城邦農莊生產體制，出現了可以「遊於鄉校以論執政」的國人遊士階層，也出現了以城市為主體的社會，商旅百工聚集於其中。城市人具有文明的形象，市集、祭祀、燕會、遊戲所構成的生活方式，更使社會上出現了遊的精神。這種遊的精神，有幾個面向，而每一面向，都影響深遠，鐫刻在中國人的意識和語言中。

但貴族城邦在春秋時期便崩潰了。這樣的社會及遊的精神，也隨之崩潰了嗎？不，它是擴大了。

周朝的國人階層雖具有遊的性質，然而封建城邦之本質原本即在於身分差別制，故人民係定著在身分上的，這種定著雖非土地定著，其定著性卻對人構成了難以跨越的限制。等到春秋戰國的「貴族凌夷」，則打破了這種身分差別等級制，天下人的身分乃由不齊而齊，平等了。

不僅身分平等，人民流動也日益增加，《管子・問》：「問：國之棄人，何族之子弟也？問：鄉之良家，其所牧養者幾何人矣？」貴族流為平民，是階層間的流動；流入他鄉，則是空間的流動。這兩種都很劇烈。《左傳》昭公三年載叔向云：「民聞公命，如逃寇讎」，又昭二九年，杜注：「民逃其上曰潰」，徐彥《公羊疏》也說：「擾亂其民，令之不安，由茲潰散」。封建城邦時代農民與土地的關聯本來就不很牢固，春秋時期各邦國君主貴族「遷人」或「出民」皆視為尋常；當時更有一種易田之法，即三年換土耕種一次，稱為「爰土易居」。人本就不完全定著於土地上，遭逢春秋末期戰亂頻繁，流亡散離者當然更多了。

人民流散或歸附，乃因此而成為政治良窳的指標之一。孔子曰：「近者悅，遠者來」、「遠人不服，則修文德以來之」。只要政治清明，其他地方的人民自然會來歸附，便成了新時代的重要信念。孟子說許行自楚到滕，向文公表示願為其氓；又勸各國王者行仁政，認為若真能行仁政，民之歸往，便將如水之就下。都是站在這個基礎上發言。各國對於爭取人民來歸，也各有鼓勵之措施，連《商君書》也有〈徠民篇〉曰：「諸侯之士來歸義者，令使復之三世，無知軍事；秦四境之內，陵阪丘濕，不起十年征，著於律也」，新來歸附者免服三世勞役、十年不征收租稅，待遇實在夠優厚了。

人民不但朝政治上有文德之處流動，也朝有文德的人物處流動。《莊子‧德充符》：「常季問於仲尼曰：『王駘，兀者也，從之遊者，與夫子中分魯……』仲尼曰：『……奚假魯國？丘將引天下而與從之』」，有文德者便能聚民，似乎是當時普遍的觀念，戰國諸子之所以能有一大批從遊弟子，即拜此觀念之賜。

但有德者聚合著一大批弟子，並不只在固定某國某地坐而論道，他們往往帶著這一批人去歸附有德的諸侯。這整個文德追求集團，其實即是一流民團，流到號稱有德之君處，停下來觀察一番；失望了，再走。有時半路絕糧，流民遊士集團便成為遊丐。努力一直走下去，遍干七十二君，然後發現道不能行，諸君皆非真有德而能王天下者，只好繼續流浪，或「乘桴浮於海」或「遊於方之外」。不是在空間上遁於遐方，逃世離群；就是從精神上再去尋找一個能夠遨遊的空間。

此即遊士之時代。大遊特遊，冀望由此得君行道，並實現自己內在的文德追求。那種效忠於一隅、一方、一國的想法，早已被棄若敝屣。孔子說得很明白：「士而懷居，不足以為士矣」（〈憲問〉）。《莊子‧逍遙遊》更以大鵬和蓬蒿間的小鳥斥鴳相對比，譏諷：「夫智效一官、行比一鄉、德合一君、而徵一國者，其自視也，亦若此（指小鳥）矣」。

這真是與後世「土著戶」的態度太不相同了。人人不安土重遷，以致孔子還忍不住要勸人：「父母在，不遠遊，遊必有方」（〈里仁篇〉）。可是他自己卻曾想搬到九夷去住，甚或移遊海外哩！當時也並非無土著定居者，居者也並不見得不敢視排斥遊者。但總體看，遊之事實與精神並非居者之勢力所能壓抑。秦之貴族排斥遊士，李斯寫一篇〈諫逐客書〉正面與之交鋒，便大獲全勝。安土重遷之說，誰還說得出口？

同時此遊士時代所顯示的那種熱烈之文德追求態度，也令人驚異。一般人民，拋棄原有的居處，跋涉異地，尋求有德之君以便依附。商鞅稱為「歸義」，其為文德之追求，殆無疑義，用唐朝張玄素的話來說，就是「思歸有道」。士人，如荀子那樣，「年五十始來遊學於齊」（《史記・孟荀列傳》），四處遊學求道，亦為求道之旅；若遊而從師，所謂：「從師學道魚千里」，從遊於一位有德君子身邊，夫子步亦步、夫子趨亦趨，甚且從之絕糧、助之守城，也是道義的追求。

這即是遊的精神之另一面向，新的開展：遠遊以求道。乃是意義的追尋。如楚辭〈遠遊〉之不同於《詩經》，就在於它除了「駕言出遊，以寫我憂」之外，還表現了追尋的這一面。

因為〈遠遊〉從「悲時俗之迫阨」開始，展開遠遊。但立刻便轉入「惟天地之無窮兮，哀人生之長勤，往者余弗及兮，來者吾不聞。步徙倚而遙思兮，怊惝怳而乖懷」。因此，因現實世界一時的困頓與挫折而帶來的悲情，迅速轉換提升到人生意義的探索之層次，由「憂世」轉為「憂生」。這是對人類生命本質的憂懼，哀恐生命飄忽，遽逝於天地之間；或「神儵忽而不返兮，形枯槁而獨留」，喪失了生命的意義，徒存軀殼的活動。

為了解消這種生命的憂懼，作者嚮往傳說中的一些成仙者，能真正「與化去而不見兮，離人群而遁逸」、「終不返其故都，世莫知其所如」，所以他也「恐天時之代序兮，耀靈曄而西征」。學周穆王去西遊了。

可是此次西征並非往見西王母，不是空間上的旅行遊歷，而是求道之旅。他見到王子喬，要「審一氣之和德」。王子喬教他：「道可受兮，不可傳。其小無內兮，其大無垠，無滑而魂兮，彼將自然。一氣孔神兮，於中夜存，虛以待之兮，無為之先，庶類以成兮，此德之門。」他得了道，於是精神飛行周遊於超越境界。在天庭不死之鄉遨遊，風伯為其前驅，雨師雷公為其侍衛，眾神並駕，乘著龍飛來飛去，十分快樂，所謂：「欲度世以忘歸」、「內欣欣而自美兮，聊愉娛以自樂」。

這時下視塵寰，發現「舊鄉」的「舊故」很想念我，我也很想念他們，但我的路既已與之不同，只好繼續「泛容與而遐舉兮」，往南疑、覽方外、從顓頊、歷玄冥。整個生命至此完全超越了塵俗，逍遙倘佯於得道之境地：「下崢嶸而無地兮，上寥廓而無天。視儵忽而無見兮，聽惝怳而無聞。超無為以至清兮，與泰初而為鄰」。

遠遊，具有淨化心靈、洗滌靈魂的作用。而遠遊本身，則為求道之旅。整篇〈遠遊〉具體說明了求道的原因、經過，以及得道之後，靈魂如何得大解放大自在大超脫，「聊仿佯而逍遙兮」的狀況，是了解當時人遊之精神的重要文獻。不幸漢以後的注家，拘泥於屈原忠君之說，硬把它往屈原遭放逐後懷鄉牢騷方面去扯。實在講不通了，近人廖平、胡適、陳鍾凡、陸侃如等又說它不是屈原作的。另有人則據其中論道語，斷言：「可見此篇完全是道家出世的神仙思想」。真是冤哉枉也！實則王逸《注》謂此篇乃：「避世高翔，求道真也」，已說對了一半。

本篇確是追求道真，然非避世，乃度世。避世只有逃離社會現世之意義，度世才是出諸憂生而對此世生命的度越。人只有要解決這種生命存在的問題時，才需要求道。

故「道」並不只是政治措施、富國強兵等處理社會現實問題之術，乃是涉及生命歸向之價值與意義問題的，是以孔子說：「志於道」、「士志於道，而恥惡衣惡食者，未足與議也」、「朝聞道，夕死可也」、「篤信好學，守死善道」。

志道、求道，就是對道的追尋；信道守道，則是對此價值與意義之堅持。遊民遊士的社會，人在拋棄了土地田宅以及舊鄉親故之後，「道」即成為他行動的準則與依歸。

因為生命無論如何自由，如何無負累、無拘檢，仍須要有能定得住的東西，否則便只好流於虛無，人生飄飄忽忽，不知伊於胡底。這定得住的東西，若不在田宅、貨利、爵祿、國族、身分上，那就只能定在做人做事的原則上。孟子曾說：士人應該「無恒產而有恒心」（〈梁惠王上〉），恒心就是人心要有所定，如孔子所說：「居處恭，執事敬，與人忠。雖之夷狄、不可棄也」（〈子路〉）。

這就是道，孔子有時亦稱此為仁道，如此章即回答樊遲問仁者。謂此乃人之所以為人之道。人有做人的一般原則，也有特殊性的原則，例如大臣就該有做大臣的原則，該有大臣之道。〈先進篇〉：「季子然問：『仲弓、冉求可謂大臣也歟？』子曰：『所謂大臣者，以道事君，不可則止』」。大臣該以道事君，這是做大臣的原則。依此原則，君亦應合乎君道、國亦應合乎立國之道，若不能如此，大臣便應離開。止者趾也，走開之意。故子曰：「守死善道：危邦不入，亂邦不居。天下有道則見，無道則隱」（〈泰伯〉）「邦有道，穀；邦無道，穀，恥也」（〈憲問〉）。孔子一向是如此的，其弟子亦然，如季氏要閔子騫做費宰，閔子騫就對使者說：「替我辭掉吧！若再來找我，我就要逃到汶水上了」（〈雍也〉）。遊士故須守道，守道者在遭逢無道時，自應繼續遠遊。此謂之「徙義」。子張問崇德辨惑，子曰：「主忠信，徙義，崇德也」（〈顏淵〉）。

遠遊追尋求道、徙義歸仁，便是此時遊士社會發展出來的生活方式及精神狀態。

（三）周流乎上下四方

志道徙義的活動，在秦以後甚為困難，因為主張安土重遷的王朝，制定了「遷徙刑」，遷徙變成了一種對犯罪者的處罰。漢承秦律，徙刑包括徙、謫、廢等，自此乃有中國綿亙數千年的謫廢流放之哀鳴。

可是春秋戰國時期，遷還是很平常的。《春秋》莊公元年：「齊師遷紀郱、鄑、郚」、閔公二年：「齊人遷陽」，《左傳》襄公六年，齊又「遷萊於郳，高厚、崔杼定其田」。成公十五年，許向楚請求「內徙」，楚即遷許於葉。昭公四年，楚即遷賴於鄢，楚子乃考慮遷許於賴。昭公九年，淮水流域幾個國家更是大徙了一番，許國人遷到城父，城父人遷去陳國，方城外的人搬到許，城父的許國人又獲得州來和淮北之田。在陳的城父人則另外得到夷的濮西之田。隔了兩年許、胡、沈、道、房、申又都遷到荊。再隔三年，又都搬回去了。

所謂「國家」，後世的定義之一，就是擁有固定的疆域和人民。以此觀念來看此刻的各「國」遷徙狀況，實覺不可思議。蓋此所謂國者，疆域似定不定，人民也不定屬於某一國，國家更可以遷來遷去。

古史所云堯舜盤庚等「遷都」之事，亦應如此理解。國是移動的。或出於自願，或迫於形勢，或戰敗被人處理安置。總之，國可遷，也常遷。國家、土地、人民三者的關係甚為鬆散，或國遷而人民並不全隨國家徙動，或人民棄土遷離，國則不動。而國家內部也經常徙民。

《孟子・梁惠王上》：「梁惠王曰：『寡人之於國也，盡心焉耳矣。河內凶，則移其民於河東，移其粟於河內。河東凶，亦然』」，此即國家內部之徙民。漢以後，當然也徙民，但重在實邊墾荒、或便於就近監控，不是把人民遷往更好的地方去。且此刻徙民還有一個用意，即行此德政以廣招徠。所以梁惠王自認如此用心而無效果時，孟子便教他施行仁政，謂若能行王道仁政，「斯天下之民至矣」。接著孟子又見到惠王的嗣君襄王，也告訴他要行仁政：「誠如是也，民歸之，猶水之就下」。〈公孫丑上〉又載孟子言，論其所謂王道仁政，甚為具體：

尊賢使能，俊傑在位，則天下之士皆悅而願立於其朝矣。市，廛而不征、法而不廛，則天下之商皆悅而願藏於其市矣。關，譏而不征，則天下之旅，皆悅而願出於其路矣。耕者，助而不稅，則天下之農皆悅而願耕於其野矣。廛無夫里之布，則天下之民皆悅而願為之氓矣。信能行此五者，則鄰國之民，仰之若父母矣。

廛不征，房屋不徵稅；耕不稅，田畝不徵稅；譏不征，人貨通關不徵稅；夫不收里布，無業遊民也不徵稅。如此當然百姓歸附，近悅遠來，「如此，則無敵於天下」。

這裡所列的幾種人，士、商、旅、無職業之夫，都是遊民。農耕者也是。所以大家都朝有道義的地方流動。但孟子之所以以此遊說諸侯，不也正顯示當時諸侯執政者大多已朝另一個方向去走了嗎？

周朝之遊士遊民現象，經春秋戰國逐漸擴大化以後，出現了兩種相反的力量。由於人民是流動的，如孟子所云，朝能行道施惠之地歸附，所以各國都想辦法去吸引招徠新氓。但同時，各國也都怕自己的人民會遷走，故都想法子要限制民眾之流動。一方面鼓勵流動，遊民乃越來越多；一方面開始編戶齊民，開始徵收固定的房產稅、田土稅、通關稅，人民流動就越來越困難。孟子是法先王、復古道的，所以大聲疾呼，希望能保持社會的流動性，讓人民不屬於一個固定的封域或政治團體，只屬於他自己所認同的道義世界。君王與人民的關係，被認為並非統治者與被治者的關係，猶如國君大臣之關係，非隸屬關係，而是道義關係。

在道義關係中，「君使臣以禮」、「君子之道，其使民也義」、「使民如承大祭」；「臣事君以忠」、「忠臣以道事君」。忠，即「為人謀而不忠」、「主忠信，無友不如己者」的忠，強調敬事而信。如果道義已虧，彼此之聯結關係即告中斷，臣民可以離去、可以視君王為寇讎、也可以將之推翻。

或許有人要說，所謂君主與臣民的非隸屬關係，係以道義相維云云，只是一種美化的講法。人民離開故君故土，其實是逃難；被壓迫得受不了了，揭竿而起，也屬於生存之掙扎，困獸猶鬥，何況是人？士君子以道事君，不行則動腳趾離開，大抵亦然。若不走，怕遭整肅；更擔心如果走不了，則需「危行言遜」，日子也不好過。只得忍痛出遊。故遊並不是消釋煩憂或優遊歲月，乃是逃難，流離散亡於天下。

此說甚是，我並不否認這些。但遠遊以求生，與遠遊以求道亦不矛盾。因為民眾逃難求生，欲苟全性命於亂世，一定是由無道之國，逃向有道之域，士君子的流動亦然。故求生之旅，亦不妨視為是與遠遊求道同類的活動。

其次，吾人當知此時民眾原即是流動的，流動是常態而非變態，與後世之觀念殊不相同。「氓」這個字，指人民。但這個民本來就是指遊民，《說文解字》段玉裁注云：「自他歸往之民則謂之氓，故從民亡」。人民從此國遷到彼國，從甲邑移居乙邑，當然就是氓。朱駿聲《說文通訓定聲》云氓為「自彼來此之民」，魏源說氓為「流亡之民」，都是這個意思。這些氓，可能「抱布貿絲」。但他們即令務農，也一樣不定居於土地上，所以孟子形容他們是水，那兒低窪就流向哪。

此等民氓，後世實亦有之。如大陸自中共統治後，實施嚴格之戶籍制，人民定著於土地上，土地收歸國有，人則不准隨意流動。戶口在鄉村的，到城裡只能成為「黑人」、「黑戶」。過去甚至還要打路條，才能離開本鄉本地，出外辦事。但縱使如此，仍有不少人是遊流如水的。據柯楊、趙寶璽〈甘肅永登縣薛家灣人的職業及其信仰習俗——關於中國的吉普賽人的民俗調查〉云，該地現有近百戶人家，慣於三五家一群，連年奔走四方，為人算命卜卦、禳病消災，近似歐洲的吉普賽人。又據調查，江蘇邳縣，每至農閑時，男女便大批出外乞討。山東郯城，幾乎戶戶也都有女人出外行乞。此類遊氓，顯然並非任何社會所能消滅的。中共統治時尚且如此，傳統王朝以編戶齊民為「主體」之社會中，當然會有數量龐大之遊氓。

但此或為種族、或成職業、或屬於農耕定居生活之外輔助行為，與春秋戰國時期不同。那個時候，民眾基本上就是遊的。「領土國家」的觀念才剛剛出現，尚未定型，《左傳》文公二年記孔子語，謂臧文仲有「不仁者三」，其中之一就是「置之關，所以禁絕末遊」。可見人民本屬遊氓。春秋戰國，攻戰不休，人民流離及貴族凌夷，日益嚴重，自然也擴大了這種遊民性。一般人民固然如水流散於方，遊士也與人民一樣大遊特遊。孔子孟子荀子等儒家是遊的；墨家摩頂放踵，奔走於天下，也在遊；道家、縱橫家之為遊，是不用說的；農家，如許行也帶著徒弟們遊。

遊為常態，便無「逃難」之問題。逃難意識，是後代遊民的重要生活經驗意識內容，然卻尚難見之於此時。因為逃難是定居社會的想法，只因定居的條件被破壞了，出現生存的災難，所以才要逃。是無法再安宅舊厝，只好離鄉背井。重點在於「逃離」某一災禍定點。而在遊牧民族或流浪者（如吉普賽人）的觀點來說，卻不是這樣的。聞說何處水草豐美，便遊來聚居，所謂：「遠方之人，聞君行仁政，願受一廛而為民」，動力在於「趨向」，是向某一樂土集中。故逃難與趨樂，實為兩種意識。「適彼樂土」是自由的，逃難則是無奈及不得已的。遊民往水土甘美、有仁有義之地流動，是水之本性使然；為兵災天禍人殃所迫而流離，是土塊打散了的泥屑亂迸。看起來是一樣的流動，放在不同的社會脈絡裡，所以其實便甚為不同。

在這樣的遊民遊士社會裡，配合著遠遊求道、適彼樂土的精神，此時便出現了另一種「天下意識」。

安居隴畝者的意識，是定著在他那一方田土上的，故有「方域」、「地盤」之觀念。遊民沒有定著的土地，也不想擁有一塊固定的土地；他們腳走到的地方，都屬於他們，也都不屬於他們。特別是土地私有權之觀念尚未確定，遊而居之，居而遊之，又何必把自己束縛在一塊地上。這樣形成的，就是「男兒志在四方」的天下意識。

例如孔子是魯國人，可是他說話時並不從「魯國人」這個角度發聲，動不動就說：「君子之於天下也，無適也，無莫也，義之與比」（〈里仁〉）「或問禘之義，子曰：不知也，知其說者之於天下也，其如示諸斯乎！指其掌」（〈八佾〉）「天下有道則見，無道則隱」、「巍巍乎，舜禹之有天下也而不與焉」（〈泰伯〉）。子夏也說：「四海之內，皆兄弟也」（〈顏淵〉）。自居為一天下人，根本沒有魯國優先、魯國主體性、魯國本土關懷、魯國人民生命共同體之類想法。

若非我們已知孔子為魯人，恐怕我們在《論語》中也不太看得出他的地籍本貫。孔子如此，其他人也一樣。事實上，「大師摯適齊，亞飯干適楚，三飯繚適蔡，四飯缺適秦，鼓方叔入於河，播鼗武入於漢，少師陽、擊磬襄入於海」（〈微子〉），大流動的時代，講本籍本貫，有何意義？「丘則東西南北之人也」，周遊天下，遂有此天下意識，又有何可怪？

不過，天下意識細分又可以有兩類。《莊子‧大宗師》記錄了一段孔子與子貢的談話。這段話，是因子桑戶、孟子反、子琴張之人相與友，子桑戶死時，友人聯尸而歌，子貢甚為困惑，故問孔子：

孔子曰：「彼遊方之外者也，而丘遊方之內者也。……彼方且與造物者為人，而遊乎天地之氣」。子貢曰：「然則夫子何方之依？……敢問其方！」孔子曰：「魚相造乎水，人相造乎道。相造乎水者，穿池而養給；相造乎道者，無事而生定。故曰：「魚相忘乎江湖，人相忘乎道術」」。

從莊子的角度看，孔子仍只遊於方之內，未脫離「遊必有方」的層次。但這個方也不是固定的方域方國，而是以整個江湖為方，以道術為依歸。其周遊列國，席不暇煖者，正因他居於道術之中。孔子外，如「田駢以道術說齊王」（《呂氏春秋・執一》）「（尹文子）救民之鬥、禁攻寢兵、救世之戰，以此周行天下，上說下教，雖天下不取，強聒而不捨」（《莊子・天下》）亦皆是如此。此時道術為天下裂，人人優遊於其道術之中，以道術為安宅，所以能夠沒有外在的具體的田土產業。他們的安居是內在於己的，只要不改其志，便可居天下之廣居、立天下之正位、達天下之正道。

此時天下即是江湖。人相忘於道術，故亦相忘於江湖，不會有「江湖多風霜」、「江湖寥落爾安歸」之感。

但江湖畢竟是平面的，遊於江湖式的周流，據莊子看，仍是遊於方之內。他提出另一種遊的人生態度來，亦即所謂遊於方之外，要求人與造物者為友、遊於天地。

這是超越性的遊，精神超越出整個平面土地，徹上徹下，同流於上下，不只是四方而已。故曰遊於方之外。

遊於方之內者，實無定方，以道為安宅，本來就具有內在的超越性；此種方外之遊，超越性更強。完全是精神飛越超舉的凌虛狀態。所以莊子不斷用大鵬沖霄、列子御風等意象來形容，又說藐姑射山之神人，不食五穀、吸風飲露，乘雲氣、御飛龍，而遊乎四海之外。這種遊，或許更合乎「遊」字的本義。

據白川靜的考證，遊，古作斿，或寫為游與遊。斿和旅一樣，都是拉著旗子出遊。這是古氏族遷移遊居時常見的現象。旗子代表了氏族的徽號，奉氏族神以出遊，原因就在於真正能遊者，其實只有神才能辦到。後世所謂「神遊」，詞源即出於此。神是會降真、會出遊的，《詩經・周南・漢廣》云：「南有喬木，不可休息，漢有遊女，不可求思」的遊女，或謂即漢水女神。楚騷描述此類神遊狀態的更多。如〈離騷〉：「和調度以自娛兮，聊浮遊以求女，及余飾之方壯兮，周流觀乎上下」，〈湘君〉：「駕飛龍兮北征，邅吾道兮洞庭」、〈湘夫人〉：「帝子降兮北渚，目眇眇兮愁余」、〈大司命〉：「廣開兮天門，紛吾動兮玄雲，令飄風兮先驅，使凍雨兮洒塵」、〈少司命〉：「與汝遊兮九河，衝風至兮水揚波」，也都是神遊。

遊於方之內者，周流四方，相忘於江湖；遊於方之外者，效法神遊，超然高舉，飄盪往來。這兩種，都可稱為天下意識。有此意識的人，浩蕩行走在江河日月之間，故曰：「士而懷居，不足以為士矣」（〈憲問〉）。

四、歷史的轉變

(一)軍國主義對人的控制

人民行走於江河日月之間，遊於江湖、依止於道義，對統治者來說，自然是不利的。背我離去者，當然含有藐視我的意味，是對我政權已不認同、謂我為無道者。那些移來的人，瞪著眼睛看我之政績施為，準備印證傳聞是否屬實；稍不滿他們的意，他們也將離去。這都不怎麼使人痛快。

而更重要的是：國力的擴張與競爭，逼得列國諸侯無法再維持這種國家界域不定、人民數量無法保證的局面。各國攻伐，主要就在爭奪土地、資源和人民。別人的土地要搶過來，自己的人民不能流出去。而且，人不能再是天下人，他必須只屬於某一個固定的國家，並忠誠於該國及其國君。否則諸國相攻，而自己城內竟有若干對於敵方慕義嚮風之徒，那還了得？

所以，在孟老夫子時，列國諸侯即已開始各自發展其領土國家及領屬人民的工作了。基於傳統的勢力和現實的需要，各國對遊士遊民尚無力全面禁止，且亦需藉此樹立自己的威德，並網羅異國人才來增加爭霸的力量，故亦仍讓整個社會保留了流動性，但新的趨勢已然出現了，編戶齊民，正在悄悄推行中。

其勢由漸而鉅，逐步蔚為時代之大洪流。

提倡這套新方法以追求時代新目標的，主要是法家。如《周禮》於此，便提出「均土地以稽其人民而周知其數」的法子。所謂均土地，是對土地的劃分；稽人民而周知其數，則是對人民數量及情況的掌握。兩者是相關聯的。

先說均土地。《周禮・地官・大司徒》云：

以土均之法，辨五物九等，制天下之地征，以作民職、以令地貢、以斂財賦、以均齊天下之政。

土地的條件及狀況不同，抽稅的額度也不同。人民之職分，則是納稅。這是土地與財賦的聯結。其次是土地與力役的聯結，《周禮・地官・小司徒》載：

乃均土地以稽其人民而周知其數。土地家七人，可任也者家三人。中地家六人，可任也者二家五人。下地家五人，可任也者家二人。

依土地的狀況來派任力役。可見「均土地」乃是國家財賦及力役的基本大法。為貫徹此均土之法，它設置了許多官，例如均人、閭師、遂人、里宰等等來執行之。「閭師掌國中及四郊之人民六畜之數，以任其力，以待其政令，以時徵其賦」，「均人，掌均地政、均地守、均地職、均人民牛馬車輦之力政」，「里宰，掌比其邑之眾寡與其六畜兵器……而徵斂其財賦」等等。

拿這種徵稅及派使力役之法來和《論語》對照，我們就會發現孔子說稅法時，只講抽收入的什一，賦稅的基礎並不在土地上；而且「使民如承大祭」，並不以力役賦稅為民職。以繳稅服役為人民之職分，正表示了人民和君主（國家）的關係已經改變了。從前類似依附或聚合關係，現在則為統治關係。被統治者有交稅和服役的義務，交稅和服役是具有強制性的。

於是，人民被固定在土地上，同時也被固定在國家的賦稅和力役之中：「凡宅不毛者有里布，凡田不耕者出屋粟，凡民無職事者出年家之征」（〈載師〉）。不種桑、不耕田的都要處罰，罰交一里二十五家的錢、罰交三家的稅，其至罰交百畝之稅或去任徭役。

此即所謂均土地。至於稽人民者，人民既定著於土地之上、有出稅役之責任，則國家為了確實掌握稅入與民力，便須有詳密的戶籍制度。《周禮》中主管此事者，仍為地官大司徒、小司徒，下分鄉、遂兩個體系。鄉大夫、遂人遂師負責登錄；鄉師、遂大夫負責稽查。鄉內有族，遂內有酇。族裡調查清楚了，報到鄉；酇報到遂，最後匯集於中央，由司民保管。〈司民〉云：

> 掌登萬民之數，自生齒以上皆書於版。辨其國中與其都鄙及其郊野，異其男女，歲登下其死生。及三年大比，以萬民之數詔司寇……以贊王治。

詳細掌握人民數目，並不只單純是戶籍登錄校正而已，更重要的事是在於將人民納入一個組織中去管理、運用。《周禮・天官・小宰》說主政者最要緊的，一是「聽政役以比居」，二是「聽師田以簡稽」，即是讓人民定居務農，而以征役戶籍掌理之的意思。那麼，什麼是比居呢？

令五家為比，使之相保。五保為閭，使之相受。四閭為族，使之相葬。五族為黨，使之相救。五黨為州，使之相賙。五州為鄉，使之相賓。（〈地官・大司徒〉）

這種比居互助結合的方式，讓民眾平時能相互合作支援，戰時也能構成戰鬥組織：五人為伍、五伍為兩、四兩為卒、五卒為旅、五旅為師、五師為軍。

比居的民眾，遂由此而成為國家的農夫、兵士、納稅人，所謂：「以起軍旅：以作田役，以比軍胥，以會貢賦」（〈小司徒〉）。而且這些比居之民，其責任是相關聯的，必須「刑罰賞慶相及與共，以受邦職、以役國事、以相埋葬」（〈族師〉），有連坐之關係。

如此構成的，即是一種兵農合一的軍國體制。族閭鄉黨，也不再是宗族血緣的聚合，而是地緣關係的單位。

此即新變也。歷來儒者，狃於《周禮》為周公制禮之書的傳說，往往忽略了《周禮》在人民與國家的關係、以及社會構成的基礎上，講法其實都與孔子以前不同。在這套構想下沒有公田，只有授田。土地是國家的，國家把土地授予百姓，百姓耕稼後，繳納地租給國家，《商君書》所稱：「制土分民」「為國分田」，就是此意。分田，不但是平面切畫成一塊塊小單位，也畫分成上中下三等。這都不是春秋中期以前的辦法。《周禮》的寫作年代，學界仍在爭論中，但由此等處看來，其年代必在戰國之世或者更晚。而其說法，亦遠於孔孟，而近乎法家。

和《周禮》最接近的，是《管子》，其主旨便在「作內政而寄軍令」。其法亦是透過戶籍制度，比地，定什伍、口數，別男女、大小，然後普查、稽案，按戶徵稅。詳見其〈乘馬〉、

〈度地〉、〈七法〉、〈小匡〉、〈國蓄〉、〈輕重〉諸篇。〈七法〉曰：「符籍不審則奸民勝」，一語道破了戶籍制度在國家行政上的重要性。

依管子的想法，五家為軌、十軌為里、四里為連、十連為鄉，各級行政單位均有負責的長官，如軌長、里長、連長、鄉長等。人民平時務田力作，春秋農閑則講兵習武。且人民不得遷徙，只能隸屬於單位之中，過著共同性的生活：

> 內教既成，令勿使遷徙。伍之人祭祀同福、死喪同恤、福災共之。人與人相疇、家與家相疇。世同居，少同遊。故夜戰聲相聞，是以不乖；晝戰目相見，足以相識……，是故守則同故，戰則同強。（《國語．齊語》）

這是基於戰勝的需求而規劃出來的體制，因此其中「祭祀同福」等含有互助扶持意味的語句，其真確意義並不是倫理的或情義的，而是指被使派給予的國家任務。《史記．商君列傳》云商鞅之法，「令民為什伍，而相牧司連坐」、「有奸必告之」，正是此法之精神所在。《淮南子．泰族篇》感嘆：「使民居處相司，有罪相覺，於以舉奸，非不掇也；然而傷和睦之心，而構仇讎之怨」，即以此故。世謂法家刻薄寡恩，其治法使民相忮刻相糾舉，亦由於此。

但從法家立場看，為了貫徹國君意志、發達國家力量、滿足戰勝需求，確實掌握「人力」是不得已的必要之舉。那些逃避國家之掌握、不願被納入軍政體制之內，只想就個人目的而忽視國家集體利益的，都是奸民，一定要揪出來，予以嚴厲之制裁。

這其中最主要的奸民，就是那些不肯定居務農的遊氓了。《管子・參患》云：「三器成、遊夫具，而天下無聚眾」，法家的理想乃是人民定土聚居，什伍相連，成為國家可確實掌握的人力、兵源與財賦。流蕩的遊民，正是此一制度最大的挑戰者。故《韓非子・和氏》說：「官行法，則浮萌趨於農耕，而遊士危於戰陣」。浮萌，即浮氓、遊民。在驅使民氓進入這個法制體系中去時，遊士盛行，確是危及國家農戰力量之因素。《管子・七法》云：「百姓不安其居，則輕民處而重民散」或《韓非・亡癥》云：「正戶貧而寄寓富，耕戰之士困、末作之民利者，可亡也」，都同樣表達了這種憂慮。

也就是在這種憂懼下，他們把人民區分成守法的良民和不守法的奸民、正戶和寄寓、本業和末作、農民和遊氓、重民和輕民，也由此區分出「公」與「私」兩個概念。凡進入國家農戰體制、過著公共性的生活、效忠於國家意志、服從國法徵役賦稅，成為國家達成其國家目的之工具者，是奉公守法的人。凡違背這些，只追求個人或小集團利益，不願被納入農戰體系，擔任國家目標之執行員，則均屬背公死黨的奸民。

法家典籍如管子、韓非、商鞅，都在講「貴公」。然其公私之辨，背後實有此一制度性的因素在，不可不察。它與春秋時期之不同，亦在於此。

依此觀點，彼以工商遊食者及遊士遊俠為國之五蠹，自亦不難理解。韓非謂儒以文亂法、俠以武犯禁，又說：「明王治國之政，使其商工遊食之民少而名卑，以寡趨本務而趨末作」（〈五蠹篇〉），均就此大聲疾呼。

在當時，這種思想其實還是新穎的，屬於新時代的呼聲。因為雖從春秋末期以後，各國就不斷擴大徵兵，逐步建立一種如法家所描述的全國皆兵之新兵制，並將民政體系和軍事戰鬥體系結合，形成一套地方行政系統，編戶齊民之格局，漸次成形；但是，整個社會仍然是江湖，而不是田疇。

社會仍然是流動性的。管仲所在的齊國，〈齊語〉中說得如此嚴密，什麼「定民之居」、「制地分民如一」，什伍相連，長官相屬。但其臨淄城本身就一片遊食末作氣象：「其民無不吹竽、鼓瑟、擊筑、鬥雞、走狗、六博、蹋鞠者」（〈戰國策・齊策一〉）。強調應使人民不遷不移的三晉法術之士，本身就奔走於諸侯，成為遊士。可見這時社會仍未凝固化，法家之說，也只是戰國諸子遊說之士中間的一種講法而已。其時尚有亂法之儒、奔走天下之墨、遊乎上下的道家、慕道嚮義的農家、遊說諸侯的縱橫家等等。養士任俠之風，亦正盛行，非短時間便能消戢。蘇東坡曾考證戰國遊談遊俠之風，謂：

> 春秋之末，至於戰國，諸侯卿相皆爭養士。自謀夫、說客、談天、雕龍、堅白、同異之流，下至擊劍、扛鼎、雞鳴、狗盜之徒，莫不賓禮。靡衣玉食，以館於上者，何可勝數？越王勾踐，有君子六千人。魏無忌、齊田文、趙勝、黃歇、呂不韋皆有客三千人。而田文招致任俠奸人六萬於薛，齊稷下談者六千人，魏文侯、燕昭王、太子丹皆致客無數。……其略見於傳記者如此，度其餘，當倍官吏而半農夫也。（《東坡志林》卷五〈遊士失職之禍〉）

蘇東坡對於當時社會上居然有那麼多遊談遊士，深感驚異，但這可能剛好顯示了戰國社會之實況。

對此社會，法家是主張改革的。它以國君為國家之代表，認為所有人民均應隸屬於國家，亦即國君。不同意卿相養士任俠，批評「群俠以私劍養」（《韓非・五蠹》）。也不同意國家權力由卿士貴族分享，所以要杜私門、抑豪強，謂培養自己力量的臣士都是流氓：「為人臣者，散公財以悅民人，行小惠以取百姓，使朝廷市井皆勸譽己，以塞其主而成其所欲，此之謂民萌」（〈八奸〉）。此外，也反對人民的流動，希望能把人民變成國家的戰備力量，並運用戶籍制度來有效控制人民。

這套辦法，未行於傳統深厚的東方各國，而在西方初崛起的秦國獲得大用，顯然也是不難理解的。

（二）召喚遊子的居民意識

呼籲保持人民流動性、恢復古道、法先王的孟子，被譏為「迂遠不達事情」；而主張寄內政以軍令的法家，獲得大用。似乎就顯示了歷史的進程。彷佛水流得久了，河川便漸漸淤塞，成了適宜農耕的沖積土。相忘江湖的人們，乃逐漸成為躬耕於隴畝的臣民，兩腳植在土裡，不遷不徙，奉公守法，完糧納稅，以備王役。

也就是說，春秋後期日益擴大的遊的社會及遊之精神，在戰國時期一張一弛。既為持續擴大之階段，成了後世對遊之精神深致嚮往的典型時代；也是逐步收縮，把社會凝固化的時刻。由於秦王朝建立成功，這種凝固型態得以確定下來，成為國家的基本體制。而那些遊的社會質素，則繼續被秦漢以後的主流體制批評、壓扼、或假裝視而不見。

可見，社會實質上並不可能如表面上的靜止凝定，所謂編戶齊民之基本社會體制，其實只是名義上的。秦不旋踵而滅，正是滅在流氓手上。無賴子劉邦成了皇帝，沿用抑豪強、摧遊俠之類秦法，遊士遊俠之風卻仍大盛於漢代。因此，整個秦漢社會，可說就是國家力量和社會勢力的抗爭，水土激搏，兩種社會傾向相互激盪，土調伏水、水漂揚沙，成為社會發展變動的主要軸線。

其次，在一個以編戶齊民為基本體制的國家裡，遊的精神及意識內容，不可避免地會與從前有所不同。例如「適彼樂土」的精神，即可能轉而成為「逃亡」，拋棄土地與戶籍去亡命流浪。顏師古曾解釋：「命者，名也。凡言亡命，謂脫其名籍而逃亡」（《漢書・張耳傳・注》）。亡命一詞，就不會是先秦所有的。亡命天涯的感情與心態，也不是春秋戰國諸遊士遊俠遊人所能具備。

同理，遊不再是自由且自然的活動，人不能隨便流動。依睡虎地秦墓竹簡載秦遊士律，「遊士在，亡符，居縣貲一甲。卒歲，責之」，可見遊士居縣須有憑證，無符者要處罰。這種符，漢代也用的。《漢書・終軍傳》云：「軍從濟南當詣博士，步入關，關吏予軍『繻』，軍問：『以此何為？』吏曰：『為復傳，還當以合符』，軍曰：『大丈夫西遊，終不復傳還』，棄繻而去」，繻就是符傳，出入關都須裂繻以為信。又，據《史記・扁鵲倉公傳》，文帝問倉公淳于意，為何齊文王病時不向意求診，意回答，當時他因家貧，故已向官府辦理「移名數」的手續，申請為流動人口，「出行遊國中，問善為方數事之久矣」。可見在秦漢的定著社會中，出遊是有限制的，是須官府准許的行動。

其規定究竟能嚴格執行到什麼程度，不易確知，但在這樣的社會中，出遊自然不再是一件普通的、很自然、也很自由的事，它已經特殊化了。於是乃出現「遊子」或「蕩子」一詞，指稱那些不肯安居樂業，老喜歡在外頭遊盪的人。例如古詩十九首：「蕩子行不歸，空床難獨守」，李善注即引《列子》曰：「有人去鄉土遊於四方而不歸者，世謂之狂蕩之人也」。

換言之，一種「正常／異常」之思維架構已被有意識地建立了。雖然在史書中我們隨處都會看到漢人仍在不斷遷徙，包括貨賄周遊、通利郡國的商賈，或尋師求學、萬里負笈的士人，以及尋求更好政治前途與機會而出遊的人，到處都是。「兄章為州人所殺，瑗手刃報仇，因亡命」、「以賓客犯法，乃亡命至漁陽」之類記載也經常可見。可是這個社會已把這些現象，視為特殊的、不正常的狀態，不論其人數與規模到底有多大。

依《漢書・石慶傳》，武帝元封四年，關東流民即達二百萬口，無名數者又有四十萬口。又，元狩四年遷往關以西及朔方以南新秦中的，也多達七十餘萬口。可見遊民人數之多。歷西漢至東漢，此一情形均無改變，動輒以百萬數。隸屬國家名籍戶版者，有時甚至只有二三成，如漢初高祖過曲逆時，秦時三萬戶，亡命到只剩五千戶；東漢初應劭也說天下「人民可得而數，才十二三」；到了東漢末，長安一帶，關中地區幾十萬戶口更是逃亡一空，「關中無復人跡」。興平、建安之際，人戶所存，亦不過十之一二，見杜佑《通典・食貨典》。漢代長江中下游荊、揚一帶，南方的交州，包括巴蜀、漢中在內的益州，之所以人才益眾，逐漸開發，都與此大規模之人民流動遷徙現象有關。

可是在國家觀點中，人戶可數者縱使只剩十之一二，社會仍應以此編戶齊民制度為主體；流氓徙土者縱然高達八九成，依然認為那只是特殊的不正常狀態。所以政策方向就是把亡命者重新收入命籍中，使遊子重新成為居人，撫輯流亡，號召遊人返鄉。在思想上，則批評遊民浮末，提倡農民泥土的道德。敦厚、重實、純樸的農民形象，和巧偽輕蕩的遊氓形象，成為鮮明的對比。在制度上，以農人為良民，以商人為賤民，以遊盪者為奸民。在意識上，更凸出遊子飄泊悲傷之氣氛，站在居者的立場，召喚遊子歸來。於是，「故鄉」的意義彰顯了，思鄉懷土的感情出現了，遠遊以適志的追尋，乃變成為與故土故人離別的傷痛。

國家政策、社會體制，對人們的意識內容，其影響是至為鉅大的。像安土重遷，本是國家之制度目的，現在卻內在化成了人民的本性。《漢書・元帝紀》說得妙：「安土重遷，黎民之性」，其實民性何嘗如是？荀悅《申鑒・政體篇》云：「士好遊、民好流，此弱國之風也」，士未嘗不好遊，民未嘗不好流，只因流遊被視為弱國之風與亡國之癥，所以政府不准也不喜歡，兀自認定了人民就應該是安土重遷的，而且這種「應該」還是人民本性之應然。朝廷運用其制度、政令及意識型態教化，不斷教育民眾，使之接受此一觀點。奉公守法的人民，即逐漸認同了這套「正常／異常」架構，相信人都應該安土重遷。文化詮釋體系，也隨之相應地發展出喚遊子、感流亡、傷離別、思鄉土的各種論述。

以漢人樂府歌辭來檢查，其中便頗講遊人行旅漂蕩之苦而思歸，如：

巫山高，高以大；淮水深，難以逝。我欲東歸，害梁不為。我集無高，曳水何梁？湯湯回回，

臨水遠望。泣下沾衣，遠道之人心思歸，謂之何？（〈巫山高〉）

岧岧山上亭，皎皎雲間星。遠望使心悲，遊子戀所生。驅車出北門，遙觀洛陽城；凱風吹長棘，夭夭枝葉傾。黃鳥飛相追，咬咬弄音聲；佇立望西河，泣下沾羅纓。（〈長歌行〉）

悲歌可以當泣，遠望可以當歸，思念故鄉，鬱鬱纍纍。欲歸家無人，欲渡河無船；心思不能言，腸中車輪轉。（〈悲歌〉）

〈長歌行〉、〈悲歌〉是相和雜曲歌辭，〈巫山高〉為短簫鐃歌，都描寫遠方遊子思鄉思親而心情悲傷，且遠遊行旅之苦，也躍然於其聲辭之間。此即為後世行旅詩及思歸思鄉主題之濫觴。陸士衡〈赴洛道中作〉：「虎嘯深谷底，雞鳴高樹顛，哀風中夜流，孤獸更我前，悲情觸物感，沉思鬱纏綿，佇立望故鄉，顧影悽自憐」一類作品，俱可見其承風接響之跡。

行人遊子的生涯是淒苦的，居人也一樣，因為生活中蘊含了離別、等待、寂寞與思念：

念與君別離，氣結不能言；各各重自愛，道遠歸還難。妾當守空房，閉戶下重關。若生常相見，亡者會黃泉。今日樂相樂，延年萬歲期。（〈白鵠‧艷歌何嘗行〉）

這是由居人角度說話。後世閨怨、念遠、惜別、待歸人等主題之詩文，皆發軔於此。

更精采的還有兩種，一是居者對遊者的批判：「飢不從猛虎食，暮不從野雀棲。野雀安無巢？遊子為誰驕？」（〈猛虎行〉），安居者不能理解遊子為什麼要離鄉背井出外遊蕩。依他們的想法，人都須要安居，故想像雁雀亦皆有巢。殊不知野雀也有本不巢居的，人也自然有好遊玩喜流浪的。此居人與遊子之觀念衝突，就正面表現在大曲古辭〈東門行〉裡：

> 出東門，不顧歸；來入門，悵欲悲。盎中無斗儲，還視桁上無懸衣。拔劍出門去，兒女牽衣啼。「他家但願富貴，賤妾與君共餔糜。共餔糜，上為滄浪天故。下為黃口小兒。今時清廉難犯，教言君復自愛莫為非。今時清廉難犯，教言君復自愛莫為非！」「行，吾去為遲！」「平慎行，望君歸！」

此樂府像演一齣戲，寫欲出外的遊子，對於清寒安居的生活再也不能忍耐了，準備出外謀發展，其妻苦留勸阻不住的情形。《樂府詩集》載另一辭，云該男子回答其妻：「咄！行！吾去為遲。白髮時下難久居！」語氣更決絕。

這就顯示了兩種價值觀及人生態度。安居務農，事實上是種靜態、無發展的生活，其生活亦處在費孝通所謂的「匱乏經濟」狀態中。政府重農抑商，而實際上每位政論家都指出了農民生活水準低於工商之實相。這曲樂府歌謠，流傳甚廣，不同的版本，顯現了人們在這種生活條件太差、又難以申張抱負的情況下，不得已只有棄家出遊，拔劍而起。可是，有另外一些人，此處以女人為代表，以女性口吻說道：「生活雖然清苦，只要全家在一起就好；而且人應奉公守法，千萬不要出去做壞事！」提倡的，是一種以家庭親情、夫妻愛情的溫暖，來抵銷生活清寒之悵痛的觀點。對出遊者抱持不信任感，覺得那都是去為非做歹，所以苦勸丈夫：千萬別亂來。

這樣的衝突，是先秦所無的。以女性對家的顧戀、對王法的奉守、對生活的低度要求，來羈縻以男子為代表的外向開拓精神，構成了其中最動人的張力。保守與恢張、柔韌細膩與粗豪決絕、出遊者與待歸者，在此一齊呈現其面目，影響後世至為深遠。

後世《紅樓夢》曾說男人是土做的，女人是水做的。其意別有所指。由這裡看，則女人是土，男人才是水。男兒志在四方，鴻鵠高飛，志在四海；女人則安分守己，顧家懷居。這是因為女性本來就具有「大地母親」的原始神話意象，放在這個時代裡，其坤德厚土、含藏載物之陰性特質，遂得以凸顯出來。而和那躍動、張揚、騰而上之的陽性特質，時時要想飛龍在天、雲行雨施的陽性氣象，形成了鮮明的對比。

遊子與居人，至此乃畫分成男性與女性，與孔子時以君子和小人來區分遊人與居人，迥然不同了。子曰：「士而懷居，不足以為士矣」、「君子懷德，小人懷土」，現在則把居人與遊子分出了性別。

於是，傷離別、苦等待、訴寂寞、道思念，並遙想遊子在外面「飄泊」的日子也不好受，便成為充斥在漢朝以後詩歌中一種非常一貫的女性聲音。從古詩十九首，或漢人解釋的《楚辭》中，我們都可以看到這個趨勢。

從體制上看，古詩十九首，是五言詩的開端；從所表達的感情上說，它是悲傷的開端。而其悲傷之主要來源，在於悲逝者。是因親人愛人遠離而哀傷。遠離有兩大類，一為暫離，一為永別。十九首古詩，大部分都在描寫我人如何感受這種親人愛人友人遠離的痛苦。這實在是非常特殊的現象，是中國人前此所無之經驗。試看它第一首就是：

行行重行行，與君生別離。相去萬餘里，各在天一涯。道路阻且長，會面安可知？胡馬依北風，越鳥巢南枝。相去日已遠，衣帶日已緩，浮雲蔽白日，遊子不顧返。思君令人老，歲月忽已晚，棄捐勿復道，努力加餐飯。

這是古詩十九首的「原型」，其他諸詩多為此一主題之變奏而已。其基調，是居人且是女子懷念遠遊未歸的男子，所以第二首講「蕩子行不歸，空床難獨守」的寂寞。第五首講歌者苦，知音稀。歌什麼呢？歌一種孟姜女嘆其無夫之曲。第六首說：「涉江采芙蓉，蘭澤多芳草。采之欲遺誰？所思在遠道」，感慨遊子不歸，獨自憂傷終老。第七首抱怨遊子遠去，棄我如遺，並懷疑遠遊者去追求那些虛名幹啥：「虛名復何益？」第八首言女子婚嫁如菟絲附女蘿，著急夫君為何還不快來迎娶，感到「思君令人老」。第九首則說折了樹枝要寄給遠方的人，但「馨香盈懷袖，路遠莫致之」。第十首以牛郎織女作比喻，自傷如織女，終日織不成布，泣涕如雨。第十二首思念遊人，不知彼遊盪至何時才肯結束，所以「思為雙飛燕，銜泥巢君屋」。第十六首，乃是秋風起時，既念遊子寒無衣，又自傷獨宿，以致「徙倚懷感傷，垂涕沾雙扉」。十七首是冬天了，有「客從遠方來，遺我一書札，上言長相思，下言久別離」。十八首，又有「客從遠方來，遺我一端綺」，使這女子感到無限欣慰，愛人畢竟尚未忘了她。

第十九首，結論：「明月何皎皎，照我羅床幃。憂愁不能寐，攬衣起徘徊。客行雖云樂，不如早旋歸。出戶獨彷徨，愁思當告誰？引領還入房，淚下沾裳衣」。

這麼龐大的一組居人思念遊子詩，待其返、喚其歸、傷其別，真是纏綿悱惻，足為遊子招魂。遠遊幹什麼呢？為何不把握眼前，相依相偎，好好一齊過生活？這位女子反覆地表達這樣的人生觀。

其他一些詩，則是把這個觀點擴大來看。整個人生，其實都只是暫時的居者，因為每個人都會遠遊不返。於是詩歌的聲音就變成一種後設性的腔調，說道：「人生天地間，忽如遠行客，斗酒相娛樂，聊厚不為薄」（第三首）。教人好把握眼前的歡愉，及時行樂，努力加餐。因此，那種傷離別、念遠人的氣氛，便成了「四顧何茫茫，東風搖百草，所遇無故物，焉得不速老？」（第十一首）「浩浩陰陽移，年命如朝露，人生忽如寄，壽無金石固……不如飲美酒，被服紈與素」（第十三首）「古墓犁為田，松柏摧為薪，白楊多悲風，蕭蕭愁殺人」（第十四首）。對整個生命，起了傷逝之情。現世短暫的人生，乃是暫時的居者，隨時會忽然遠行。故這一組詩所表達的，就是居人自己對生命處境的領悟，畏遠遊、傷逝者，而鼓吹安居享樂。

居者的意識顯然業已成型。遠遊對他們來說，乃是可傷痛的，包含了離別等情緒，遊旅本身也沒什麼值得歆慕之處，反倒是家與故鄉充滿了燈火、熱情、美酒、暖衣，才應予把握。遊子在風雪中踽踽獨行，應該也會想家、想我吧？思念遠方遊子的居人，總是這麼想。

於是，遠遊便充滿了離情、鄉愁、行役飄泊之苦。這是居人意識所形成的一種遠遊意識哩！

（三）女性化的新遊士精神

由居者的角度看，遠遊是異常之舉，因為「安土重遷，黎民之性」，胡馬依北風，越鳥巢南枝，人都應該戀土懷居，所以出遊乃是不得已的（**除非性格乖戾、不與人同，或遊手好閑，或想出去為非作歹**）。是為生活所迫，或遭到什麼災難，才只好亡命、逃難，成為天涯遊子。

在政治生活中，這種被迫而遊之型態，就是遭到放逐的遷客逐臣。

古代是否有遷徙流放之刑？一般史家認為是有的，但證據僅僅是《史記》中有關堯放四凶之類記載而已。實則遷徙之為刑罰，必出於社會以安居為常態之際。古代遷國遷人本極尋常，固然罪人或滅國經常遭徙，但遷人遷國是為了獎勵或協助之的事例也不罕見，孟子載梁惠王之遷民即為一顯例。遷徙既為尋常之事，怎麼表現它是一種懲罰呢？因此，遷徙流放之刑當起於秦漢。秦漢以後的史家，依其居人意識及時代處境，推論古史，謂堯舜時即已流放四凶，恐怕不足採信為古史實況的。且縱或堯真的曾經「流放」四凶，其意義亦當與秦漢以後之遷徙刑不同。蘇東坡〈堯不誅四凶〉一文有云：

《史記‧舜本紀》：「舜歸而言於帝，請流共工於幽陵，以變北狄；放驩兜於崇山，以變南蠻；遷三苗於三危，以變西戎；殛鯀於羽山，以變東夷」。大史公多見先秦古書，故其言時有可考，以正自漢以來儒者之失。四族者，若皆窮奸極惡，則必見誅於堯之世，不待舜而後誅，明矣。屈原有云：「鯀倖直以忘身」，則鯀蓋剛而犯上者耳。若四族者，誠皆小人也，則安能用之以變四夷之俗哉？由此觀之，則四族之誅，皆非誅死，亦不廢棄，但遷之遠方為要荒之酋長耳。如《左氏》所言，皆後世流傳之過。若堯之世有大奸在朝而不能去，則堯不足為堯矣。（文集卷五六・史評）

文章有些夾纏，但發現被遷者未必有大罪，遷放的目的在於變移四方風俗，仍是很有見地的。這與後世謂流放為刑罰之觀念自然是頗為不同。

漢人論流放遷謫，也不以四凶為典型，他們所推舉的主要代表人物，是戰國時期的屈原。屈原是否確有其人，民國以來，學界很有爭論，但在漢代，是確信不移的。〈離騷〉等楚辭作品，今人也頗辯其中多不出所謂屈原之手，然在漢代，亦輒信其為屈原手筆。這些作品，今人看來，更不認為它都是在陳述屈原遭到流放遷徙的悲傷、表達對國君及故鄉的思慕，可是漢人卻都從忠君懷郢的角度去理解它。為什麼？因為秦漢是第一次出現遷客逐臣的時代，這個時代的遷客逐臣須要一個能代表他們的典型人物，「屈原」乃應運而生了。

漢人如賈誼、司馬遷之論屈原，都有濃厚的自我抒情成分。他們由屈原的「生平」中看到了自己的身世，藉由屈原的悲嘆獨吟發抒了自己的鬱結，所以屈原的離騷一躍而成為經典，具有與六經同樣的地位。經學大師們替此經作傳，如劉安有《離騷傳》；作解，如劉向揚雄有〈天問解〉；作章句，如賈逵、班固有《離騷章句》；作注，如馬融有《離騷注》。注、解、傳、章句，都是針對經典而作的訓解闡釋。由此即可知漢人是如何看重它了。他們所看到的屈原或《楚辭》，其實也是非常簡單的東西，不外乎忠良遭貶，放逐沉吟，最後選擇了「從彭咸之所居」的方式。故在心態上，拒絕流放，不斷思君王、念故國。翻來覆去，每一篇都是這個主題。而屈原在說話時，也具有女性的氣質，或自比為美女，反覆曲折、纏綿悱惻、千折百轉、如泣如訴。

這與〈古詩十九首〉實在有著內在的一致性，只不過〈古詩十九首〉以居人傷逝念遠為敘述角度。楚辭以流人自傷不能安居為立場罷了，兩者相輔相成。遭貶斥而不得不流浪徬徨的屈原，生命一直在憂疑猶豫及矛盾痛苦中，一直在「卜居」，一直在表現他那未能安居的靈魂正如何受著煎熬。所以對漢人來說，它具有經典的意義，與〈古詩十九首〉之所以為五言詩之祖，擁有經典地位一樣。

故不但王逸等人注《楚辭》，把每一篇都講成思君國、傷流離。淮南小山的〈招隱士〉、東方朔的〈七諫〉、嚴忌的〈哀時命〉、王褒的〈九懷〉、劉向的〈九嘆〉，也都是同一個調子。如〈七諫〉分成初放、沉江、怨世、怨思、自悲、哀命、謬諫七個部份，既扣住屈原生平說，也表達了這種典型的生平經歷所具有之感情內涵及經驗意義。

可是，若脫離開漢人這種述古與自我抒情糾纏混融的情境，來冷靜看看，淮南小山的〈招隱士〉，真如王逸說，是「憫傷屈原」而作嗎？王船山就不以為然，謂：「此篇義盡於招隱，為淮南招致山谷潛伏之士，絕無憫屈子而彰之之意」。〈橘頌〉也根本沒有任何被流放的怨憤在，〈九歌〉乃祭神之歌，與屈子憤死投江更是毫無關係。近人童書業〈楚辭地理考序〉便說：「九歌多漢世之文，太一東君雲中、司命，漢氏之命祀也。未央、椒堂、壽宮、紫壇，漢皇燕居與禮神之所也。九歌畢奏，又漢代郊祀歌之辭也」。也就是說，楚辭許多篇目，未必是先秦作品，更未必為屈原所作，所以當然也就未必須附會或能附會在所謂的屈原生平及情志上說。反倒是勉強牽合著屈原平生而言，弄得左支右絀，聚訟紛紜。究竟遭放逐了一次抑兩次？遭放逐於何年？流放路線為何？放在洞庭湖以南或北？哪一篇才是絕筆？講也講不清楚。於是又有「錯簡說」、「篇次混亂說」，任意替作品調動文句次序，遂致治絲愈棼。

楚辭各篇，未必能附聚在一個屈原的名下，更未必能繫列在一種生平經驗上，其實是非常明顯的。如〈離騷〉，是要別離遠行者的憂愁。但那是與故鄉決離逕去的遊子情懷，所以說：「靈氛既告余以吉日兮，歷吉日吾將行……已矣哉！國無人，莫我知兮，又何懷乎故鄉？」與樂府古辭那位拔劍出門去的遠遊者甚為類似。〈遠遊〉更是要「超無為以至清兮，與泰初而為鄰」，以致廖平懷疑它是秦始皇遊仙時博士所作。這一組應是遊者之歌。另一組則如九章〈哀郢〉云：「去故鄉而就遠兮，遵江夏以流亡」、「鳥飛返故鄉兮，狐死必首丘」，才是流亡者懷鄉之歌。兩者根本南轅北轍，漢人卻將之扭合為一，統統以流亡者之歌來解釋它。

我認為〈遠遊〉之詩及祭神歌辭，是先秦楚地流傳之篇什。〈卜居〉、〈漁父〉、〈哀郢〉、〈懷沙〉等漢人相信為屈原所作者，則為秦漢人依模糊之屈原傳說所擬構。故其間不免參差，而且表現出一種流亡者的悲哀。

漢人格外能夠感受到這種流放的悲哀，也特別要從這個角度去觀看屈原及楚辭這批作品，是有原因的。

漢朝初興時，政沿秦法。但秦商鞅之法，基本上是被批評的。漢高祖等人又多出身於流民，雖然為了治天下，採用了不少法紀制度，然其流民性格畢竟仍甚深厚。時代又近戰國，整個社會依舊保持了原有的流動性。因此漢朝初年，定居社會、禁止遊動的環境尚未形成。形成此一新社會的關鍵時期，在漢文帝至武帝時代。《漢書・食貨志》說：

文帝即位，躬修節，思安百姓。時民近戰國，皆背本趨末。賈誼說上曰：「……令毆民而歸之農，皆著於本，使天下各食其力，末技遊食之民，轉而緣南畝，則蓄積足而人樂其所矣。……」於是上感誼言，始開籍田，躬耕以勸百姓。

賈誼，是此政策最關鍵之人物。他的經濟觀點在於「蓄積」而非「流通」，因此主張務農以增加貨糧的積聚。因為他認為在秦漢之際天下喪亂，其社會問題，並非「不患寡而患不均」，首要問題反而是患寡，所以應該以增加農業生產、提高積蓄來因應。由此，他反對擴大消費，也不贊成發展商業、流通貨物；要用政策力量把人民趨趕到農地上，著地務農。此一見解後來獲得晁錯的支持，他從社會面提出另一補充說法，謂：

今海內蓄積未及者何也？……遊食之民未盡歸農也。民貧，則奸邪生。貧生於不足，不足生於不農，不農則不地著，不地著則離鄉輕家，民如鳥獸。……此令臣輕背其主，而民易去其鄉，盜賊有所勸，亡逃者得輕資也。……商賈大者積貯倍息，小者坐列販賣，操其奇贏，日遊都市，……因其富厚，交通王侯，力過吏勢，以利相傾，千里遊遨，冠蓋相望，……此商人所以兼併農人，農人所以流亡者也。（《漢書・食貨志》）

使臣民輕背其主，自然會造成統治者政權之危機。統治者立刻就聽進去了這番話，所以從文帝開始，朝廷的基本國策便是「理民之道，地著為本」。

晁錯、賈誼的講法，從經濟學上看，當然值得商榷。例如土地兼併之所以形成，許多人都指出是由於商鞅廢井田、開阡陌使然。土地私有權形成，擁有土地便等於有財富與權利，自然會促使人們盡力去取得土地，這才形成土地兼併的現象。土地兼併，本身當然是一樁商業買賣，但造成土地兼併的，乃是地著之觀念，晁錯卻以之歸咎於民不地著，實乃倒亂之說。大地主兼併小地主，造成農民流亡，一直是漢代的大問題，漢代也一直把它看成是商人在製造兼併，而致力於抑商。結果抱薪救火，兼併愈來愈嚴重，農民愈來愈無土地可以著附，只好背起鋪蓋去流亡。推原禍始，晁錯這類說法，要負很大的責任。

但賈誼、晁錯當時做這樣的建議，其實也是針對其特殊時局而發。因為這個政策並不只是經濟的，它乃是針對漢初之時代需求所提之總體擘畫。

在經濟上，漢初甚為凋敝，民生所需要之糧食還生產不足，人人相食之慘劇，時有所聞。此時提倡農耕，使民足食，並備積穀以防災荒，自是必要的。相應於這種經濟政策，所提倡之道德觀就是「儉」。儉樸是與匱乏經濟相伴生的道德要求。透過這樣的要求，賈誼相信社會上的風俗才能歸於淳厚。漢文帝本人也以儉樸著稱。

風俗批評，是當時人論政的方法。漢承秦後，論者推究秦朝覆亡之故，多謂其行法家之教，風俗太過澆薄。如何才能使民德歸厚呢？漢儒想起鄉里互助那一套，所以他們一方面批評管仲以來的辦法，云：「周道衰、法度墮，至齊桓公任用管仲……乃作內政而寓軍令焉。……於是師旅亟動，百姓罷敝，無伏節死難之誼」（〈刑法志〉），另一方面卻鼓吹那種因農戰合一而使人民定著居處的方法：「理民之道，地著為本。故必建步立畝，正其經界。……出入相友、守望相助、疾病相救，民以是和睦，而教化齊同，力役生產；可得而平也」（〈食貨志〉）。民如流水，令他們覺得「輕」、「浮」、「澆薄」。民歸農著土，才認為是民德歸厚。因此「儉樸／浮侈」一直是他們用以判斷風俗的基本區分架構，而此架構也一直與「本／末」相關聯。本末既指經濟及身分上的農商分別，也指道德上的差異。

此一架構自然也會挪用到政治與社會上。君為本、臣民為末。如果老百姓都不務農而務交遊，則其勢連結起來，就會影響到「本」的地位與力量。此晁錯之所以主張強幹弱枝，致力於削藩也。

「時民近戰國，皆背本趨末」，政治上亦然。戰國是個遊士社會，不但商賈「因其富厚，交通王侯」，如呂不韋那樣；諸侯王公亦皆大辟英豪，廣召賓客。漢初，此風未沫，「漢興，諸侯王皆自治民聘賢。吳王濞招致四方遊士，（鄒）陽與吳嚴忌、枚乘等俱仕吳」，後來這批人又遊到梁王那裡：「是時，景帝少弟梁孝王貴盛，亦待士。於是鄒陽、枚乘、嚴忌，知吳不可說，皆去之梁，從孝王遊」（《漢書・賈鄒枚路傳》）。

但時局畢竟是變了，鄒陽自己就說：「淮南連山東之俠，死士盈朝，不能還厲王之西也」。漢朝天下業已一統，不再是諸侯競爭以逐鹿中原的時代了。統一的王權，已不再能容忍諸王在其眼皮底下各召遊士形成勢力，來跟自己競爭，因此廣召遊士者都不免遭到摧抑。

鼂錯即是主張不能再讓宗藩強大的代表人物，他雖被殺，成了新政策推行的犧牲品，但他的主張終究成了漢朝的國策。「眾建諸侯而少其力」，廣召遊士的諸侯則皆遭廢殺。

此一政策方向亦逐漸往下延伸到一般大臣身上。如田蚡向武帝告狀：「魏其、灌夫日夜招聚天下豪傑壯士與論議，腹誹而心謗，仰視天、俯畫地，辟睨兩宮間，幸天下有變而欲有大功」（〈漢書・竇田灌韓傳〉）。武帝當時雖未立刻誅殺魏其等，但後來衛青、霍去病即因此深自戒惕。衛青有大功，然在輿論方面卻並未獲好評，彼亦不與士大夫交往，人家問他原因，「青曰：自魏其、武安侯之厚賓客，天子切齒。彼親待士大夫、招賢黜不肖者，人主之柄也。人臣奉法遵職而已，何與招士？」（〈漢書・衛青霍去病傳〉）。

由此看來，我們就曉得為什麼不能讓人民繼續遊了。政治、經濟、道德、社會的總體原因，都朝禁止「民易去其鄉，臣輕背其主」的方向走，趨遊民歸農、呼喚遊子歸鄉，末趨一本、士趨一主，率水之濱，莫非王土，普天之下，莫非王臣矣。

這時民都已被趕向田畝了，士也喪失了可以遊的空間，只能集中到皇帝這裡來求取用世的機會。登進的管道，是單一的，此處不留爺，便再也無留爺之處，於是士與君主的關係也改變了。在春秋戰國時期，王必須下士、禮賢，因為他要爭取賢士，否則士便會流入他國，成為敵手。士對君來說，自居客卿之位，要求禮敬，並不自以為是下屬。現在則不然，士必須爭相獲取君王的賞識，否則便只好抱憾終老或沉淪下僚。平視諸侯、與侯王遊的士，乃一轉而成為類似帝王後宮的妃嬪，仰望聖澤，欲求獲得臨幸而往往不可得。士不遇的主題，遂開始出現了。

自董仲舒寫出經典文獻〈士不遇賦〉之後，類似的聲音，可謂不絕於耳。如東方朔〈答客難〉云：

客難東方朔曰：「蘇秦張儀當萬乘之主，而身都卿相之位，澤及後世。今子大夫……自以為智能海內無雙……悉力盡忠，以事聖帝，曠日持久，積數十年，官不過侍郎，位不過執戟，……其故何也？」

東方先生喟然長息，仰而應之曰：「是故非子之所能知，彼一時也，此一時也，豈可同哉！夫蘇秦張儀之時，同室大壞，諸侯不朝，力政爭權。……得士者強，失士者亡，故說得行焉。……今則不然。聖帝德流，天下震慴……尊之則為將，卑之則為虜；抗之則在青雲之上，抑之則在深淵之下；用之則為虎，不用則為鼠。雖欲盡節效情，安知前後？夫天地之大、士民之衆，竭精馳說，並進輻湊者，不可勝數。悉力慕之，困於衣食，或失門戶。使蘇秦張儀與僕並生於今之世，曾不得掌故，安敢望侍郎乎？……若夫燕之用樂毅、秦之任李斯、酈食其之下齊……功若丘山，海內定、國家安，是過其時者也；子又何怪之耶？」

以「此一時也，彼一時也」來說明戰國與漢之士不同處境，分析極為清楚。士能否建立功業，不在他自己有沒有才華，而在於主上用不用他、能否遇上個好時機，講得也很清楚。後來揚雄〈解嘲〉也是如此。先說戰國時期「士無常君，國無定臣。得士者富，失士者貧，矯翼厲翮，恣意所存」，現在則「今大漢……當塗者升青雲，失路者委溝渠，旦握權則為卿相，夕失勢則為匹夫」「縣令不請士，郡守不迎師，郡卿不揖客」。沒辦法，只好獨抱《太玄》默默終老了。班固〈答賓戲〉之結構亦復如是。先說戰國之世，「搦朽摩鈍，鉛力皆能一斷」，現在則天子「炎之如日，威之如神」，所以士人「得氣者蕃滋，失時者零落」。

這些人中，東方朔曾作〈七諫〉，模擬屈原遭流放而怨世沉江，揚雄曾作〈天問解〉，班固曾作《離騷章句》。他們哀屈原之遭貶黜，和他們自傷不遇顯然是相關聯的。對於這樣一個偉大的新時代，士無法再以其本身之能力開創時代，亦無法以之榮耀自己，而只能仰賴聖王的恩遇賞賜；只能修飾學養德行，靜待時命，深感無奈。

故相與併行的另一主題，便因此而是「哀時命」。

嚴忌即有楚辭體〈哀時命〉一篇，王逸注，說此篇乃「忌哀屈原受性忠貞，不遭明君而遇暗君，斐然作辭，而述之，故曰哀時命也」。其實本篇明明說：「子胥死而成義兮，屈原沉於汨羅」，把屈原和吳子胥並舉為例，顯然非為哀屈原而作，乃是自傷，所以一開頭就說：「哀時命之不及古人兮，夫何予生之不遘時」。這不是與東方朔、揚雄、班固一樣的慨嘆嗎？且〈七諫〉中即有〈哀命〉，〈九嘆〉中即有〈愍命〉，〈九思〉中即有〈傷時〉。故此皆非哀屈原，而是漢人自己的時代哀傷。其後一連串才命論、運命論，都是由此應運而生的。

在感傷時命不濟，嗟憫不遇，或悲嘆遭受遷謫放黜時，我們也常可聽見一種女性的幽怨。例如東方朔〈七諫・怨世〉說時代太黑暗了，「西施媞媞而不得見兮，嫫母勃屑而日侍」，嚴忌〈哀時命〉說時代之病，也是「璋珪雜於甑窐兮，隴廉與孟娵同宮」。美女和醜人被放在一塊，而且君王往往偏要去寵幸那個醜八怪，卻把美人斥棄在一旁，這樣的困境，反覆出現。如〈九歎・愍命〉云：「嫠女黜而出帷兮，戎婦入而綵繡服」、〈思古〉云：「西施斥於北宮兮，仳倠倚於彌楹」。自己當然就如那位美女一樣，遭到這種難堪的羞辱。

這種自擬於女子處境的腔調，漢人是有自覺性地採用的，王逸〈章句離騷序〉特別指出：「離騷之文，依詩取興，引類譬喻，故靈修、美人以媲於君；宓妃、佚女以譬賢臣」。所謂美人香草，正是楚辭的特殊寫作風格。

採此發聲角度，並非無故而然。農耕者的女性自我指認，正是其中重要的心理因素。司馬貞〈補史記三皇本紀〉云伏羲女媧神農為三皇，且女媧為地皇，即漢人的講法。〈遁甲開山圖〉榮氏注則說：「地皇兄弟十人，面貌皆如女子」。這都是漢人圖讖之說，也都屬於農耕民族的女性自我指認。武帝時，有一太史，堅持在殷周之際，曾有一段酈山女為帝的時期，雖被劾不合經傳，也不願放棄其說。亦與此同類。日人田畸仁義《中國古代經濟思想及制度》第一編〈原始民族認土地農業為女性及其經濟史之基礎〉，第二編〈中國古代視土地農穀等為女性之思想〉，更特意指出了《周禮》把地官，即掌土地與教育者，屬之陰性，且社稷以陰性為象徵之事實，告訴了我們漢人以「社祭土而主陰氣」（《禮記郊特牲》）。可見在這個驅民趨農的時代，人的自我意識，亦已逐漸女性化了。強調忍辱，負重、承擔一切、厚德載物、安土不移、受命不遷、如穀稷般生長在一塊土地上。動若天行、惚若雲流、飄揚四海、周遊乎天下的行為，已不被鼓勵，反而譏其浮浪、惜其不守根本。偶或自己必須去流遊一番，則哀嗟不已，驚恐萬狀，企望趕快回鄉。對於別人去遠遊，不但表示不理解，更要代他們擔心，掛慮他們「寒無衣」，在外面會飽經風霜、會孤獨思鄉，而熱情地呼喚、等候遊子歸來。

這是新的遊的精神，是悲亡命、喚遊子、傷淪謫、哀時命相結合的一種由居人意識反照出來的遊之精神。

（四）亡命之徒的遊子意識

漢代是個大轉變時期。安土重遷，是人為制度製造出來的結果，或所希望的結果。當時，民眾基本上仍是遊的，要他們定居，仍有許多人不習慣；民眾也仍不太懂得耕種，所以還需要教育、需要推廣。

現在可能很多人還不知道，直到東漢時，廬江郡仍然「百姓不知牛耕」（《後漢書・循吏王景傳》），會稽郡的牛也是用來祭神的，故〈第五倫傳〉云：「民常以牛祭神」。九真郡更是：「俗以射獵為業，不知牛耕」（〈循吏任延傳〉）。可見耕種並不普遍。有些地區雖也有農業，但距自然經濟其實亦不太遠，所以《漢書・地理志》說：「江南地廣，或火耕水耨」。

在此情況下，政府即須教民使用牛耕及農具，並想辦法改善提高生產。武帝時趙過發明「代田法」，政府也曾大力推廣，且透過地方基層做專業訓練。但此法真正實施，可能僅只三輔及西北邊區；倒是趙過發明的播種種用「耬車」，流傳似較廣。成帝時，氾勝又發明「區種法」，利用小土地進行集約式精耕。然因工力煩費，民不樂為，亦不普遍。

趙氾等人都不是農民階層，其發明與努力，都可以看出當時農業係由上而下的性質。當時又發明了翻車、渴烏、天祿蝦蟆等汲水轉水之器，亦皆出自宮中。此外，如整地、選種、育苗，施肥、改良土壤情況及土地利用方式，選擇耕耘時機等，漢朝政府都花了不少氣力在做，今存《漢書・藝文志》中即有趙過、氾勝之、尹都尉、蔡葵等人所著的農書。故先秦農家之學，在漢代可謂大有發展，青出於藍而勝於藍。

可是，花了偌大氣力的結果，在漢人看來，並不能稱為成功，如陳蕃即對桓帝說：「當今之世，有三空之厄哉！田野空、朝廷空、倉庫空，是謂三空。加兵戎未戢，四方離散」（《後漢書・本傳》）。田野與倉庫空，正是漢朝強調蓄積糧穀、使民安居於隴畝的最大諷刺。因此，我們可以說：漢朝在經濟、社會政治上所採取的這一套，都是失敗的。漢末人民大流動、諸侯裂地崛起，形成的田野倉庫空、朝廷空狀況，即證明了它的失敗。可是，它同時也是成功的，因為漢朝幾百年的統治，已經奠定了務本力出的基本國策及良民觀，奉公守法之良民即應安居務農之想法，影響到我國人的思維架構與意識狀態。

而這也即是最大的危機所在。

一方面，在觀念中認定了人都應該也都正在安居樂業，事實上卻根本不是這麼回事；對治國來說，已經是荒謬的了。且不但觀念與現實嚴重脫節，還要對於現實上存在的流民遊氓，進行觀念上的貶抑。如此不單無補實際，更激化了問題。另一方面，政府耗費氣力去做一件永不可能成功的事。想趕著人民下田，威脅利誘之。老百姓中自不免有逃避其趨趕、自尋生路者，又要忙著處分這些人。碰著天災、人禍或其他因素，百姓不可能安居務農，則更成為政府之責任。從現實經濟生活來看，農耕之利，當然比不上工商，況且又有傜役賦稅之苦，要人民樂於受此羈縻，自亦十分不易。於是，政府施政便整天花在鞏固戶口、避免虛耗上。民眾趨了又流，流了又再趕回，周而復始，惡性循環，直至土崩瓦解為止。

西漢鮑宣曾說有七種原因會造成人民亡命：

凡民有七亡：陰陽不和，水旱為災，一亡也。縣官重責，更賦租稅，二亡也。貪吏并公，受取不已，三亡也。豪強大姓，蠶食無厭，四亡也。苛吏徭役，失農桑時，五亡也。部落鼓鳴，男女遮迣，六亡也。盜賊劫掠，取民財物，七亡也。（《漢書・本傳》）

此類亡命，動輒如谷永上成帝書所云：「以百萬數」，但仍不足以概括人民流亡之原因。例如各地地力不齊，有些地方根本不適合農耕；有些地方政風雖好、陰陽雖調，仍然力作難以溫飽，人民皆不能不棄土逃亡。

逃亡，只是人民不安居的流動狀態之一，另外還有些大規模的人口流動，則是政府主導的徙民工作。

秦時因與匈奴作戰，發民戍邊，這是苦役，所以都是「謫發」，亦即視同犯罪者的流放。「名曰讁戍，先發吏有讁及贅婿、賈人。後以嘗有市籍者。又後以大父母、父母嘗有市籍者、閭左」。漢朝晁錯認為這麼做，會使一般人都不願去邊塞，不利於備戰，所以建議徙（良）民。他分析道：

胡人衣食之業不著於地，其勢易以擾亂邊境。何以明之？胡人食肉、飲酪、衣皮毛，非有城廓田宅歸居，如飛鳥走獸於廣野，美草甘水則止，草盡水竭則移。以是觀之，往來轉徙，時至時止，此胡人生業，而中國之所以離南畝也。

針對胡人的遊民性，他主張以居民性的長駐者去對抗：「令遠方之卒守塞，一歲而更，不知胡人之能。不如選常居者，家室田作，且以備之」。其方法，則是：「先為室居，具田器。乃募罪人及免徒復作令居之。不足。募以丁奴婢贖罪及輸奴婢欲以陳爵者。不足，乃募民之欲往者。……徙民實邊」。也就是一改過去處罰性的實邊。成為勸募性的，且從社會的低下層開始。

這個建議非常有趣。第一，它是「農戰」思想的一種推廣，以農耕去對抗胡人的遊牧。其次，它也表現了對農業做為普世性生產方式的純稚信仰。他只想到徙民去邊塞耕田，卻未思考蒙古草原及塞外戈壁如能耕種，胡人為何會採用遊牧之法?可見他心目中只知耕田，不曉其他。蒙古草原的土層甚淺，農耕時一翻土，就把地表的土壤狀況破壞了，不但種不出什麼東西來，廢棄不耕之地，此後連草也難以生長。所以農耕實北，乃是造成草原地貌劇烈破壞、加速沙漠化的元凶。

三、他是主張安居務農的，所以批評胡人如飛鳥走獸。然其建議卻弔詭地是要民眾遠離其故鄉：「民至有所居，作有所用，此民所以輕去鄉而勸之新邑矣」、「使先至者安樂而不思故鄉，則貧民相募勸往矣」。顯然此即成為鼓勵移民之論調。我曾說：歷史上主張安土重遷者，往往導生了勸民經去其故鄉之作為，此即一例。

四、勸募民眾往徙邊塞的辦法，隨即為各朝代所廣為採用，但謫發實邊之法也並未廢棄。漢有七科之適，與秦謫戍者相同，並增加了亡命之謫。

五、糟糕的是：由於流放實邊，本為謫遷之刑，且觀念中視遊民流氓為賤類，所以雖新增勸募之法，卻總不免混淆，把所有流於邊塞者都視為謫遷。如武帝元封四年，公卿請徙流民四十萬於邊以謫之。這些流民只是生計困難者，又不是謫戍的刑徒奸猾小人，公卿們竟然以謫為名，將之視同罪人，流放邊區。現實上既需要移民以減輕關東地區的壓力，又擺不脫重農定居的偏見，正顯示了觀念與現實矛盾的毛病。

政府主導的徙民工作，並不只是實邊，還有更多的是近距離的遷地移置。但除了少部分外，都是民眾自行遷徙，政府至多擔任輔導者的角色，如景帝元年：「其議民徙寬大地者，聽之」，武帝元鼎二年：「民得流就食江淮，欲留，留處」，章帝元和元年詔：「無田欲徙他界就肥饒者，恣聽之。其後欲還本鄉者，勿禁」。由這些詔令中，我們可以發現政府基本上並不贊成民眾遷徙，只在某些情況下，才不得已地睜隻眼閉隻眼，聽任民眾自徙。後漢崔實〈政論〉云：「小人之情，安土重遷；寧就飢餒，無適樂土之慮」，自非事實。他是為了促請政府在徙民政策上採取更積極的做法，才說民眾對遷徙缺乏主動性，希望政府能主動徙民。不幸政府於此，仍復漠然，遂致人民北入幽州，南走江淮，奔入漢中、益州，流散如水，而漢朝也就亡了。

換言之，將民眾定著放土地上，希望他們安居務農的時代，人仍不能不流。猶如鯀之治水，採取以土壅塞圍堵水的辦法，而結果水終究衝決了堤坊那樣。一個定居社會，終於又轉變成為遊民社會。

漢樂府有首〈來日・善哉行〉說道：

來日大難，口燥舌乾。
今日相樂，皆當喜歡。
經歷名山，芝草翻翻，
仙人王喬，奉藥一丸。
……
淮南八公，要道不煩；
參駕六龍，遊戲雲端。

這就是一種新的，從漢代人民「逃亡」型態中發展出來的遠遊意識。政府要人安居樂業，定著在土地上，人民便乾脆逃離，逃入山中、逃向空中，逃離整個土地。平地代表著災難、死亡，只有亡命才能保命。類似的歌謠，還有〈董逃歌〉。據崔豹《古今注》說：「董逃歌，後漢遊童所作也」。歌辭云：「吾欲上謁從高山，山頭危險大難言」，這並不是說山上很危險，相反地，它「言五岳之上，皆以黃金為宮闕，而多靈獸仙草，可以求長生不死之術」（見《樂府解題》）。也是亡命以求保命之類型。

這類歌謠，另一個值得注意之處，在於它要追隨淮南八公去遊戲雲端。我們知道：淮南王父子都是因招集天下遊士而遭皇帝忌恨而賜死的，可是民間根本不承認他們死了，反而以之為長生不死之典型，欲追淮南八公遨遊天際。這不是對漢朝壓制遊士、提倡居民意識的大諷刺嗎？

此種以淮南為寄託，明言人不能返回故鄉，而欲遠遊天外者，尚有〈淮南王篇・拂舞行〉。歌云：

淮南王，自言尊，百尺高樓與天連。
後園鑿井銀作床，金瓶素綆汲寒漿。
……
我欲渡河河無梁，願化雙黃鵠，還故鄉。
還故鄉，入故里，徘徊故鄉身不已。
繁舞寄聲無不泰，徘徊桑梓遊天外。

人未嘗不思故鄉，未嘗不願回歸桑梓，但回不去了。即使化身為黃鵠去故鄉徘徊，也只能徘徊一下，仍須遨遊天外。這樣的歌曲，既表達了淮南王的仙去，也體現了遊者的態度。

此時，居者的地上世界，被視為俗濁苦穢的死亡界；遊者的世界，則被描述為仙境長生戲樂之所。「居／游」、「俗／仙」、「死／生」在此分疆。

相和雜曲歌詞〈怨詩行〉則提出另一種遊的方式：

天德悠且長，人命一何促。百年未幾時，奄若風吹燭。嘉賓難再遇，人命不可續。齊度遊四方，各繫泰山錄。人間樂未央，忽然歸東嶽。當須盪中情，遊心恣所欲。

這首歌不再提出一個仙界來跟人間相對，而就在人世之間講遊，不但遊於四方，更要透過「遊心」來突破死亡的陰影。遊人恣所欲，事實上也就是〈善哉行〉所謂的遊戲。先秦那種藉出遊以宣洩憂思的型態，在此得到進一步的發揚。由正視死亡、正視生命的本質，使得憂傷內在化、本質化，而欲以遊來銷解它。一如瑟調〈西門行〉所稱：

出西門，步念之。今日不作樂，當待何時？……人生不滿百，常懷千歲憂。晝短苦夜長，何不秉燭遊？

看這樣的歌辭，我們就知道在漢代欲使民繫著於土地上時，民眾卻發展出更深刻的遊意識，且由此直接反省到生命侷限性的問題，以此建立遊的正當性。這種遊的精神，顯然比居者只能以女性溫暖的胴體和纏綿的柔情來召喚遊子，深刻得多了。遊，成為穿透存在與時間、存在與虛無的存有論議題。

比較這時的居民意識和遊民意識，則可發現居者之重點在於「擁有」，例如說人都應有故鄉、有家、有國、有土、有愛。擁有這些，是值得珍惜的；喪失了，便不免嗟怨傷嘆。而且這種擁有是可以保持的，只要人能珍惜它，便能長相廝守：「若生當相見，亡者會黃泉，今日樂相樂，延年萬歲期」，天長地久，縱使片刻，也是永恆。遊者之意識，重點卻在於「沒有」。

盎中無斗儲，桁上無懸衣，遊子是無家、無土、無國、無鄉，也沒有愛侶的，即使有也喪失了。而且這種喪失是本質性的，亦即生命本身即是亡命，即不可能擁有什麼，因為生命的特點就在於它會「亡」、消失，故什麼都不可能「延年萬歲期」。既然如此，人生便不能執著，只能遊戲。遊於心，遊於人世，遊於無何有之鄉，始能「逃亡」。

由此發展出來的，自然就可分成一種執戀現世、重現既存價值體系的安居人生觀，和另一種不執著於現世，超越的逃亡人生觀。

五、漢代的遊民

（一）方士

居民與遊民，在思想與政治的構作下，形成了對比的關係，充滿了張力，矛盾中又有辯證的趣味。但在此，我尚無法立即就此申論，我想先談談在兩漢所謂定居社會中實際存在的遊民與遊俠。

從班固、揚雄、東方朔諸人的感嘆中，我們會覺得那真是個與戰國期間極不相同的時代。戰國時期，士人可以遊行遊說，立致公卿；漢朝的士人卻只能坐著等待君王的「臨幸」。可是，莫忘了，這個時期仍是有大量遊行遊說之士的！其中之一，即是方士。據《西京雜記》載：

淮南王好方士，方士皆以術見。遂有畫地成河、撮土為山巖、噓吸為寒暑、噴嗽為雨霧。王亦卒與諸方士俱去。（卷三）

淮南王所召之江淮遊士，其中便多是此類方士。而且不僅淮南王如此，漢武帝等也是方士遊集的對象：「漢自武帝頗好方術，天下懷協道藝之士，莫不負策抵掌，順風而屆焉。後王莽矯用符命，及光武帝大信讖言，士之赴趣時宜者，皆馳騁穿鑿，爭談之也」（《後漢書・方術傳》）。可見時代雖然改變了，帝王專制權力及國家仕任體制雖已逐漸凝固化、土壤化了，士人已成為土裡仰望帝王施以雨露恩澤的植物，然而帝制本身便仍有許多空隙，可以流動，土壤中的社會肌理也是鬆軟透水的。士之一類，方士，即於此時大遊特遊。

或許從一般知識分子的角度來看，講正經治國平天下大道理的士不受重視，講神仙房中術的人卻大受青睞，正是這個時代值得悲哀之處。但是，奔走於帝王面前的方士，與周流天下、冀獲一用的孔墨孟荀，同屬於遊士型態，是無庸置疑的。其道術雖不同，然戰國以來，道術已為天下裂，何能強求一致？反倒是我們該由此注意到：此類方士，在漢朝輒以「道士」名之，如《漢武內傳》說：封君達「常乘青牛，故號青牛道士」，《漢書・王莽傳》說：「王涉素養道士西門君惠，君惠好天文讖記」、「張豐好讖記，有道士言豐當為天子」之類，方士都被稱為道士。可見瞧不起方士與其神仙讖記之術，自是今人之偏見，在漢代，他們普遍被認為是「懷協道藝之士」，常被稱為道士。而此類道士所言之天文讖記、神仙禨祥等等，在漢代也不是邊緣性的東西，乃是整個社會的主導思想。

所謂天文讖記，即是漢代儒者常說的災異、機祥、讖記符命等等。

漢代這些講法，各有來源，各有巧妙。其中論災異祥瑞者較早，而所依據的，主要就是孔子的「徠民觀」。董仲舒〈元光元年舉賢良對策〉云：「為人君者，正心以正朝廷，正朝廷以正百官，正百官以正萬民，正萬民以正四方。……四海之內，聞盛德而皆徠臣；諸福之物、可致之祥，莫不畢至」，又說：「天下之人，同心歸之，若歸父母，故天瑞應誠而至。《書》曰：『白魚入於王舟，有火復於王屋，流為烏』，此蓋受命之符也。周公曰：復哉復哉！孔子曰：德不孤，必有鄰。皆積善累德之效也」。都足以證明災異祥瑞說本不神秘妖妄，只不過是把孔子所講的那種遊民歸德狀況發揮一番罷了。

人民像水，何處有德，他就歸往何處，天地祥瑞之物也來匯集。無德，水即逆流，天地災異禍亂也同時興作。所以災異說看起來像是神道設教，以老天爺的名義來勸誡皇帝，骨子裡卻顯示了對人民的敬畏之意。正如杜鄴〈災異對〉所云：

> 春秋災異，以指象為言語。籌所紀數。民，陰，水類也。水以東流為順。走而西行，反類逆上，象數度放溢，妄以相予，違忤民心之應也。……詩人所刺、春秋所譏，無以甚此，指象昭昭，以覺聖朝。（《漢書・五行志・下》）

這裡的人民觀，仍是流民性的。所以，災異祥瑞，本身乃是相對於統治王朝之「屬民觀」而提出來，與之制衡的另一種觀點。告訴君王：臣民並非本質上隸屬於它，如政治弄不好，違忤了民心，人民是會反叛會離散的。災異與祥瑞，即是民心向與背的一種象徵性表示。不過，「象徵」往往淪落成為「實指」。災異的警告意味，也在實際官僚體系的運作中逐漸被淡化了。祥瑞，漸漸被一批馬屁精廣為運用。一會兒東邊來了鳳凰，一下子西山出現靈芝，以此證明吾皇聖明。眾福來集，四海歸心。這套把戲，現今更是熱烈上演著，又焉能苛責於東西漢之士人？

讖記，就是祥瑞符命觀念擴大的產物。賈逵在替《左傳》爭地位時說：「五經家皆無以證圖讖明劉氏為堯為後者，而《左氏》獨有明文」，以此來推重《左傳》的價值，證明劉邦是堯的後裔，正可見所謂圖讖之妙用。難怪桓譚要痛罵：「今諸巧慧小才伎數之人，增益圖書，矯稱讖記，以欺惑貪邪，詿誤人主」（**本傳**）。

這些講天文讖記的，並不只有方士，如賈逵這樣的大儒也同樣講之不已。其內容固有淳駁正邪之分，卻顯然都本於「徠民觀」，且為漢代之主導思想。

方士之道術，當然不只有這些。張衡〈請禁絕圖讖疏〉指謫圖讖，推薦人們學律曆、卦候、九宮、風角。這些，其實就也都是方士所慣用之伎。至於吞刀吐火、畫地成河、吹氣興雲霧、一葦渡江、刀槍不入、截斷肢體、五鬼搬運……等等，《後漢書‧方術傳》更是記了許多。

這些方術，具有神秘性，也非尋常人所能辦到，因此我們常會拿在我們社會中也存在著的巫師、魔術師來擬想。現代社會裡尚且還有不少巫祝方術之士，擅長魔術表演的也不少，但我們絕不會認為這些方術魔術幻術即是我們這個社會的主導思想。頂多視之為一種輔助性的東西，例如在節日娛樂時找魔術師來表演一番，聊為遣興。可是，漢代社會卻似乎不應如此看，為什麼？

第一、主流的儒學體系，與神仙方伎之間，並無排斥關係，兩者雖然頗有不同，但參合交融之處頗多。方士所用以建構之思想基礎，如氣類感應、災異祥瑞，大體得自儒學。具體所說之風角、卦候、九宮、律曆、孤虛、三統、太一、北辰……亦多採自經學傳統。因此方士之說，與主流思想往往相孚而長。

其次，提倡安土重遷、君臨天下的帝王，本身就推挹支持這些方士。方士成為社會上龐大的流民階層，不只流入帝王家，也流向豪門鉅戶以及一切民庶之處，繼續鼓扇擴大其方術之傳播。從《後漢書・方術傳》中我們就可以發現整個社會基本上是相信這些術法的。施術持方者，身分也很複雜。有些是官吏，有些是大儒，有些屬於強宗豪右，也有隱士，或婦女。有的方術士只在鄉里施技，大部分則流走四方，而且頗有徒眾從之學道，如「諸好事者自遠而至，就根學道」、「流名京師，士大夫皆承風向慕之」、「百姓神服，從者如歸」之類。東漢道教之所以能夠興起，所憑恃的就是這個條件。

第三、域外移民自漢武帝以後，大量來華，增加了方士的技術、擴大了陣容、更刺激了民間對方技的好奇與嚮往。例如「能自斷手足，刳剔腸胃」的天竺幻人，「口中吹火，自縛自解」的犁靬幻人，其技藝後來都與中土方術交流融合了。這種方術因移民交流而擴大流布的現象，可以「東海黃公」為例。

〈西京賦〉云：「東海黃公，赤刀粵祝，冀厭白虎，卒不能救」，薛綜注：「東海能赤刀禹步，以越人祝法厭虎，號黃公」。

《西京雜記》說：「余所知有鞠道龍善為幻術，同余說古時事：有東海人黃公，少時為術……」。

依這三條記載，我們可知黃公是東海人，能以赤金刀厭勝老虎，這是一種方術。虎屬西方金，以赤金刀往厭，是取同類厭伏之意。但禹步是另一種方術，相傳乃大禹所傳。越人祝法，又是另一種術法了，稱為禁咒，傳自越地，所謂黃神越章之類。黃公一人而兼通三種術法，顯然得力於術法之四散流傳。又，據《舊唐書・音樂志》說：「幻術皆出西域，天竺尤甚」，但幻人鞠道龍卻講述這東海黃公的故事。足見西域幻者，於此禁咒厭勝之法，亦有所了解。而此故事，通過「三輔人俗以為戲，漢帝亦取以為角抵之戲焉」（《西京雜記》），更是家喻戶曉了。

方士之遊走、方伎之傳播，往往如是。他們即使在娛樂節日中進行表演，也是主要的項目，而非如今日演藝活動中只以魔術等為配角、雜耍。故《舊唐書・音樂志》說：「大抵散樂雜戲多幻術」。

在這種氣氛中，對人的思維狀態有何具體影響呢？

我想，影響最顯著的，第一是人的世界觀。海外三神山的說法，實際上就發生過不少作用。從齊威王、齊宣王、燕昭王時代即已流傳著蓬萊、方丈、瀛洲的神話，秦漢仍然不衰。這樣的神話，除了誘引人們嚮往求仙之外，更讓人把世界觀立刻恢拓到大地陸塊以外，寄情於那會浮沉於波濤上下的宮闕殿宇。

更重要的是，漢人常認為世界基本上是水構成的，土地只是浮在水上的一個個陸塊。所以才有鄒衍的「大九州」說。九州，又寫為洲，即水面上淤積而成的土塊。又《神異經》說：「大者為五岳。中岳崑崙，在九海中，天地之心」。九海，才是整個世界的領域。太陽從東邊出來，落入地下，在漢人說，就是沉入水底了。故太陽落下去的地方，稱為「虞淵」，升起來之處，則稱為暘谷。暘谷也是水，相傳太陽每天要在此洗乾淨了才升起。《楚辭・九歌・少司命》：「與汝遊兮九河，衝風至兮水揚波；與汝沐兮咸池，晞汝髮兮陽之阿」，即用了日出暘谷、浴於咸池的神話。太陽尚且如此，要歸入水中，人也一樣。看起來死掉後「一坏黃土」，好像是埋到土裡，其實不，乃是入於「黃泉」。《白虎通・五行篇》：「水位在北方，北方陰氣，黃泉在下，萬物任養」。在漢人的五行觀中，中央黃土最為重要，但天一生水，水卻是整個生命的起點。而中央黃土之下，其實又是黃泉（**據《淮南子・地形篇》說，黃埃五百年生黃泙，又五百年生黃金，又千歲生黃龍，黃龍入藏生黃泉**）。因此，所謂皇天后土，土實浮於水上，和漂浮在海上的三神山，基本上並無不同。或者，如張衡〈渾天儀注〉所說：「天如雞子，地如雞中黃。……天表裡有水，天地各乘氣而立，水載之以行」，整個宇宙都是水，天在水中，地又在天中之水裡。總之，自己所居住的這一方土地，無論從大九州或渾天說等任何角度來看，都只是宇宙間一小塊，尚有所居本土之外，無邊廣闊、不可測度之空間。

這樣的世界觀，其實頗有上承孔子時代的地方，例如子夏說：「四海之內皆兄弟也」，就是說我們所居之世界，乃四海環抱的空間。鄒衍推廣此意，說九州之外，「有大瀛海環之」、「有裨海環之」。對於這土外之水，一般人固然視之為天然的隔阻，可是漢代方士之思想卻常是要積極朝水的世界走去的。因為水被視為生命的來源與回歸之處，故離土趨水，即被認為具有生命的舒發、永生的追求等超越性的意義。

即使在海內土地大陸之中，方士們所談，也多是崑崙、西王母之類。整個土地概念是遼闊的，非平面的。崑崙上達於天，這類講法，本身便具有超越義。

第二、空間觀必然也影響著人們的行動觀。要知道，一個封閉不流動的社會，通常是由於這個社會對其外部缺乏認識，或欠缺自己所生活之區域只是整個世界之一小部分的體認。一旦領會到自己所居住的，只是整個世界之一小部分，自然就會對其外之地區產生一探究竟的嚮往與好奇。因此，一個安土重遷的社會，必然相應地配合以封閉自存的地域觀。而一個開闊廣袤，九州之外更有九州，瀛海之外尚有瀛海，海內有《山海經》，海外亦可以有《山海經》，九州之外，甚至還可以有《十洲記》的世界觀，則必然相應地出現超越於一方一角的周遊意識以及周遊的行動。方士們侈談遠方珍異、殊域風光、他方靈秘，看似荒唐幽渺，而實能開拓時人之胸襟視見，啟人遐思。

遐者，遠也。我們要注意：方士們稱成仙飛升，也叫「登遐」。所以平面地遠離所居之一方土地，流觀山海，壯遊萬里，如司馬遷那樣，固然是遠遊的行動。向高山上去隱居或採藥，遠離所居俗世，也是遠遊之一種。再向上，進入超越界，登仙升天，更是遠遊。

方士，做為遊士之一類，就是由於它孚應了或激揚了這樣的世界觀和遠遊行動，所以在漢代，它才能得到生存發展的氧氣，並與整個社會的主導意識相結合。刻在鏡子上的銘文不是這樣說著嗎？——「尚方作鏡其大巧，上有仙人不知老，渴飲玉泉飢食棗，浮游天下遨四海，徘徊名山採芝草」（王莽時之尚方鏡銘）。

三、遊戲的人生觀。方士所談，多為與現實無關或超乎現實的。寄言則或在海外、海上、天上、遙遠的八荒八極大荒，其術法，如分身幻景、入水不濕、吞刀吐火、辟穀不食、忍寒耐暑……等，均非生活之主體。但它打開了一個神秘、靈奇、充滿想像的空間，使人生增添了許多趣味。在各種集會時，人們喜歡舉行此類術法表演，以為戲樂，正是這個緣故。

今所見漢磚、瓦當、銅鏡、墓葬石刻，都可以看到大量神仙方術的材料，除青龍、白虎、朱雀、玄武、西王母、東王公、日神羽人、神樹、海上仙山等題材之外，也不乏「在畫面上似還表現巫術禁法」（〈河南方城東關漢畫像石墓發掘報告〉）的材料。

而且從墓葬來看，死者棄世，往往被類比為遠行，希望他在另一世界中過著遊戲快樂的日子。所以各墓葬刻石畫像，都充滿了百戲歌舞的圖形。其刻像題材，大抵包括：（一）天地海上神仙、（二）奇禽異獸、（三）僚屬隨從、（四）樂舞百戲。

山東蒼山元嘉元年像題記且云：「君出遊，車馬道從，騎吏留都督往前，後賦曹」，可見墓刻所示，以出遊時之車馬儀駕為一大主題。另一主題則為家居燕樂時的歌舞遊戲。兩者都是遊。代表了漢人對人生快樂生活型態的嚮往。試對照樂府〈來日・善哉行〉所謂：「今日相樂，皆當喜歡。……淮南八公，要道不煩。參駕六龍，遊戲雲端」，即可明白，在遠遊思想之浸潤下，漢人確已發展出遊戲為樂的人生觀。

或謂此類墓葬所反映的，未必是人生活時的實況。當然。從墓主身分來說，葬石刻所示，或不免誇飾，但彼時確以此為人生樂事是不用懷疑的。且在活人的世界中，方士巫祝祭祀禳祓往往也就和遊樂分不開，試看杜篤的〈祓禊賦〉：

巫咸之徒，秉火祈福……王侯公主及乎富商，用事伊洛，帷幔玄黃。於是旨酒嘉肴，方丈盈前，浮棗絳水，酹酒醲川。若乃窈窕淑女，美媵艷姝，戴翡翠、珥明珠、曳離裾、立水涯，微風掩蓋，纖縠低回，蘭蘇肸蠁，感動情魂……。

祭祀禳祓時，正是狂歡飲宴、並釋放其情欲的時節。遊與戲之間，涵蘊一種自由的精神，是十分明顯的。

此外，則當注意，經方士大肆宣傳海上神山及地上仙山之後，山海遊憩，對人生便具有超越性的意義。

以桓譚為例。他是不相信方士所說之仙道的，在其《新論》中頗著駁議。但他到華山，見到武帝所建集靈宮，住在存仙殿，仍不免「竊有高眇之志」，而作了《仙賦》。可見方士所說的神仙及其世界，未必使人確信即有神仙、即有此神仙之世界；但其所說，卻可使人對之興起一種超越塵土俗世的高眇之志，飄飄乎若使人之精神亦與之仙人王子喬一般：「乘凌虛無，洞達幽明……出宇宙，與雲浮，灑輕霧，濟傾崖，觀滄州而升天門，馳白鹿而從麒麟」。

這是桓譚看到華山時的態度。同樣的，班固看終南山，也發現此山集靈存仙：「彭祖宅以蟬蛻，安期饗以延年，唯至德之為美，我皇應福以來致」、「固仙靈之所遊集」（〈終南山賦〉）。仙之稱為仙，就是因為他們住在山裡。而又因為仙人山居，所以山對人來說，便具有不同的意義。不再只是自然地理意義的土堆，其林木煙霞，都「若鬼若神」。會帶給人們超越性的嚮往，覺得它是仙靈遊集之處。

至於海。班固之父班彪有〈覽海賦〉說他「覽滄海之茫茫」時，不但想到了孔子乘桴浮海，也擬渡海「索方瀛與壺梁」，更想像海中神仙世界：「松喬坐於東序，王母處於西箱，命韓眾與歧伯，講神篇而皎靈章」。對此世界，他甚嚮往，故「願結旅而自託，因離世而高遊」。

這種山海意識，既不同於孔子時代「仁者樂山，智者樂水」的型態，也非漢初詩賦家「觀山則情滿於山，臨海則情溢於海」的型態。前者是從人格道德和山水的相互對應處說，後者是從人之感性主體因境興感處說。山川河海在此均仍屬於自然，人可以由體會此自然之生生不息，如「逝者如斯夫，不捨晝夜」，而生上下與天地同流之感，卻不是說山海本身便已是一種超越界。依桓譚班彪班固說，則山海本身即是「別有天地非人間」的，乃仙靈遊集之處。故遊山觀海也就表示人要離世高遊，能使人與發高眇之志。

漢末費長房學道，被教以重陽節時須登高避禍，其風俗流傳至今。同理，漢代這種山海觀，也使中國文學史上開始出現遊山登高之詩文。遊山，代表避離塵囂。登高則是為了望遠、求仙或傷惘下土。新的傳統，於茲展開。山水文學，亦漸次出現於歷史舞台。

（二）儒生

《後漢記》卷一：「南陽新野人鄧禹，字仲華，少以德行稱，常遊學長安」。這種遊學，乃是漢代儒士經生經常採用之方式，千里裹糧，遊學四方，故儒士也者，大抵即是遊士。同書卷二一載：「李固，父郃為漢司徒。固耽於學，雖三公子，嘗自負書，千里尋師，親給灑掃，學行根深，無所不貫。四方之士，自遠而來」。正是一則鮮活的例子。

再據趙岐〈孟子題辭〉來看，它說：「孝文皇帝欲廣遊學之路，《論語》、《孝經》、《孟子》、《爾雅》皆置博士教育」。可見從官學博士教育說，天下之士，皆朝京師集中，是遊學。由私學的立場看，士人向名師宿儒處集中，也是遊學。遊學，已成了教育的代名詞。所謂「從某某遊」。

也就是在這種情形下，才會有名師門下動輒千百人的盛況。如《漢書・儒林傳》云：「申公歸魯，退居家教，弟子自遠方至，受業者千餘人」。其未退居時，博士之弟子生員亦極多。武帝時，為每位博士官置弟子不過五十人。昭帝時便增至百人。宣帝末倍增。元帝時則已達千人。成帝末，增弟子員三千人。這樣的數字，會不會太誇張了呢？不，當時正以弟子從遊之眾，來表示老師的名望，故從遊者不妨多多益善。

如王莽時有王吉等，上表說他們是許商之徒，各從門人會，車數百輛。順帝時，遊學增盛三萬餘生。名師教授，動以百千萬計。在《後漢書・儒林傳》中便記錄了劉昆以施氏易教，弟子恒五百餘人。洼丹以孟氏易教，徒眾數百人。張興以梁丘易教，弟子自遠而至者，著錄且萬人。曹曾傳伏生尚書，門徒三千人。牟長教歐陽尚書，諸生講學者常有千餘人，著錄前後萬人。樓望傳公羊嚴氏學，教授諸生著錄九千人。丁鴻，門下甚盛，遠方至者數千人。……。連張奐以黨錮禁閉，杜門不出，尚且養徒千人。盛況簡直無法殫述。

這些學生顯然是流動的。不但從他處來此遊學，在某師門下，也未必久居，所以才有「著錄」的問題。來遊，即著錄稱弟子。但未必久留，過一陣子又遊學他往。故統計時就有兩種數目，一是著錄數，一是門下通常保持的學生數。

學生如此之多，老師勢必無法一一親授。例如馬融門徒四百餘人，升堂者不過五十餘人。見〈鄭玄傳〉。其他人大約僅能望絳帳、聞弦歌罷了。如此求學，能學到什麼，不無疑問。然風氣所被，士仍大遊特遊。或許在一處觀其門風，體會大旨後，就再去他處遊觀一番。遊學，與遊歷、遊觀，事實上是相結合的。

此種師弟關係，應該甚為鬆散。然而不然，門生與其師長的關係卻極深。發展到極至，竟有君臣父子之類的關係。錢穆《國史大綱》第十二章〈二重的君主觀念〉、呂思勉《秦漢史》十四章第四節〈秦漢時君臣之義〉都有說明。如《後漢書・陳寔傳》云陳氏卒時，海內赴會弔祭者三萬餘人，制衰麻者以百數。《隸釋》九〈漢故司隸校尉忠惠父魯君碑〉云，其門人三百二十人共謚其號。均可見其師弟之關係。蓋時人重交遊，故遊於其門，即有道義存乎其間，而表見於行為中。

且遊學，與遊歷、遊觀相結合時，同時也就與交遊結合了。遊觀人文盛事、人物典型，順便交結賓友，便成為此時遊學儒士的基本行為模式。試看《後漢書》所載，郭林宗歸鄉里，

「衣冠諸儒送至河上，車數千輛」（〈郭泰傳〉）。范滂，自京師準備南歸時，「歸葬江夏，四方名豪會帳下者六七千人」（〈申屠蟠傳〉）。袁紹兄弟母喪時，歸葬汝南，曹操等替他們舉行大會，「會者三萬人」（〈魏志〉卷一注引《逸士傳》）。此等聚會，自是一時之盛，人數聚集之多，足以令人咋舌。前述師長卒時，弟子百千萬人會葬的情形，也即在這種情況下才能出現。

換言之，儒士平時遊於國、遊於私學大儒之門。遇到大集會，士林間的盛會時，也群集而至，不遠千里。

但遊士群集，並不只在特殊的聚合或場所中方如此，平時他們就是遊的，遊於名公士大夫之門。例如明帝時「法網尚疏，諸國得通賓客。（北海王）不遠千里，交結知識，宿德名儒莫不造其門」（《後漢紀》卷十）。這種賓客，正是漢代特殊的文化景觀，稍有名望的人，都有不少賓客在家裡。

此乃戰國養士之餘風。賓客猶如食客，泛指鉅宦名公士大夫之依附者，門類甚雜，如《後漢紀》卷二十云梁冀弟私遣人出獵，冀知道了，即追捕其賓客，殺掉了三十餘人。這些賓客，顯然即是替主子去打獵的人。同書卷二云耿弇率宗族二百餘人、賓客二千人迎光武帝於育縣。所以這時賓客就是可以去打仗的。但是，無論如何，遊士儒生仍為各鉅公名士之賓客的大宗。所以《中論・譴交》說：

> 自公卿大夫、州牧郡守，王事不恤，賓客為務，冠蓋填門，儒服塞道。……下及小司，列城墨

綬，莫不相商以得人，自矜以下士。星言夙駕，送往迎來，亭傳常滿，吏卒傳問，炬火夜行，閽寺不閉。

由這裡即可看出：所謂賓客，在漢末已專指或大部分指儒生遊士而言。且此種「賓主結構」是全面性的，自公卿大夫到地方小官，都爭相延攬賓客，以博禮賢下士之名。全國各地之儒生也都動員起來，四處遊走，奔波於道路，而至於「炬火夜行，閽寺不閉」。

在此種人人遊走名公之門，官吏士大夫也都爭相奉承賓客的環境中，有些人為避浮濫，或節省交結賓客的時間與體力，自然要略作檢擇。例如《後漢書・劉陶傳》說他「所與交友，必也同志」，〈岑昭傳〉說岑氏去見同郡宗慈時，「慈以有道見徵，賓客滿門。以昭非良家子，不肯見」，〈袁紹傳〉注引《英雄記》云袁氏「不妄通賓客，非海內知己，不得相見」等等。

擇交越嚴，做其賓客自然越顯得值錢，《南史・袁湛傳》云袁昂「遊處不雜，入其門者，號登龍門」，即是這個道理。可是，花花轎子人抬人，不輕易接納賓客的主人，也越有自命不凡的賓客來望門投止，試試緣會。如《後漢書・孔融傳》說李膺簡重，不妄接士。「融欲觀其人，故造膺門」，告訴李氏，說他乃孔子之後，故與老子後人李膺本屬通家。即是因此而形成的佳話。

可是也因為如此，便有不少人裝模作樣起來，如《後漢書・符融傳》說當時晉文經、黃子艾等人，都「臥託養疾，無所通接。洛中士大夫好事者承其聲名，坐門問疾，猶不得見」。前面所舉不妄接賓客的李膺，其實也是用這個辦法，故惠棟《後漢書補注》卷十六引〈李膺家傳〉說：「膺恒以疾不送迎賓客，二十日乃一見也」。此必為託疾，否則李氏豈不是一病夫？葛洪《抱朴子・正郭》也同樣這麼指摘郭林宗，謂「林宗隱不修遁，出不益時，實欲揚名養譽而已」。名士之所以令人詬病，認為他們只不過會盜虛名而已，亦由於此。

但無論賓主交結的實際狀況如何，總之這一切都是因遊士大盛而形成的。在如此大規模的儒士遊動情況下，交遊，自然就成為人群倫理行為中最值得關注的事。

《後漢紀》卷十五：「是時三府掾屬以不肯親事為尚，專務交遊」，可見甚至在政治上，努力交遊都比勇於任事更被重視。《後漢書・朱穆傳》說朱氏有感於這種風氣，而作〈絕交論〉，謂「世之務交遊也久矣」，準備扭轉之。卻又有什麼用呢？到曹魏時，曹丕就寫了極為重要的〈交友論〉，說：

> 夫陰陽交，萬物成。君臣交，邦國治。士庶交，德行光。同憂樂，共富貴，而友道備矣。《易》曰：「上下交而其志同」。由是觀之，交乃人倫之本務，王道之大義。非特士友之志也。

交遊，已從士之倫理提舉擴大為一切存有物之共同活動原則，缺乏此活動原則，存有即無法開顯，亦無法成就。這是極重要的文獻，極具原創性的觀點，對於傳統儒學以陰陽夫婦為人倫之始的態度，實為一大顛覆。更與後世一般視儒家倫理為「君父倫理」（亦即以君臣或父子為倫理關係之基底，其他夫婦、兄弟、朋友關係，皆附從於其下，或彷擬其關係而建立）者迥異。朋友，成為五倫關係中首出的關係；朋友相交的原則，也成為天地陰陽萬物、君臣士庶共守之活動原理。

這不只是在理論上說說而已，漢人看待「故人」、「朋友」是很重的。《後漢紀》卷六：「寇恂居九卿位，饗大國租，皆以施朋友，賑給故人」，為何不給親戚宗族呢？這不就可以看出他對朋友的重視嗎？

不但如此，君臣之間，亦應如朋友，卷七：「陳元上疏曰：臣聞師臣者帝，賓臣者王。……陛下宜修文武之典，襲祖宗之德，屈節待賢」，所謂賓臣者王，是用《戰國策・燕策》郭隗的話：「帝者與師處，王者與之處，霸者與臣處，亡國者與役處」。但我們不應忘了，戰國是個遊士時代，君主爭取遊士來為自己服務，故對士不能不客氣些。漢朝卻是大一統的王權社會，臣子乃是王者所統屬官僚體系中之成員，這種結構上的變轉，正是東方朔、班固、揚雄等人所慨嘆的原因。若非士之交遊日益普遍，交遊之道德越來越具有倫理的普遍性，士人怎麼會錯把戰國時代的社會圖象，看成是自己社會中存在的實況？怎麼敢叫帝王跟士人要保持著師友之關係？

在漢代文獻中，我們會經常看到「門生故舊」一詞。門生故舊與其師其友之關係，往往如君與臣。君與臣之關係，則又被要求如師如友。這種倫理關係的滲透與轉換，都是通過交遊來形成的。

交遊之盛，當然也就形成了余英時所謂的「士的群體自覺」。也就是士人彼此不但在具體活動層次上，彼此交結，相互提攜、標榜、應酬、結交；在意識內容上，也形成了「我們都是一類人」的觀念，有助於型塑集體意識和行為模式，士乃因此而形成一個階層。

在此階層群體內部，交友，是聯繫各零散遊士的主要形式。日人吉川幸次郎曾指出：友誼詩，是曹植以後中國文學創作最重要的主題。的確。但這種主題之所以出現於漢末，並非曹植個人之功勞，而是因為交友之重要性早已被人充分體會（否則即不會有曹丕那樣的言論），交友之行動也已成為現實社會中士人最主要的活動。《三國演義》中描述活在那個時代中的劉備、關公、張飛，因交友而結為比兄弟還親密的結拜兄弟關係，又說出：「兄弟如手足，妻婦如衣服」這種令女人氣憤的話，其實就鮮活地道出了當時人的倫理觀和行為方式。

漢末漸盛的遊談清話之風氣，亦即起於此一環境中。成中綏〈延賓賦〉云：「延賓命客，集我友生，高談清宴，講道研精，誾誾侃侃，娛心肆情」，此賓客之高談也。太學生遊學日盛，遊談日夥，則又一清談也。這是遊學遊士風氣對學術發展的巨大影響。從篤實的經注訓詁，逐漸轉變為遊談型態的魏晉清談，固然尚有其他各種因素使然，但遊談實占一重大關鍵地位。後來魏晉人清談時，以「主／客」型態來進行談辯，即是延續此一賓主談讌、集會高談的形式。

除了倫理關係、行為模式、社會階層、學術方向等各方面之影響外，遊士交結，既形成了一種社會群體，人數眾多，交遊甚盛，自然就擁有龐大的社會勢力，而在政治上起作用。

作用是兩方面的。有政治地位的人，也採用遊士的行為模式，與士交結；士則遊走於權豪之門，交結權貴。彼此獲利。這時，遊士與政治勢力是相依存、相聯結的。但這種聯結，在另一些政治勢力看來，卻是危險的。例如皇帝對於諸王交結賓客，便多表不滿。認為王侯廣交遊，擴大其政治勢力後，便可能不利於帝王。對於某些大臣之交遊廣闊，國君一樣不會高興。

又例如外戚、宦官固然也廣結賓客，但有權勢之人對別人也有權勢卻往往缺乏容忍，擔心士大夫交遊日盛、名譽益高以後，會威脅到自己。而所謂遊士，又自成一群體，與真正依附於權豪的部曲等不同，他們和權豪之間畢竟非一體的，他們本身亦可形成一股社會力量，對政治產生壓力，且亦未必盡能為權豪所籠絡、所用。故權豪對之亦不能不有所戒心。一旦因此有了衝突，那黨錮之禍、朋黨之爭就不可避免了。

由於漢代黨錮之事，起於宦官對士人之摧殘，後代史家或基於氣類之感，不免同仇敵愾，痛斥發動鎮壓黨人者。但持平地看，遊士的行為，亦自有取禍之道。因為批評遊士的，並不都是壞人或士之階層以外的敵視者。知識分子內部就有不少反省批判的聲音。

被檢討的，主要是遊士們的遊動性，如王符《潛夫論・交際篇》說：「昔魏其之客，流於武安；長平之吏，移於冠軍；廉頗翟公，載盈載虛」。士之遊，被質疑究竟是朝道義的方向遊，抑或朝向有利益的地方去遊。依王符看，這時遊已浮濫，「今使官人雖兼桀跖之惡，苟結駟而過士，士猶以為榮而歸焉，況其實有益者乎？」如此便無是非，只有利害。故王符提出「利交」與「義交」之分，來做判斷，鼓吹義交而唾棄利交。

朱穆則是在批判利交的基礎上，憤而昌言「絕交」。認為當世務交遊者，皆以求私利而不重公義。蔡邕也一樣。為此提倡〈正交論〉。餘如徐幹〈譴交〉、譙周〈齊交〉、周昭〈立交〉……等，亦皆為此而發。荀悅〈三遊論〉針對這龐大的遊士遊行現象，也發表感慨說：遊行之士，「汎愛容眾，以文會友」、「和而不同」、「進德及時，樂行其道，以立功業於世」，故得其正，可以為君子。現在則世人不得其正，以私失之，反而成為盜賊奸軌之源，是季世之徵。

這種爭論，構成漢代末年最有趣也最重要的論題。一方面，知識界在努力確立交遊的倫理正當性；另一方面，也有不少人在質疑它，或希望對交遊行為做一些限定，如云正交好、邪交利交則不好，公交可以，私交最好避免之類。

由此爭論，吾人即可發現：在東漢，推動歷史進程的，其實是遊士及遊士現象。歷史上所謂東漢儒學之盛、氣節風俗之講求、太學清議、遊士清談、形成朋黨、出現名士、發生黨錮……等等，都因士人之游而起。這數以百萬計的遊士，不但人數眾多，更已成為歷史的主體，重要性遠超過安土重遷的農民。

而安居與重游的衝突，便也存在於這個水土混雜的社會中。怎麼說呢？那些批評遊士的人，雖然都確實捉住了遊士之依附性、傭雇意識、趨利心等毛病來供指摘，但尊公室而絕私交、重王權而忌朋黨，其心態卻是和法家韓非商鞅類似的。以安土重遷之觀念來反對交遊，亦甚明顯，如荀悅就說：

> 國有四民，各修其業。不由四民之業者，謂之奸民。奸民不生，王道乃成。凡此三遊之作，生於季世，周秦之末，尤甚焉。

三遊，指遊俠、遊說與遊行。依其語意來看，他顯然把三遊都歸入奸民行列了。遊說遊行，均為遊士之行為，若以此為奸民，則遊士便不被視為士農工商四民之一的「士」了。可是士又怎能和遊士分開來呢？士本來就是遊的，士遊於學遊於藝，商遊於市，工遊於肆，他們的遊都不能說是不修其業。真能安居而修其業者，只有農。因此，荀悅在這裡只是以一種農居觀念來看待遊士罷了。

這種風俗批評，與當時重農抑商的評論，其實甚有關係，可以代表在漢朝強力推廣農居社會的政策下，形成的農民意識，如何在社會變局中起著穩定作用或保守的作用。居者與遊者的緊張關係。不只存在於樂府詩歌裡，也存在於儒者和政府之間，及儒生與儒生之間。試想，連荀悅都說遊士是奸民，政府裡有人把遊士都看成是壞蛋，而發動黨錮，當然就是十分容易理解的事了。據荀悅說，遊士之風，周末尤甚。可是周末並無黨錮之禍。因為周末是個以遊居為主的社會。漢代卻不，從政府之行政管理體制上來看、應該是個居民社會，遊士乃是這個社會秩序的逸離者及顛動者。基於尊崇儒術、發展教育之立場，必須容忍其遊；但遊到某個程度，非其所能容忍，那就要反撲了。不幸反撲鎮壓，雖奏效於一時，畢竟壓不久也壓不住，士便仍然繼續去遊了。

（三）遊俠

遊士之外，被安田土守紀律者不滿的，首推遊俠。

俠，本指一種行為樣態，凡是靠著豪氣交結、與共患難的方式，和人交結而形成勢力者，都可稱為俠。因此，俠是中性的，可能好也可能壞。有些王公鉅臣，喜歡任俠，不過行為稍有豪氣而已，交交朋友、吃喝玩樂一番，自不可能做什麼大壞事。但有些人結交了一堆狗黨狐朋，卻可能交友借軀報仇、攻剽殺伐、作奸犯科。

俠也未必遊動。例如《史記・外戚世家》：「竇太后從昆弟子竇嬰，任俠自喜」，〈留侯世家〉說張良「居下邳，為任俠」，這些俠就都是不流動的，屬於地方或地位上的一方勢力。史載季布之弟季心「氣蓋關中，過人恭謹，為任俠，方數千里，士皆爭為之死」；灌夫「好任俠，諸所交通，無非豪桀大猾。家累數千萬，陂地田園，宗族賓客為權利，橫於潁川」，則竟如今日之地方派系大老或角頭老大了。

遊動的俠，則可以荊軻為例。《史記》說荊軻祖先本是齊人，荊軻徙於衛，故衛人叫他衛卿；又遊之燕，燕人叫他荊卿。「嘗遊過榆次，與蓋聶論劍。遊於邯鄲，魯勾踐與荊軻博。既之燕，愛燕之狗屠及善擊筑者高漸離。……荊軻雖遊於酒人，然其為人深沉好書。其所遊諸侯，盡與其賢豪長者相結」。一段記載裡，遊字數見，荊軻蓋即為俠刺之遊者。

但遊俠之遊，也未必僅指身體行動上的旅行遊歷流動，如荊軻這樣。例如〈貨殖列傳〉說種、代石北之地，人民矜情、好氣、任俠、為奸、不事農商。中山地薄人眾，民俗情急，仰機利而食。「丈夫相聚遊戲，悲歌慷慨。起則相隨椎剽，休則掘冢作巧奸治。多美物，為倡優。女子則鼓鳴瑟，跕屣，遊媚富貴，入後宮，遍諸侯」。這些俠的行為，是遊戲的，如女子之「遊媚」一樣。不事農商、無定職、不治生，故曰遊戲。遊俠的遊，即表示這樣一種生活樣態。

當然，遊戲者，也可能更強化了他們的遊動性，就像女人遊媚，而其結果則是散入各地諸侯之後宮那樣。遊戲者相隨椎剽、掘冢作巧奸治，一旦事發，即不得不遊竄他處。所以司馬遷又說閭巷少年任俠併兼，「篡逐幽隱，不避法禁」。還有一種遊閑公子，飾冠劍、連車騎，

「弋射漁獵，犯晨夜，冒霜雪，馳陳谷」。而其他的遊戲之人，則「博戲馳逐，鬥雞走狗，作色相矜」。

此遊戲遊閑之人，遊就是他們的行為特質，也與其生命特質有關。由這個角度說，凡俠都可說是遊的，俠，就是遊俠。司馬遷寫〈遊俠列傳〉，遊俠成為一個詞，大抵即採此觀點。《索隱》說：「遊俠，謂輕死重氣，如荊軻豫讓之輩也。遊，從也，行也」，我以為並不確。

遊俠大盛於戰國，漢初仍其舊。漢初著名者有張良、朱家、王孟、田仲、王公、劇孟、郭解、鄭莊、汲黯、灌夫、季布、季心等。漢朝政府對這些遊俠，基本上採取鎮壓政策，如漢初「濟南瞯氏、陳周庸亦以豪聞，景帝聞之，使使盡誅此屬」。文帝時，又把郭解的父親殺了。武帝時，則把郭解也殺了。

然而，俠風並未稍戢。《史記》對這件事的敘述非常有趣，它剛講了景帝誅除遊俠，立刻接著說：「其後，代諸白、遊韓無辟、陽翟薛況、陜韓孺紛紛復出焉」。這種叔述，簡直是說景帝越殺、遊俠越多了。同樣地，他在記錄了武帝族誅郭解後，也立刻說：「自是以後，為俠者極眾」。

「眾」到什麼地步呢？首先，皇帝家裡就有不少遊俠。除了前文所引竇太后的從昆弟子竇嬰之外。如孝宣帝本身就「喜遊俠鬥雞走馬，具知閭里奸邪、吏治得失」，武帝從舅衛子伯也「遊俠，賓客甚盛」。

公卿大臣為遊俠者也很多，汲黯灌夫之外，如〈酷吏列傳〉的寧成，景帝時好黃老的鄭莊，昭帝時任京兆掾的杜健，成帝時的侍中王林卿……等。

地方豪傑之為俠者，那就更多了。《史記》說其間可分成兩等，一等如「關中長安樊仲子、槐里趙王孫、長陵高公子、西河郭公仲、太原鹵公孺、臨淮兒長卿、東陽田君孺。雖俠而逡巡有退讓君子之風」。另一等，則如「北道姚氏、西道諸杜、南道仇景、東道趙他、羽公子、南陽趙調之徒，此盜跖居民間者耳」。

但不管其層次如何，遊俠之多，可以概見。班固《漢書・遊俠傳》云：

> 自魏其、武安、淮南之後，天子切齒，衛、霍改節。然郡國豪桀處處各有，京師親戚冠蓋相望。……長安熾盛，街閭各有豪俠。……河平中，王尊為京兆尹，捕擊豪俠，殺章及箭張回、酒市趙君都、賈子光，皆長安名豪，報仇怨、養刺客者。……自哀平間，郡國處處有豪桀。

天子切齒而豪俠居然日眾，其盛況恐怕是後世難以想像的。但我們要補充的是：此所謂遊俠之盛，可能還不只是說具體可指的一位位遊俠很多，而更應注意遊俠的普遍性。

遊俠的任俠行，如《漢書・地理志》云長安之風俗：「其世家則好禮文，富人則商賈為利，豪桀則遊俠通奸」。顯然並不是豪桀中有一些人任俠，而是豪桀一般都遊俠。這在西漢尚未形成風氣，當時乃是遊俠交通豪桀、或豪桀結納遊俠，如灌夫「諸所與交通，無非豪桀大猾」，或「永治、元延間，上怠於政，貴戚驕恣，紅陽長仲兄弟交通輕俠，藏匿亡命」。到了西漢末年，豪桀、遊俠乃結合成一個名詞：「豪俠」。既表示遊俠皆有豪氣，又可以說明豪桀大抵即為俠。如《後漢書・逸民傳》云：「載良尚俠氣，食客嘗三四百人，時人為之語曰：關東大豪載子高」，大豪與大俠往即為同義詞。

不但豪桀一般來說都是俠，武也成為民間普遍的風氣，故《後漢書・黨錮列傳》說：「及漢祖仗劍，武夫勃興，憲令寬賒，文簡禮闊，緒餘四豪之列，人懷凌上之心，輕死重氣，怨惠必仇，令行私庭，權移正庶，任俠之方，成其俗矣」。俠風成為民俗，任俠已成了流行。

然而，這裡便有個問題應先討論。據《後漢書・黨錮傳》的講法，任俠成風只是漢初的風氣，後來經歷任皇帝提倡經學儒術之後，天下風氣就逐漸由「武」轉而偏向「文」了。荀悅《後漢紀》卷二十二也是這麼說的。此皆不確實。為什麼呢？

第一，說漢代帝王為了戢止民間遊俠之風，而摧折豪俠、提倡經學儒術，是不錯的。但在戢止俠風方面，《漢書》、《史記》的記載，均已說明這個政策並無效果。不僅為俠者益眾，地方性豪俠、都邑遊俠少年更是漢代國家公權力一大挑戰。在京城中，俠以武犯禁的情況，可以《漢書・酷吏傳》所述這一段來示例：

> 永治、元延間，上怠於政，貴戚驕恣。紅陽長仲兄弟交通輕俠，藏匿亡命。而北地大豪浩商等，報怨，殺義渠長妻子六人，往來長安中。……長安中奸猾寖多，閭里少年群輩殺吏、受賕報仇。相與探丸為彈，得赤丸者斫武吏，得黑丸者斫文吏，白者主治喪。城中薄暮塵起，剽劫行者，死傷橫道，桴鼓不絕。

這難道不是武夫勃興、遊俠成風嗎？在京城帝都，能無忌憚至此，現在一般黑社會，不良少年幫派火併，或計程車呼嘯街頭械鬥，也未必比得上。因為當時「長安吏，車數百輛，……皆通行飲食群盜」，可見其聲勢。漢樂府詩〈少年行〉、〈結客少年場〉之類作品，即發生於此一時代場景中。後來雖經酷吏尹賞強力鎮壓，但也只是「郡國亡命散走，各歸其處」而已。足證不只是京師才有那麼多俠，郡國各處亦皆頗多亡命遊俠。

二、在提倡儒術方面，漢代確實是有成績的，將俠風轉化為儒行，也不乏實例。如劇孟「少時好俠，鬥雞走馬，長乃變節，從嬴公受《春秋》」（《漢書》卷七五）、段穎「少便習弓馬，尚遊俠，輕財賄。長乃折節好古學」（卷九五）、袁術「少以俠氣聞，數與諸公子飛鷹走狗，後頗折節」（卷一〇五）、王渙「少好俠，尚氣力，數通剽輕少年，晚而改節，敦儒學」（卷一〇六）……。

但我們也應注意，文與武、儒與俠之間，亦非截然對立。遊士與遊俠，在許多方面其實都是有同質性的。《漢書・遊俠傳》說當時大俠「其名聞州郡者，霸陵杜君敖、池陽韓幼孺、馬領繡君賓、西河漕中叔，皆有謙退之風」，此即俠而有儒風。相反的，《後漢紀》卷一說祭遵「常為亭長所侵辱，遵結客殺亭長，縣中稱其儒而有勇也」。

儒對俠的態度也很複雜，例如馬援，曾有信誡其侄兒勿學杜季良之豪俠，但他對杜氏畢竟仍是「愛之重之」。而且馬援曾受《齊詩》，可算得上是個儒者。後「亡命北地，以畜牧為事。……故人賓客多從之。轉安定、天水、隴西數郡，豪傑望風而至」（《後漢紀》卷四），本身就多與豪俠來往。

儒俠混跡的情形，並不只有這項特例。清人趙翼《廿二史札記》卷五說得很清楚：

自戰國豫讓、聶政、荊軻、侯嬴之徒，以意氣相尚，一意孤行，能為人所不敢為，世競慕之。其後貫高、田叔、朱家、郭解輩，徇人刻己，然諾不欺，以立名節。馴至東漢，其風益盛。……其大概有數端：是時郡吏之於太守，本有君臣名分，為掾吏者，往往周旋於死生患難之間；……又有以讓爵為高者；……又有輕生報仇者。……蓋其時輕生尚氣，已成風俗，故志節之士，好為苟難，務欲絕出流輩，以成卓特之行，而不自知其非也。然舉世以此相尚，故國家緩急之際，尚有可恃以揞拄傾危。

也就是說，俠有儒風，儒則既與俠多所來往，本身亦有俠行。當時人批評三遊，以遊俠與士之遊說遊行者並舉，可謂良有以也。前文所述儒生之「交道」，重視朋友交誼的倫理，更是俠的基本精神所在。

除了俠與文儒的關係之外，另一個值得注意的現象，則是俠與宗教方士的關聯。據《後漢紀》卷一所載，光武帝與鄧晨遊宛時，「穰人蔡少公，道術之士也，言劉秀當為天子」。而光武帝劉秀實即為一遊俠，故該書又載其兄弟「不事產業，傾身以結豪傑，豪傑以此歸之」。另據《東觀漢紀・光武帝紀》說帝「高才好學，然亦喜遊俠，鬥雞走馬，具知閭里奸邪、吏治得失」。這位遊俠出身，後來又提倡儒術的皇帝，本身也就是對讖緯最熱心的提倡者。

與光武帝同時的隗囂，也是如此。其「季父崔，豪俠能得眾情」，後起事失敗，隗囂繼之，聘平陵之人方望為軍師，方望勸他：「宜急立漢高廟，稱臣奉祠，所謂神道設教，求助民神者也」。這或許只是政治策略。但同時又有王朝者，「明星曆，以為河北有天子氣，素與趙繆王子林善，豪俠於趙，欲因此起兵」，此即是俠而兼為方士者矣。又如楚王英，「好遊俠，交通賓客，晚節喜黃老，修浮屠祠」，後來被訐告說他造圖書，準備謀反。

這些事例，都顯示了相同的結構：遊俠，運用或結合星曆讖緯神道之術以起事。

漢末的黃巾之亂，就是這個結構下的產物，《後漢紀》卷廿五：「張角等誑耀百姓，天下惑之。襁負至者數十萬人。（楊）賜時居司徒，謂劉陶曰：『……今欲切敕刺史、二千石，採別流民，咸遣護送各歸本郡，以孤弱其黨』」。可見黃巾起事時，依附者俱為遊民。方士與遊俠，一旦相與結合，並招徠遊民，往往即會構成政權的動盪，難怪要「天子切齒」了。

而此結構，並不起於漢末。典型之例，即是淮南王劉安。劉安「招江淮之儒墨」，這些都是遊士。又修神仙黃白之術，集合了一批方士。另據《漢書・遊俠傳》云：「淮南皆招賓客以千數」，足證彼亦廣徵遊俠。但如此仍不足以起事，又「偽為丞相御史請書，徙郡國豪桀任俠及有耐罪以上，赦令除其罪，家產五十萬以上者，皆徙其家屬朔方之郡，益發甲卒，急其會」，以製造遊民。於是遊儒、方士、遊俠、遊民四者相合而形成一個對抗現世王權的集團。後世所謂「農民起義」，除一小部分生於抗糧抗租的零星衝突之外，大體均依此結構與模式運作。放天下實罕見有所謂農民起義之事，占大多數的，其實是遊民遊士遊俠像水一樣，對王城帝國所做的衝擊。「潮打空城寂寞回」，一波又一波。

漢代人口結構，在西漢時期主要集中於關東關中地區。這個地區土地僅占全國十二%，人口卻達六十八%以上。

（四）流徙

這當然是因此一地區農業發達，且為政經中心的緣故。而且秦漢建國之初，為了強幹弱枝，加強對地方的統治，大量徙民於關中，更造成了黃河中下遊人口急速膨脹。如秦始皇二六年徙天下富豪於咸陽者十二萬戶；漢元朔三年，徙郡國豪傑及貲三百萬以上者於茂陵；本始元年，募郡國吏民貲百萬以上徙平陵；元康元年，徙丞相、將軍、列侯、吏二千石、貲百萬者於杜陵；鴻嘉二年、徙郡國豪傑貲五百萬以上五千戶於昌陵……。每次徙民規模都很龐大。因此，我們可以說：在漢代提倡「安土重遷」政策之同時，其人口結構本身，就顯示了當時人的流動狀況。

這種流動主要是朝關中地區集中，除了一般民眾自發性地朝政經發達處流徙之外，政府也不斷主動徙民，擴大了人口的流動。

東漢情形略有不同，人口是從關中地區再釋放出來，朝其他地區流動。

以荊、揚、益、交四川為例，西漢末年其人口約占全國十八・五%。至東漢永和五年，其戶數約比西漢時增加了六十四%，口數約增加了五十%。在全國戶口中分占三九・七%及三四・六%，比西漢時增多了一倍。相對地，關中地區的京兆、右扶風、左馮翊及涼州地區戶口則大約只剩下西漢時期的十九・一%和二三・七%。到漢朝末年，經董卓之亂以後，關中殘破，人口更是大量南移、東走、西遷，更不用說晉朝的永嘉南渡了。

在此大遷徙大流動之時代，說某幾類人是遊民，其實並無非常確切的涵義。因為並不只有這幾種人在遊動。方士儒生與遊俠，其實跟社會上大部分人一樣，並不見得非遊不可，有時也未必去遊，只在鄉里安居執業或稱豪行俠而已。但遊終不免成為他們生活的一種性質，人隨時處在將遊或已遊的情境中，所以「遊子意象」才會如此鮮活地生長在人們的腦海中。

江湖一詞，這時也出現了。東漢安帝初登位時，「百姓流亡，盜賊並起」，皇甫規上疏言：「江湖之人，群為盜賊，青徐荒飢，襁負流散」（《後漢書》卷六五），又《後漢書・馮衍傳》云王莽時「父子流亡，夫妻離散。……於是江湖之上、海岱之濱，風騰彼湧」。離散亡命者，多散居於山林澤藪之中，稱其為江湖，正是相對於農村田土而說的。如東漢時江賊張路，威震徐方；曾旌為海賊，寇會稽；黑山賊起於常山趙郡間等，山川淵澤，為遊民所聚居之處，蓋甚顯然。

但亡命者除了流散於江湖之外，其實更常集中於城市。故《漢書・王莽傳》載：王莽時，中黃門王業賤取於民，民患之。莽聞城中飢饉，問業，曰：「皆流民也」。城中人多是流民，並不僅王莽時如此，因為王符《潛夫論》就說過：「今察洛陽，資末業者什於農夫；虛偽遊手，什於末業」。王符並不認為商人可算是遊民，尚且以遊民為城市之主體，可見遊民初不僅是群聚山林、流走於江湖而已。

《漢書・翟方進傳》又載成帝冊書說：「間者谷雖頗熟，百姓不足者尚眾，前去城郭，未能盡還」，也可證明城市是流民主要集聚之地，所以田況曾勸王莽：「收拾離鄉、小國無城郭者，徙其老弱置大城中」。城郭正是流民聚集之所，也是政府用以安置、吸納流民的地方。

換言之，從時間上看，漢代人民先是由各地流向黃河中下游，其後又再向其他地方流散。從空間上說，則或流離於江湖，或流入城市。從人的活動性質說，流散於江湖者，往往成為盜寇或所謂「九經、十八皮、四李、三瓜、七風、八火、五除、六妖」之類走江湖人士，如姜肱「竄伏青州界中，賣卜給食」（謝承《後漢書》卷三）、范丹「遁身逃命、賣卜於市」（卷六）、杜根「逃竄山中為酒家保」（《後漢書》卷五六）等等；流入城市者，則成為農耕以外的商工（所謂資末業者）以及遊手。

遊民進入城市後，有時是替人幫傭，例如昭帝始元四年詔曰：「比歲不登，民匱於食，流傭未盡還」。建武八年大水，杜林又疏云：「其被災害民輕薄無累重者，兩府遣吏護送饒穀之郡。或懼死亡，率為傭賃，亦足以消散其口救，贍全其性命也」。這類傭雇現象，漢代甚為普遍，著名文人儒生如司馬相如、匡衡、兒寬、桓榮、第五訪等都當過傭保。而傭人多為外地人，到今天依然也是如此的。大陸城市裡的居民請傭人看顧小孩、洗衣裳、燒飯，傭人來自附近的農村。台灣和香港則多雇用菲律賓及泰國人。

這些被傭雇者，本來就是離鄉土而赴城市找工作的，所以流動性很高。許多人原本就是這裡做一陣再換到另一地做做，工作有時也不是長期的，一段時間後即不能不再流動。這種人稱為流傭，《後漢書・陳忠傳》云施延「家貧母老，周流傭賃」，就屬於這一種類型。

流傭，是把自己轉換為可以出售的勞動力。遊民的另一種謀生方式，則是想法子自己做點小生意，出售貨品。如注過《孟子》的儒者趙歧「逃難四方，自匿姓名，賣餅北海市中」（《後漢書》本傳）之類。此種售貨者，大多是流動攤販，故和帝永元六年詔：「流民所過郡國……其有販賣者，勿出租稅」注：「漢循周法，商賈有稅。流人販賣，故矜免之」。一般商賈，應有市籍，政府依之課稅。流人販賣維生，既無市籍，本當取締，但這次下詔特別寬宥。被容許在城販賣的流人，漸漸穩定下來，就可能成為這些城市中正式的商人了。

若不幫傭受雇，又不自販賣營生，流人當然還可以鬻身為大戶之奴婢。如也不願做奴婢，那就很可能成了「遊手」。

遊手，甚難形容，也不易歸類，他們是遊動於城市中，未必有固定職業或職業不穩定的人群。例如有婚葬喜慶時，幫忙經紀舖設、吹打招呼；奔走衙門巨戶之間，鉤聯關係、媒介買賣、交換情報；各種「幫忙」與「幫閑」，乃至現代社會中的公關、廣告、經紀、顧問、紹介類服務業，大抵都可稱為遊手。

這類遊手，本身並不生產，乃是靠著人際關係網絡及消息之轉接、加工而創造利潤，在人群禮儀社會運作中起潤滑作用。這樣的人，依傳統「士農工商」分類法來看，是無法歸類的，故只能泛稱為遊手，謂此等人是無業遊民。

而這些人所從事之服務業，事實上也只能在城市中發展。一個社會，都市化程度越高、資訊量流通越快越大，服務業就越發達，這是現代社會進展到「後工業化時期」大家才懂得的真理，處在漢朝水稻觀點中的人們怎能體會？對此類人士既不業農又不業工，不從事實際生產製造、又不盡從事貨物買賣貿易，只憑一張嘴，東走走西摸摸，吹吹講講，搬弄一些小事就能獲得利益、混出個名堂，實深不以為然。故不免認為這些都是社會上的「混混」，是飄浮在水面上的渣滓。

所謂遊手，當然還不僅只是這些人，例如社會上還有不少遊藝人士。這在今天，或歸入文化界藝術界、表演事業的人士，在當時也很難列入四民之列。在《墨子・耕柱》中即提到：「能談辯者談辯，能說書者說書」，談辯是賣弄口舌的伎藝，說書，則不知是否已有逗唱。但近代相聲、說書、講唱一類遊藝人，顯然在戰國時期就已經頗為活躍了。《荀子》有〈成相篇〉。何謂成相，論者尚多爭議，但它與說唱有關，是可以確定的。此類伎藝，自然有大量侏儒俳優參與其中，俳優固多富戶巨室所豢養，唯其間亦不乏專業流動之藝人。

例如《史記・貨殖列傳》說中山「地薄人眾」，所以「丈夫相聚遊戲，悲歌慷慨」、「為倡優」。這些倡優如何流動呢？《列子・湯問》說過一個故事：「昔韓娥東之齊，匱糧，過雍門，鬻歌假食。既去而餘音繞樑林，三日不絕」。這就是餘音繞樑的故事。韓娥顯然就是一位流走四方的藝人，以唱歌維生。此專業遊藝者也。兼差遊藝者，則如周勃。《漢書・周勃傳》說周勃「以織薄曲為生，常以吹蕭給喪事」，業餘時擔任倡務。

這類人多不多呢？《漢書・外戚傳》記載了一則漢宣帝母親王翁須被騙，「淪為」藝人的事。說王翁須八九歲時，寄居廣節侯子劉仲卿家。劉仲卿教她歌舞。過了四五年，長安賈有來買歌舞藝人的，劉仲卿準備賣她。她歸告其母，一齊逃走。又被劉氏騙回，賣至中山，輾轉至戾太子家。李建民《中國古代遊藝史》曾分析這個事件，認為其中有教歌舞的，也有中介商人。從買賣過程看，可見平時即有聯繫管道。而且商人從長安到邯鄲買歌舞藝人，一次就買了六個。從王翁須的出身來看，被賣者大抵是平民，被迫、被騙或自願為倡優。

我則認為此一故事可顯示倡優之數量應該還不少。因為既有買賣，表示需求量不小。什麼人需要倡優呢？大家都認為是富豪貴族。不錯，此類人士確為伎藝活動主要的支持者，中外古今皆然。但從階層上看，會誤以為只有有錢有閑者才會招倡優來娛戲，其實伎藝表演者除了向富豪盛者呈藝之外，也向社會各界獻伎。《鹽鐵論・散不足篇》云：「今俗因人之喪以求酒肉，幸與小坐而責辦，歌舞俳優，連笑伎戲」、崔實〈政論〉云：「送終之家，亦無法度，至用林梓黃腸多藏寶貨、烹牛作倡、高墳大寢」，所指的，都是一般社會上老百姓在喪葬時請歌舞俳優的狀況。周勃之吹蕭給喪事，也即是因民間此類需求量太大，供給面不足，所以才跑去兼差幫忙。

要這樣看，才能知道俳倡為何不只是貴族豪門的私有物，不同於奴婢。因為他們是遊走各方，為整個社會提供娛樂服務的。在宴會、節慶、喪祭等各種場合，此類藝人活動於社會的各個階層。何況，東方朔說過，朝廷「設戲車、教馳逐、飾文采、聚珍怪、撞萬石之鐘、擊雷霆之鼓、作俳優、舞鄭女。上湯淫侈如此，而欲使民獨不奢侈失農，事之難者也」（《漢書・東方朔傳》）。上有好者，下必有甚焉者，後漢風俗之偏於佚樂，民間對「喪祭食飲、聲色玩好」之追求，與富豪貴族之喜好遊藝，也不能說是無關的。上下同風，嗜好相乘，「作俳優」之俗尚乃益盛焉。

由此，乃可知《潛夫論・浮侈篇》所描述的漢末風俗究竟是怎麼一回事：「奢衣服，侈飲食，事口舌，而習調欺，以相詐詒，比肩是也。或以謀奸合任為業、或以遊敖博奕為事、或丁夫世不傳犁鋤，懷丸挾彈、攜手遨遊」、「或作泥車、瓦狗、馬騎、倡俳、諸戲弄小兒之具以相巧詐」。

這裡所描述的，都可稱為遊手。用現代的語言來說，即是玩具業、娛樂業，賽馬、賭狗、歌廳、舞場、酒吧、戲院、電動玩具、柏青哥、服裝秀、餐飲業、掮客、調人、中介商、遊樂場之類人等。此類人等，「世不傳犁鋤」，因其事業主要不在隴畝而在城市。只有在城市中才能如此鬥雞走狗，歌舞倡戲。

但農村子裡，也並不就沒有上述這些遊藝人及活動。農村子裡的祭祀娛樂戲活動，大體表現在春社、伏日、秋社、臘月。在這些日子裡，「田家作苦，歲時伏臘，烹羊煮羔，斗酒自勞」（見楊惲〈與孫會宗書〉）「設酒肴，請鄰里，壹笑相樂」（《漢書・薛宣傳》）。類如今日農村裡吃拜拜，是有歌有舞的，《淮南子・精神》說：「今年窮鄙之社也，叩盆拊缶、相和而歌，自以為樂矣」，即是明證。此固屬於自歌，但推想召俳優表演當亦不乏，就像現今拜拜廟會時常請戲班子或電子花車來唱戲一樣。

社日及伏臘以外，還有許多祭祀活動。依《漢書・地理志》及〈郊祀志〉所載，各地神祠，祭山川、自然、動植物、人神、鬼厲、靈物、精怪、仙家等，多達六八三所，實際上當然不止十數倍於此數，因為各地均有官方所不承認的「淫祠」。

老百姓對這些祠祭，是十分重視的，《鹽鐵論・散不足篇》就說：「今富者祈名岳、望山川、椎牛擊鼓、戲倡舞像。中者南居當路、水上雲台、屠羊殺狗、鼓瑟吹笙。貧者雞豕五方、衛保散臘、傾蓋社場」。有錢的人招倡優作戲，沒錢的人也不敢怠慢。而且此風演暢，越來越重視「歌樂鼓舞以樂神」。倡優之樂並不僅只富人能夠享受，所以《魏志・明帝紀》說青州諸郡拜劉章，僅濟南一地就有六百餘祠。每次祭祀，「輿服導從為倡樂」。其盛況，大概可從現今台灣社會祀媽祖、拜關公、祠臨水夫人之類狀況來想像。

另外則是婚喪，據《風俗通義》云後漢靈帝時，流行在婚禮上演傀儡戲、唱輓歌。仲長統〈昌言〉又說：「今嫁娶之會，棰杖以督之戲謔」，似乎也顯示婚禮中有遊戲。此等風俗，當是各地均同的，並不限於城市。

也就是說，遊藝俳優並不限於某一階層，亦不限於某一空間，它們流動於各個階層及城市及農村各地。只不過，在農村裡，此類俳優及其周邊事業尚不發達，「遊手」所扮演的角色與功能，主要是由巫祝來擔任。所以《潛夫論・浮侈篇》把巫祝和上述諸浮末遊手合併討論，謂彼時婦女「多不修中饋，休其蠶織，而起學巫祀、鼓舞事神，以欺誣細民，熒惑百姓」。巫祝當然不限於婦女，所以像孝女曹娥的父親，就「能絃歌，為巫祝」。

巫祝，事實上就是農村裡的遊手。但其功能是總包的，他們能歌舞，參與或主持婚喪祭祠，主辦飲讌遊戲活動，又擔任社區中排難解紛、中介口舌之作用，廟祠更是博奕游遨聊天聚會的處所。巫祀亦「世不傳犁鋤」。從批判者的角度來看，也可說彼等「奢衣服、侈飲食、事口舌，而習調欺，以相詐紿」，所以才屢屢有循吏以毀淫祠、殺巫祀為其政績。在城市裡，巫祝的功能則分化了，因為其需求量更高，也更需要專業能力，所以會有更多的人來從事這些職事。

傭雇、奴婢、遊手之外，城市又是工商輻湊之地及公務員聚集之所。

《隋書・地理志》曾說建康城居民可分為兩類，一是王公貴臣，一是平民。平民多為商販，「丹陽舊京所在，人物本盛，小人率多商販，君子資於官祿」。此雖指六朝時期之建康城，但基本上點出了中國城市的特徵。

依據傅筑夫〈中國古代城市在國民經濟中的地位和作用〉一文之考察，中國的城市並非由工商發達地點逐漸演變而成，都是由政府建城設治的，所以與西方城市之形成史不同。一個地方，不論它人口如何眾庶、工商業如何發達，均不能變成郡城或縣城，只能是些「雄鎮」。唯有政府設治，始能成為城市。因此，城之設置，基本上須同時符合兩個條件：政治的和經濟的。經濟的，是說此城市必為五方雜居、百貨俱陳的工商業發達之地，既為附近物資集散中心，又為鄰近人民之消費場所。政治的，是說城市必為統治王權遂行其統治的重要據點，所謂「建城廓，營都邑」，乃邦之大事。

因此，城中居民的人口結構便非常有趣地形成兩種區分，一是統治者，奉公務、食爵祿、而理民人；一是被統治的老百姓，而這些老百姓則以工商為主。有些城市中仍有少量農民。有些城市，如建康城，則根本沒有農田、沒有農民。這種人口結構，到現在也還常是如此，城市中以公教人員和工商業者兩類人為主：「小人率多商販，君子資於官祿」。

戰國至秦漢，城市之發展，正是隨其政治經濟力而擴大的。班固〈西都賦〉說：「九市開場，貨別隧分」，左思〈蜀都賦〉說：「市廛所會，萬商之淵，列隧百重，羅肆巨千，賄貨山積，纖雨星繁」，均可令人想像其時城市經濟之盛。固然政府之政策在於抑商，故管制市場、管制市籍、管制工商業（**例如政府自設作坊工場、訂立禁榷制度等**），但工商業依然發展得極為迅速，人民也大量自各地流入城市中成為商販，或流入城市中成為資於官祿的遊宦。

人民成為遊商，可從下面兩段文獻來分析：

商賈大者積貯倍息，小者坐列販賣，操其奇贏，日遊都市。乘上之急，所賣必倍。故其男不耕耘，女不蠶織，衣必文彩，食必粱肉，無農夫之苦，有阡陌之得。因其富厚，交通王侯，力過吏勢，以利相傾。千里遊遨，冠蓋相望。乘堅策肥，履絲曳縞。此商人所以兼併農人，農人所以流亡者也（《漢書‧食貨志》）。

今舉世捨農桑、趨商賈，牛馬車輿，填塞道路，遊手為巧，充盈都邑。治本者少，遊食者眾。商邑翼翼，四方是極。今察洛陽，浮末者什於農夫，虛偽遊手者什於浮末。……天下百郡千縣，市邑萬數，類皆如此（王符《潛夫論‧浮侈篇》）。

由王符的描述，可知漢末已「舉世捨農桑，趨商賈」，農村中有辦法的，都紛紛流向城邑。在城中，有從事大生意的，也有做小買賣的，但都是「遊」，日遊都市，千里遊遨。商人本恃貿易流通，不免四處去做買賣去經營去交通王侯。交通交際，不僅用在運輸貨物以通有無上，也用在溝通人我互利有無上。因此，「遊」不但是漢代遊士遊俠的行為規則，也是商人的倫理。靠著交通與交際，他們所創造的利潤，百倍於農夫。

然後，世界開始倒轉，產生了異化的現象：第一，身分仍居於賤民地位的商賈，轉而成為權貴者。位在工商之上的農人，反而成為真正的賤民，所謂：「今法律賤商人，商人已富貴矣。尊農夫，農夫已貧賤矣」（《漢書‧食貨志》）。第二，遊商逐漸兼併土地，城中人逐漸朝城外的農莊田疇去拓展，水漸漸土地化；農民則日漸喪失了他的土地，只好去流亡，成為遊民，或流入城市去幫傭、受雇、為奴、販商、行乞、遊盪，或流入江湖、進入山林藪澤。從這個意義來說，商人以其遊遨交通，又刺激且擴大了社會的遊動性，使農民更不能安於田莊。

在以農為本、重農抑商、提倡安土運動的漢代，上述商業現象，正是被表面語詞掩蔽的實況。《史記》說漢初「開關梁，弛山澤之禁，是以富商大賈周流天下，交易之物莫不通，得其所欲。」又說：「行賈，丈夫賤行也，而雍樂成以饒。販脂，辱處也，而雍伯千金。賣漿，小業也，而張氏千萬。酒削，薄技也，而郅氏鼎食」，可見大商人周流天下，固然利通四海，一般城中小商人，也可能如現今永和豆漿、黑面蔡楊桃汁、涼椅大王曾振農一樣，致富鉅億。班固說：「關中富商大賈……樊嘉五千萬，其餘皆鉅萬矣。……此尤章章尤著者也。其餘郡國富民兼業專利，以貨賂自行，取重鄉里者，不可勝數」（《漢書・貨殖傳》）。足證漢代商業是非常發達的。城市經濟，至堪注意。社會所重，亦在此而不在農村。

社會重視城邑甚於農村，只要看看漢賦就可了解啦。賦之重大者，為三都兩京。昭明太子編《文選》，以「京都」為首，且一編就是六卷，比任何部分都多。因為京都是政治、經濟、軍事、祭祀、文化、遊樂的重心。班固〈西都賦〉說得好：京城「既庶且富，娛樂無疆。都人士女，殊異乎五方。遊士擬於公侯，列侈於姬姜。鄉由豪舉，遊俠之雄，連交合眾，騁騖乎其中」。遊俠、遊士群眾聚於此市肆中。其他各個城市當然比不上京都，但只是規模格局小些罷了，基本型態並無不同。

一般人在城市裡做買賣逐利，知識分子則在城市裡追求官祿。所謂遊士，一種是學生，《後漢書・儒林傳》云漢末京城「遊學增盛，至三萬餘生」。這些遊學青年，事實上即是另一種求仕祿者，因為班固已說了，當時儒學之盛，乃是祿利之途使然；此輩亦以學優則仕為目標。至於另一類人，更是明擺著入京廣交遊、立聲譽、結氣義、交權豪以求得一官半職。徐幹《中論・譴交》曾痛責此等人：「有稱名於朝，而稱門生於富貴之家者，比屋有之。……或奉貨而行賂，以自固結」、「詳察其為也，非欲憂國恤民、謀道講德也。徒營己治私，求勢逐利而已」。這話當然說得痛快，但士人讀書為學，既不農又不商且無技藝，若不去找行政工作做，便只能返鄉教書授徒。朝都城流動，想辦法在登進管道尚不暢達、考選制度尚不完備的情況下，掙扎著以交遊來進入官僚體系，也是無可奈何的事。

人民的流動，固然不乏移墾之例，農民跑到旁的地方去，仍繼續業農。但從上面的分析來看，漢代社會中其實存在著大量非農性質的人口移動現象，或流散於江湖，或流入城市。流散於江湖者，成為寇盜，或跑碼頭、走江湖的人群。流入城市的，則幫傭受僱、賣身為奴、從商業販、做點小工，擔任幫忙幫閑的遊手，形形色色，更有淪入黑道的遊俠，或努力上爬進入士大夫官僚階層的遊士。

這些人，拋棄了他們的地籍，其實也丟掉了土地對他們的束縛，基本上並不依賴土地為生。從土地觀點說，他們都是不治生產的，但此類人之生產關係和生產方式原本就不建立或依存於土地上。他們或仰仗資本的累積；或靠人際關係，所謂「倚賓客為權利」；或以其轉介包裝；或則憑著他們自己的藝技。遊仕、行商、任俠，以至受傭為婢、流為乞丐，得失貴賤不同，其為不農人口則一，為流動之不安土者也是一樣的。

從這些人身上，才能看到「四海之內皆兄弟」、「同是天涯淪落人」的意義。

那些話語，在定居農耕的宗族團體中是沒有意義，也無指涉內容的。那鄉土農耕社會中，兄弟有其專指；而其社會中人基本上也都是熟悉的，伯叔祖父兄姑媳嫂婆姨舅侄甥等等，都不是都市中江湖上那種陌生人組合成的社會。故在農村社會中，每個人的身分是固定的，或相對地固定。例如對父而言他是子，對兄而言他是弟，對某甲時他是祖，對某乙時他是侄，其身分穩定而可辨識。江湖上與城市中卻不然，每個人都拋了他的土地與身分出來，對另一個個體來說，彼此只是兩個孤立的人，倘非視如兄弟朋友，那便只能成為敵對的生存競爭者。那就不必客氣，此所以「江湖多恩怨，遊俠報仇兼報恩」。恩，是在四海之內皆兄弟時說的，報仇則是面對生存壓力與競爭時執行的道德。這不是浪蕩迌迌人才須如此，商人也一樣。商人對顧客講信用，是非常重要的事，商家無不講究信譽，因為這是它與陌生人聯繫交結良好關係時的憑藉。但商人對於他不想長期經營的顧客，或生意上的競爭者，也常不以兄弟朋友待之，巧取豪奪，奸偽狠貪，宰殺不容情。

整個漢代社會，很難說究竟是以定居農民社會為主體，抑或此等遊民行商才是主要的活力，但我們確實可以看到當時人對「信諾」的提倡，以及逐漸把人與人的關係朝向「四海之內皆兄弟」的格局中推進之景觀。

《後漢書‧許效傳》：「天下言拔士者咸稱許郭」、〈袁紹傳〉李賢注引〈英雄記〉：「絕不妄通賓客，非海內知名，不得相見」，這裡均蘊含了從「天下」、「四海之內」來討論人的意味。當時士族雖或出身某一地望，但稱揚人物，必曰海內、天下。例如天下忠誠竇游平、天下義府陳仲舉、天下楷模李元禮、天下英秀王茂叔、海內貴珍陳子麟、海內彬彬范仲真、海內賢智王伯義、海內貞良秦平王……等，不勝枚舉。這不是農村定居社會的人物觀，而是擁有天下意識的遊民觀點。從這個觀點普遍運用於當時社會，且王符明確指陳：「今舉世捨農桑」來看，在漢朝，一般人民主要是流徙移動的；其生活及意識狀態，也是佚離農耕定居形式的發展。

注釋

①賀佛爾（Hoffer）《群眾運動》第二部〈潛在的皈依者〉第六章提出「畸零人」這個觀念。暫時的社會畸零人，是生活中尚未找到適當之位置，如發育期的青年、失業的大學畢業生、退伍軍人、新來之移民等。永久性的畸零人則指因缺乏才能或身心有缺陷，而無法達成平生願望的人。後面這個概念較複雜，他是指希特勒、墨索里尼這類人。我採用的是前面一種講法而略予變造（一九八一，今日世界出版社出版）。

②費孝通《鄉土中國》認為中國社會是鄉土性的，鄉土是它的本色，整個民族和土分不開，土頭土腦的鄉下人是中國社會的基層。以農為生、世代定居是常態，遷移是變態，人與空間的關係則是不流動的。由這一基本判斷，費孝通謂中國為一無具體目的之有機結合社會，屬於「禮俗社會」而非「法理社會」，然後分析這樣社會中的差序格局、體治秩序、長老統治等。他對中國社會性質的界定，以及所分析的局部特徵（如「差序格局」之類），影響社會學界至為深遠。我卻完全不同意費氏的看法。本文即用以說明費老如何目光如豆、土里土氣。

③持此類說法，還有錢穆先生《中國文化史導論》。

④其實農民也是流動的。移民墾荒，是非常尋常的事，如前文所舉興國州人遠赴黑龍江務農即是。台灣的閩粵移民，早期也大多是移台耕稼的。各地村厝祠堂上寫著太原王、隴西李等等，更標明了閩粵亦只是移居者的前一站而已。費孝通所說「歷世不移」的那種農村，乃是神話。

⑤以台灣目前所實施之「兩岸人民關係條例」為例，大陸人民只能在雇主以同樣條件於台灣無法雇募

到人工作時，才能受雇。受雇期不得超過一年，也不能轉換雇主與工作。其眷屬罹患傷病、生育或死亡時，更不能請領保險給付（見該條例十一至十四條）。規定可稱嚴苛。但縱使如是，條例訂立已十幾年，仍未開放雇用大陸勞工。大陸人民偷渡入境，發現後立刻逮捕遣返。曾因遣返作業不慎，船艙氣悶，窒息死了數十人；也曾因颱風時，延緩讓海上大陸非法漁工船入港避風，而淹死了數十人。此或應歸咎於兩岸政治情勢特殊使然，但試回憶越南淪陷時，各國如何對待越南之海上難民，便可知「人道精神」在面對外來者時，是經常盪然無存的。

⑥氓，本來就是指流民，因為周朝時人民原是流動的，詳第三節。

⑦流氓及其同義詞，見陳寶良《中國流氓史》緒論。一九九二，中國社會出版社。

⑧同注七所引書，後記。

⑨陳寶良書的根本問題即在於此。歷來論遊俠，也總是把豪強和遊俠混為一談。

⑩大陸上討論農民起義之文章，可以充千棟而汗萬牛，但其根本錯誤即在於此。

⑪屈原被讒而遭流放，其實是個後起的故事，〈卜居〉云：「屈原既放三年，不得復見」，〈漁父〉云：「屈原既放，遊於江潭，行吟澤畔，顏色憔悴，形容枯槁」。此二篇非屈原作，已成定論。但這樣的記載，流傳於戰國末期，對漢人理解屈原之生平與心志，影響至大，《史記・屈原列傳》幾即據此為藍本。東方朔〈七諫〉更是以初放、沉江、怨世、怨思、自悲、哀命、謬諫來替屈原申訴。王褒之〈九懷〉、劉向之〈九嘆〉亦復如此。可見這是漢人對屈原的基本認識。

但屈原真的遭到流放了嗎？若真有屈原此人，且此人真為〈離騷〉之作者，那麼，我們來看看〈離騷〉怎麼說。〈離騷〉說：「進不入以離尤兮，退將復修吾初服，製芰荷以為衣兮，集芙蓉以為裳」、「高余冠之岌岌兮，長余佩之陸離」，若遭流放，能自由地說進退、返其初服嗎？「濟沅湘以南征兮，就重華而陳詞」，遭流放者能隨便往南方前進嗎？從文末總結的亂辭來看，「亂曰：已矣哉！國無人莫我知兮，又何懷乎故都？既莫足與為美政兮，吾將從彭咸之所居」，顯然是自己離去，並非遭到放逐。因此本篇乃是離別者決意離去的誓詞，不是遭斥退者的煩憂。應劭、班固、顏師古硬要把「離」字解釋為「遭」，謂離騷為遭憂，殊不如王逸注云：「離，別也。騷，愁也」為得實。離騷，就是離愁。作者準備離開故土，左考慮右思量，不免發起愁來，但最後終於決意離去了，所以說：「余既不難夫離別」、「退將修吾服」、「勉遠逝而無狐疑」、「何所獨無芳草兮，爾何懷乎故宇？」

這不是遭流放者纏綿思君的口氣，否則怎能講「何所獨無芳草」？處在漢朝的知識分子，不曉得屈原那時並無遷謫刑，更未注意到士人遭逢無道之君、無道之國，隨時可以離去。「何所獨無芳草兮，爾何懷乎故宇？」正是當時人行事的原則。《論語・公冶長》：「崔子弒齊君，陳文子有馬十乘，棄而違之。至於他邦，則曰：猶吾大夫崔子也。違之。至一邦，則又曰：猶吾大夫崔子也。違之」，即是鮮活的記載。屈原離開的行動，不如陳文子那般決絕，而顯得猶豫，亦如孔子所謂「遲遲其行也」。唯其離去並非另適他邦，而是追隨彭咸之遺則。

自王逸說彭咸是殷大夫，諫君不聽，投水而死之後，屈原此語又被附會到他也投江而死上去。實則王逸此語全出杜撰；屈原說「吾將從彭咸之所居」，是因前文提到巫咸降神，指示他：「勉升降以上下兮，求矩矱之所同」，並舉了傅說隱於版築、呂望沉淪於屠戶，而終獲武丁及周文王重用之例。故屈原也準備隱遁沉潛：「吾將遠逝以自疏」「和調度以自娛兮，聊浮游而求女，及余飾之力壯兮，周流觀乎上下」。

困境最後即以遠遊做了消解，替生命打開了一條出路，離別的煩惱得到疏理，生命終究可以再次娛悅。這才是〈離騷〉的涵義。困鬱於現世的靈魂，超然高舉，上下周流於天地之間，在精神上獲得安頓，「爾何懷乎故宇？」「又何懷乎故都」！歷來箋注者，用一套「去國懷鄉，幽憂牢愁」的遷客騷人之思來看〈離騷〉，無怪乎越解越糊塗了。

⑫有採集自株州、德州、郯城的歌謠說：「八仙東遊我西遊，一世蕩悠為快活。要上二年三年飯，給個縣長也不換」，見一九九〇，上海文藝出版社，曲彥斌《中國乞丐史》頁二二〇。另據《北齊書》卷八載，北齊幼主高恒曾在宮中扮乞丐討飯。

⑬《周官》為可疑之書，特別是有關戶籍制度之記載，與《管子》、《商君書》相近，有欲編戶齊民之意。詳後文。此處引用以說明戶籍之性質，周朝未必已行此制，縱有之，當亦在晚周時期。

第三章　旅遊者的心理

一、旅行者的精神分析

旅行，在現代社會中的地位與需要，大抵已被確立了。各國政府大多設有觀光局、旅遊局以發展旅行事業。社會上為了配合旅行而形成的服務行業網，也極為綿密複雜，如旅館、餐飲、匯兑、旅行器材裝備、交通、電訊、證照票務、咨詢、協助等等，可說已是促進社會活絡及經濟發展的重要部門。專業旅行雜誌、報刊的深度旅遊報導，也已成了人們日常生活中的基本知識對象。

但旅行除了社會面、經濟面的意義之外，是否尚有思想性的人生意義價值？人為什麼不約而同地都要去旅行呢？放棄了家居安逸的生活，花大筆銀子，奔波勞頓，趕飛機、擠汽車、揹大拎小、餐飲不調、起居無節。雖說可以增廣見聞、開益胸襟，卻也多了不少擔驚受累、被搶被騙、乃至染病出事的機會。如此營營擾擾，所為何來？

心理學家榮格（Carl G. Jung）認為這是一種人類共通且無法反抗的心理因素使然。也就是說：這是一種人類的「集體潛意識」（Collective unconscious，又稱集體無意識，謂非人之意識所能自覺察者），是來自古老的遺傳，不賴個人經驗而獨自存在的心理要素。這種要素，因不斷重複而被鏤刻在我們的心理結構中，只要碰上相對應的典型情境，集體潛意識的內容，就會被激發並顯現出來，猶如本能的衝動，可以衝破一切理智和意志。

人的集體潛意識非常複雜，榮格由其中找到了一些「原型」，或稱原始意象（Primordial images），旅遊即其一也①。凡是人處在壓抑、閉塞之環境中，則真實的旅遊或夢中的旅遊，一樣均可提供人超越現況的解放感。人即是因為需要獲得解放，才出外旅遊、探險，或在夢中「夢魂慣得無拘檢，又踏楊花過謝橋」（秦少遊詞）。榮格說：

如果他們長期生活在他們的社會模式裡，那他或許就需要有一個具解放性的改變。而此需要，可以藉由赴世界各地旅遊以得到暫時的解決②。

榮格認為：「到未知地去冒險的探險家，給人一種解放、衝出密封生活的意象，表現了超越的特徵」。就像在許多神話、夢境、岩畫、雕塑、器皿、詩篇中經常出現的「鳥」一樣，旅行，也是常見的超越之象徵。一般人都需要藉旅行來解放，而旅行家或探險家因能充分表現此種解放的性質，故其本身又已成為超越性的象徵，許多人夢想能飛，即如許多人夢想成為旅行家探險家，都顯露了他們企求解放的渴望。

而這種解放的渴求，榮格又把它和「朝聖」關聯起來，謂：

• 在靠漁獵或採食野生植物為生的部落……，年輕的受教者，必須孤獨地到一神聖處去旅行。在那兒，他陷入異想或忘我境地，則會遇到他的守護精靈，以動物、鳥或自然對象的形式出現。他與這個叢林靈魂合而為一，才能變成一個成人。

• 透過超越來解放的最普遍之象徵，是孤獨的旅行或朝聖。這大抵是種精神的朝聖。在旅途中，受教者慢慢了解死亡的意義。但這並非「最後審判」的死亡，亦非最初的能力考驗，只是在一些憐憫的精神支撐和培育之下，所進行的解放、復活、贖罪之旅，這種精神通常都以「女主人」為代表，就好像中國佛教的觀音。

• 在神話或夢境中，孤獨的旅程往往象徵超越的解脫。……一幅十五世紀的畫中，詩人但丁拿著他的作品《神曲》，說明了他到地獄和天堂之旅的夢境。一六七八年英國作家約翰・班揚（John Bunyan）的《天路歷程》中，朝聖者的遊歷圖，其旅程是螺旋形，通往中心。這本書也是以夢境來敘述的。……

上述引文第一則，講人透過旅行，而獲得靈魂的淨化或提升。第二條，講旅行與朝聖的關聯，經由旅遊，人可以得到精神上的救贖與解脫。其論點，甚易令人聯想起我國的小說《西遊記》。第三條，則將夢、朝聖及旅行結合起來說，旅行者不只在現世遊旅，更要進行天堂與地獄的旅行。

榮格的理論，著重於集體潛意識。旅遊，正是他所認為的重要原始意象之一。旅遊象徵人要透過這種超越性的行動來達致解放。所以他援引英國探險家史考特（R.F.Scott）去南極探險、但丁夢入天堂地獄、班揚的天路歷程等事例，來說明在不同世代、不同地區，旅遊做為人類尋求解放的超越性象徵，都是確切存在的。但是朝聖畢竟是與一般旅行探險不盡相同的活動。旅行所能獲得的，乃是世俗的解放。朝聖、《天路歷程》、但丁《神曲》所希望達致的，卻是宗教性的解脫。屬於靈魂的解救或淨化。榮格將之併論，以乎認為兩者有其一致性。

可是，依榮格的理論，旅行恐怕是不能獲得真正「解脫」的。他曾用一張海報插圖來說道：「許多人都想從密閉的生活模式中做些改變，但旅遊所帶來的自由，如圖中『奔向大海彼岸』海報所鼓吹的，卻不能代替真正內心的解脫」。

他之所以如此主張，是因為他的心理學旨在「治療靈魂」。而想要真正治療靈魂，即不能僅云解放，必須尋求壓抑與解放之統合。

榮格受鍊金術及西藏密宗的影響，認為意識與潛意識須予以統合，猶如陰與陽、硫磺與汞兩種對立面的東西須要逐漸化合（chymical marrige）。經由意識與潛意識的持續對話，人自性的兩面、我與非我，逐漸整合為一體，方能導致心理轉化，由痛苦中解脫。因此，依他的理論，單單是旅遊所帶來的自由、放逸、冒險與解放仍然不夠。他要尋找的，應是冒險與規矩、邪惡與道德、自由與安定的合會③。

換言之，榮格雖敏銳地抓住了旅遊所具有的超越性與解放功能，也理解到這種精神的解放性質。可以通貫於世俗生活層面和生命意義層面。但卻囿於其理論本身之框架，仍將旅遊局限於世俗的解放，而未能究極透達於宗教之解脫。

本文則擬倒過來，不從「做為一種世俗僵化生活之解放」這個角度看旅遊行為，而從「做為一種宗教性超脫活動」來討論旅遊。

二、旅遊的超越解脫義

在中文裡，旅遊兩字，本來就都和宗教有關。

「旅」、「遊」中間的㫃，均是旌旗的形狀，卜辭遊寫作、、簋銘寫作（三代，六卷一頁），尊銘作（三代，十一卷一頁），石鼓文作，都是執旌旗而行的樣子。據魯實先《文字析義》考證，遨遊旅遊之遊，本字應即為旗，與水流之遊乃是兩字，「凡遨斿之字，經傳作遊或遊者，皆漢後所易也」。

這個斿字，表斿玩、斿蕩，而且多具宗教意義。如漢郊祀歌：「神之斿過天門」（《漢書・禮樂志》引）、漢孔彪碑：「浮斿塵埃之外」（《隸釋》卷八）、高彪碑：「惟中平二年龍斿奮若」（同上卷七）、督郵斑碑：「斿精大玄」（同上卷十二）。泰山四神鏡：「上有仙人不知老，徘徊神山採芝草，渴飲玉泉飢食棘，浮斿天下敖四海」。

旅字也是執旌旗而行，金文作。似乎一人執旗行走是斿，兩人結伴而行則稱為旅。故旅字又有多人隨旗外出之義，《說文》云軍隊五百人叫做旅，即用此義。

為什麼行旅、敖遊都要捧著旗子呢？日人白川靜《中國古代文化》解釋道：這是古代氏族遷移或遊居時常見的現象，旗子代表氏族的徽號。奉氏族之神山遊，原因就在於真正能遊者，其實只有神才能辦得到。該書第六章：「遊，乃謂神之應有狀態之語。畢竟能夠暢遊者，本來就唯有神而已。神雖不顯其姿，然能隨處地、自由地冶遊。」並舉日本〈神樂歌——作木棉之本・末〉說：「本，作本綿，信濃原，朝尋尋，朝尋尋。末，朝尋尋，汝神乎？遊遊遊，遊遊遊」。

此即神之遊。至於人之遊，原本就是一種模擬神的行動。就像民間罵小孩子：「死到哪裡去了？這麼晚還在外面遊盪，像個夜遊神似的」。平時耕耨商賈、忙於勞作的人，也總在趁神明出遊、巡行繞境時娛樂遊戲一番，跟著神去遊一遊。某些地方，足蹤所不能至，則更會效法神仙飛空，把靈魂心思飛到那個地方去「神遊」一下。

這就是斿敖字經常有宗教義涵的原因。《楚辭》裡，〈湘君〉：「駕飛龍兮北徑，邅吾道兮洞庭」，〈湘夫人〉：「帝子降兮北渚，目眇眇兮愁余」、《大司命》：「廣開兮天門，紛吾動兮玄雲，令飄風兮先驅，使涷雨兮灑塵」、〈少司命〉：「與汝遊兮九河，衝風至兮水揚波」，講的都是神仙的遊行，或是巫人模仿神明出遊。

相對於人，神的自由、解放、超越、解脫，均表現在祂能自在地遊行上。這是神仙最重要的特點。人若也要獲得這種大解脫自在，有幾種途徑，一是得到神祇的眷顧，成為神的容器，讓「意識的自我」暫時假寐或離位，身軀被神靈充滿，變成暫時性的神，此時他即可得到神遊的體驗。巫覡在宗教儀式中，透過「降神」，即俗稱神靈附體，所得到的，就是這種經驗。

其次，則是利用「假扮」的方法，巫人扮神。在儀式化活動中，扮神者進入戲劇性空間，擺脫了他的自我與社會角色，於戲劇構成的神聖空間裡，自擬為神，而獲得神遊的經驗。這種假扮，在宗教祭儀中甚為常見，中國道教道士法師在登壇作法時，也具有這種假擬性質。法器一作，法師即入神聖空間，步天罡、踏斗牛、登金闕、謁玉帝，彷彿如遊於雲端。法器收音，法師才退出神聖空間，回復其世俗人之性格與角色。

第三種方法，是通過做夢的方式。意識的自我暫時消隱，形神分離，另一個自我跑出來遊玩遊歷一番。這些遊，雖是「夢魂慣得無拘檢」，什麼事都可能做得出來，但最主要的，乃是因此而夢遊天宮或夢入仙鄉。唐朝詩人李商隱〈鈞天詩〉云：「上帝鈞天會眾靈，昔人因夢入青冥」即指前者；〈送劉尊師祇詔闕庭詩〉云：「從此枕中唯有夢，夢魂何處訪三山」，則指後者。榮格所提，班揚的《天路歷程》、但丁的《神曲》，亦屬於此類。至於那些無意識的「偶然」、「誤入」仙鄉故事，也可歸類於此一方式中。

另一種辦法，則認為前述諸方式均只是假擬或暫時的神遊，並非真正的超越解脫。要使人能真像神那樣自在遊行，唯有使自己轉變為神。

把人轉變為神，又有許多方式，一種是藉由精神性的修養、鍛煉或提升。例如榮格所云，印地安人孤身一人到某個神聖的處所去旅行，在其中冥思，讓神聖性的精靈與他冥合為一體，這樣他就可變成一個自由人。又如莊子〈逍遙遊〉所說，人若能沖氣於淡、合氣於漠，即能如邈姑射山之神人那樣，消遙於廣漠之野，入水不濡、入火不燃。

另一種則非此精神修煉之法，主張直接改造人的體質，讓人能像鳥、像神一般飛翔　遊於大地任何角落。曹植〈遊仙詩〉：「服藥四五日，身體生羽翼，輕舉隨浮雲，倏忽行萬億」、曹操〈陌上桑〉：「至崑崙，見西王母，謁東君，交赤松，及羨門，受要祕道。愛精神、食芝英、杖桂芝、絕人事、遊渾元」、嵇康〈遊仙詩〉：「服食改姿容，蟬蛻棄穢累」等，表達的都是這種想法。

以上這些方法，彼此間往往形成競爭關係，例如相信精神修養提昇者，常批評吃藥煉丹以改造體質者，云：「服藥求神仙，多為藥所誤」（〈古詩十九首〉）。主張降神者，則認為並非任何人都能藉其精神力量與神通感或冥合，只有特殊秉賦者才有此資格或能力。此即所謂仙骨、神緣。偶然入冥登仙者，即屬於有仙家宿緣的人。但夢畢竟不能自主，誤入偶入仙境之後，即人仙永隔，亦令人悵惘。故服食煉丹者認為「我命由我不由天」，天賦縱使不佳，缺乏仙骨，亦可以藉由服食煉丹等方法來「換骨神方上藥通」（李商隱〈藥轉〉），達到轉化成仙的目的。

對了，轉化。上述各法的共同點就在轉化。人只有轉化成神，方能獲致真正的超越解脫，得到逍遙遊。「仙」字，早期都寫作「僊」。䙴即變遷之遷，謂人只有變遷之後才能稱為仙，才能遨遊。

人要成仙、要自在優遊，既代表了人尋求自我轉化的努力，旅遊本身遂也具有這種轉化的意義，所以阮籍〈詠懷詩〉說：「願為雲間鳥，千里一哀鳴，三芝延瀛洲，遠遊可長生」（〈第三十五首〉）。遠遊本身就被視為一種自我轉化的歷程，故曰遠遊可長生。

三、自我轉化的歷程

以遠遊表達自我轉化的歷程意義，《楚辭・遠遊》是最典型的代表。在這篇被誤讀為楚大夫屈原遭貶謫而遠徙異鄉，不斷哀嘆，企圖還歸故都的作品中。遠遊的主人翁其實是因為「悲時俗之迫阨兮」、「惟天地之無窮兮，哀人生而長勤。往者余弗及兮，來者吾不聞」，故「願輕舉而遠遊」。是為了尋求生命的解脫，才展開這趟旅遊。

旅遊者首先是遇到了神仙王子喬。王子喬在此處係以一教導者的身分出現，同旅遊者開示道竅，使之豁然貫通。云：「道可愛，不可傳，其小無內兮，其大無垠，無滑而魂兮，彼將自然。一氣孔神兮，於中夜存。虛以待之，無為之先。庶類以成兮，此德之門」。於是旅人的旅途便從平面的，轉而成為超越性的「上舉」，向上進入神仙世界，駕飛龍，乘雲車，飄搖於塵埃之外。「載營魄而登霞兮，掩浮雲而上征」。這樣的旅途描述，象徵其精神與軀體均已徹底轉化，故「欲度世以忘歸」，下視他原來的家鄉及僕夫，不勝悲憫。惜其仍停留於時俗迫阨及人生長勤之中，未能解脫。只有自己「經營四荒兮，周流六漠，上至列缺兮，降望大壑。下崢嶸而無地兮，上寥廓而無天。視倏忽而無見兮，聽惝恍而無聞。超無為以至清兮，與太初而為鄰」。

這樣的描述，實與班揚《天路歷程》甚為類似。班揚此書，云有一人名喚「從慾」，住在一座城中。忽然感受到死亡的威脅，知道自己所住的城即將滅亡，為天火所焚燒，故外出訪道，欲解決生命之問題。道逢一人名叫「傳道」，賜他羊皮聖經一部，指導他前去天國。此人遂因此而成為一基督徒，在路上雖碰到「俗情城」來的「世智」等人迷亂他，也終不退轉，終於歷經試煉，走上了天路，得了永生。

基督徒感生命之困惑，恐怕遭天火焚燒，而展開求道之旅，正與〈遠遊〉相似。他得到「傳道」的教導方能走上天路，擺脫世路俗情，亦與〈遠遊〉謂經王子喬教誨始識大道相同。基督徒得入天主之國所獲得的喜悅自在，更和〈遠遊〉所述相同，均為得道者的心境。

其中唯一不同之處，在於《天路歷程》整個故事都是在夢中進行的。敘述者與旅行者分開了，不像〈遠遊〉的敘述者即是旅遊的行動者。《天路歷程》分成兩部分，兩部分都是說有一人「我」，在世界的曠野上行走，遇著一個洞，就在那洞中睡著了，做了個夢，夢裡才見到上述那趟天國之旅，並聽到另一段女基督徒與其四子同行天路的故事。

這是夢遊仙境的一種類型。唐人王勃〈忽夢遊仙〉、王廷齡〈夢遊仙庭賦〉、沈亞之〈夢遊仙賦〉就是此種結構，唯均屬於自己入夢遠遊，並非作夢夢到別人去遊。其中王廷齡云：「山童薦枕，須臾之間，乃安斯寢，神倏爾而逾邁，眇不知其所屆」，最後經洪崖先生授了丹訣，才出夢嘆世。其意境類似〈枕中記〉、〈黃粱夢〉。表達了對生存此世之不信任，而欲追求真正的生命。遊的意義便在於是。郭璞〈遊仙詩〉說得好：「逸翮思拂霄，迅足羨遠遊」。遠遊之旨，即在轉化世俗生命，以成為永生之存有者。

中國第一個遠遊的故事，就是周穆王西征，其原因亦即在此。穆王西行，遠見西王母，王母祝以不死，以致後來求長生者，皆「覽觀懸圃，浮遊蓬萊」（《漢書・郊祀志》）。懸圃就是西王母所在的崑崙山，蓬萊則為東方的海上三山。兩處都是著名的神仙世界。

當然，神仙所居，不止此兩處。蓋神仙飛空遊行，上下天地，因此整個宇宙其實都是神人遊行之場域。遠遊者一方面希望能登崑崙泛蓬萊，另一方面也甚為渴望能如仙人一般，自在地遊行宇內。

明朝大旅行家王士性就曾表達了這樣的企望。他在《廣志繹》卷一〈方輿崖略〉中慨嘆道：

海內五嶽，余足跡已遍。今所傳「五嶽真形」者，云出自上玄夫人，皆山川流峙之象。以余所見，殊不相蒙。豈神仙輩凌虛倒景，從太空中俯瞰之，其象與余輩仰視上方一隅者差殊也？至於海外五嶽，《靈山道經》志之，其云：「東，廣乘之嶽，在東海中，上有碧霞之闕，瓊樹之林，紫雀翠鸞，碧藕白橘。南，長離之嶽，在南海中，上有朱宮絳闕，赤室丹房，紫草紅芝，霞膏金醴。西，麗農之嶽，在西海中，上有白華之闕，三素之城，玉泉之宮，瑤林瑞獸。北，廣野之嶽，在北海弱水中，上有瓊樓寶閣，金液龍芝。中，崑崙之嶽，在八海間，上當天心，形如偃蓋，東曰樊桐，西曰玄圃，南曰積石，北曰閬苑，上有瓊花之闕，光碧之堂，瑤池琴台，金井玉彭」。所恨海嶽路殊、仙凡地隔，覓之則身不生翰，思之則口為流涎。

王士性只是世俗世界的旅行家，雖像徐霞客一樣，幾乎走遍了中土，但海外九州，徒存想像；仙人空中遊觀之勝，亦難以體會，不免抱撼悵惘。

他所談到的〈五嶽真形圖〉，係五嶽山脈蜿蜒圖。因常人見山，只是平視，見不到山的全貌，此圖乃空中俯瞰，故曰真形。諸圖之來歷，至今仍不清楚，道教謂此圖有神秘法力，據

《靈寶無量度人上經大法》卷廿一〈五岳真形品〉說：「五岳真形圖，是三天太上所出，文秘禁重」。乃三天太上道君俯觀六合，「因山形之規矩，睹河岳之盤曲，陵回阜轉，山高隴長，周旋委蛇，形似書字，是故因象制名，定名實之號，畫形於玄台」。也有些經典說，這是「神農前世，太上八會群方飛天之書法」（《洞玄靈寶五岳古本真形圖》）。總之，就是天界神仙飛在天上俯看大地時所畫出來的山岳地圖。所以道士入山，才須佩帶此圖④。

與〈五嶽真形圖〉類似，介乎「輿地紀」及「神仙家言」之間的，是《山海經》。陶淵明有詩云：「歷覽周王傳，流觀山海圖」。看《山海經》所述海內海外諸山，被認為有跟《穆天子傳》相類的意義，都可表達人欲遠遊求仙之念。而此類輿地記也都是仙神所傳、或與仙神有關的。

〈五嶽真形圖〉、《山海經》之外，漢代的《海內十洲記》，亦屬此類輿地記。後來唐司馬承禎又整理出《天地宮府圖》，記載宇內名山洞府，所謂三十六洞天、七十二福地，均為神真棲遊之處。

凡此洞天福地雖均在中國境內，但神仙遊出中國境外者亦不罕見。例如杜光庭所編《墉城集仙錄》，所載均為西王母崑崙墉城之女仙，然其卷四記太真夫人說在二千年前曾與仙人安期生遊於安息國西海際，分棗共食。至於老子西遊出關，至罽賓國化胡，也是眾所周知的例子。另外就是描寫唐三藏去西天取經的《西遊記》了。

由此可見，遨遊乃是神仙或求仙者所擅長的，正因為他們四處旅行，方才出現地圖輿記，才能逐漸使我們對這個世界有所認識。所以神仙與求仙求道者，乃是世俗社會旅行家的先驅。

可是神仙之遊、求仙求永生者之遊，畢竟與世俗人的旅行不同，非只為涉異地、至遠方、觀風土而已，更是要尋求生命的歸宿，解除死亡的憂懼，希望轉化世俗生命成為與道合一的存有。

這個精神，實仍貫串於後世之遊記中。例如在中國小說中，稱為遊記的，除極少數外，均與神仙有關。像明吳元泰《東遊記》二卷，講八仙故事。余象斗《南遊記》，又名《五顯靈官大帝華光天王傳》，四卷。《北遊記》，又名《玄帝出身傳》、《北方真武玄天上帝出身志傳》，四卷。與《西遊唐三藏出身傳》合稱四遊記。清無名氏《海遊記》六卷，仿《希夷夢》；明羅懋登《三寶太監西洋記通俗演義》二十卷，也具有神仙色彩。而最著名的《西遊記》更是如此。

此書講唐三藏與其徒孫悟空等三人共往西天取經，主題與經過，都和班揚《天路歷程》相似。班揚書中曾說道：「小子啊！你們曾聽過福音真理，知道你們若要進天國，必定要經歷許多苦難。也知道你們經過的城中，有鐵鍊與患難等著你們。你們既然行了這許多路，怎能不遇見這些難關呢？」《西遊記》要講的，就是唐僧一行如何度過這些難關。

歷來均以此為證道之書，例如明萬曆劉蓮台刊本稱為《唐三藏西遊釋厄傳》；清汪象旭評本稱為《西遊證道書》，並認為書是長春道人丘處機寫的，講的是道家內丹長生之道；清陳士斌刊本稱為《西遊真詮》，陳氏號悟一子；清劉一明評本稱為《西遊原旨》，劉氏乃蘭州金天觀道士，又號素霞散人，以上兩家也都以道教宗旨解釋《西遊記》。另有清張含章《通易西遊正旨》，則以《易經》解之。直到五四運動後，世俗化的理性主義精神抬頭，胡適才把此書作者權歸給落拓文士吳承恩，且謂其中僅有些憤世嫉俗、玩世不恭的趣味在，並無什麼神聖性的追求，更不涉及宗教性解脫問題。

但由整個中國小說傳統來看，遊記均具天路歷程之含意，如《四遊記》就是分則說玄武大帝、華光天王等如何「轉化」成為神仙。《西遊記》也是經歷遠遊以轉化成佛的。其他局部遊歷之描述，如《呂祖飛仙記》，第七回云呂洞賓遊大庾，十一回遊妓館，在人間遊歷一番之後，重回天庭，列位仙班。則是倒過來，說一位神仙，在遭貶墮凡之後，如何經過人間之遊歷，再度轉化成真。同樣地，明鄧志謨《薩真人咒棗記》，則記薩真人在人間如何修煉，如何四處治病濟困，再如何往酆都國，遍遊地府，然後上升成仙。此皆《楚辭・遠遊》之裔孫，所謂「轉化以度世」者也⑤。

四、航向上帝的海洋

美國詩人惠特曼〈航向印度〉第二節言道：

航向印度！
看哪，靈魂，你不是一開始就認識到上帝的旨意麼？
……
一種新崇拜，我歌唱，

你啊船長、航海者、探險家、你們的，
你啊工程師，你啊建築師、機械師，你們的，
你們，不僅為了貿易或運輸，
而是為了上帝，為了你啊，靈魂。

蘇伊士運河於一八六九年通航；中央太平洋鐵路和聯合太平洋鐵路於一八九八年交會於猶他州，貫通美國東西部；一八六六年太平洋海底電纜完成，使詩人激發了世界環航的壯遊奇想。但時代雖然不同了，航向印度的意義卻仍然並不在於世俗意義的貿易與運輸，而在於彰明上帝、重新認識上帝的旨意：

從亞細亞的田園降臨、繁衍擴散，
亞當與夏娃顯現，而後是他們無數的子裔，漫遊、渴望、好奇、不休不止的探索，
帶著疑問、困惑、零亂、患熱病，帶著永不快樂的心靈，
帶著那悲哀、不間斷的反覆呢喃：為什麼呢？不滿足的靈魂？你將何往啊，嘲弄的生命？
啊誰將撫慰這些害熱病的子孫？
誰認可這些不止息的探索？
誰能說出冷漠大地的秘密？

誰將它束綁在我們身上？這麼不自然且與人隔離的大自然究為何物？
這地球在我們的熱情中屬何地位？
（無愛的地球，沒有一絲脈動以回答我們的熱情，淒冷的地球，墳墓的處所。）

然而靈魂啊，那最初的旨意仍存留，且將被實現，
或許現在就是實現的時刻（第五節）

旅航是為了靈魂能得救。世俗的生命，自亞當夏娃以來就不安、不快樂，且患了病。他們在世上遊盪，本來就代表了困惑與探索。而世界則又是墳場，生命在其中不能生存。故只有靠著旅遊，方能重新實現上帝最初約旨意。

依此，航向印度，其實並不是去印度。印度只是地球上一個地方，航行卻是生命意義之旅，是要走向超越界的。第九節結語云：

航向印度之外的世界！
你的翅膀真已準備就緒這樣的飛翔？
啊，靈魂，你真要從事這樣的航行？
你要嬉遊於這樣的海上？
深入於梵文和吠陀之下？……

啊！我勇敢的靈魂！
啊！航向更遠更遠之地！
啊！驚險卻安然的歡愉！他們不都是上帝的海洋嗎？
啊！航向更遠、更遠、更遠之地！

這就是遠遊。只有遠遊才能獲得真正的自由，解脫束縛、重新與自然冥合。這豈不是另一種版本的〈逍遙遊〉嗎？尋找「上帝最初旨意」，豈不又與玄奘赴印尋找「佛陀最初的言說及意旨」相似嗎？詩最後出現深入梵文及吠陀的文字，則更是一種「有意味的偶合」。此外，遠航是為了航入上帝的海洋，與「天路／世路」、「西天／東土」的區分亦相彷彿。

此遠遊而進入異界——「你的翅膀真已準備就緒做這樣的飛翔」，或郭璞遊仙之「輕舉觀滄海，眇邈去瀛洲」，或莊子之「大鵬摶扶搖而上者九萬里」，都具有離世的動作。去離此世，以至天國、仙庭、彼岸佛國、西天淨土——正是遠遊求道時最基本的特性。

但有關遠遊，惠特曼這種寫法只是其中之一，著重的是由此界到冥界的歷程，《西遊記》、《天國歷程》、〈穆天子傳〉，講的都是這一段。探險文學、追尋文學屬於此種。

另一種，則是著重異界的描述，遊者由此世進入天庭或彼岸等異界，遊觀美景，所謂「別有天地非人間」，歸來不免向世俗人詳加介紹該處的種種瑞象奇景。前文曾經談到那些暫時「假扮」為神，上昇天界；或通過作夢及無意識之偶入誤入仙庭者，均屬此類。

後面這種，可稱為「冥界的記錄與證明」。它與惠特曼那種著重於由此界入彼界之歷程者不同。那種，強調歷程之意義，鼓勵人要確然捨去此世，明白生命的真諦，勇於追求解脫。這種，則是藉曾經遊歷者的證辭，來讓人確信異界果然存在。就好像我們看了曾去歐洲旅遊者的遊記，常使我們也想跟著去瞧瞧那樣。早期的遊記，起碼在中國，便是這類遊於仙境者的記錄與證驗。遊世俗世界而寫成的遊記，其時代則遠遠晚於遊仙。

《莊子・天地篇》曾載華封人云：「千歲厭世，去而上仙，乘彼白雲，至於帝鄉」，但對帝鄉如何，尚乏描繪。具體言及帝鄉帝庭景況，可當遊記者，仍推《楚辭》的〈離騷〉、〈遠遊〉等篇。其後漢人鏡銘經常提到帝鄉的地點位置，如「上泰山，見神人」（**大山流雲文方格四神鏡**）「上華山，鳳凰集，見神仙」（**漢規矩銘**），這太山華山等處，就如崑崙蓬萊，乃是仙界，神仙所居。至曹丕、曹植，便開始有題名「遊仙」的詩了。到《昭明文選》分類時，則正式列有「遊仙」一目。

這些遊仙詩中，對仙境頗有描述刻畫。但此時主要是一種風景靜物式的描繪，巧構形似，以造成瑰麗神奇的情調氣氛，有點類似西洋早期基督教繪畫所畫的天堂大神天使。漸漸地，人進入天界有了故事、也有了動作，例如劉晨阮肇誤入天台山，遇見女仙，經過一段時間後，回到人世，恍然若失，想再去，卻不可能了。陶潛〈桃花源記〉亦屬此類，均可稱為仙鄉遊記。同時，又因佛教傳入中國，遊者除了遊入天界仙境之外，又出現遊進地府的遊記。劉義慶《幽明錄》載趙泰遊地府見府君審案事，開其先河。

此時，地面上世俗社會的遊記，除了有些山水、行旅詩之外，尚不成氣候，須待唐柳宗元《永州八記》出來後，才略具規模。然此時遊仙窟、遊龍宮，甚至唐太宗夢遊地府、魏徵夢斬涇河龍王一類故事，早已講述得如火如荼了。唐明皇遊月宮，傳下霓裳羽衣曲；樵夫入山，觀神仙下棋而斧柯朽爛；包公日審陽世夜審陰，成為閻王；目蓮教母，直入地獄……，多少故事，流傳於民間？前文所舉《咒棗記》云薩真人遍遊地府者，僅其中之一例而已。

不僅在中國此類遊記甚多，日本也很不少。在平安時代，有作者不詳的《道賢人冥途記》，描述道賢死後十三日復生，述冥界所見。平安時代末期，又有《今昔物語集》，作者亦不詳，描述藤原良相卒後入地府，見閻羅王裁判的手法。鎌倉時代，作者也不詳的《吾妻鏡》，則說建仁三年（一二〇三）新田四郎等六人進入富士山的洞穴中，地底見大河，四人皆死，二人返回描述其見聞。寬和二年慶滋保胤的《日本往生極樂記》，云藤原敦忠之女，夢中見乘蓮花船前往西方，夢境與平日所誦念之《阿彌陀經》所敘述的西方極樂世界甚為吻合。時代不詳的《三州奇談》，堀麥水編，言進入光明世界的各種遭遇。享保十九年（一七三四）中尾伊助《御伽厚化粧》，則是異境探訪譚的寶庫，收集此類故事甚多。明和七年（一七七〇）菅翁《垣根草》，是包含異人異界遭遇的小說。天保二年（一八三一）八田知紀《霧島山幽鄉真語》，講少年善五郎被女仙導入仙山的經過。明治三年（一八七〇）田原篤實又編《薩藩神變奇錄》，介紹薩摩國的奇境異界，並描述竹之山的人接觸異人異境之狀況。又同年成稿的富田政清《富田日記》，亦記與前橋少女來往的異事。約略同時，另有柳田泰治《仙真語》，記其門人澤井才一郎出入神界之見聞。到明治廿年（一八八七）左右，宮地水位的《異境備忘錄》更是異境的百科全書。此書係沿續文政五年（一八二二）平田篤胤《仙境異聞》而作。平田之書寫成不久，宮負求雄《幽通現話》（一八六〇）也已編成，為幽冥界與現世界往還記錄的集大成之作。

這些異界遊記，對於出入冥幽的描述，有時頗為詳細。例如《仙境異聞》是說有一具異稟的童子寅超，七歲即能出入仙境，後得到杉山僧正的指導，繼續修煉。十五歲以後逢作者平田篤胤，兩人針對仙境各種事項不斷問答，經紀錄而成此書。其問答甚為細緻。像篤胤問在太空中飛行時的感覺，寒熱如何。寅吉就回答腰以下像浸了水一樣冷，腰以上則感到燒熱。

像日本這樣的他界遊記，中國當然甚多。但古代有此等遊記不足為奇，現代社會中此類遊記之盛，乃更勝於以往，則恐怕非一般人所能知。

民國初年雲南鸞堂以扶鸞方式寫出了《洞冥寶記》及《蟠桃宴記》以後，這類遊記即如雨後春筍般，流行至今。台灣自一九七六至一九八五年，十年之間，所可見的便有下列幾十種：

	書名	降鸞神	扶鸞者	堂號	地點	扶鸞時間	出版時間
一	地獄遊記	濟公	楊贊儒	聖賢堂	台中市	一九七六・八・一六～一九七八・六・二六	一九七八
二	天堂遊記	濟公	楊贊儒	聖賢堂	台中市	一九七九・六・三～一九八〇・一一・三〇	一九八一
三	三曹成道捷徑史傳	哪吒	王子逸	武廟明正堂	台中市	一九七九・六・九～一九八〇・八・二五	一九八〇
四	靈珠子遊記	靈珠子（哪吒）	王子逸	武廟明正堂	台中市	一九八〇・八・二六～一九八一・二・一九	一九八一

五	陽間善惡遊記	濟公	王善生	靈隱慈善堂	高雄市	一九八一・一・八～一九八一・五・一九	一九八一
六	畜道輪迴記	濟公	楊贊儒	聖賢堂	台中市	一九八一・三・一五～一九八二・三・三	一九八二
七	人間遊記	濟公	蔡溪南	聖賢堂	台中市	一九八一・八・一三～一九八二・一〇・二六	一九八三
八	因果遊記	濟公	王善生	靈隱慈善堂	高雄市	一九八一・九・三〇～一九八一・一一・二八	
九	瑤池聖志	哪吒	王子逸	武廟明正堂	台中市	一九八一・三・一九～一九八二・五・一五	
十	道濟遊記	濟公	梁玉柱	靈德堂	彰化縣員林鎮	一九八二・九・一七～一九八二・一〇・二八	一九八二
十一	九陽關遊記	濟公	林重修	重生堂	台中市	一九八二・一〇・二七～一九八二・一一・九	一九八二
十二	水晶宮遊記	哪吒	王奇謀	武廟明正堂	台中市	一九八二・八・二八～一九八三・四・三〇	一九八三
十三	天佛院遊記	大然師尊	慈悟緣	天喚佛堂	台中縣大里鄉	一九八二～一九八三	一九八三
十四	阿鼻地獄遊記	濟公	鄭錦榮	聖天堂	台中市	一九八三・一二・一五～一九八四・四・一五	一九八四
十五	極樂世界遊記	濟公	蔡溪南	聖天堂	台中市	一九八四・一・二五～一九八四・七・一五	一九八四

	書名	降鸞神	扶鸞者	堂號	地點	扶鸞時間	出版時間
十六	聖道遊記	濟公	楊贊儒	聖德堂	台中市	一九八四・四・一七～一九八四・一二・二一	一九八五
十七	原靈園遊記	濟公	羅飛鸞	重生堂	台中市	一九八四・一〇・二八～一九八四・一一・五	一九八五
十八	正道與玄奇	關帝等	張乃文	三侯宮	台中縣烏日鄉	一九八五・四・二三～一九八五・七・二〇	
十九	蓮花佛國遊記	濟公	羅飛鸞	重生堂	台中市	一九八五・一〇・二七～一九八五・一一・五	

鸞堂在台灣甚為普遍，以扶鸞扶乩方式招徠信眾。其出版品稱為鸞書，而鸞書中的遊記印刷發行量均極驚人，如《天堂遊記》、《地獄遊記》印量都在百萬本以上，而且又均出版於號稱已完成現代化轉型的台灣社會，更值得注意⑥。

出版此類遊記之鸞堂大抵集中於台灣中部。其中聖賢堂以關聖帝君為主神，武廟明正堂為無極老母，靈隱慈善堂、靈德堂為王母娘娘，聖德寶宮、重生堂、聖天堂為瑤池金母，三侯宮為準提佛母，天喚佛堂為明明上帝。教派未必相同，卻都對此種異境遊記熱衷推闡，則是第二個值得注意之處。

這些鸞書的另一個特點，就是它均由扶鸞而成。從日本的異界旅遊記來看，我們便可知道：異界旅遊，原本屬於「出神」系統。一人偶入洞穴，偶因作夢、偶因異稟、偶因死亡而得以進入一個與他身體所處之世界不同、異於現世的世界，是其通例。可是鸞書不然，它要「降神」。扶箕時，神靈下降，宣化教義，然後再由神靈帶領著通鸞者出神往遊天堂或地獄。換言之，它是降神與出神合一的，既不同於古代的扶箕，也不同於一般遊仙遊地府者。扶鸞者無法「因夢入青冥」，必須在扶鸞儀式中，憑藉正鸞導師（例如濟公活佛或哪吒三太子）的領導，才能往遊冥界。其出遊方式略如下表：

書名	交通工具	助力	動作	方式	目的地
地獄遊記	蓮花台	浸清心池	閉目	魂魄出遊	地獄
天堂遊記	蓮花台	飲一瓶天水	瞬眼魂魄出遊	天堂	
三曹成道捷徑史傳	伏在師背	飲聚靈符	套住乾坤圈	電波感應	天地人三曹
靈珠子遊記	風火輪	飲通靈符	瞬眼	電波感應	人間
陰間善惡遊記	白蓮花台	服護心丸	閉目	魂魄出遊	人間
人間遊記	蓮花台	服定神丸、浸清心池	閉目	魂魄出遊	人間
道濟遊記	芭蕉扇五彩雲端	清靜靈台咒唵嘛呢叭咪吽	閉目	魂魄出遊	人間、冥間、天醫府
九陽關遊記	大鵬鳥	地獄府明珠	閉目	魂魄出遊	九陽關
天佛院遊記	蓮花台	心眼	閉目	魂魄出遊	天佛堂
水晶宮遊記	風火輪	飲靈府、龜息之法	瞬目	靈神出遊	水晶宮
阿鼻地獄遊記	蓮花台	服定心丸、浸清心池	閉目	魂魄出遊	地獄
正道與玄奇．	現代交通工具	慧眼、神耳	神人交感	真人出遊	世間

這裡只有世間遊是真人出遊，往遊天堂地獄等異界，則都是出神狀態的遊。扶鸞者靈魂出了竅，而其往遊之工具，則類似《日本往生極樂記》一樣，有蓮花船之類乘具。

這種型態，不同於一般的扶乩時，是神降壇，藉人之乩筆顯寫出詩文，乩人成為神靈充滿的容器。可是這樣扶鸞出遊時，通靈正鸞者既然靈魂已出竅，隨教導神帶著去上天下地遊歷了，那扶鸞的又是誰呢？《水晶宮遊記》曾提出一個解釋，謂扶鸞者魂魄出遊時，係由鎮堂仙師暫時進入他的軀體之中，接受通靈者傳回來的電波。《原靈園遊記》則認為是附身的仙師以法眼觀、以天耳聽，書寫在沙盤上。《三曹成道捷徑史傳》更說扶乩時，通靈入定，即可產生神人合一的電波，雲遊四海。

但不管如何，畢竟這都與「航向上帝的海洋」意義相同。旅遊者離開世俗界，進入異界，目的是為了探尋生命的意義與真諦。而闡述此類生命觀的鸞堂，其宗教義理，事實上也就是一個完整的旅遊者寓言——這些教團往往認為混沌濛鴻之際，無生老母或無極金母等等普化眾生，人類乘一點靈明下降世間，但逐漸被物欲汩沒，失卻性命。因此藉著這類遊記，來儆示世人，呼喚「流浪兒返鄉」，回歸老母所在的「真空家鄉」。台中武廟明正堂扶鸞著作《天道奧義》裡有這樣的話：

> 人之靈，皆由天降，生於凡塵。故死後，其靈應歸回故鄉之天。怎奈，人自降生於花花世界，多數為名、利、酒、色、財、氣所迷，更為貪欲所驅使，而無惡不做。甘願墮落於空海之中，不能自拔，致忘回歸故鄉之天（頁十一）。

它把世路上的人都喻為失鄉者，猶如基督教所說的迷途羔羊。這種世俗墮落的生命，只有靠著朝聖般的回歸之旅，才能重新實現「上帝」、「無生老母」、「無極老母」最初的旨意：「然而那靈魂啊！那最初的旨意仍然存留，且將被實現」。

五、在而不在的存在

為何人都會想遊出此世，並認為唯有如此方能得到解脫？

海德格《存在與時間》曾以「煩」來界定「此在之存在」。他說：一般物均只是存在者，就像桌子椅子那樣存在著。人卻能於其存在之際，自己顯現自己、規定自己，故人有別於其他「存在者」，而是「此在」。但人這種此在的實際生存卻寓於煩之中。「因為在世本質上就是煩。寓於上手事物的存在可以被理解為煩忙。而與他人在世內照面之共同此在一起的存在，可以被理解為煩神。寓於某某的存在是煩忙，因為這種存在做為『在某中』的方式，是被它的基本結構（即煩）規定著的。……煩，作為源始的結構整體性，在生存論上先天地處於此在的任何實際行為與狀態之前」。

之所以如此，是因「『此在』為『能在』之故而在。這樣的能在，本身就有在世的存在方式。故在『能在』中，從存在論的意義看來，就有和世內存在者的關聯。煩總是煩忙與煩神」。

他的話頗為詰屈難解。大意蓋謂人的存在方式不同於其他物，人並無桌子椅子那樣的現成本質與規定，而是要在具體的此世存有中顯現出他自己來。因此他本身只是一種可能性，必須在具體的「此在」中方能顯其「本質」。可見人之在，是在這個世間的：既在此世，則他便被煩所界定，在煩之中。例如人的可能性往往被別人或自己限制在本分、適宜、眾所周知、可達成、可忍受的範圍內，於是此種日常的煩忙狀態，便削減了許多人生的可能性，讓人安安定定地處於現實的東西中。人越沉湎於這些煩忙之中，就越封閉了他的可能性，越倚賴他存在於其中的世界來「養活」他。一旦如此，人也就盲目了。

海德格引用克・布爾達赫〈浮士德與煩〉一文的寓言，說：有一天，女神煩在渡河時見一膠土，便將它取來捏塑。適逢丘比特神走來，煩就請他賦精靈予此膠土。丘比特欣然應命。但隨後兩人卻為它該用誰的名字命名而爭執起來。不料土地神又冒出來，說它既是用土捏的，自應以土神台魯斯之名命名。幸而農神來做裁判，謂土神既給了它身軀，應可得到它的身體；丘比特提供了精靈，則它死後該得到它的靈魂；而煩既率先造了它，那麼，只要它活著，煩就可占有它。至於它的名字，就叫 homo，因為它乃是由 humus（泥土）所造。

這則寓言意謂人是泥土與精神的複合物，而且人活著就有煩憂煩惱煩神煩忙。人只要「在世」，就與此一源頭保持聯繫，被它統治⑦。

接著，海德格又由此討論到「時間性」的問題。謂煩的存在論意義就是時間性。因生命即是在時間中由生到死之間的歷程，「此在」就是這個「之間」。故此在既煩忙著沉淪於世界，又為時間所促迫，對時間煩忙：整天計算、思慮著這件事「隨後」就要發生了，那件事「先」

得了結、「當時」錯失某事；「現在」必須補上……等。此種煩忙的日常性生活，其終結便是死亡。因此，「此在」亦即「向死亡而在」⑧。

李白詩有云：「棄我去者，昨日之日不可留；亂我心者，今日之日多煩憂。抽刀斷水水更流。舉杯澆愁愁更愁」，講的就是生命的時間性，且在此時間中被煩所占據，以致憂煩不已。此生命的時間性，本來是無法切斷也無法逃避的，所以李白說：「抽刀斷水水更流，舉杯澆愁愁更愁」，人生即如此步步走向死亡，故曰：「人生在世不稱意」。

要超越「此在」，擺脫「向死亡而在」的恐懼，不再被「煩」所占據，那便只能採取一種「在而不在」的方式，那就是遊。

遊者當然仍是在世的，但他不定在某處，不顯現自己，也不規定自己，不在具體的此在中顯其「本質」。其「存在」彷若不存在，所以具有遊戲的性質，顛覆了存在與時間的結構，如此才能擺脫煩的占據和死亡的威脅。

遊人遠行，就代表了出離具體生存之此世的行動。到達另一個不是自己具體生活於其中的世界，「遊客」的身分，便具有在而不在的性質。新世界新社會在他眼前展布，人即彷如獲得新生。原有社會中的時間之鏈，忽然斷開了，煩忙與煩神的狀態，忽然隔絕了。重新學習著看、仔細地聽、用心去體會、以皮膚來感受。對這新世界、新社會的問題，當然也可以有所理解，但不必成為自己的負擔、自己也不必進入這個世界的煩之中。

李白詩云：「人生在世不稱意，明朝散髮弄扁舟」，就是這個意思。散髮，謂脫離此世的一些人文規制，扁舟指遠離此世此土——莫忘了：人因是泥土作的，所以活著就有煩憂煩惱煩神與煩忙——走向另一個世界（江湖）。「明朝」則是斷開的另一種時間。人到那裡去遨遊，方能擺脫不稱意的生命，獲得超越性的解脫。

人之所以喜歡遊，原因在此。

後世旅遊者或去登山，或往遊異國，均具有仙人升舉、超越塵俗、進入他界（other world）的意含。旅遊者暫時離開了自己原有的社會階位，擺脫了一切社會關係，成為另一人，亦具有「假扮」神遊的意味，角色和功能均與原來的我迥然不同。經由旅途之重新體驗生活，重新觀察世界，而獲得新的生命感受、新的體悟，也如遊仙者一樣，獲得了生命轉化的意義。

因此，人之遊即是由神遊發展來的。《昭明文選》把「遊覽類」放在「遊仙」、「招隱」之後⑨，就是這個意思。其中所收謝靈運〈遊赤石進帆海詩〉云：「揚帆采石華，掛席拾海月，溟漲無端倪，虛舟有超越」，也把這遊覽與超越的關聯點破了。

旅遊者熱衷於探險，向體能之極限挑戰，或向人類認知所尚不及之處去冒險，本身即表現了超越的精神。旅途越艱險，越能顯現它的價值，就像《天路歷程》或《西遊記》中的許多磨難那樣，必須要有那些試煉，方能使旅遊者達到脫胎換骨般的喜悅。而在旅途中，大海溟漲無涯，高山絕峰入雲，旅遊者登臨其上，輒有彷佛如在仙境的感受，被大自然的神奇浩瀚所震懾所擁抱，一時融入其中，得到與大化冥合的體驗。

正是這些神聖經驗，帶給我們解脫感、自在感，覺得世俗之桎梏羈絆均因此而鬆弛了——因其具有宗教的解脫義，故亦獲致了世俗的解放。

這種意義，到「神遊」型態中，發揮得尤為明顯。此處所謂神遊，是指一種特殊的旅遊情況，旅遊者形體不動，並不展開遊歷遊覽行動，卻宣稱在其內心已去遊歷過了。所以又稱為「臥遊」。

我國臥遊之文獻，最早的可能是晉朝孫綽〈遊天台山賦〉。他遊天台山，完全靠著「出神」的方法，以一種巫人出神往遊他界仙府地獄的形式為之：「非夫遠寄冥搜，篤信通神者，何肯遙想而存之？余所以馳神運思，晝詠宵興，俛仰之間，若已再升者也。方解纓絡，永託茲嶺」。

臥遊的精神狀態，即是通神。依馳神運思之法，達到遊的目的，解脫了身心各種「纓絡」束縛。故臥遊又名神遊。後世神遊者不乏其人，旅行家亦常以神遊為最高境界，如明代屠隆有信給王士性說：「聞道後，不復以名山洞府為念，繼之見坐一室即是九州」，王士性亦謂其乃「神遊八極」。

如此神遊，即心即境，一霎時可以遊遍五湖四海，出幽入冥，與南柯黃粱，同一機栝。遊人心境，豈榮格之類心理分析所能窮其奧妙也哉？

注釋

①參見C. G. Jong "The Archetypes and the Collective Unconscious（《原型與集體無意識》），Princeton,一九六九。

②此處三則引文，均錄自Man and his Symbol（《人類及其象徵》）。本書係榮格與費珠、漢德遜、席愛娜、積哥比合作而成，但觀點及架構均來自榮格。引文主要見其書第二章第六節〈超越的象徵〉。一九八三，台北，好時年出版社，黎惟東譯。

③詳見拉德米拉・莫阿卡寧《榮格心理學與西藏佛教》，一九九一，台北，商務，江亦麗譯。

④道教有模擬神仙飛行之儀式術法，稱為「乘蹻」。曹植〈升天行〉曰：「乘蹻追術士，遠之蓬萊山」，即仿飛仙於空中俯瞰遊行。

⑤胡適先生《西遊記考證》結論部份曾說：「《西遊記》被這三四百年來的無數道士、和尚、秀才弄壞了。道士說，這部書是一部金丹妙訣。和尚說，這部書是禪門心法。秀才說，這部書是一部正心誠意的理學書。這些解說都是《西遊記》的大仇敵。……幾百年來讀《西遊記》的人都太聰明了，都不肯領略那極淺顯明白的滑稽意味和玩世精神，都要妄想透過紙背去尋那『微言大義』，遂把一部《西遊記》罩上了儒釋道三教的袍子；因此，我不能不用我的笨眼光，指出《西遊記》有了幾百年逐漸演化的歷史；指出這部書起於民間的傳說和神話，並無『微言大義』可說；指出現在的《西遊記》小說的作者是一位『放浪詩酒，復善諧謔』的大文豪作的。我們看他的詩，曉得他確有『斬鬼』的清興，而決無『金丹』的道心。指出這部《西遊記》至多不過是一部很有趣味的滑稽小說、神話小說。他並沒有什麼微妙的意思，他至多不過有一點愛罵人的玩世主義。這點玩世主義也是很明白的；他並不隱藏，我們也不用深求。」

五四，在文化上最顯著的成績是白話文運動。在提倡白話文學時，最主要的成就，除了小說散文之創作，即是對中國文學史的重新詮釋。以白話文學的觀點，表彰了小品文及白話小說等，尤為其特點所在。胡適、魯迅等人花大氣力進行的小說考證研究，其實正是五四所建立的新文學傳統之精髓所在，所使用之方法與觀點，亦足以代表那個時代，而和白話文學的創作，一同影響著他們的追隨者。

但這個新的傳統尚嫌衰弱偏枯。以胡適這篇考證來說吧，力翻古人成案，獨樹新解，正與其「文學革命」「反傳統」的精神相符。把《西遊記》解釋成只具一點點玩世態度及趣味的作品，亦可顯示此時胡適所關切的，是「世俗的解放」而非解脫之問題，故痛斥傳統舊說講得太深曲穿鑿。

可是，五四諸公的大問題不就在此處嗎？文體上追求淺白，意蘊上也同樣講究淺白，所以其反傳統其實就是把傳統淺白化。其所批判反對者，固然被指為妄謬錯誤，它所肯定的、花大氣力來向我們介紹的東西，也要強迫我們承認那只是些非常粗淺的東西。

同時，他們在指摘批評傳統時，對於整個傳統其實甚「隔」，完全進不到那個脈絡裡。所以他們自己造了一個「傳統」（指出《西遊記》有幾百年逐漸演化的歷史，指出這部書起於民間的傳說和神話），以為用這種歷史主義方法，說明了它的經過，也就同時說明了它的意蘊（並無微言大義可說）。殊不知這個脈絡不是原有的脈絡，講了半天，畢竟沒有說明此種遠遊求道之性質為何。且僅考出《西遊記》元明清這幾百年間的演化過程，卻忘了我們從遠遊的脈絡上照樣可以指出它有幾千年的演化史。更有甚者，為什麼故事起於神話和傳說、流行於民間，便無深義可說？此真不知神話與傳說為何物者之言也。

這也就是我們在前面所說的，五四諸公，所關心的，是世俗解放。從胡適提倡戴東原哲學、講易卜生主義、宣揚無鬼論打破迷信，到魯迅的改造國民性等等，做的都是打倒權威、鬆開桎梏，並在世俗社會意義上追求解放之工作。周作人所提倡晚明小品，其「不拘格套，獨抒性靈」，也仍是這個意義。生命解脫、終極關懷之問題，既不關心也不甚理解。凡遇古人論此，皆以為談玄。若逢時人而亦論及於此類問題，則於「科學與人生觀」論戰中一體屏斥之。

所以它淺、所以它偏枯、所以對於中西文化比較的問題也無法有效展開。依胡適、陳寅恪看，孫悟空乃是從印度的猿猴故事演變而來。當時做比較文學，能力大抵僅只於此：揣測影響，而且一定是中國受到印度的影響。其實《西遊記》之可以做比較文學研究處，根本重點不在情節單元及故事的來源，而在於這種「遠遊以長生」的天路歷程型態，以及像榮格所談到的那些問題。近來研究《西遊記》如傅孝先、余國藩等，逐漸擺脫胡適等人的淺俗觀，改從近乎傳統的「五聖」關係、「意義的追尋」等角度去重讀，可為明證。

換句話說，只有超越五四、擺脫五四、反五四，才可能讓我們真正懂得如何理解傳統、如何做學問。以上所談，只是一個例子（為了講一個例子，講得如此迂曲費勁，正足以顯示五四這個新傳統為害多麼烈，害得我們每談一個問題都得耗費好多唇舌）。

⑥詳見鄭志明〈遊記類鸞書所顯示之宗教新趨勢〉，收入《中國善書與宗教》，一九八八，台北，學生書局。另外，李豐楙〈六朝道教洞天說〉、〈六朝仙境小說與道教之關係〉亦可參看。收入一九九六年學生書局《誤入與謫降：六朝隋唐道教文學論集》。

⑦見海德格《存在與時間》第一篇第六章〈煩——此在的存在〉。陳嘉映、王慶節譯，一九八七，三聯書店。

⑧詳海德格上引書第二篇〈此在與時間性〉的分析。

⑨研究《文選》的人，對於它在分類時把「遊覽」跟「行旅」分開，且將遊覽詩和遊仙招隱等連在一塊，頗為困惑。其實遊覽與行旅本來就不相同。遊覽是旅遊意義的，故與遊仙詩為同類。行旅乃是為了某種原因或目的，而不得不奔波道途，例如赴任、出征、遭貶黜等等。故遊覽是解放的，行旅是被世務所役使的；遊覽愉悅，行旅行役則甚勞苦：遊覽者精神意向指向另一世界，行役者卻老是想要回家。這兩種不同類型的詳細分析，我有另文處理，見本書〈男人的行旅〉一篇。

第四章　遷移者的性別

一、女子的遷居

研究人口遷移的學說中，拉文斯坦（E. G. Ravenstein, 1834-1913）的遷移法則說，影響甚大。他根據一八八一年英國人口普查的資料，認為城鎮居民比鄉村居民少遷移，而短距離遷移則以女性為多。因為鄉村居民大多向城市移動，城鎮居民流向農村的畢竟較少。年輕女子去短距離處從事服務業的情況也很普遍。

這個講法，是人口遷徙之性別研究的先驅。只不過，對其研究，後繼的探索者，常有不同的見解。如格里格（Grigg）研究英國及威爾斯的資料發現，在十九世紀時，遷移之性別差異並不如拉氏所言，且後來之性別差異亦已減少。在其他社會，遷移之性別差異，有時也與拉氏的法則相反，男性比女性有更高之遷移率。而且性別在不同的社會中並不一定有同樣的情況。在非洲，男性遷移者遠比女性多。在台灣，有關性別與遷移的關係亦不明確，不過大致上，引用個體調查資料所獲得的結論，是男性的遷移率大於女性，男性的遷移距離此女性遠；不過若用總體資料分析，則多半發現女性有較高的遷移率。其間之差異可能是由於總體資料係源自戶籍登記，而戶籍登記內女性結婚改變戶口、更換地址的頻率遠多於男性，才會有此差異。

因此，從人口遷移的理論和研究狀況來看，遷移與性別的關係尚難論定，研究者各有見解，我們很難斷言是男子較常遷移還是女人較喜歡遷移，也不易判斷是男人遷移距離遠還是女人。

但從經驗事例上說，則可能女人更易於遷移。在一般狀況下，女人都是必須遷移的。因為嫁人，故須遠適，嫁到近處本鄉本里者甚少，反倒是嫁入他鄉異縣甚或異國者頗多。這是男子所無的特殊遷移因素，而其他遷移因素則男女不分軒輊，機率是差不多的。

例如彼德生（Petersen,1958）曾提出遷移類型說，謂有原始遷移，如自然環境遭到破壞而遷移；有被迫遷移，如國家或外力強制某些人遷移，像漢朝時徙民實邊那樣；有自由遷移，如明清朝時人民遷往南洋，以求改善生活。這些遷移類型與原因，都適用男女兩性。或許有些人會認為：為了改善生活，男人較易離鄉背井、出外奮鬥。但事實上遠赴他鄉異縣甚或至他國打工、幫傭、賣淫、結婚以改善生活的女人，數量即使不高於男子，也一定不會少。且因女性所從事的工作，彈性較大，從出賣原始肉體、初級勞力到高級技術，均可擔任。不像外出打拚的男性，往往僅能從事某些類型、某些階層的工作。因此我懷疑女性遷移至他處之數量和適應度，都較男性高，何況她們還有因婚姻而隨夫移居這項男性所沒有的遷移因素，遷移量理當多於男子。

其次，男子之外出與女子恐怕還有型態上的差異。男子出離本鄉、去外地工作，往往仍以回返本鄉老家為念，所謂「衣錦還鄉」、「榮華而不歸故里，猶錦衣夜行」、「落葉歸根」。祖產、老厝、祖墳以及家族親人，都可能對他形成召喚，使他覺得在外奔波奮鬥一陣子以後，應該要回家。這就導致男子之遷移常不徹底，通常只是「行旅」而非「遷居」。是在外一段旅行般的移動，並非真正移赴他處定居。即或真地移居了，例如移民南洋或美洲，仍與本鄉老家有著許多牽繫。不像女子之遷移，乃是「出離」的型態，離家他適，找機會改善生活，尋著中意的對象則結婚「適人」。男人的出外常僅是回家前的準備，兩者甚為不同。

在中國文學史上，早期作品如《詩經》對男女遷移大抵即採此類觀點，因此，女稱遷，男則稱為行旅。男人雖然出外服兵役或奔波於國事，卻只是行者行旅，行走一段之後還是會回家的，故不能稱為遷移。女人遠嫁，才是遷移的類型。

例如〈小雅・何草不黃〉，朱熹說此乃：「周室將亡，行役不息，行者苦之，故作是詩」，詩說：「匪兕匪虎，率彼曠野。哀我征夫，朝夕不暇」。自稱征夫，論者則稱彼為行人行役，是很典型的例子。《詩經》裡這樣的作品有幾十首，光〈小雅〉就有〈杕杜〉、〈北山〉、〈綿蠻〉等。

此為男子之行。女子之行，則如〈邶風・泉水〉所云：「出宿於泲，飲餞於禰。女子有行，遠父母兄弟」。說明了女子之行乃是不回返的，不像男子行役之後仍將歸返家庭。所以這才叫做遷，〈衛風・氓〉：「爾卜爾筮，體無咎言，以爾車來，以我賄遷」，就是此意。

女子若嫁後反而被遣返舊邦舊家，是會被視為羞恥的事，故〈小雅・我行其野〉哀嘆說：

「我行其野，蔽芾其樗。婚姻之故，言就爾居。爾不我畜，復我邦家。我行其野，言采其蓫。婚姻之故，言就爾宿。爾不我畜，言歸斯復」。女子把遠嫁稱為「歸」，已歸就不復歸。可見男女相比，男子是以復返回歸老家為常態，女人則以遷居遠嫁不復回返為常態。

男子既以復返歸家為常態，所以行旅者思家思歸，就成為詩歌中描述的主題。如〈小雅・采薇〉：「采薇采薇，薇亦作止。曰歸曰歸，歲亦莫止，靡室靡家。……行道遲遲，載渴載饑，我心傷悲，莫知我哀」，〈小雅・小明〉：「明明上天，照臨下土，我征徂西，至於九野。二月初吉，載離寒暑，心之憂矣，其毒大苦，念彼共人，涕零如雨。豈不懷歸？畏此罪罟」，〈小雅・北山〉云：「陟彼北山，言採其杞，偕偕士子，朝夕從事。王事靡盬，憂我父母」，〈王風・揚之水〉：「揚之水，不流束楚。彼其之子，不與我戍甫。懷哉懷哉，曷月予還歸哉？」〈召南・殷其雷〉：「殷其雷，在南山之陽，何斯違斯，莫敢或遑。振振君子，歸哉！歸哉！」〈周南・汝墳〉：「魴魚尾，王室如毀。雖則如毀，父母孔邇」……等，都是講征旅行役者如何想念家人，想要回家。

這種懷念，有兩種寫法。一是直敘離情，表達思念家人的憂傷，如〈王風・葛草〉：「綿綿葛草，在河之滸。終遠兄弟，謂他人父。謂他人父，亦莫我顧」。詩共三章，分則說自己懷念父親、母親、兄弟。

〈魏風・陟岵〉也是如此，云：「陟彼岵兮，瞻望父兮，父曰：『嗟！余子行役，夙夜無已。上慎旃哉！猶來無止！』」接下去則說瞻望母親、瞻望兄弟。〈唐風・鴇羽〉同樣採取這樣三段式結構，說：「王事靡盬，不能藝稷黍。父母何怙？悠悠蒼天，曷其有所！」接著說

「父母何食」、「父母何嘗」，每段都是思念父母。

除思念父母兄弟之外，便是思念妻子，如〈豳風・東山〉說：「我徂東山，慆慆不歸，我來自東，零雨其濛。倉庚于飛，熠燿其羽，之子于歸，皇駁其馬。親結其縭，九十其儀。其新孔嘉，其舊如之何？」

另有不懷人而懷鄉者，如〈豳風・七月〉，歌詠豳地風土，七月流火，九月授衣，十月蟋蟀入於床下，農家築場圃、納禾稼、鑿冰、釀酒、獻羔祭韭，跟朋友一齊聚讌，稱觴祝福。論者謂其乃周公東征時隨征之幽人懷念鄉土而作。寫出一幅生動的鄉居逸居樂圖，表達了征人對遠方家園的思念。

這些都是直接抒敘懷鄉思人的作品。但還有另一種寫法，較為曲折，並不逕言自己思鄉，而說鄉人念我。試看前舉〈陟岵〉詩，便會發現：詩人說自己登上高崗，遠望父母兄弟。這當然是望不著的啦。可是底下接著說父曰如何如何，母曰如何如何，弟曰如何如何。這必然不是真實的景況，而是一種詩人的想像之辭。因自己極度思念他們，遂同時想像他們也正在想念著我，然後以擬想的口氣說：「兒子呀，好好保重呀，可千萬別死呀」！

許多詩，用的就是這種從被思念的對象身上逆敘回來的辦法，講父母如何想我，妻子如何想我，只是省略了自己「陟彼岵兮，瞻望父兮」那段動作，直接以父曰、母曰、妻子曰的型式，抒寫征人自己的懷鄉憶人之懷抱。後來杜甫在安史亂中困居危城，遙想妻子，而寫：「今夜鄜州月，閨中只獨看」，用的就是這種筆法。其實獨自看月的乃是杜甫自己，卻說妻子今夜在鄜州望月懷我。詩〈周南・卷耳〉云：「采采卷耳，不盈頃筐，嗟我懷人，置彼周行」，所用即杜甫之寫法。行役者思家，但首章先講家中妻子思我之苦。次章及三章，再回頭從自己涉山登險，馬疲僕病這一方面寫自己如何思家。猶如杜甫那首詩寫了「今夜鄜州月，閨中只獨看」之後，說「離憐小兒女？不解憶長安」，又拉回到自己身上來，使讀者知道前面那一段乃是自己的擬想。

但也有些詩，通篇都用婦人念夫的口氣來寫，如〈秦風・小戎〉說：「言念君子，溫其在邑，方何為期？胡然我念？」〈召南・草虫〉說：「陟彼南山，言采其薇。未見君子，我心傷悲。亦既見止，亦既覯止，我心則夷」，〈衛風・有服〉說：「有狐綏綏，在彼淇側。心之憂矣，之子無服」，〈小雅・杕杜〉說：「有杕之杜，其葉萋萋，王事靡盬，我心傷悲，卉木萋止，女心悲止，征夫歸止」……等。

這些詩，詩經箋注者常認為都是「大夫行役，婦人憂念之之詩」（如崔述說〈有狐〉），因此說《詩經》頗多勞人思婦的謳歌。其實，勞人征夫之歌確實不少，是否即為思婦所作卻頗值得商榷。像〈杕杜〉，屈萬里《詩經詮釋》就明確認定為：「此征人思歸之詩，乃假家人思念征夫之語氣，以抒其懷歸之情也」。

我覺得屈萬里之說較為切當。並不是說周代就沒有婦人自抒其思夫之感，而是這種因征人思歸而歸假借家人思念征夫的口氣，正是邇後中國閨怨懷人詩的基本型態。例如，〈古詩十九首〉：「青青河畔草，鬱鬱園中柳，盈盈樓上女，皎皎當窗牖。娥娥紅粉妝，纖纖出素手。昔為倡家女，今為蕩子婦。蕩子行不歸，空床難獨守」，通篇皆以女子口吻表達思念男子，希望男子趕快回家。這種的詩，會不會是女人作的呢？不知道。但此詩《玉台新詠》題為枚乘作。

可見此詩縱使作者不是男人，它在歷史上也被視為是男人所寫的。

同理，我們看後世詩詞，如張先〈一叢花令〉：「傷高懷遠幾時窮，無物似情濃，離愁正引千絲亂，更東陌飛絮濛濛。嘶騎漸遠，征塵不斷，何處認郎蹤？」馮延巳〈鵲踏枝〉：「幾日行雲何處去？忘了歸來，不道春將暮。百草千花寒食路，香車繫在誰家樹？」……，不勝枚舉，皆男人而以女性思念遠方遊子的語氣發聲。而其實正是用以表達外出行役的男人是如何地想家、想念家中親人、想回來。

在歷史上，男性這種移動而不遷居的特性，構成了社會上一種特殊的「行旅」文化，其源頭正是《詩經》。發展下來，到了蕭統編《昭明文選》時便特別把這類文學作品明確歸為「行旅」類。猶如遊仙、招隱、詠懷那樣，顯示了它乃是中國文學作品中一大類型。

《昭明文選》把詩與賦兩大系統先予分開，在賦體底下便有「紀行」之賦，在詩類底下則有「行旅」及與行旅相關的「軍戎」詩。紀行部分，選的是班彪的〈北征賦〉、潘岳的〈西征賦〉。班彪之賦，是他避難由涼州去長安途中所作的，因「舊室滅以丘墟兮，曾不得乎少留」，所以遠行。且「悟怨曠之傷情兮，哀詩人之嘆時」、「遊子悲其故鄉兮，心愴愴以傷懷」。潘岳之賦，則是他擔任長安令時赴任述行之作。此即為行役，因擔任國家職務以致離鄉赴外就任，而心情則除了責任感以外，終不免「匹夫之安土，猶犬馬之戀主，眷鞏洛而掩涕，思纏綿於墳塋」。懷鄉的情緒也是很濃的。

行旅詩的部分，李周翰注：「旅，舍也，言行客多憂，故作詩自慰」，講得很好。這些詩，例如「徒懷越鳥志，眷戀想南枝」（潘岳・在懷縣作）、「感物戀堂室，離思一何深」

(陸機・赴洛)、「佇立望故鄉,顧影悽自憐」(陸機・赴洛道中)、「眇眇孤舟逝,綿綿歸思紆」(陶潛・始作鎮軍參軍經曲河)、「眇眇軌路長,憔悴征戍勤」(顏延年・還至梁城)、「歲晏君如何,零淚沾衣裳」(江淹・望荊山)……等,都是言征役之苦,述思鄉之情。與此相關的「軍戎」詩更是如此。從軍打仗和因公出差,正是男子離家外出的兩大原因,一旦出征,當然要嗟嘆:「征夫懷親戚,誰能無戀情?」、「哀彼東山人,喟然感鸛鳴」(王粲・從軍)。

由這些詩文來看,一般人印象中老是認為男人都不太顧家,一出去就不記得回來,總喜歡出外闖蕩以開創事業等等,未必正確。相反的,男人多只是行旅,行走飛翔,看似瀟灑,但就像這些詩文中常用的比喻:「胡馬依北風,越鳥巢南枝」,馬跑起來可以跑得很遠,鳥飛起來可以飛得很高,但終究戀家懷鄉。且大部分的馬都要歸槽,鳥則往往是鴿子、認得返鄉的路,成了本能,也成為宿命。

尤其促使男人離家的原因,如因公派任、出使、從軍之類,都是被動的,迫於家計、迫於職務上的從屬關係與命令、或因自己要求取祿位,而不得不行役行旅。因此,對行旅行役並無認同感,對於奉命外出的情況,當然充滿了不甘願,「哀我征夫,朝夕不暇」。因外出而無法照顧到家人,更是心懷歉疚,也擔心父母兄弟妻子會抱怨。那些遙想假設,或想像家中妻女如何如何希望丈夫早日歸來的作品,其實正是這些心中充滿愧疚的男人們一種心理反映。

女人在這方面,表現甚為不同。即使同屬行旅,例如班彪之女班昭,因其子擔任陳留縣長,她隨之赴任,作〈東征賦〉。這樣的賦,應與其父之〈北征〉類似,其實不。所以李周翰注說其賦「以敘行歷而見志焉」，重點在於抒發其志趣。因此它雖然依著一種行旅文學的格套來寫，一起筆也是「遂去故而就新兮，志愴恨而懷悲」云云。但很快就體會到：「小人性之懷土兮，自書傳而有焉」，也就是孔子所說的：「君子懷德，小人懷土」，而想到不該與那些「小人」一般見識，應從君子懷德的角度去思考這趟遠行的意義。因此文章後半，完全擺脫了懷土、思鄉、繫念親人的寫作方式，專講應如何立志以完成功業。

這種態度，其實不難理解。男人是有根的，根就是祖墳、家業、宗族。故落葉歸根，視為理所當然之事；辭根別幹，立刻帶來失根飄泊的感傷。女人則生來注定要別家園、離父母、遠行遠嫁，進入一個異族、異姓、異地，甚或異國去，故視離開家園親人為理所當然之事。雖然剛離別時也不免感傷，但立刻就要開始面對新的環境，入主新居，主中饋，成為新地新居的主人。「去故而就新」，正是其心情之寫照。所以女子不是落葉，她們是枝幹上開出來的花，花粉隨著風飄揚，或花朵吹到別人家院子裡，埋進了土裡，漸漸就落地生根，發了芽、長了枝條、孕育出新的生命來。女人是生根者，男人是歸根者，所以他們對家鄉的態度才會這麼不同。

然而，男人不了解女人。他們思鄉，便認為家中的女人都在盼著他們回去。他們想像著妻子情人望穿秋水的神情，本意只是為了撫慰自己的相思，但作了一大堆女性口吻的「望君早歸」詩歌文章，卻意外開創了一種假擬女性的文學傳統，形成了一種虛假的女性意識，出現了一大堆閨怨文學。

閨怨者，閨中女子怨愁也。怨什麼呢？怨青春將老，情人不來。怨情人或先生遠離，不肯速返。怨情人或先生另結新歡，自己失了寵。總之，男人是飄動的，既易移居，也容易移情別戀。女人則是穩固、貞定、不改志、也不移居的。她坐在兩人相識或定情的閣樓裡，每天咀嚼著歡愉的過去，以抵抗寂寞的現在，迎接希望和屢遭失望折磨的未來。對於所有挑逗都不屑一顧，所有的事都沒興趣，只一味等待，等到春殘秋老，等到紅顏成了白髮。越等越怨，越怨越苦，越苦則此種等待就越有價值。女人的執著、堅毅與貞一，遂完全由此體現出來了。

此等閨怨，當然只是男性心理的投射。因為遠離，形成了不安。既對妻子親人有所虧欠，又擔心被遺忘、恐懼被拋棄。所以期待被等待、被思念，期望情人或妻子能執著地固守家園，待我歸返。這時，在外的遊子，在心境上不斷去揣摩去體會家中那個女人會如何如何怨我，事實上也就是在自責自虐，又於自責自虐中獲得一些被需要、被懷念的快感。於是，閨怨詩就越寫越多。

在中國，精采的閨怨詩，幾乎都是男人寫的。《詩經》以下，〈古詩十九首〉，泰半均可視為閨怨詩，唐代七言近體詩的各種宮詞、閨怨，甚為膾炙人口。詞則溫韋開山，即以閨怨擅場。溫庭筠〈菩薩蠻〉：「小山重疊金明滅，鬢雲欲度香腮雪，懶起畫蛾眉，弄粧梳洗遲」、〈更漏子〉：「梧桐樹，三更雨，不道離情正苦。一葉葉，一聲聲，空階滴到明」。〈夢江南〉：「梳洗罷，獨倚望江樓。過盡千帆皆不是，斜暉脈脈水悠悠，腸斷白蘋洲」，無一非閨怨。韋莊〈菩薩蠻〉：「紅樓別夜堪惆悵，香燈半掩流蘇帳，殘月出門時，美人和淚辭」，也是閨怨，故譚復堂評《詞辨》，說此等詞：「亦填詞中〈古詩十九首〉，即以讀〈十九首〉心眼讀之」。而由這閨怨開端的詞這種文體，遂也以閨怨為主要內涵，從主題到寫法，均以女子閨怨為正宗，直到蘇東坡所謂豪放一派詞風崛起後，才略有改變。

可是女人真的像這些閨怨詩所說的那樣嗎？極痴、極摯，每天啥事也不做，只專心致意地梳洗打扮好，坐在樓頭等呀等，等了今天等明天，守著窗兒守著黃昏，守著「夜長衾枕寒」。像植物種在窗口一般，望著想著彷彿窗外流雲一般的遊子。

真實的女人之生活絕對不是如此的，早期女性也沒有這樣的形象。詩〈國風・周南・漢廣〉就描寫：「南有喬木，不可休息。漢有遊女，不可求思」。據朱子《集傳》說：「江漢之俗，其女好遊，漢魏以後猶然，如大堤之曲可見也」，可見遊子本來應該是女性，所以稱為遊女。其後宋玉描寫巫山神女，也極力強調其遊，云彼「朝為行雲，暮為行雨」。此為早期女性十分重要的一種形象。

但「遊女」變成「遊子」之後，男出遊，女守閨，竟成了常態，行雲之意象，遂也被男人奪取了。馮延巳〈蝶戀花〉：「幾日行雲何處去？忘了歸來，不道春將暮。百草千花寒食路，香車繫在誰家樹？」怨他忘了歸來，正與下片「淚眼倚樓頻獨語」相呼應。上怨男子之薄倖，下言女子之痴情，「行雲」一詞，竟因此轉換了性別。

或許我們會想到：在現實世界中確實不乏男人出外經商營生或謀求科名，而讓妻子在家中獨力操持家政的例子。故女人在未嫁之前，固然常常出遊；既嫁之頃，固然也可說是遷居；但嫁了人以後，一般應該就不太遷移了。往往守著家，守著孩子，並等待丈夫歸來。因此男如流雲，女如植物；男人在外行旅，女人在家思之怨之，亦不能說不是真有其事，不能說全是男人杜撰想像出來的，一種虛假情境和虛假意識。

是的，我們也承認是如此。然而，男女婚後，如不住在一塊，分開兩處。正確的形容詞，應是別居或分離。男既離女，女亦離男。只有當我們把其中一方視為定著不動者時，才會變稱另一方「外出」了。就像現在有許多夫婦移民美國、澳洲、加拿大，妻孥子女在該處，先生留在台灣掙錢。這究竟誰是「遊子」呢？由離鄉去國的角度說，是妻子；但若把在異國的房舍妻子視為家，則在台灣孤單一人的這個男人就是離家在外奮鬥的遊子了。

換言之，只有我們把女人所在之處視為家，並視為不動的固定之一方，男子這一方才能說是離了家、是出遊。否則為什麼不能以男子所在之處為家，而說是女人離家在外呢？家，應是兩人共有的，只要兩人不在一起，則兩人可說都在離家失家狀態中。可是我們卻只以妻子所在之處為家，而說男人是離家在外。以致妻子不論在何處，都永遠不是出遊者。這種認定，是具有文化意義的。也就是說，是由男性的行旅觀構造了這種認定，而形成一種對家、對夫妻關係的認知傳統。

更進一步說，我們還應注意到：在大部分閨怨詩中，其實都刻意淡化夫妻關係，而還原為男女關係。

早期文獻，例如《詩經》中，遠遊行役的男子所思念的東西很多，包括鄉土風俗與親人。親人中，思念父母兄弟的更是多於妻子。〈古詩十九首〉以後，遊子思親者漸少，如孟郊〈遊子吟〉所謂：「慈母手中線，遊子身上衣」者，殆為空谷足音，反而是以閨怨型態出現的則漸多。也就是說，懷歸的主題，已漸漸凝聚到性別論述上來了。既是性別論述，故男遊女怨，重點在於男女，而未必即為夫婦。所有家庭責任、親情倫理等問題，都不必闌入，只專心描述念遠傷別、思歸懷人之情而已。

從〈古詩十九首〉開始，其中之男女關係就未必都是夫婦，僅有一首明確可知為夫婦者，卻也僅是說：「昔為倡家女，今為蕩子婦」。後來的許多閨怨詩，看起來也令人往往疑其為倡家女。

如溫庭筠〈菩薩蠻〉之女子，「懶起畫蛾眉，弄粧梳洗遲」，艷則艷矣，但絕非尋常操持家務、主中饋之主婦。韋莊〈菩薩蠻〉所云：「殘月出門時，美人和淚辭」、「壚邊人似月，皓腕凝霜雪」，也必非家中之糟糠。《花間集》多為歌伎而作，風格當然沿襲了溫韋這種態度；後來有井水處皆能歌柳永詞，卻也仍然如此。柳永死後，家無餘財，群妓合金葬之，每逢春月，還去上塚，稱為「弔柳七」。他詞中所說，如「嘆年來蹤跡，何事苦淹留？想佳人，妝樓顒望，誤幾回天際識歸舟」的佳人，自然也不是妻子。

因為不是夫妻、不是親人，兩者間的關係，乃只成為一種男女情欲或情愛所衍生的相對待關係：男人思歸而女人待男子之歸。翻來覆去，絮絮叨叨，無非說這個意思。以此結構，來表達兩人的情愛與思念。

由於這樣的論述太普遍了，以致我們往往痛恨起那些男人來了。覺得一夕定情，便賦遠遊，害得情人日日樓頭顒望，而過盡千帆皆不是，實在是太辜負美人恩了。其實，我們也許忘了，那些歌伎、倡家女，不更有可能才是遠遊者嗎？

凡倡伎，大抵都非本地人，係由各地流動而至。白居易〈琵琶行〉所記者「自言本是京城女」，而流落到潯陽，即是著名的個案。白居易又有〈有感詩〉說：「妓長能歌舞，三年五歲間，已聞換一主」。則知伎之流動性極高，有自主流動者，也有被動，亦即被買賣而被迫流動的。故前度劉郎，再訪枇杷門巷時，可能早已人去樓空，佳人轉赴別處做生意去了。嘉慶八年，西漢山人作《吳門畫舫錄》，十年後，個中生作《續錄》，便說：「錄中諸人，迄今不及十載，存者已僅止二三。而群芳之爭向春風，其秀出一時者，又踵相接也」，活脫紀錄了蘇州妓女的流動狀態。

雖然如此，歌伎倡女所唱的，卻正是那些男人所寫給她們唱的閨怨；她們自己偶有作品，也依然是這一派閨中怨婦、望君早歸的腔調。例如魚玄機〈閨怨〉：「菲蕪盈手泣斜暉，聞道鄰家夫婿歸。別日南鴻才已去，今朝北雁又南飛。春來秋去相思在，秋去春來信息稀。扃閉朱門人不到，砧聲何處透羅幃？」全篇自擬一位妻子，在等待著丈夫的歸來，倘不說破，誰能料到這竟出自娼妓之手呢？

但事實上娼伎之歌本來就是如此的。一方面是做生意上的需要，妮纏恩客，說會想他、會等他、希望他早點再來。二方面是文體的規範與傳統，不論是歌伎還是李清照，只要題目是閨怨，都是這麼寫，也只能這麼寫的。三則是女性意識已被男性「冶遊之客」所構造的性別論述浸潤了。

而且，在倡女與尋芳客的男女關係中，妓女是主人，所謂「妓家各分門戶，爭妍獻媚」；男人則是登門尋芳之客，所謂「登堂則假母肅迎，升階則狗兒吠客」（均見《板橋雜記》）。妓女接客，客人則是冶遊。所以在這種關係中，凡男人都是遊子，猶如張岱《陶庵夢憶》所形容的：「遊子過客，往來如梭，摩晴相覷，有當意者，逼前牽之去」，尋芳者都是遊子、都是過客。既然這些男子都是遊子、都是過客，妓倡們傳唱著怨懣遊子的歌，又有什麼不對呢？

二、男人的行旅

依彼德生（Petersen）的分析，人類遷移現象，可分為原始遷移（區位環境已不適合居住，故往外移居）、被迫遷移或強制遷移、自由遷移，以及大眾遷移（如美國開闢西部時之移民狀況，移民成為一種社會動力Social momentum）。

一般男性之遷移，常表現在原始遷移及被迫遷移部分，例如清朝時福建省廣東省地方，因地狹人稠、生存困難，人民紛紛往南洋地區謀生，屬於原始遷移。此時移入南洋各地及台灣的，多為男性。其中部分較為幸運，可娶當地土著女子為妻；部分返回本鄉婚媾；另有一部分則獨身至老死。

例如英屬北婆羅州 Orang Dusun 傳說彼等為一中國王子之後裔，境內有 Kina Balu（中國山），又村落中尚存華人枕頭箱，村中人則蓄中國髮辮、穿中式褲子，按中國陰曆過年，且有姓中國姓氏者。這顯然是中國男子入某地，娶土著女，久而漸同化於當地人群中，僅存少數中國文化特質尚可稽考之例。

台灣的情形也差不多。荷據時期，在台之漢人，主要即是男子。鄭成功入台以後，情況雖較有改善，單身漢依然占大多數。清朝取得台灣，又禁止移民攜眷來台，直至乾隆五十年才逐漸開禁，因此男多女少，娶婦所費極高，若不娶離婚再醮，或娶寡婦、女婢之類，便只能與土著通婚。台灣俗諺曾謂：「有唐山祖，無唐山媽」，就是說這個現象，描述先妣大多是平埔等族的女性。直到光緒二十二年，台灣男女性比例，仍然高達一一九比一一〇。

當然，這個比例，並不特別高於大陸內地。因為以湖南永州在一三八一年做的調查，成年男女性比例即為一〇九．二比一〇〇。陝西洛州在一七三五年的紀載，男女性比例更是高達一二四．二比一〇〇。洛州在一八〇二年，性比例甚至到達一二四．八比一〇〇。這顯示中國境內也普遍存在著男多女少的問題。

但這並不影響移民謀生者多為男性的論斷，只能說是台灣仍較接近大陸內地，故其社會徵象較為接近。若拿距大陸較遠的華僑移民社會來看，則比例就更為懸殊了。馬來西亞的麻六甲華人社會，在咸豐二年時，性比例是三比一，檳榔嶼於前一年統計，是四比一。新加坡於道光三十年，更高達十二比一。牙買加華僑人口中，一九一一年性比例是五四三．六比一〇〇，美國華僑則是一八九〇年為二六七九比一〇〇。這樣的男女人口比，簡直難以想像，但已可充分證明：在區位自然環境壓力增大時，男性有習慣或有責任有義務出外謀生覓食，並因此而形成原始遷移。

在被迫遷移方面，主要是來自政府的壓力。例如許多朝代都實施的屯墾制度，就是鼓勵或脅迫人民到邊界去屯耕。又如征戍，亦均調任各地人民去邊境及戰地，這都會形成大規模的人口移動。此外則是對官員的派任。官吏、戰士、屯墾者，大抵均為男性。屯墾者除極少數屬於「移民實邊」者，可攜帶家眷之外，屯墾的勞動力，當然以男性為主。戰士更不用說，「婦人在軍中，兵氣恐不揚」，自然是純男性的團體。官吏亦然，家眷例不隨官赴任。

我們看歷代男性那些行役詩，都充滿思鄉、懷歸之愁緒，對其行役軍戎旅戍諸行為也缺乏價值認同感，原因正在於男性這些遷移活動，往往是壓力下的驅迫。或受自然環境之壓力，為了生計、為了糊口，不得不飄洋渡海，奔走四方；或為王命所驅役、為軍隊所號令，在政府的壓力下放棄田園與妻小，轉徙各處。

而此轉徙遷移，事實上又充滿艱險。軍旅征戰，九死一生，固無論矣。移民去邊境屯墾開荒，或出海去外國出賣勞力，異地風俗、水土、氣候、飲食都不習慣，感疫患疾病而死者接踵。與異鄉「番」邦人士打交道，更使人慄悚，隨時可能會被騙、被陷害、被割了頭皮、被獵了頭去。即使是赴任，也往往心不甘情不願，覺得是遭了貶謫。要去的地方既舉目無親，又無感情，幾年任期一到，立刻撒腿走人，當然充滿了過客意識，覺得只如旅宿一般。族人寒夜淒清之感，隨時會襲上心頭。

最糟的，則是「流人」，即真正遭到斥逐流放者。這些人因為犯了罪而被流放，屬於遷徙刑。故其遷徙本身，便是在服刑。流放到寧古塔、烏魯木齊……等處，常常是「烏頭白、馬生角」尚不得返歸故鄉。

如此人等，自無怪其嗟遷旅而懷家鄉了。男性之遷徙中，特多哀歌，誠非無故。

但這只是男人中的一部分罷了。男人的遷移行為中，也不乏自由遷移的現象。

所謂自由遷移（Free migration），是指人以其自由意志為動力，選擇了遷移的行動，以此來表現自我，或達成其理想。探險家、旅行家或行商均屬此類。

例如在清朝取得台灣之後，來台者，除了前述因迫於生計而來移墾者，或被政府派任來此擔任官吏之流寓者外，便有不少人是自願且樂於來台的，像寫《裨海紀遊》的郁永河就是個著名的例子。他在清朝取得台灣後說：「常謂台灣已入版圖，乃不得一覽其概，以為未慊」，又說：「台灣之雞籠、淡水，實產硫磺，將往探之」。這前一句話是探險家旅遊者的觀點，後一句則是商人的口吻。從做生意的角度說，某地若有特產，正是大好商機，路越遠，取得越困難，東西就越珍貴，越能賣到好價錢。早期中國商人之所以願橫越沙漠，穿過中亞西亞，直抵大秦；波斯胡人之所以願泛巨舶來華，不都是這個道理嗎？從探險遊覽的角度說，則「探奇攬勝者，毋畏畏趣。遊不險不奇，趣不惡不快」。越奇越遠越驚險，越是一般人視為畏途，越能激發旅遊者的好奇心和冒險精神，對旅遊者越有誘惑。

這類人士，心態絕對不同於被迫遷移者，絕對不會嗟遷旅而懷家鄉。他們也旅行，但不是感嘆行役之勞苦，而是對旅行的目的地充滿了期望，對旅行途中之奇風異俗倍感好奇。心思不是向後看，回頭望家鄉；而是向前瞧著，熱切地踏上征途。

遠遊，以及在遠遊途中恣意遊覽，這兩種類型的文學作品，於焉產生。

在我國第一部文學作品集《昭明文選》中，「遊覽」與「行旅」便分為兩類。遊覽和「遊仙」、「招隱」相聯接，列在第二十二卷。行旅則和「軍戎」相連，列在第二六、二七卷，其性質之不同，甚為明顯。

行旅者悲嘆行路之難、征途之苦，想家、想老婆。遊覽者，卻是「乘輦夜行遊，逍遙步西園」、「遨遊快心意」（**曹丕・芙蓉池**）「逍遙越城肆，願言屢經過」（**謝混・遊西池**）「昏旦變氣候，山水含情暉，清暉能娛人，遊子澹忘歸」（**謝靈運・石壁精舍還湖中**）「不惜去人遠，但恨莫與同」（**同上・於南山往北山經湖中瞻眺**）……，充滿了佚悅、逍遙的氣息，而且快樂得像神仙一樣。顏延年說得好：「蓄軫豈明懋，善遊皆聖仙」（〈應詔觀北湖田收〉），把車子藏起來，哪稱得上是欽明懋德之人？善於遊行天下的，才是睿聖神仙之人呀！

這些逍遙地仙，「揚帆採石華，桂席拾海月，溟漲無端倪，虛舟有超越」（謝靈運·遊赤石進帆海），「日落泛澄淳，星羅遊輕橈」「晤言不知疲，從夕至清朝」（謝惠連·泛湖歸出樓中玩月）。其基本情調乃是「遊賞」、「遊戲」，而不是行役者那種遭到役使，被逼迫地「工作」狀態，因此其動作多是紓緩的、從容的，並不急著趕路，「捨舟眺迴渚，停策倚茂松，側徑既窈窕，環洲亦玲瓏」（謝靈運句），一步步細遊慢賞。

換言之，這基本上是一種審美的態度。對於異鄉山水，抱持著觀賞遊覽之心情；對於生活，也不是以「工作」和「日常生活」去面對，而是遊戲之、欣賞之、享受之。

要有這樣的心情，才能發展出山水詩、遊覽文學。

山水，不再是險阻，不再是使行役者痛苦的地方，而是可以去親近去欣賞去遊樂的場所。故「五嶽尋山不辭遠，歸來常做五陵遊」，地不論遠近，趣存乎心境。美感的追求，可以高過任何體力上的辛勞、親情的呼喚、或國家責任的壓力，讓人擺開一切，盡情盡興地投入其中，欣賞觀覽一番，去發覺山水之美。或在日常性的無聊生活中，品味、經營出美感來。

於是，這又形成了它與行旅者的另一種不同。行旅者整個人生乃是現實世界的生活性存有。人活在一個現實的、具體的社會網路中，國家、組織、工作、家庭、責任，把他緊緊綑住了。所謂：「王程有嚴，星分夙駕；受命大吏，弩矢是荷。風波眼底、緇塵滿袖，迂迴間道，動稱掣肘」（王士性〈五岳遊草·自序〉）。為了生活，人不能不受此掣肘，為了生活，也不能不出去奔波，以致風波眼底、緇塵滿袖。縱或擺脫國家與組織力，任由想像力去馳騁一番，想的依然是現實世界的家人親友等等。故行旅者的旅途，往往與現實世界的「人生道路」劃上了等號。行旅途中的風波，事實上就是人在社會經歷遭遇上會碰到的風波險阻。〈苦寒行〉、〈行路難〉一類歌詠，講的既是行旅之難、行路之苦，也是指人在社會上做事時會遇到的困難。欲上太行雪滿山，欲涉黃河冰塞川，人生的道路，也是如此崎嶇荒寒。

遊覽者卻不是這樣的。出外遊玩遊覽，本來就是與現實生活鬆離了的。去的，並不是一般日常居住工作的地方。做的，也不是平時在社會網絡中該做的事。社會性身分、角色、功能、責任，俱都放下，恣情欣賞美景、品味生命。因此，這時的人生乃是超越性的。人脫離了現實生活的擺布，身體和精神，進入了另一個領域。

謝靈運詩：「揚帆採石華，掛席拾海月，溟漲無端倪，虛舟有超越」，超越，講的就是這個意思。旅遊者之心思，恆不在市廛隴畝、紅塵俗世之中，而是在紅塵之外的青山綠水，或俗世之上神山仙境。處於紅塵俗世中奔走行役者，其心甚勞；賞於山水仙境中者，其心則甚逸。逸者，閑適寬舒愉樂也。但其字義恰好也有逃離、脫出的意思。逸逃出塵網之外，偷得浮生半日或更多的閑，去遊玩遊戲遊樂，生命當然不像攖困於塵網者那樣憂苦、那麼操勞。若說那種生活是現實的、責任的，可以顯人生之擔當；那麼，遊覽型的人生便可以顯人生之洒脫，透出生命的美感與趣味。

遊覽文學，和遊仙、隱士文學相連，道理也就在於此。遊仙者，出離塵世，遠遊天都，遊觀崑崙懸圃、海上仙山，本來就是遊覽者最羨慕的事。隱遯者，逃名逃世，入山唯恐不深，也具有出塵絕俗的美感和氣魄。這兩者都與遊旅者血脈相通，因為它們都帶有一種否棄現世的精神、厭鄙世俗社會日常生活的態度，而體認出一種超越的價值觀。要從這個眼前的社會、現實的生活，跨越出去，離開此世，以獲得真正的生命。

一般旅遊者當然不能像遊仙那樣，超舉入冥，乘雲車而入天庭；也不能如隱居者那樣，真正逕去塵俗，避人避世。因為旅遊者通常只能暫離現世，終究還是得回到現實社會來；同時它所遊的，也仍是人間世上的山水，不可能真去遊仙山洞府。

因此，旅遊者要做的第一件事，便是區隔。在生活上區隔出「一般現實性生活」和「逸遊以欣賞生命的行動」兩部分，否則無論如何遷徙奔走，都仍應視為居者，因為它仍然困居於塵世之中。只有逸豫以欣賞生命的行動，才是出遊，遊出了一般日常性現實生活之外。其次，其遊觀遊覽遊賞，也不以世俗社會為對象，而是以尚未社會化的自然景觀、較原始的人文狀態為目標。或索性在現世環境中用區隔法，在日常家居活動場域之外，隔出一個場所、園林，以供遊覽遊觀遊玩。

園，不是家。家是居住用的，園子則是用來遊的。「乘輦夜行遊，逍遙步西園」，園與家的分別，正如日與夜的區分。白天，是工作、責任、擔當的時候。夜，則是放鬆、逸豫、遊宴、享樂的時候。人不能真去離俗登仙、上升天庭，便只能在夜裡，營造出「別有天地非人間」的迷離情境，讓人在其中充分享受到遊玩遊賞的樂趣，忘卻營營。

但，如此遊覽遊戲，事實上便未必需要遷徙旅行了，成為「居而遊」的型態。所謂「臥遊」，即為此類心境。身體未必遷移，神思早已遠颺。或形軀不做長距離的遷徙跋涉，精神狀態卻迥異於安土重遷者。

這樣的型態，恐怕應該仍要歸類為「自由遷徙」之中。因為它之所以如此希冀遊覽遊玩遊賞遊觀，所追求的，正是自由的。

男人都是渴望自由的。但受限於社會角色、生活壓力，在許多情況下，男人並不能真正旅遊、自由地遷移。因此，男性雖然在事實層面上較女性更少遷移，或屬於「移動而不遷居」者，並不能真去遊旅。可是，縱使他不能遠遊、不能遷徙，他仍不能抑遏他遊的渴望。男人仍然可以藉著這種居而遊的方式，來體現他自由與遷移。討論遷移者的性別時，切莫忘了這一點。在談論旅遊時，男性常說要「待向平之願已了」之後，亦即子女婚嫁已畢，對家庭、社會責任既了以後，才要出去遨遊山水，其實也仍是這種心情的反映。

第五章　遊樂者與場域

一、樂遊園

漢淮南王曾招邀江淮間的遊士，並服食求仙。後升舉而去，其幕府遊士甚為懷念，作了一首〈淮南王〉曲，說道：

淮南王，自言尊，百尺高樓與天連。
後園鑿井銀作床，金瓶素綆汲寒漿。
汲寒漿，飲少年。少年窈窕何能賢？揚聲悲歌音絕天：
「我願渡河河無梁，願化雙黃鵠，還故鄉。」
還故鄉，入故里，徘徊故鄉，苦身不已；
繁舞寄身無不泰，徘徊桑梓遊天外。

這首歌，用少年和淮南王來做對照。少年不夠賢達，一心只想回故鄉，所以揚聲悲歌音絕天。因為故鄉總是回不去。淮南王則相反，認為故鄉縱或歸去也沒啥意思，故每天遊樂歌舞，遊心於天外。

這是兩種人生態度的對比，一種哀傷，一種快樂。一種人期望回歸，一種人則嚮往超越。志在超越者歌舞安泰，企圖還鄉者終日悲傷。

淮南王這種「繁舞寄身無不泰」的人生態度，可以用另一首歌來說明。請看晉朝的〈白紵舞歌詩〉：

> 輕軀徐起何洋洋，高舉兩手白鵠翔，宛若龍轉乍低昂，凝停善睞容儀光。如推若引留且行，隨世而變誠無方，舞以盡神安可忘？……清歌徐舞降祇神，四座歡樂胡可陳？

本詩共三篇，本篇說歌舞降神，次篇說：「人生世間如電過，樂時每少苦日多」、「百年之命忽如傾，早知迅速秉燭行。東造扶桑遊紫庭，西至崑崙戲層城」。都是用歌舞來表達對人世的傷惘之意，追求一種與神仙一同遨遊天外、超越死亡與痛苦的生活。

這就是歌舞的意義。歌舞不是日常生活，也不是勞動與生產。一般情況下，人只在忙閑之際才以歌舞來放鬆身心，因此歌舞具有對日常勞動的調節作用。可是，如此看待歌舞，並非〈淮南王〉、〈白紵舞歌〉之類詩篇的想法。因為這只把歌舞看成是一種消閑、一些生活中的調劑，一種附屬或非正式的生活方式。在〈淮南王〉、〈白紵舞歌〉中，歌舞具有本質性的意義，代表對現世世俗生活的反叛，直言人生是苦、年光易逝。因此歌舞乃是超越此憂苦短促人生的良方，可讓人直接與神溝通，或進入神仙世界。歌舞，在此不僅代表生活，也代表歡樂與新生。故整個生命可以寄託於此，「繁舞寄身無不泰」。絕對不是生活裡的附屬、非正式部分，更不是消閑與調劑。

歌舞常在樓上舉行。淮南王「百尺高樓與天連」。樓，與一般民居恰好又是一種對比。一般民房住宅都甚湫隘，貼著地面，樓卻是高聳接天的。所以民房住宅住著一般人，樓則住著神仙和志在超越的人。

據《漢宮闕疏》云：「神明台，高五十丈，常置九天道士百人」，又《廟記》：「神明台，武帝造，祭仙人處。上有承露盤，有銅仙人舒掌，捧銅盤玉杯，以承雲表之露，以露和玉屑服之以求仙道」。這種台，若上面還有建築就叫觀或榭，都屬於樓的一類。因此《三輔黃圖》引《漢武故事》說：「仙人好樓居，不極高顯，神經不降也。於是上於長安作『飛廉觀』，高四十丈。於甘泉作『延壽觀』，亦如之」。

興建樓台觀榭，基本上都是這樣與求仙有關的。《漢武故事》另載：「武帝時祭太一，上通天台，舞八歲童女三百人」，樓台上舉行歌舞，亦輒與求仙有關。

此類樓台均甚高，如通天台，據說「望雲雨悉在其下」。樓上可以遠眺，所以又稱為觀，《釋名》云：「觀，觀也，於上觀望也」。

觀望什麼呢？一是山川之勝景，二是歌舞之娛戲。如《三輔黃圖》載：「武帝信仙道，取少君欒大妄誕之語，多起樓觀。故池中立山，以象蓬萊、瀛洲、方丈。……昆明池中有豫章台。……池中有龍首船，常令宮女泛舟池中，張鳳蓋、建華旗、作櫂歌，雜以鼓吹，帝御豫章台臨觀焉」。

有時歌舞娛戲並不在樓台下面舉行，而根本就在樓觀上，如著名的柏梁台，武帝即曾於此置酒詔群臣和詩。而樓台之規模亦極大，像魏曹操在鄴城築銅爵園，建銅雀、金鳳、冰井三台。「銅雀台高十丈，有屋一百二十間，周圍彌覆其上。金鳳台有屋百三十間。冰井台有百四十間，有冰室與凍殿。三台崇舉，其高若山」（《三國志・魏志・武帝記》）。要看這類文獻，才能想像淮南王「百尺高樓與天連」的景況。

銅雀台在銅爵園中，淮南之樓應該也有個園子。所以才會說：「後園鑿井銀作床，金瓶素綆汲寒漿」。凡此園林與樓觀結合之情況，甚為普遍，例如《齊書》載世祖太子造園：「開拓玄圃園，與城北塹等。其中樓觀塔宇，多聚奇石，妙極山水。……旁門列修竹，內施高障，造遊牆數百間」。玄圃，乃神仙之花園，造園而取義玄圃，其旨可見。園中多樓觀，又有假山，正是中國一般園林的規格。

這樣的園林，在漢代已甚為發達，《三輔黃圖》載茂陵富民袁廣因罪被誅，他家藏鏹巨萬，家僮八九百人，又「於北邙山下築園，東西四里，南北五里。激水流注其中，構石為山，高十餘丈，連延數里。奇獸珍禽，委積其間。……屋皆徘徊連屬，重閣修廊，行之移晷，不能遍也」。這種私人園林，已經有如此規模，淮南王等諸侯或帝王之園林當然就更為可觀了。

園林中有樓台屋閣，當然可以居住，但建此類園林樓觀之目的卻並不在居而在遊。它與一般為居住目的而興建的房舍不同，一切設計，均以美觀為主，不是為了實用功能；一切設施，均以遊賞為主，不是為了過一般的日常起居。因此園中構設，務求奇巧，以便遊目騁懷；園中的生活，也與世俗現實生活迥異，歌舞遊嬉、詩酒為歡，飄飄乎若仙。

凡此遊賞遊觀，背後都涵蘊了一種否棄人世的態度，對於一般人為了生活而汲汲營營，為了親友故里而生愛戀執著，都甚不以為然，故樂府〈善哉行〉說：

> 來日大難，口燥唇乾，今日相見，皆當喜歡。
> 經歷名山，芝草翻翻，仙人王喬，奉藥一丸。……
> 歡日尚少，戚日苦多，以何忘憂？彈箏酒歌。
> 淮南八公，要道不煩，參駕六龍，遊戲雲端。

遊戲雲端，即「徘徊桑梓遊天外」之意。彈箏酒歌，即「繁舞寄身無不泰」之意，都可用以拒斥那悲哀而短促的人生。使人忘憂、使人進入神仙的世界。詩名〈善哉行〉，善哉，是嘆美之辭，魏明帝〈步出夏門口〉說：「善哉殊復善，弦歌樂我情」，也是以歌舞解憂之意。

魏明帝〈步出夏門口〉這類寫法，在樂府詩中是種通套。步出什麼什麼，即是脫離日常世俗生活的行動，要走出憂苦，走向歡樂，如〈西門行〉：

> 出西門，步念之。今日不作樂，當待何時？

夫為樂，為樂當及時。何能愁怫鬱，當復待來茲？
飲醇酒、炙肥牛，請呼心所歡，何用解愁憂？
人生不滿百，常懷千歲憂，晝短苦夜長，何不秉燭遊？
自非仙人王子喬，計會壽命難與期！自非仙人王子喬，計會壽命難與期！
人壽非金石，年命安可期？貪財愛惜費，但為後世嗤。

西門以內，象徵一般世俗人生，壽年有限，每多愁苦，而且汲汲營營，勞動賺錢。走出這種人生，才能享受每一段時間的歡樂。這首樂府歌詩，每一句都用問句，來詰問世俗人生觀，並表達人生應當及時行樂的思想，此類想法，又可見諸〈滿歌行〉：

遭世險巇，逢此百罹，零丁荼毒，愁懣難支。遙望辰極，天曉月移。憂來填心，誰當我知？……
飲酒歌舞，人樂何須？善哉！照覩日月，日月馳驅，坎坷世間，何有何無？
貪財惜費，此一何愚？命如鑿石見火，居世竟能幾時？但當歡樂自娛，盡心極所嬉怡。安善養君德性，百年保此期頤。

滿歌行，滿，就是「愁懣難支」的懣。人生在世，總是憂苦的，所以愁懣難支。如何跳脫出這個愁苦的格局？答案就是飲酒歌舞、及時行樂。

此乃遊戲之人生觀。遊戲有兩種意涵，一是在有限的短暫人生中，與其貪財惜費，勞苦經營，不如及時作樂，遊戲嬉怡；其次，則是藉歌舞所表達的否棄人世態度，來顯現一種類似神仙的快樂生活狀態。擬仙而意在升仙。故〈善哉行〉在「何以解憂，彈箏酒歌」之後，立刻接以「淮南八公，要道不煩，參駕天龍，遊戲雲端」。前者遊戲人間，後者遊戲雲端。

遊者或出門、或秉燭、或登樓台、或遊園林。出門相對於門裡的世界，秉燭相對於日間一般性的生活，登樓台相對於貼著地面的蝸居，遊園林則相對於日常居處的住家宅舍。人只有脫離世俗生活，才能解憂，才能戲樂。

對於遊者這種遊戲尋樂的生活型態，一般居人當然並不認同，因此漢樂府〈猛虎行〉便指責道：「飢不從猛虎食，暮不從野雀棲。野雀安無巢？遊子為誰驕？」

但遊人並不理會這種譏誚，仍然兀自遊於園林，與居於朝市者形成強烈的對比。石崇〈思歸引〉說得好：「余少有大志，夸邁流俗，弱冠登朝，歷位二十五年，五十以事去官。晚節更樂放逸，篤好林藪」。登朝為官，和放逸於園林，兩相對比，石崇顯然仍願追求後者。因為後者才是個「樂世界」，跟朝市勞瘁拘謹的「苦生活」比起來，他在河陽所建之別業，「有觀閣池沼，多養魚鳥。家素習伎，頗有秦趙之聲。出則以遊目弋釣為事，入則有琴書之娛。又好服食咽氣，志在不朽，傲然有凌雲之操」。遊目、遊心、遊仙，合而為一，當然快樂得很了，回視往日歷朝蒞事之生涯，當然要覺得那只是「困於人間煩024瀆」而已。

石崇這篇文章非常有趣，因為〈思歸引〉本是琴操，據傳說乃衛國一女子所作，是因欲歸不得，自悲憂傷，故制此曲，據琴而歌。但石崇對於這篇亡佚的琴曲，卻做了全然不同的理解，他說自己在樂遊放逸之際，「尋覽樂篇，有〈思歸引〉。倘古人之情，有同於今，故制此曲。此曲有弦無歌，今為作歌詞，以述余懷」。這個新詞，其實完全逆轉了舊曲的意思。舊曲是遊子悲歌，希望還歸故鄉。新詞卻是遊人對居者的呼籲，希望大家趕快放棄人間的牽絆，回到園野裡來樂遊林藪。歸，不是歸鄉歸家，而是回歸；回歸的地方，不是平常的住家，而是「別業」。

別業者，正業之外的住所、正宅之外的空間。漢魏時已稱園林為別業。相對於安居樂業的人們來說，別業提供了一個讓遊者不安居也不樂業的地方。因為正業並不可樂，別業才是樂園。

把別業稱為樂園，是很常見的事。宋顏延年寫〈三月三日曲水詩序〉說要「排鳳闕以高遊，開爵園而廣宴」，即是在樂遊苑中。趙宋司馬光的園林則叫獨樂園。唐人三月三亦遊樂遊原。三月三，是禊節，在水上盥洗以袚除疾病，正與出遊以闢除世俗煩擾之意義相同。

這個意義，謝靈運也說得很清楚：「中園屏氛雜，清曠招遠風，……寡欲不期勞，即事罕人功」（〈田南樹園激流植援〉）「昔余遊京華，未嘗廢丘壑，矧乃歸山川，心跡雙寂漠。……懷抱觀今古，寢食展戲謔。即笑沮溺苦，又哂子雲閣：執殳亦以疲，耕稼豈云樂？」（〈齋中讀書〉）。

遊者回歸於山川園林，對於京城中的名位榮利，固然不感興趣；對於耕稼漁樵之勤勞辛苦，也無意認同。他們抱持著遊戲的人生觀，在山川園林中享受，觀古今、觀魚鳥、觀歌舞、觀山水，優遊戲謔，成就一種審美的生活，引以為樂。

審美的人生態度，對人生是無所荷負也無所謂責任的。它並不介入實際的社會組織結構中，它只是觀賞者，如觀戲劇，因為他已跳脫在外。出西門、歸園林，均表示這個跳脫具體人世的動作。服食咽氣，更表示人連飲食都不要跟世俗世界一樣了。所以這才能擺脫一切屬於人間的得失榮辱、情愛糾纏、生存壓力。謝靈運出遊時作詩說：「情用賞為美，事昧竟誰辨」（〈從斤竹澗越嶺溪行〉，李善注云：情之所賞，即以為美，此理幽昧，誰能分別乎？）就是指這種欣賞的態度、審美的心情。

由於這種心情產生自那種超脫出世俗生活的態度中，因此它也常在欣賞品味享受此美景樂事之外，更導出一種超越式的想法和感受。覺得人世營營擾擾既無趣又無意義，人生應走向另一種超越的世界去。例如曹丕〈芙蓉池作〉先是講「乘輦夜行遊，逍遙步西園」，接著描述園中美景，如「雙渠相灌溉，嘉木繞通川」等等。然後便想到：「壽命非松喬，誰能得神仙？」謝靈運〈登石門最高頂〉也是在描述石門景觀之後，接著感嘆：「惜無同懷客，共登青雲梯」。江淹〈登廬山香爐峰〉更是完全從神仙角度立言。先說此山充滿仙氣，「廣成愛神鼎，淮南好丹經，此山具鸞鶴，往來俱仙靈。」接著則說自己來此，乃是：「方學松柏隱，羞逐市井名，幸承光誦末，伏思託後於」。沈約〈宿東園〉結尾也以：「若蒙西山藥，頹齡倘能度」來發抒感慨。他另有一首〈遊沈道士館〉則說：「歡娛人事盡，情性猶未充，銳意三山上，託慕九霄中」。顯然詩人都是在遊賞之際，興發了超越的意興，希望能超越人類死生之命限、超越世俗之營擾、超越生活之勞苦，真正進入到一個可以逍遙的世界去，與神仙同其呼吸。

「山中咸可悅，賞逐四時移」（沈約〈鍾山〉）的審美觀賞態度，和超越性的嚮往，共同構組了遊園者的精神狀態。這便是石崇在〈思歸引〉中說他在園林中，一方面「以遊目弋釣為事」，一方面又「好服食咽氣，志在不朽」的緣故，也是漢人歌頌准南王既「繁歌寄身無不泰」，又「徘徊桑梓遊天外」的緣故。

這種園林樓觀生活的基本樣式，自漢魏定型以後，直到明清，均無改變。喜歡園林生活的人，「別業一區，去城數里，茅屋竹籬，藥欄花徑，事事幽絕」（《草玄亭漫語》），在其中優遊佚樂，形成了中國最具特色的園林建築與園林生活文化。但是，超越性的嚮往部分，卻有了些調整。

在漢魏南北朝時期，遊園者的超越性嚮往，以進入超越界，亦即度世登仙為最多；仍處此世，但體悟了人世無常等道理，而採取一種灑脫曠遠的超越性觀點者次之。明清時期則有點倒過來。

在明末一大批「清言」作品中，表達的都是一種園林生活及人生觀，如屠隆「風流放誕，好賓客，蓄聲伎」，著有《婆羅館清言》。徐學謨則著有《歸有園塵談》。歸有園，這個名稱，再清楚不過了。它與石崇〈思歸引〉一樣，都是要歸返園林。循此以觀，如陳眉公《巖棲幽事》、《小窗自紀》之類，號為巖棲，實與真正隱於山中耕稼者不同，乃是棲於山中之園林，在林園的小窗下寫這些清話。

而所謂清話也者，即是說這些言論都表現了一種超越社會生活的態度，講一些警示、諷刺、鍼砭的話，對於熱中於塵俗瑣屑勞苦者，有一點提醒的清涼作用。如《醉古堂劍掃》自序所說：「真熱鬧場一劑清涼散」，或《草玄堂漫語》序所云：「鬧熱場中，急與一帖清涼散」。

這些清言，其內容一是對幽居生活的品賞，例如：「三徑竹間，日華澹澹，固野客之良辰。一編窗下，風雨瀟瀟，亦幽人之好景」、「樓前桐葉，散為一院清陰。枕上鳥聲，喚起半窗紅日」。其次，便是對世俗人生的反省，如「草色花香，遊人賞其有趣，桃開梅謝，達士悟其無常」、「疾忙今日，轉盼已是明日。才到明朝，今日已成陳迹。閻浮之壽，誰登百年？生呼吸之間，勿作久計」、「明霞可愛，瞬眼而輒空。流水堪聽，過身而不戀。人能以明霞視美色，則業障自輕。人能以流水聽弦歌，則性靈何害」（均見屠隆《清言》）。最後，才是超越出此世以外，遊心於神仙世界的聲音，如：「白雲冉冉，落我衣裾，聞村落數聲，酷似空中雞犬；皓月娟娟，入人懷袖，聽晚風三弄，恍如天外鸞鳳」（倪允昌《光明藏》）。淮南登仙，雞犬俱化的意象，復現於其中。

由於佛教盛行，故此時清言作者所表現的神仙性超越想法，有一大部分被佛教的無常、虛空觀所替代，所以表現為反省世俗、清言醒世的性質較多，度性成仙的講法，就減少了許多。相對於漢魏南北朝隋唐宋元的遊園文化，可說呈現了較新異的面貌。

不過，度世成仙之思雖已較少，服食咽氣卻仍甚為普遍。因為優遊林下，歌舞遊觀之人生，既是為了享樂、為了遊戲，身體自然必須保養，服食咽氣以求長生，卻疾、延壽就成為非常重要的事了。典型的文獻，可以《遵生八牋》為代表。

此書題為「湖上桃花漁」高濂瑞南道人撰，自是園林人物無疑。書分八部分，分成：

清修妙論牋

四時調攝牋

起居安樂牋

延年卻病牋
飲饌服食牋
燕閒清賞牋
靈秘丹藥牋
塵外遐舉牋

清修妙論，收聖賢戒省律己之格言，所謂清言醒世者。四時調攝、飲饌服食、靈秘丹藥、延年卻病，都是談養生的問題。塵外遐舉，則為神仙度世之思想。起居安樂、燕閑清賞，就是享受生活、品味生活，且在生活中創造美感與快樂的一些建議了。書共十九卷，把遊園者的生活，做了一幅全面的鋪展，與准南之遊園後先輝映。善觀吾國園林史者，宜由此等處著眼。

二、遊戲的人

古詩十九首，劈頭第一篇就說：「人生天地間，忽如遠行客。斗酒相娛樂，聊厚不為薄。驅車策駑馬，遊戲宛與洛」。似乎把遊戲視為短暫人生中唯一可有的慰藉。對於洛陽京城中諸位賢達不懂得此等遊戲的人生觀，它也要勸大家：「洛中何鬱鬱，冠帶自相索？……極宴娛心意，戚戚何所迫？」洛陽京城裡，冠蓋雲集，人眾蝟雜，時人自有「京洛多風塵，素衣化為緇」之嘆。因為此乃名利場，人人都無法放下執戀，故詩人才希望大家勿用冠帶綁住了自己，應好好歡樂飲酒，遊戲一番。

另有一首詩說：「生年不滿百，常懷千歲憂，晝短苦夜長，何不秉燭遊？為樂當及時，何能待來茲？」講的也是同一種想法。

從某些人的角度看，人生苦短，所以才要及時努力，否則投老無成，人生便繳了白卷。從〈古詩十九首〉的歌者看，則恰好相反。提倡的，乃是一種遊戲的人生觀。

我國文化中，孔子讚美曾點遊戲春風，莊子倡說遊心太虛，都具有遊的精神。西方近代啟蒙主義則是反對這種精神的。啟蒙運動以來，以理性為人之本質、視工作為人之責任與職能，此種遊戲的人生觀遂久矣不復傳述。偶然遊戲，則認為是一種放縱，並不足取。除非是旨在輔助工作，所謂「休息是為了走更長遠的路」。遊戲本身並無價值，人生也不是為了遊戲而存在。活在啟蒙運動、工業革命之後的人，大抵也不再會自發地遊戲了。沒有了玩興，也不懂得玩，以致要別人教我們如何玩或組織安排了再去玩。這就是遊戲人生觀的失落。

約翰．赫伊津哈（Johan Huizings，1872-1945）《遊戲的人》一書，便是針對此一現象之批評。

他認為：十八世紀把人界定為理性的人（Homo Sapiens），其後又把人界定為製造的人（Homo Faber）。但他覺得遊戲的人（Homo Ludens）更值得重視並提倡。他於一九三五年赴荷蘭萊頓大學演講時，曾以「文化的遊戲成分」為題。這個題目，主辦者曾誤以為是「文化中的遊戲成分」。但如果遊戲只是文化中的一部分，那又何待闡說？赫伊津哈要講的，正是文化的遊戲成分。簡言之，即文化文明是在遊戲中且做為遊戲而興起與展開的。這才是他的旨趣所在。

他說：遊戲先於文化。小貓小狗都會玩遊戲，而且玩法與人相似。牠們跟兒童玩遊戲一樣，都不是誰教牠或強迫牠玩。牠們自動自發地玩，也喜歡玩。因此它具有自由的性質、自主的精神，被迫遊戲就不是遊戲了。

同時，遊戲也與理性無關。兒童理性思考本不發達，打打鬧鬧，或如貓追弄著毛線球、繞著抓自己的尾巴，也都談不上是理性的。遊戲要玩得好，本來也就不能依憑著理性計算、邏輯思考，不必承擔價值、責任、功能等等。

因此，遊戲也是非功利的。小孩玩積木、堆泥土，不會真想蓋成一棟房子；他只是暫時走出真實生活，進入一個別具一格的活動領域，「假裝」一下。這種假裝，不是真要做成什麼。扮家家酒的小孩子們沒有真要結婚的欲望和目的，因此它不具功利性，玩本身就是目的。反而是這種遊戲，打斷了日常生活及欲望之進程，而又豐富了、滋養了生活，讓遊戲過的人精神歡愉、心情舒暢。

遊戲又因此具有隔離性。這些遊戲都自有其場所，競技場、牌桌、廟宇、舞台、屏幕、法庭、球場……等，特定的場所與特定之時間（一齣戲的時間、一場球的時間、一趟舞蹈的時間，都不一樣），即構成了它的有限性。

正因為它具有有限性，故亦有它自身的過程和意味，在特定時空中「演出」。這一點，使它有其有限性，但同時也使它成為一種文化產物、一種可保留下來的財富。它可傳達，也可成為傳統，任何時候都可重複。無論是兒童遊戲或象棋比賽，所有遊戲都是一個有其內在結構之整體，且有重複與輪流之因素。

而無論何種遊戲，均有其自身之邏輯、運作方式，那就是它的規則、它的秩序。沒有規則，形成不了遊戲。一旦逾越了規則，遊戲世界就瓦解了。所以遊戲不是胡鬧。規則有時形諸條文、有時則需要所有參與者心領神會，非語言規範所能完全表達。就像小貓小狗都懂得以略帶客套的神態和友好的表情邀請對方遊戲，遊戲中不准咬哥兒們的耳朵，或不許咬得太重；有時要假裝敵對、發怒，但不能真正幹架；還得有條理地表現出好興致、發出快樂表情和聲音。這些就是規則。若破壞了，就會令人「敗興」，為所有參與者所厭惡，會遭到驅逐或懲罰。

亦因如此，凡能認同其規則、樂於參與該遊戲者，便會構成一共同體。我們在社會上可以看到無數遊戲社團，桌球、帆船、彈跳、舞蹈、游水、橋牌……之協會、聯誼社等，層出不窮，可見它是組成人類社會組織活動的重要手段。一般遊戲時，縱或未組織成固定之社團，也一定具有私密性，是「我們去玩」而非他人。外界、他人的所做所為，與我們此刻之所為無關。在這個玩耍的圈子裡，日常生活的法律、習俗、觀念均不算數。

遊戲的歡愉，有很大一部分來自於此。擁有一種私密的氛圍，成為這個團體特殊的、與外人不能分享的共同經驗。而這個經驗又暫時將人抽離出日常俗世，讓人鬆脫了他與現實世界的牽絆，放鬆自己，進入一個假扮的領域。遊戲中的狂歡、放縱、化裝遊行，都體現了這個意義。

在遊戲的假扮中，自成秩序，這些秩序通常也蘊含著競爭、衝突，以形成緊張、造成刺激；而又包括了平復、諧調，整體形成起伏動盪的韻律，造就我們的美感。

針對遊戲，赫伊津哈做了許多諸如此類之分析。透過這些析論，他告訴我們：遊戲是人類活動中不可或缺的，人類社會也靠遊戲來組成。同時，人類的文化、創造，實質上即是遊戲或與遊戲密不可分。例如語言。語言是人擁有的重要工具，用以交流、命令、傳授。語言可以使人區分、確認和陳述事物。命名，令人得以明白自己和萬事萬物在宇宙間的位置。可是，在每一個抽象表達、符號徵示之背後，都存在著極多鮮活的隱喻；而每一個隱喻，正是詞的遊戲。

神話也是如此。神話之性質，論者各有見解，但基本上可說是一種轉換或外在世界之想像物，早期人類依此進行神聖之祭獻、儀式、供奉、膜拜。其性質，唯有從遊戲來理解才能深刻、準確。

宗教的核心亦在於此。典禮就是一次戲劇性的演出，令人深入歡愉之中，一切美和神聖的王國，均依遊戲而建立。

赫伊津哈滔滔雄辯，共分十二章。一論作為一種文化現象的遊戲的本質和意義、二論遊戲概念作為語言中的表達、三論推動文明進程的遊戲與競賽、四論遊戲與法律、五論遊戲與戰爭、六論遊戲與學識、七論遊戲與詩、八論「神話詩」諸要素、九論哲學的遊戲形式、十論藝術的遊戲形式、十一論遊戲情況下的西方文明、十二論當代文明的遊戲成分。

據他的觀察，西方文化的遊戲成分，自十八世紀以來，就一直處於衰落之中。今日之文明不再遊戲，即使某些活動看似遊戲，也是虛假的，體育、競技、藝術、科學、政治，無不如此。他提倡遊戲觀，以「遊戲的人」代替「製造的人」、「理性的人」，即是為了改造近代西歐文明。他認為：真正的文明不能缺少遊戲成分，因為文明先天地蘊有自身的局限，遊戲則先於且超乎文化。故文明若要妥善發展，即須重新闡發遊戲的精神。

赫伊津哈在當代中國，名望不顯，論著被移譯為中文者，僅有《遊戲的人》與《中世紀的衰落》（**均為一九九七・中國美術學院出版社出版**）二冊而已。以我之譾陋，也不曾看過有誰介述他的學說，更莫說有傳揚宗法的了。近代在中國當紅的西方學說，恰好是赫伊津哈所批評的那些主張或態度。國勢頹唐，力求改造國民性、振發理性、積極工作之不遑，知識分子又怎有心情去談什麼遊戲呢？赫伊津哈斯人憔悴，苦乏賞音，殆非偶然。

可是，從《阿Q正傳》以來，知識分子感時憂國、力倡科學與理性，欲仿擬歐洲啟蒙運動以啟國人之蒙翳者，八十餘年矣。如今乃國愈可憂而民愈可愚。熱衷工業製造的社會，終究也讓人感到疏離、憂苦，且衝突日劇，犯罪率不斷昇高，心理治療叢書大行其道，反而人人似乎都成了阿Q。

當此之際，重聽〈古詩十九首〉招喚了我們去遊戲的歌詩、看看赫伊津哈的論辯、再遙想那莊子的〈逍遙遊〉、孔子的「遊於藝」、「前言戲之耳」，竟忽然有股難言的時代悲感，令人惘痛不已。因為，遊戲的人，彷彿不再會遊戲，也不再能遊戲了。我們的理性，讓我們喪失了自己；我們的工作，又使我們無法去稍事遊戲。京洛風塵如故，遂令素衣漸緇，心靈上也撲滿一層層灰沙了。

三、遊戲的社會

我小時，家父為警頑劣，特在我小書桌板上寫著「勤有功，嬉無益」，要我時時惕厲，無怠無忽。

庭訓當然是對的。人面向社會說話時，總不免有若干門面語、場面話、教條訓誡、老生常談，乃至虛飾之語，裝腔作勢；唯獨教自己的小孩，不可能說假話。故我深知此語痛切，足以藥我頑嚚佚盪之病。且自《易經》以來，即教人應「夕惕若厲」、「自強不息」。聖哲古訓，相承若此，其中必有至理存焉。

但凡事絕對化了，便可能產生流弊。我不夠勤勉，可是我老覺得那些努力用功的朋友往往無趣，成了書呆子。某些時候，偶於嬉戲中觸生的若干靈感，則反而成就了一些事。所以，勤奮，時而未必有功；嬉遊，時而未必無益。

且勤勞乃是農漁時代的道德，因為不可能不勞即「獲」或「穫」。收成不是靠捕獵就是靠耕稼，故「要這麼收穫，得那麼栽」，斷無僥倖之理。老天不會降下糧食來。但這種道德到了商業時代便可能要打點折扣。商人不穡不稼、不漁不畜，只是把別人勞動所得略略打點、包裝、貨殖出去，所得就幾倍於辛勤勞動者。固然其經營仍有勞動支出，也須承擔風險，更要耗費不少腦力，才能建立通路、打通關節，令物品增值居奇。但耗力畢竟少於農民。或者說，勞力付出與獲利之比例，遠大於農漁。某些商人，甚至只靠炒地皮等非勞動行為，即能達到「富者田連阡陌，而貧者無立錐之地」的境界，令勤於勞農者憤憤不平。勤者之功，遂不如巧者之利矣。

幸而遊嬉之功能，不像勤勞那樣，隨著時代而褪色。農勞時代，田夫野老「鼓腹而遊」，便有歌謠吟唱；歲時儺祭，也要恣情於嬉戲。嬉與勤，不完全是對立的，也可能如此互補、如此併存。到了商業社會，遊戲的價值及作用，更是越來越擴大了。

日人高田公理《遊戲社會》（一九九〇，李永清譯，遠流）一書，即認為現在已經是個大眾意識遊戲化的時代。

據他看，現今除了第三世界國家仍處在資源不足、社會不平的境況有待解決之外，大部分國家都已經歷過改變制度性壓迫，以改善經濟匱乏的階段，故資源的重新分配活動大體結束。剩下來的乃是資源的使用問題，如何選擇並使用這些資源，就成為新時代的新要求。

選擇資源與使用資源，不再是過去匱乏時代那般，追求「新、速、實、簡」或「輕、薄、短、小」，而是怎麼樣用得更好玩更有趣。例如餐廳本來只是用餐之處，但在遊戲化社會中，餐廳就必須具備遊戲功能，如附設卡拉ＯＫ、粗食式、休閒式、異國情調式等，提供不只於飲食這樣的功能，讓吃飯這件事變得更有趣更好玩。電腦，本來也只是計算機，但現在除了生產功能外，也廣備各種遊戲功能，以致所電子科技都逐漸玩具化。汽車，則除了做為代步工具之外，也是玩家的玩物寵物。即使非玩家，一般人買車，也不只考慮其機能與價格，更要留意其造型、顏色及象徵意味。

資源如此，行為也有相應的變化。例如語言對話，本來是為了溝通傳達等，有非常實際的功能。但如今對話漸具遊戲性質，像電話談話，目的就多半不是為了洽談事情而是聊天閒扯。許多青年男女，更利用電話做深夜遊戲。電腦網路上亦闢有聊天室、談話區，供人進行聊天打屁的遊戲。而其他原本被視為極嚴肅正經之事。例如政治、選舉等，也嘉年華化、表演化、戲劇化。法令規章之修改，則被稱為更動「遊戲規則」。作秀，還從演藝界逐漸蔓延，成為各行各業普遍的行為模式。變身，從陳水扁扮超人、麥克傑克森，到各電視台的模仿秀，也盛行不衰。此外，諸如穿衣服這類日常行為，更脫離了蔽體、取暖、識別身分等各種實用功能，變得類如遊戲和表演。

高田公理尤其對資訊的遊戲化著墨甚深。他認為現今社會資訊的遊戲功能已與生產功能一樣重要了。像電話、電視、收音機、電腦、電玩等，更都是遊戲掛帥的。

對於這個趨勢或現象，他認為利弊均見。因為資訊遊戲化形成了龐大的多元差異狀況。但一方面此種狀況大體與提高生產及效率無甚關係；二方面，資訊因此形成無秩序的洪流或資訊垃圾，也讓人為之暈眩，破壞了日常生活的秩序性。

雖然如此，他覺得未來仍是可期待的。資訊的生產功能與遊戲功能固多扞隔之處，卻也不無溝通整合之可能。因此，未來將刺激人與人的溝通形成新的形式。

另一位更樂觀的論者平島廉久在《創、遊、美、人》（一九九〇，黃美卿譯，遠流）書中談到：在新的感性消費時代，人們的意識變化，可以上述四個字來描述。創，指創造意識。遊，指遊戲意識。美，指美感意識。人，指人性意識。其中，遊戲意識一是指愉快。凡新產品均附加能使人感到愉悅或滑稽之性質。二是說須有趣味。三是應有令人驚奇的因素。這些，合起來就是一種遊戲化的潮流。他認為人們已對單調乏味的生活感到煩膩，故開始在日常生活中注入遊戲成分，才能追求到有朝氣的生活。

從較傳統的觀點看，現代人如此耽於逸樂，正是腐化的徵象。什麼都遊樂化、嬉戲化，不免也令人生不踏實了。因為一切價值、意義都浮幻了起來。當境即是，可又轉眼成假，僅是「一場遊戲一場夢」而已。這種人生是否真值得追求，大可商榷。而商品銷售，為增益其利潤，呼應所謂「感性消費時代」之行為模式，本即屬於媚俗之舉，不能應用到其他領域。例如教育，帶學生做遊戲、把教室搞得像電影院、以類似電腦遊戲的方式製作教材……等，固無不可，穿插點綴，足增興趣。但如此便足以為教育乎?此可以為教育之正途乎?

這樣的批評，非常切實。可是，在一個新的感性消費時代、一個遊戲化社會中，我們也不能拒絕遊戲。一方面，應給遊戲一個適當的地位，承認遊戲的價值，不能籠統地說勤勉、貶嬉遊。另一方面，也同樣不能說嬉必有益而遊戲足以度世。應思考如何使「嬉有功」。一樣是玩，會玩的人能玩出意義、創造價值，不會玩的人，就只能是沉湎浪盪、頹唐玩愒了。

第六章　遊觀中的自然

一、觀與見：怎樣看自然？

中國藝術中的自然，這是個熟題目，也是個大題目，足以寫成幾冊鉅著。但精義其實早經抉發，要講出些新意思來，倒也不容易。

依我的理解：藝術中的自然，並非真的自然界事物，乃是經過藝術家處理的自然。因此要說明中國藝術中的自然是什麼，恐怕還得先「原其本」，談談中國藝術家怎麼去看自然。而這一點，恰好是前人尚少申論的，所以我想就此略述其要。

看見自然景物，是人與自然的第一度相遇，是眼睛的活動。但目與心通，有所見，即有所知、即有所理解。因此我們說一個人對某事之理解甚為獨到透闢，輒云某人甚有見解、甚有見地。見解，即是理解。英文裡，I see 也即是 I understand。足證「見」即是「解」。考察藝術家如何見，當然也就足以窺知其如何理解自然。這是中西皆然的道理。

但在中國的語彙中，我們卻有些不同的「見」。因為除了見之外，我們還常說「觀」。例如觀察、觀賞、觀物之類。觀，就字形上說，是一隻鸛鳥和見組合成的形聲字，像鸛高飛而有所見。字義與見字類似。但為什麼要在見之外，另造一個觀字呢？又為什麼常喜歡說「觀」呢？

觀就是看，但不是抬頭望見一眼那種看，而是看得高、看得遠、看得廣的那樣看。所以《釋名》云：「觀，觀也，於上觀望也」，意思是說站在高處看。後來凡在高台上建的屋宇樓榭便都稱為觀，《說文》說：「台、觀，四方而高者也」，講的就是這種建築。漢武帝時建飛廉觀、延壽觀，歷代相沿，輒稱高樓為觀，正因為它便於遠眺廣覽，所以才稱之為觀。道教稱其宮廟亦名為觀。取意亦正在於此。

《論語·為政》注：「觀，廣瞻也」。這時，眼睛的動作便不是一抬眼看看那麼簡單。眼睛瞳孔的焦距必須要不斷移動，讓視線一直延申出去，看得極遠極遠，所謂「極目遠眺」。同時又要讓眼睛左右上下移動，把上上下下四面八方都看得到、看得清楚，所見才能寬廣。這樣一種眼睛的動作，就是「遊目」。

觀，即是目之遊。因此觀也有遊的意思。《呂氏春秋·季春》注：「觀，遊也」，就是一證。後來遊觀二字也往往連在一塊使用，如陶淵明詩就說：「遊觀山海圖」。

事實上，「看」本身也就是遠望，字形像人用手遮住眼睛上方的光線，極目遠眺。它與「觀」都不同於「見」。

見通常是近距離的，目光定著於某物，例如說：「一見鍾情」、「見異思遷」、「見賢思齊」、「見樹不見林」、「見義勇為」之類。這種見，是一些藝術之所以得以形成的重要手段，Bates Lowry《視覺經驗》一書，開卷便先區分「視」與「見」的差異。他認為視（look）只是目光碰觸了；但若望一眼，並以一個字眼代替一個意象予以認定它之後，若更能審察它的形狀，例如這張檯子垂直的腳如何連結平放的桌面、四個角如何湊起來、什麼地方有雕刻等等，這才叫做見。否則便是視而不見。

Bates Lowry 論視覺藝術，基本上即由此展開。所以他先討論「觀賞者」，由第一章「視覺經驗」討論怎樣見，到第二章說線條，第三章論明暗，第四章談色彩，第五章講繪畫的空間，第六章談空間中的物體等等。第二部分討論藝術家，也是由畫家如何運用材料、技術、平面、形狀、物理的空間、時間與運動等來表現其視覺美感創造。

這樣的討論，顯然把「所見」放在視覺藝術品上，在一個小的、固定的空間中，眼球對之詳細審視，而且是就其線條、明暗、色彩、形狀……等來觀察。

此等「觀賞者」，就與我國之所謂觀賞者大不相同了。我國的觀賞者，主要不是觀看視覺藝術，而是觀賞自然、觀物。且觀不是見，不是就眼前一物詳予審視，而是遠觀廣瞻、遊目四顧。喜歡說觀、喜歡以觀的方式觀物的人或民族，其空間感及視覺意象的世界（the word of visual images），必不同於只能「見」樹「見」林者。

二、仰觀俯察與極目遠眺

因為「觀」首先就是要看一個大的空間，所謂「仰觀宇宙之大，俯察品類之盛」（〈蘭亭集序〉）。仰視俯察，合而形成一個觀的行動：

俯觀江漢流，仰視浮雲翔（蘇武）
俯視清水波，仰看明月光（曹丕）
仰視喬木杪，俯聽大壑淙（謝靈運）
仰視碧天際，俯瞰綠水濱（王羲之）

仰視俯瞰，目光所屆，乃是整個宇宙。故是對整個世界的總體把握，而非細部地察見一器一物之形色線條。由此觀物方式而成的視覺心理，便是令人感到：「與渾成（宇宙）等其自然，與造化（自然）鈞其符契」。人所面對的是整個宇宙，宇宙整體在我面前展布，天地開闊，人在宇宙之中，宇宙也進入我的視覺意識之中，彼此擁有，故遊目足以騁懷，「俯仰終宇宙，不樂復何如？」（陶淵明語）

於是「俯仰」乃又成為一種精神狀態詞，如嵇康說：「目送歸鴻，手揮五弦，俯仰自得，遊心太玄」。俯仰宇宙之大觀，使人的個體有限性和宇宙自然的整體無限性相互擁有、相互滲透，故能達到「自得」、「樂」的總體和諧狀態。

這種經由看及看的方式，而形成的感受和認知，John Berger《看的方法》第一講中也曾舉戀愛為例，說：「戀愛時，看到你所鍾愛的人的景象（sight），即有一種圓滿的感覺。這種感覺，非任何語言或擁抱所能表達，只有做愛的行動，才能暫時包容這種感受」。他這段話的意思是說：我們在看時，並不只看到一個物事，更同時看到了事物和我之間的關係，這稱為視覺的交互性（resiprocal nature）。人看，也被看；看見物，也看見物我之關聯。因此，看的人與被看的對象，在看的動作中，冥合為一體。這種冥合一體之感，只有做愛差可形容。用中國話來說，則是：「神與物遊，思與境諧」、「目既往還，心亦吐納」（《文心雕龍》）。

俯仰觀覽，是遊目。但目既往復遊馳，心亦徘徊馳騁，遊目即是遊心。因為在這種觀看的行為中，目所觀境，亦即是心所處境。既觀天地之大，同時也就體察了人在天地的地位和人與天地的關係。而且在觀看之際，看與被看者、人與宇宙，一時冥合符契，天地與我並生，萬物與我為一。遊目觀物之際，也就是精神進入物中，與物同遊的時刻。

當然，對於宇宙，觀者可以有不同的體會。感其恢恢蕩蕩、覺其浩浩茫茫、謂其赫赫肅肅、知其莽莽蒼蒼，或以為自然，或以為虛空，以致對於人在宇宙中的位置及其關係，也可以有不同的體會與說詞。但無論如何，此種「曠觀宇宙」的態度，乃是中國人一種特殊的「看的方式」。

曠觀，須要仰視俯察。但除了仰視與俯瞰之外，觀，尚有極目遠視之意。《洛陽伽藍記》：「高祖於井北造凉風觀，登之望遠，目極洛川」、「凌雲台……登台回眺，究觀洛邑，及南望少室，亦山岳之秀極也」。觀，就是要看得高、看得遠。遠觀，所形成的視覺心理，和曠觀一樣，都會使觀物者從一個大視野去掌握整體美，目光從一點上不斷延伸出去，心境也隨之悠遠了。目送歸鴻，同樣得以遊心太玄。

三、藝術中的自然

（一）見宇宙之大觀

如此遠觀與曠觀，既成為一種重要且常見的觀物方式，它當然直接影響著中國的空間藝術：建築和繪畫。

建築，是人對自然空間的處理和人為空間的營造；繪畫，則是在平面上構造出來的藝術空間。它們的空間意識，基本上都來自文化中的空間感。因此，觀，便成為它的主要構成原理。例如早期帝王宮闕，皆取象於天地。其局部建築，「排飛闥而上出，若遊目於天表」（班固〈西都賦〉）「結陽城之延閣，飛觀榭於雲中，開高軒以臨山，列綺窗而瞰江」（左思〈蜀都賦〉），都與觀的態度有關。樓台高聳，曠觀天地、遠觀山川，故得以遊目騁懷。它的整體布局，也足以體現一種天地精神、宇宙意識。

如《三輔黃圖》載秦建咸陽宮：「因此陵營殿，端門四達，以則紫宮，象帝居。引渭水貫都，以象天漢。橫橋南渡，以法牽牛」，班固〈西都賦〉稱漢武帝的建章宮：「張千門而立萬戶，順陰陽以開闔。……覽滄海之湯湯，揚波濤於碣石，激神岳之崧崧。濫瀛洲與方壺，蓬萊起乎中央」。這樣的建築，固然是秦漢時期帝王求仙的思想使然，但藉建築所體現的空間感，卻與觀有關。故降及後世，建造庭園屋宇者未必旨在求仙，或與神仙相溝通，其建築所追求之美感與空間感依然是如此的，謝靈運〈山居賦〉不就說了嗎？「抗北頂以葺館，瞰南峰以啟軒。羅曾崖於戶裡，列鏡瀾於窗前。因丹霞以赬眉，附碧雲以翠椽。視奔星之俯馳，顧飛埃之未牽」。房子是建在宇宙天地之中的：屋中每一個視角，都可以遠眺曠觀；而且屋子與自然合為一體，層峰川瀾既為屋外可觀之景，亦即是屋子本身以及屋內的觀賞者。「因丹霞以赬眉，附碧雲以翠椽」，視覺的交互性，在此體現無餘。

（二）觀與被觀合一

因此，注意！一是觀，曠覽遠眺以觀物，如「畫棟朝飛南浦雲，珠簾暮捲西山雨」（王勃）「窗含西嶺千秋雪，門泊東吳萬里船」（杜甫）「隔窗雲霧生衣上，捲幔山泉入鏡中」（王維）「山月臨窗近，天河入戶低」（沈佺期）「江山重複爭供眼，風雨縱橫亂入樓」（陸放翁）……。二是觀與被觀相融相即，如謝朓詩：「窗中列遠岫，庭際俯喬木」、王安石詩：「一水護田將綠繞，兩山排闥送青來」。遠岫當然應在窗外，它是遠觀的對象。但在觀看的活動中，視覺的交互性，使得看與被看一時合會了，層峰列岫如在屋中，成為主動者，而非靜態存在那兒的被觀賞者。——用男人看女人來比喻，男人看女人，女人同時也把自己變成一個特殊的視覺景象，讓男人看。因此，我們可以說是男人在看女人，也可以說是女人使男人看見什麼樣的女人或女人的什麼。兩山（女人）排闥送青（男人所看見的女性景象）來。

後者就是謝靈運詩所說的因，「因丹霞以赬眉」的因。窗外之景，同時亦即是窗內之景。建築上充分體認這個道理，並藉建築技術予以滿足它，正是中國園林建築的特色。此即所謂「因借」。

（三）因境及借景

明人計成，編了世界上第一本討論造園藝術的書《園冶》，大旨端在因借二字。其書開宗明義就說：「借者，園雖別內外，得景則無拘遠近。晴巒聳秀，紺宇凌空，極目所至，盡為煙景，斯所謂巧而得體者也」。結尾又說：「構園無格，借景有因。……因借無由，觸情俱是。夫借景，林園之最要者也。如遠借、鄰借、仰借、俯借、應時而借」。故因借之旨，實乃我國造園藝術之秘要，而因借之道，則是為了滿足觀的需要。

關於這部分，當然還有許多東西可談，但建築的重點實不外乎此。一是要能看得出去，可以極目、可以廣瞻，可以觀天地之大美；二是要達到天地之大美與園林建築之美相冥合之境界，園中即有大觀。

繪畫上所要求的，大抵也是如此。

（四）遠趣與占有

謝靈運〈山居賦〉：「葺室構宇，在岩林之中，水衛石階，開窗對山。仰眺層峰，俯鏡濬壑。去岩半嶺，復有一樓，回望周眺，既得遠趣，還顧西館，望對窗戶」。謝靈運是我國山水詩奠基的大詩人，而他對山川之美的掌握，除了穿林涉澗，深入其中去遊賞之外，很重要的，就是觀賞。且在仰眺俯鑒之外，尚須得其遠趣。這種山水美感的掌握方式，影響後世山水畫甚大。

如郭熙《林泉高致》就說：「山欲高，水欲遠」。畫山，就要設法讓出顯得極為高峻；畫水，就要讓水長流無盡。這是中國畫家非常特殊的想法，而實即曠觀宇宙天地之態度。山水畫在中國之所以有那麼高的地位，這是個重要的因素。畫家作畫，彷彿如對一浩浩天地，大宇長川，都要在畫面上表現出來。但畫布畫紙，只是一個有限的空間，如何能表現出這種山高水遠天開地闊的感覺呢？

中國山水畫所有的奧妙可說都集中在這兒。例如郭熙說：「山欲高，盡出之則不高，煙霞鎖其腰，則高矣。水欲遠，盡出之則不遠，掩映斷其派，則遠矣」，以煙雲隔斷或林木掩映之法，來創造遠趣，形成高遠的空間感。與《山水松石格》所說：「泉源至曲，霧破山明」、「石廣路隔，天遙鳥征」相同。山用霧破，故煙雲飄渺，高深莫測。路要顯得遠，中間須用石塊隔斷；天要顯得高，則畫上飛鳥，以表現其遠。這樣的技巧，可說已成為中國山水畫的基本法則。有時為了隔斷，運用煙霧或水石區分出近景遠景，甚至形成兩截式或三截式構圖。而實畫的山水與煙霧水氣之間，也形成了虛與實、疏與密的關係。中國畫論中討論虛實、疏密、留白者，汗牛充棟，肇因正在於此。

又如利用卷軸形式，來表現山高水遠之感。軸卷逐次舒捲，山川逐次布列，以觀看的時間次第感，來形成綿遠不盡的空間感受，也是中國繪畫的一大特色。至於在境界上，要求「尺幅而有千里之勢」、「餘勢不盡」，在有限中要能讓觀者感覺到無限，更是中國繪畫美學上的重要特點。

不但如此，整個山水畫，都是遠觀山水的。郭熙曾說：「山水大物也，人之看者，須遠而觀之，方得見一障山川之形勢氣象」。遠觀，視野要廣、視點要高，彷彿登高眺遠，方能見山川形勝。這種遠觀法，沈括曾以「以大觀小，如人觀假山」來形容，他說：

李成畫山上亭館及樓閣之類，皆仰畫飛簷。其說以謂「自下望上，如人立平地望塔檐間，見其榱桷」。此論非也。大都山水之法，蓋以大觀小，如人觀假山耳。若同真山之法，以下望去，只合見一重山，豈可重重悉見？亦不應見其溪谷間事。又如屋舍，亦不應見中庭及巷中事。……李君蓋不知以大觀小之法，其間折高折遠，自有妙理，豈在折屋角耶？（《夢溪筆談》卷十七〈書畫〉畫牛虎條）

李成，在繪畫史上以平遠山水著名，郭若虛《見聞誌》卷一論三家山水即說：「煙林平遠之妙，始自營丘」，《聖朝名畫評》卷二也說：「時人議曰：李成筆跡，近視如千里之遠」。趙朱鵠《洞天清祿集・古畫辯》更說：「李營丘作山水，危峰奮起，蔚然天成。喬木倚磴，下自成陰，軒甍閑雅，悠然遠眺，道路窈窕，儼然深居」，可見李成之畫，亦追求遠趣。今傳其喬松平遠圖等，往往將前景畫得較大而簡略，再以近視法畫出巨大中景，後將遠景畫小，以強調其遠，跟文獻紀載甚為符合。唯他畫樓塔屋簷仍沿襲唐以來的畫法，故引起沈括的批評。

但沈括所說「以大觀小，如觀假山」，其實只是俯視，與李成之仰視均只得遠觀之一偏。所謂遠觀，如前所述，乃是又仰觀又俯察，並繼之以平視極目，方才是遊目，才能是大觀，故早在六朝時王微〈敘畫〉便說道：

> **古人之作畫也，非以案城域、辨方州、標鎮阜、劃浸流。本乎形者融靈，而變動者心也。靈無所見，故所托不動。目有所極，故所見不周。於是乎以一管之筆，擬太虛之體。**

畫山水畫，不是畫地圖，所以其中有「觀點」。但人之目視是有局限的，如沈括所說，直視無法得見山內溪谷及人家戶內狀況。從一個單一角度看，也會看不周全。因此須要遊心太虛，遊目肆觀。

如此遊觀，就會在平遠之外，出現「深遠」與「高遠」。仰視俯看，空間景象在時間中遠遠近近高高低低地移動，一如欣賞中國畫的長條軸時，可以由近景往上看，也可以由上往下看，遊目環矚，如入山水中，邊遊邊覽邊走邊看。這樣的畫，便不可能出現定點透視，而只能是散點。

定點透視的傳統，是西方藝術之特點，確立於文藝復興時期，「對透視傳統而言，並沒有什麼視覺的交互關係可言。上帝不必以其他人定位自己，它自己本身就是定位（Situation）。透視法把一對眼睛變成可見世界的中心，所有事物都收攝於這個眼睛中，好似它就是無限時空的消蝕點。每一幅使用透視手法的素描或油畫，都向觀察者提醒著：我是這個世界唯一的中心」（見《看的方法》第一講）。而且，以透視法來看，遠處是看不見的，「只合見一重山，豈可重重悉見」，近處的東西勢必遮斷目光，使它無法延申下去；縱使是平疇原隰，無物遮障，遠處也逐漸縮小以至消失為一點。平遠之境，畢竟不可得，遑論高遠與深遠？故以透視法看，所得者不在遠趣，而在近距離的「占有」。

關於十五至十九世紀以透視法為主的油畫，如何體現了占有（possessing）的看的方式，John Berger 書中第五講有詳細的申論。他認為這種描繪物事之實體、質感、光澤、硬度，以使現實彷彿可放在手上把玩之畫法，與資本主義社會的生產方式有關。又說電影攝影機發明後，移動拍攝的鏡頭，瓦解了定點視物的傳統。單一的凝視，漸被遊走觀物所替代。這些我們都不擬再談了，只想藉由定點透視與遊觀的對比，來提醒大家注意到觀的性質以及它在中國文化裡的作用和表現。

四、觀的文化傳統

因為整個中國文化，基本上是強調這種觀，也鼓勵觀的。不要忘了，《易經》即有觀卦。象曰：「大觀在上，順而巽，中正以觀天下」、「觀天之神道，而四時不庇，聖人以神道設教而天下服矣」，這時，觀是觀天地四時節氣神化之運行、觀先王之道，並使民眾「觀而化之」。上下相觀，居上位者以觀化設教；居下位者觀此神化之道而風行草偃。這才是大觀。若不能大觀，則是《易經》所批評的，故〈象傳〉初六孔穎達注：「處大觀之時，居中得位，不能大觀廣鑒，闚觀而已，誠可醜也」。

除了如此大觀以外，〈象傳〉又提到要「觀我生進退」、「觀國之光」等等。其他各卦，如賁卦說：「觀乎天文，以察時變；觀乎人文，以化成天下」，剝卦說：「順而上之，觀象也，君子尚消息盈虛，天行也」，頤卦說：「貞吉觀頤，自求口實」「觀我朵頤」，咸卦說：「聖人感人心而天下和平。觀其所感而天地萬物之情可見矣」……等。觀，在《易經》中可說是通貫其間的關鍵字與主要觀念。

這是一點也不奇怪的，因為《易經》本身便是「聖人設卦觀象，繫辭焉而明吉凶」，故亦要求「君子居則觀其象而玩其辭」（見〈繫辭上〉）。君子所觀之象，包括天文與人文。但「象」並不只是景物，仍是指景物所呈現的意義，所以說「聖人立象以盡意」。因此《易經》中所說的各種象，都是意象，指自然景象所顯露的「意」。如屯卦，〈象〉曰：「雷雨之動滿盈」，疏：「說屯之自然之象也。……萬物盈滿則亨通也。皆剛柔始變之所為者。……若取屯難，則坎為險。若取亨通則坎為雨、震為動。……隨義而取象，其義不一」。也就是說雷雨大作之景，可以有兩方面的取義，或取其陰陽相交，尚未完全感通，而有屯難之義；或取其雷雨滿盈可以生養萬物之義。故此時屯之象乃是意象而非景象。其次，依《易經》一貫的論述方式，都是直接把天文和人文、自然與成德結合在一塊兒說的，例如「天行健，君子以自強不息」「地勢坤，君子以厚德載物」云云，天地自然所表現的景象和意義，也就同時成為人文的意義，其意象通貫於天文與人文。

這兩點都很重要。前者，自然之象實為意象。自然景象，與觀象者見此景物而察取之意義，乃是合為一體的。此即顯現一種主客合一的態度。後者，象兼天文與人文，又顯示一種天人合德的情況。這兩種「觀」的態度，既然早在《易經》中便已確立了，當然也就型塑了此後中國人的自然觀，成為中國人觀看自然的基本樣態，李正治〈自然詩篇所表露的主觀情趣〉一文所說：

> 中國詩歌有一顯著的特徵，即是自然與人生「高度的」交織交融。這種天人和諧的關係，與西方暗藏悲劇種子的天人對立（人與自然的割裂）、人我隔離的思想大不相同。……直下了悟「一即一切，一切即一」的道理，更能於「天地與我並生，萬物與我為一」的大宇宙生命裡，從宇宙看人生，而回歸人生於宇宙的渾全。這種重德精神的開展，遂注重渾一整觀，而不注重透視分析。

固然以中西對比的方式來說，其說未免不夠周延，但若就中國詩歌所表現的自然觀之特色言，則確實是不錯的。所謂觀宇宙之渾全、人文生命與天地精神合一，天人合德，且主客相涵、物我為一，不正是從《易經》以來就已確立的主要自然觀嗎？

《易經》之後，史官觀陰陽天文、老子「萬物芸芸，各歸其根，吾以觀其復」，觀早已成為一種特殊的看，要人觀古今（先王之道）、觀天地神化之流行，又希望上下相親，彼此相浹俱化。直接引導出後世那種講究曠觀天地、遠眺山川、觀與被觀冥合為一的態度。後世建造園林則曰大觀，欣賞書畫則稱墨緣彙觀，觀之義，大矣哉！

但是，正如 R. G. 柯林烏德《自然的觀念》一書所描述的西方自然觀那樣，歷史既久，自然觀不可能一成不變。在柯林烏德的書中，他區分歐洲思想史上的自然觀為三種類型，一是希臘時期的自然觀，二是文藝復興時期，三是現代的自然觀。據他說，在希臘時期，自然界不僅是活的，而且是有理智的（intelligent）。文藝復興時則相反，不承認自然界是有機體，亦不認為它有理智有生命，所以所謂自然，乃是精神的創造物，形成唯心主義式的自然觀。換言之，自然猶如人所製造的機械手工藝品。至於現代自然觀，則是不再追問自然的本質，只將「變化」或「過程」這些科學上可知的歷史概念，在「進化」的名義下應用於自然界。

相較於西方的自然觀，我們可以發現中國的自然觀在魏晉以後也有了一次轉變。由《易經》所代表的觀法，轉變出了一種新的觀法，而轉變的因素，則是佛教的輸入。

佛教傳入中國後，梵語 vipaśyanā（音譯為「毗缽舍那」）被譯為觀，意謂以智慧專心觀想佛或法等對象，相關用語包括觀念、觀想、觀行、觀察、觀門等，各宗及各經典中闡述觀法極多，自原始佛教之觀四諦、觀十二因緣、觀數息、觀身不淨、觀諸行無常、觀諸法無我、觀四念處；到天台宗的中道觀、一心三觀；華嚴宗的諸法實相觀、四法界觀；法相宗的五重唯識觀；淨土宗的月輪觀、水想觀……等，簡直不勝枚舉。

但佛家之觀，與《易經》以降，中國本來的觀實有根本性的差異。《易經》所說的觀，包括觀天地等外物及自觀我生等，且觀時乃是主客合一的。佛教則不然，它雖亦觀「假」、觀諸行無常、觀十二因緣，但基本上認為宇宙為心所變現或宇宙萬法之本質是空。所以它是一種唯心論，只不過這個心也是空的。故觀察、觀照云云，乃是以般若智照見五蘊皆空。重點在於轉化人們對於萬法諸境的執著，深化人們對心的理解，照察心體廣大周遍、無邊際、無變遷，而證得自心之菩提果。

在這種觀法底下，自然只是變滅流轉、空無自性的夢幻泡影而已；只是心識所變現之處妄而已，人不再可能由自然中看見意義，如「天行健」、「地勢坤」那樣；也不可能把自然的意義和人的倫理態度連接起來說，如云「天行健，君子以自強不息」那樣。觀，成為一種改變人對自然之一般觀念的修行方法，要使人體察到天高地闊魚躍鳶飛都是虛幻的。

五、對自然的消解：觀物與觀空

本來在中國道家裡即有所謂「收視返聽」之說，或教人「不以目視而以神遇」。佛教之觀法，既以萬法森羅者為虛幻，外視以見天地之大美，仰觀俯察、極目遠眄俱都沒有必要。它內視觀心之態度，恰好與道家收視返聽之說相類似。魏晉時期道教上清派所講的存思、內視修煉法，也與佛家之觀心法門途徑相同。因此遂使得佛家這種原本與中國思想相衝突的觀看態度，曲折地結合了道家之說而得以發展。只不過，道家雖云內視，卻無內觀之說，且更是要「觀復」，觀萬物如何歸根復命，並不以觀物為觀空，佛家則凸顯了自然的虛幻性。

因此，魏晉南北朝以後，中國人的自然觀裡便開始有了濃厚的虛幻感。這種虛幻感與道家所表現者不同。道家所表現出的人生虛幻感，主要是透過「人之生也，與憂俱生」來點破對人生的執取，或揭露「修短隨化，終期於盡」的死亡事實，以顯「人生似幻化」之感。對自然本身卻並不以為是虛幻的，否則它如何「道法自然」？佛家則不然，山河大地，俱顯現其空虛性。

故「滾滾長江東逝水，浪花淘盡英雄。是非成敗轉頭空，青山依舊在，幾度夕陽紅」（《三國演義》題詞〈臨江仙〉），是道家式的感嘆，人空、事空，而青山夕陽自然之境不空。「俺曾見金陵玉殿鶯啼繞，秦淮水榭花開早，誰知容易冰銷。……這青苔碧瓦堆，俺曾睡風流覺，將五千年興亡看飽」（《桃花扇・離亭宴帶歇拍煞》）或「今古何處盡，千歲隨風飄，海沙變成石，魚沫吹秦橋，空光遠流浪，銅柱從年銷」（李賀〈古悠悠行〉），則是佛家式的悵惘，觀物事遷流，俱歸空無，所謂諸行無常也。

觀的文化史與藝術史，遂亦於此形成了吊詭。觀天地之大美、大觀遠眺者，轉而為內視觀心；流觀遊目者，轉為定觀止觀；觀物觀象者，轉為觀想。自然則透顯出它的虛幻性，以使人憬悟萬法皆空。是前文所述各種觀見型態的自我顛覆，但又詭譎地使得觀的意義更形擴大了，自然也因此而增添了許多深度。於草木蕃滋、天高氣清之中，既顯其生意，也能帶領我們去體會它的虛幻空無。自然被解消了：「空光遠流浪，銅柱從年銷」，虛幻的自然，遂成為中國文學藝術裡最耐人咀嚼的問題。

第七章　遊歷者的記錄

一、遊的中國文學史

民國八十四年十一月，香港科技大學舉辦「中國文學史再思」國際學術研討會，重新省察「中國文學史」這一概念及其內涵。這是文學史被視為一門學科以來，少數正式回顧檢討的活動。當然極具意義。

我國古代並無「文學史」之說，只有各朝史著中的〈文苑傳〉與〈經籍志〉，那是以文人傳記或作品為內容的紀錄，可稱為文人史或作品史。另外則是在詩文評論的範疇內，一向有「文章流別」的描述。自摯虞《文章流別論》以降，論者或分類以論文體之源流與風格遞嬗；或就文人之創作風格，繫秩其淵源與關係，看出它們的影響關聯；或如《文心雕龍・時序篇》，討論各時代文風之衍變。但綜合起來，為文學寫史，並構成一個獨立的學門，卻要遲至晚清才出現。

一九〇二年、一九〇三年清政府所訂之學部章程，對文科大學的課程設置均有所規定。文學史做為一門學科，即起於這樣的課程設置。第一本中國文學史，林傳甲的《中國文學史》即是做為京師大學堂之課本而出現的。其後遂出現眾多文學史著，包括總體的文學史，以及個別文類的文學史，如魯迅的《中國小說史略》，或斷代的文學史，如劉師培之《中古文學史》、《漢魏六朝專家文研究》之類。

這些蜂擁而起的文學史述，因為前無所承，所以除了作者依其學養而自行構建體系之外，又往往取資日本相關著作，如林傳甲和魯迅的書，都有人指出過它們與日本相關著作的關聯。此外則是五四新文化運動後西方文學史觀的輸入，也對文學史的寫作頗有影響。例如馮沅君、陸侃如《中國詩史》、劉大杰《中國文學發展史》等，受到西方（文學）史觀之影響均極明顯。

經過這些文學史著的勾勒，一個中國文學史的輪廓已經浮現了。它如何起始、如何發展、如何轉折，業已有了大體獲得共識的一套講法。在這個文學史中會提到什麼事件、什麼作品以及什麼樣的作家，大抵也有了個譜。迄今為止，幾百種中國文學史著，大概即在鞏固這樣的論述型模，很少人對於這個學科本身，或這個學科對中國文學史的基本描述狀況，做過反省。

我是台灣地區首次對這個問題提出過看法的人。後來陳國球先生在香港，與大陸北京大學的陳平原先生也覺得應擴大對文學史的思省，故合編了《文學史》學刊，至今已出版了三期。舉辦「中國文學史再思」研討會，乃是與其刊物相同的活動，希望能將思考繼續深化。

我在會上提了一篇討論題綱如下：

對中國社會與文化的性質，有不同的體認，就會出現不同的文學史述。此理可從各個角度來論證，現在，讓我來提供一個角度。

歷來頗有人認為中國是一鄉土社會，其國民性安土重遷，生產方式以農耕為主，生活方式亦以耕讀為主。依此文化體認而發展出來的文學史述，便會強調田園鄉居之樂。以田宅為中心，不在田者思鄉、懷土、欲歸，且傷離別、悲行旅、嗟淪謫、哀流亡、嘆遷貶，而擬歸隱於田園。在家者，則念遠人、憶遊子、待歸客，而多閨怨。從詩經的〈東山〉、楚辭、古詩十九首、王粲之登樓、陶潛之歸田園居、江淹之恨別、唐宋遷客騷人之羈旅貶謫……一直講下來，文學選本及史述之基調，經常盤旋於上述主題中。由以上各主題，也發展出了許多次級或衍生論述，例如在嘆遷貶時，即蘊含了「士不遇」及「哀時命」等主題。

但假若中國社會被認為也有遊民性格，其國民未必安土重遷，那麼就可能會較重視遊的文學。例如遊俠、遊說、遊仙、遊戲、遊歷的文學。

遊說者，可以先秦諸子及《戰國策》為典範。遊俠，可以歷代遊俠詩文小說戲曲為敘述對象。遊戲文學，更是龐雜，論文學之起源者，原本即有一派主張文學起於遊戲，近代小說家，如晚清李伯元所編〈遊戲報〉，也高揭文本遊戲之旨。遊仙之文，亦甚夥頤，不僅屈子遠遊歷涉仙境，文士才人冀求長生，寄情於神仙逍遙世界者，亦不勝其數。論文學之起源者，又或云文起於宗教。遊仙之文，即屬表達國人之宗教感情與嚮往者。至於遊歷，本關風土，詩十五國風之採錄，或出於行人。後世行人之官漸廢，而行旅遊歷者實繁有徒，山水詩之興起、遊歷遊賞風氣之滋長，漸至如

《徐霞客遊記》，遍歷南荒；晚清各家遊記，更及瀛寰海外之九州，亦可謂洋洋大觀。

與此遠遊相關之主題，還包括中外交通史與文學傳播之關聯、文學與遊之心靈狀態、文學與遊的藝術之關係等。過去的文學史把以上這些都當作邊緣性的東西來處理，並非視野不及，乃是對中國文化、中國社會性質、中國國民性之基本體認只偏向於鄉土農村這一面所致。

其實「安土重遷」是秦漢以後政府依其「編戶齊民」統治方式而構建出來的意識。強調安土重遷，會使文學史述符應了政府的觀點與需求。這裡涉及了地域及國家認同、歷史解釋、意識型態與文化發展等問題，可進一步討論。

這裡提到了一種新的文學史寫法，不再思鄉、懷土、傷別、欲歸，而是談談遊仙、遊俠、遊說、遊歷、遊戲的事情。關於這樣的說法，我還可以再做些補充：

由作者群來說，我國的文學作品為什麼不能看成是遊民階層的創造物呢？春秋戰國時期的詩歌辭賦辯說，實起於遊士橫議、行人奔走四方、以及諸子縱橫遊說諸侯之際。或如孔子所說，藝文修養原本就存在於士人「遊於藝」的境況中。其後，漢興，辭賦皆出於文學侍從之臣，梁園賓客以迄鄴下諸子，正是文學作品的主要創作者。六朝，則為貴遊文學。唐以後，宋元明清，文學分為兩途，一種是知識分子遊宦者所作的，一種卻是民間歧路人，走江湖說唱者的作品。前者表現在詩、詞、古文等方面，後者表現在戲曲小說及講唱文學等方面。以這樣的脈絡來重新講述中國文學史，何嘗不能另構一篇中國文學史的身世故事呢？

再從寫作活動的場所，文人社群主要結集地、文學作品生產的地區來看，那我們也許可以用「城的歷史」來架構文學的歷史。城乃遊人群居之地，其人皆非世居於此的。對於沉浸在田園農居生活中的人來說，城裡是個俗世界，人活在裡面甚為痛苦，唯有回歸田園才能重新獲得生活及喜悅。因此田家既為聖世界又是樂世界。可是從遊人的角度來說，卻恰好相反，而且文學與藝術也都發生在城裡。《尚書》及《詩經》的雅頌，均作於上古都城及鎬京。秦漢的文學活動則在長安洛陽，〈三都〉、〈兩京〉，固一代之雄文，亦特能彰顯文人的世界觀。其後是曹魏建安文學的鄴城、南朝的金陵、北魏的洛陽、唐詩的長安、宋代文學的汴梁與臨安。這些都是政治城市，經濟城市和文藝城市合一的型態。宋朝以後，則政治城市與經濟城市分立了。像明朝時，政治城是北京，台閣體即發生於此地；但中葉以後，文學之重心便轉移到經濟城蘇州了。清朝也是如此，北京、上海、廣州漸成鼎足，而漸形成民國初年所謂的「京派」與「海派」。如今論文學，則應談香港與台北啦。

此城之盛衰史，亦文學之變遷史也。故唐人感嘆六朝金粉俱隨水逝的時候，也正是梁陳宮體被唐初史官大力批判，而近體詩在長安發展漸盛的時刻。城市不但是文人寫作社群聚居之地，城的滄桑，似乎也和文學的榮枯有相同的命運。

若更從文學創作的精神面看，創造的動力即來自它反對一切規格，具有超越性、開放性。這種自由的精神，才能肆恣想像，才能在世俗現實之外，營造出一個美的世界來。作者神與物遊，遊心以觀物，遊目騁思，以構偉辭。遊之義，正堪深究。

遊人遊心而且遊於城市，才形成了文學的歷史。這種新的文學史論述，是否也值得書寫，以鬆解並質疑原有的那一套架構呢？

說到這裡，不妨介紹一本遊的文學史：《遊志》。

宋末陳仁玉曾編《遊志》一書，自序云：「淳祐癸卯，置閏在秋，景氣極高，迴望屋角，山光與天合碧，左右矗矗獻狀，似相招相延佇，有不勝情者。而余適病趾，弗能遊焉。時時獨矯首引酌，誦〈遠遊〉、〈招隱〉諸篇以自宣暢。因懷自古山川之美、人物之勝、登覽遊徙之適，雖其有得於是、有感於是者不能盡同，而皆超然無有世俗垢氛物欲之累。意謂今古樂事無過此者。乃取自〈詠沂〉而下，二千載間，迄於近世，張朱氏衡山之遊，高情遠韻，聚見此編。若身參其間而目與之接，胥應和而俱翱翔也。吁！世亦有好遊若余者乎？」

其編目如下：

沂	泰山
晉	殽陵
九州之險	爽鳩氏地
牛山	魏西河
濠梁	楚澤漁父
漢新豐	沛
灞陵	漢諸侯國
河渠	司馬遷
楊惲	陸賈
疏廣	漢封禪儀記（馬弟伯）
仲長統卜居論	陳太丘詣荀朗陵

龐德公隱居
天台山賦序（孫興公綽）
孟嘉傳
桃源花記（陶淵明）
宗少文傳
汾亭
伊關泛舟記（李華）
崔公山池後集序（同上）
宴喜亭記
愚谿詩序（柳子厚）
潭州東池戴氏堂記
始得西山宴游記
至小丘西小石潭記
廬山草堂記（白樂天）
冷泉亭記
蘭溪縣靈隱寺東峰亭記（馮宿）
序白（舒元輿）
岳陽樓記（范文正公）
豐樂亭記（歐陽文忠公）
有美堂記
華嶽題名跋
蘇州洞庭水月禪院記

晉人勝賞雜記
蘭亭記（王逸少）
陶淵明傳
袁粲傳
陶弘景傳
醉鄉記（王績）
雲母泉詩序（李翰）
送李愿歸盤谷序（韓退之）
記宣城驛
愚溪對
遊黃溪記
鈷鉧潭西小丘記
袁家渴記
沃洲山禪院記
到難
潁亭記（陳寬）
竹樓記（王元之）
遊嵩山寄梅殿丞（謝希澤）
醉翁亭記
六一居士自傳
滄浪亭記（蘇子美）
洛中郭延師

陽翟杜生
無名公序（邵堯夫）
靈壁張氏園亭記
廬山棲賢寶覺院僧堂記
和陶淵明歸田園居詩引
擬峴臺記（曾南豐）
適南亭記（陸農師）
新城遊北山記
龍井記（秦少游）
南岳遊山酬唱序（張南軒）
武陵精舍雜詠序
獨樂園記（司馬溫公）
洛陽李氏園池詩記（蘇文忠公）
石鍾山記
秦太虛題名
和淵明桃源詩引
道山亭記
照碧堂記（晁無咎）
濂溪詩并序（黃魯直）
書洛陽名園記後（李文叔）
雲谷記（朱晦菴）
象山（陸子靜）

這是我國第一部遊記文學史。

其後元陶宗儀又續編了一冊《遊志續編》，收入中唐以後的遊記，以補其未備，目次如下：

絳守居園池記（樊宗師）
七泉銘序（元結）
陽華岩銘序
九疑圖記
寒亭記
遊玉華山記（張崎）
蓮花峰（柳公權）
石魚湖詩序
朝陽岩銘序
右谿記
題趙千里述古圖（鄭天民）
臥遊錄　六條（呂祖謙）

玉澗雜書 五條（葉夢得）
驂鸞錄（文略，不抄，范至能）
桂海虞衡志
閱古泉記（陸游）
率會（呂希哲）
栗京隱居記（康譽之）
隱趣（韓沅）
百丈山記（朱熹）
遊信州玉山小岩記（曾鞏）
遊韓平原故園
遊林慮西山記
北使記（劉祁）
鑑湖上巳分韻詩序（鄧牧）
白鹿山房記
石臺紀遊序（黃晉卿）
重遊杜曲靈岩詩序（陳德永）
竹林宴集詩序（劉基伯溫）
東園十二詠序（錢惟善）
遊玉峰詩序
遊分湖記
遊橫澤記
續蘭亭詩序（劉仁本）

洛陽名園記（未抄，李格非）
吳船錄（文略，不抄）
楚樂亭記（鄭茍）
南園記
西征記（盧襄）
會友人遊山檄（林昨）
遊洞靈詩序（尤遂初）
東都居士南園記（黃庭堅）
武昌九曲亭記
遊西山記
遊龍山記
西遊記（顏文琛淵白）
西湖上巳分韻詩序
鳳洲觴詠序（俞鎮伯貞）
楊氏池堂燕集詩序（戴表元）
遊虎丘山詩序（王蒙叔明）
謝氏北墅八詠序（孫作大雅）
遊石湖記（楊維楨）
桃源雅集圖志
遊張公洞詩序
遊干山記
小孤山一柱亭記（虞集）

國子監後圃賞梨花樂府序
逍遙山人詩序（陳宗遠）
九峰春遊記（楊孟載）
遊干山記
平福堂記（劉會孟）
志遊（王逢）
遊超山龍湫記
金華北山遊記（吳師道）
婁敬洞記（王蒙）
遊鍾山記（宋濂）
遊采石蛾眉亭詩序
遊治亭記（貝瓊）
吳張高風圖序
紀遊（鄭元祐）
遊機山記（貢師泰泰甫）
桃山澗脩禊詩序（宋濂）
宛溪南遊詩序（戴表元）
皋亭行記
海上遊記（楊景義）
北山後遊記
遊山記（貝瓊廷臣）
遊鍾山記（孫作）
合翠亭記
遊山詩序

本書所收文章有遲至明洪正九年者，可知編定實在明初。《補元史藝文志》未載，唯《絳雲樓書目》有之，今傳則為錢穀手抄本。錢氏曾說想仿其體例，「盡將載籍所傳遊覽諸作錄之，以續二公之不足」，可惜並未成書。後此書曾經黃丕烈收藏。黃氏為藏書家，徒能識其流傳及收藏源流而已，亦未及發明遊記之旨。其實遊記文學之盛，正在此二書編定以後。晚明晚清人之遊歷，非前此所能夢見。故若今人能繼武上述二書，由遊記文學史的角度來討論文學發展，收穫必然遠軼古人。我這樣的呼籲，世有能聽受者乎？

二、晚明的小品遊記

（一）遊人的小品文

曹淑娟《晚明性靈小品研究》第五章曾立〈山水攬勝與庭園遊觀〉一節，謂：「親近山水景物為晚明文人生活的重要內容。在其不同場合、不同文類的撰作中，都可看到他們對此一好尚的記錄。山水遊記最普遍，在各家文集中幾乎皆可尋見。庭園記或者記園內因自然地形加以整治的景觀，或者寫園外借以為背景的山水之勝，都透露了造園者與撰文者的意向。另如在朋友往返的書信、山水畫卷的題跋、書序、日記等不同應用場合，都可發現晚明人透露其愛賞山水的心態，或紀錄其遊覽山水的經歷」①。

晚明人好遊歷之風，此處說得很清楚。所謂晚明小品，遊記或與遊相關者占了大宗，也是個事實。一個時代，有這麼多記遊文字、出現這麼多遊人，甚至有以旅遊為職志，如陳眉公之好友徐宏祖者。

《徐霞客遊記》遊歷之廣、涉境之奇、文字之多，均可謂古之所無。但這也不是特例，當時王思任浪遊燕齊、張幼青南浮彭蠡等等，規模雖不及，性質卻是相同的。那些不能裹糧遠遊、長途跋涉去探索宇內奇山異水的人，也總在自己的園林中滿足其遊興與遊趣，或於城市近郊山水名勝尋求慰藉。故此類遊賞，範圍雖窄，規模雖小，與長距離遊歷依然是相同的活動，也產生了相同的作用。這麼些人都在遊，且其遊又多與小品文字有關，則「遊」顯然可視為小品文之重要特徵或特質。

這種特徵或特質，具有何種意涵或意義呢？

（二）遊出鄉土傳統

旅行遊歷，是與定居鄉土相對的觀念。因此，若無鄉土，即無所謂旅遊。

遠古時期，人本即是遊的。徙移謀生：遊牧者逐水草而居，農耕者則刀耕火耨，某地地力已盡，便遷往他處；若逢水災疫害蟲禍，更不得不去尋找新的住所。所謂「黃帝行國」，即指此居地場域不確定的情況。

直到商代，國都仍然不斷遷移。至盤庚遷殷之後，始漸凝固於一個地區，有明確的居地②。居民意識才逐漸萌滋。但歷西周以迄春秋，遷國移民之記載依然屢見不鮮，故雖「行國」已變為「居國」，但居地僅能說是大體在某處而已，後世領土國家之觀念尚未形成，各國之間尚無確定之封疆③。因此人民雖大體有一固定之居處或國屬，但同時它也是遊動的。所謂「商旅於市」，商人常來往貿易，不恒居所。農民卻也一樣會有流動。例如西周的「三年爰居」，三年易地耕種；或戰國時期，農家許行率其弟子由南方遷去魏國，皆為遊居之例。

春秋末期，貴族凌夷以及諸國攻伐，擴大了這種人民的流動性，人肆其遊，所以孔子說：「父母在，不遠遊，遊必有方」，勸人在遊時須有點節制。但此時對遊之基本態度仍是肯定的，孔子本人更曾周遊天下，他所帶領的弟子就是個遊士集團。顯見「遊」在這個時代，乃是一主要活動方式，其價值亦被充分認可，莊子的〈逍遙遊〉，便是揭舉這種價值的重要宣言。

但是，在這個遊士遊居遊行的時代，居民意識及定居的生活型態也正在滋長。所以孔子才會批評：「士而懷居，不足以為士矣」、「君子懷德，小人懷土」。依孔子莊子之見，人若以成為君子自期，就不應該懷居懷土。換言之，當時一般人大概頗有不少是懷居懷土的，孔子莊子則對此新興現象不甚認同。

然而，此類居民意識，在戰國末期卻得到了統治者及某些思想家之嘉許，並妥為運用。如管仲、商鞅所發展的「農戰」觀念，秦所實施的「編戶齊民」制度，都是把人民視為國家所能具體掌握的人力，編入戶籍、列入地屬版籍，來向之收稅及征調力役。對於那些不懷居不懷土的遊士遊俠，則痛斥為國之蠹蟲。謂定居農民為良民，較定居農民流動的商工為賤民，更具流動性的遊士遊俠，則為奸民。

漢興而後，沿襲秦法，以編戶齊民、身分良賤制為主要體制，宣揚「安土重遷」的道德，發展精耕農作，以使人民能不再遊耕，成為「土戶」。並在政策導向上重農抑商，提倡返本、敦厚、質實之文化精神，把原先做為祖先血緣崇拜的「社」，轉變為以土地為信仰對象的社祀④。

在這種居民意識的定居社會中，《楚辭・遠遊》乃隨著屈原傳說的塑造成形而成為失鄉流人的哀吟。「去國懷鄉」的士人形象及其精神內涵，乃因此而銘刻在漢代以後的知識分子心靈圖式中。遠遊，不再是逍遙的上下與天地同流，或理想的追尋，往適樂土。而是遭受到打擊挫折後被迫喪失其鄉土，是遇到謫譴的「遷徙刑」。故在心靈上異常痛苦，只能行吟澤畔，形容憔悴，顏色枯槁。

這時才有鄉愁。因為人是不能離開鄉土的，離鄉者才必須懷鄉、才必須思歸。遠遊，則是孤寂、寒冷、憔悴的。行役之苦，遊子之哀，遂出現在〈古詩十九首〉之中。「迴車駕言邁，悠悠涉長道，四顧何茫茫，東風搖百草」，人之遠遊，被拉來和人之去世做了類比，因為兩者都是對生活之此世此地的遠離。居人懷念遊子，即彷彿生者傷懷逝者一般。

因此，遊是遠離，田園則是回歸之處所。「仕／隱」的架構，和「遊／居」、「去離／回歸」、「市朝／田園」、「汙濁／素樸潔淨」、「俗／聖」相結合。從漢末張衡賦〈歸田〉以來，王粲賦〈登樓〉、陶淵明賦〈歸去來〉，田園或歸田園居的行動，代表了反璞歸真、棄俗滌塵，以安頓人自我的靈魂。

古詩之傷遊子、魏晉之歸田園，於此乃成為一種文學之典型與傳統，也成為後世文學閱讀者最注意的對象。在這個時期，固然也有山水文學，但因隋唐以後，知識份子淪謫遭貶及遊宦棲遲的感受，強化了那種傷遊子、嘆飄泊的傳統。而仕旅不順之後，回歸田園故里的行動，更成為許多人的價值選擇。故唐詩宋詞中，最令我們印象深刻的，仍是懷鄉、思歸、念遠方之遊子、傷自己身世之飄零等等，而非山水遊賞之樂及逍遙遠舉的態度。

唐詩在初期，便有杜審言「獨有宦遊人，偏驚物候新」的感傷。中葉以後古文運動興起，柳宗元的遊記被視為中國遊記文學的高峰。但這批遊記其實仍是王粲登樓式的聲腔：「雖信美而非吾土兮，曾何足以少留？」故奚又溥〈徐霞客遊記序〉批評道：「子厚永州諸記，不過借山水一丘一壑，以自寫其胸中塊壘奇倔之思，非遊之大觀也」。嗣後，宋詞中范仲淹嘆羈旅遠成、柳永傷楊柳岸曉風殘月、東坡企盼歸鄉與弟弟聯床夜話……，到范成大大量描述田家樂的《四時田園雜興》，這種田園化越來越徹底，田園詩人陶淵明的地位也越來越高，成為詩人之最高典型。

若把明末遊記小品相對於這個傳統來看，其特色就非常明顯了。「山水遊旅」正是「歸田園居」的另一端，所表現的，乃是不安土重遷、不以田園為價值的歸嚮。不認為遊只是暫時的出離而需要回返，也沒有鄉愁。這些遊子，亦不嘆飄泊、傷身世、感棲遲。因此家園與遊旅並不構成一種內在緊張關係。晚明小品文家似乎只是專心、熱情地去遊玩、遊觀、遊賞、遊歷，並記下他們的遊觀蹤跡與見聞。在遊時，他們既不繫念家鄉的綠羅裙及紅酥手，更不曾認為出遊代表身心遭到污染，「素衣化為緇」，而須回歸田園去洗滌靈魂、慰療入世的創傷。相反的，所遊之處、或遊的行動，即是聖潔世界，代替了田園鄉土，可以做為身心依止之處所。

此類遊記，與孔子、屈原的遊也不一樣。孔子、屈原之遠遊，是為了求道或行道，栖栖皇皇、奔走道途。遊乃過程，目的在於理想的獲得或實踐。故孔子的遊，是「道不行，則乘桴浮於海」，由於道的失落，才造成他的遊動；屈原的遠遊，是升玄入冥，遐涉八荒，而欲「與泰初而為鄰」。由於未獲道真，才須遠遊以求之。這時，人內在都是虛欠的，要藉著遊來滿足。因此，遊畢竟仍有些不得已的意味。若天下有道，則孔子可以不遊；若價值與理想已然確立，屈原當也可不必遠遊。

在此，遠遊本身皆只是過程，只是手段。猶如司馬遷登嵯峒、探禹穴，其目的並不在於遊賞遊觀，而是藉此博古、證聞、廣其閱歷。和晚明人士之遊，顯然也有根本性質上的差異。故前舉奚又溥〈徐霞客遊記序〉云：

> 夫司馬、柳州以遊為文者也。然子厚〈永州〉諸記，不過借一丘一壑以自寫其胸中塊壘奇倔之思，非遊之大觀也。子長西至崆峒、北過逐鹿、東漸於海、南浮於江淮，遊亦壯矣。要以助發其精神、鼓盪其奇氣，為文章用。故《史記》一書，佚宕雄邁，獨絕千古，而記遊之文顧缺焉。

司馬遷式的遊，有遊歷而無遊記；柳宗元式的遊，有遊記而志不在遊。兩者均不是因為認同遊的價值，故為遊而遊。徐霞客卻是的。與徐霞客一樣態度的許多晚明小品文家，遊蹤雖不及徐霞客廣遠，精神意趣實相彷彿。如袁中道〈東遊記〉便說家是不能長住的：「其勢有不能久居者，家累逼迫，外緣倥傯，俗客溷擾，了無閑時，以此欲離家遠遊。一者，吳越山水，可以滌浣俗腸。二者，良朋勝友，上之以學問相印證，次之以晤言消永日」（《珂雪齋前集》卷十二）。

因此，從遊歷的型態和遊記的演變來看，我們可以發現：到了徐霞客時，遊已從不得已的、異常的、感傷的狀態，轉變成了對新世界的探索；也從以遊來實現人生價值，變成了遊本身就是價值。

袁中道所說，遊可以親近山水、滌浣俗腸，或出遊可與良朋勝友晤會，都是遊所能創造的價值。《列子》曾云：「有人去鄉土遊於四方而不歸者，世謂之為狂蕩之人也」。古詩批評此類蕩子，云：「蕩子行不歸，空床難獨守」。都是站在定居家園者的角度，認為只有安分守住鄉土家庭，才是人類生活的正當狀態，離鄉出遊，帶來的，都是負面的意象和價值感，謂「胡馬依北風，越鳥巢南枝」，人情同於懷土。故行行重行行，與君生別離。旅行遊觀的背後，其實支撐著濃重的傷別意識。縱或敘述眼前風物，對遠遊本身卻沒什麼價值認同感。而袁中道的講法，則逆轉了這樣的價值判斷。家居才可能使人俗、使人孤陋、使人不閑。必須出遊，方能洗濯胸襟。

家，在此代表世俗社會。出遊，則開啟了自然世界（**山水**），及人文的意義世界（**師友**）。遊不再有離別的感傷、狂蕩的罪名、或遭塵垢汙染的危機。

（三）進入交遊世界

遊人的倫理，與居人甚為不同。居人「涉江采芙蓉，蘭澤多芳草，采之欲遺誰？所思在遠道。還顧望舊鄉，長路漫浩浩。同心而離居，憂傷以終老」（〈**古詩十九首**〉），所重視的，是家人共同住在一塊的溫馨感，以及夫婦情好的關係，故總不免傷離別、起相思。遊人卻不。出遊根本沒有離別的感傷，也沒有對家的顧戀。對夫婦情好關係，更缺乏定居鄉土者那樣的珍視態度。

以袁中郎為例。他有〈家報〉一文，謂：「田宅尤不必買。他年若得休致，但乞白門一畝閑地、茅屋三間，兒願足矣。家中數畝，自留與妻子度日，我不管她，她亦照管不得我也」。這就是遊子的態度。遊子不喜歡求田問舍，田舍對居人所具有的根源或歸宿意義，在遊子眼中只覺其為累贅。夫婦情好，在其生活中亦無必要。故他又有給江進之柬云：「弟意欲往杭。無他，不過欲尋閑談之方丈、遠閨閣之佳人、寫山水之奇態」。閨閣佳人，所謂盈盈樓上女，皎皎當窗牖，娥娥紅粉粧，纖纖出素手者，正是遊子所擬遠去的對象。如此心境，怎麼還會「上言長相思，下言久別離」？

中郎是個「放浪丘壑，怡心山水」（〈孫心易〉）的人，「或即渡江探會稽五泄，或泛海參十二面大士，或從海道入雁蕩，上武夷」「但有好山水，有米糧，一月也得，一年也得，不必安排」（〈江進之〉）。此等遊子，從居人的角度來看，自屬浮浪之人。所以他在寫給舅舅龔惟長的信上談到人生有五種真樂，其中第四項快活便是：「千金買一舟，舟中置鼓吹一部，妓妾數人，遊閑數人，浮家泛宅，不知老之將至」。

人生如此快活，「受用至此十年，家資田地蕩盡矣。然後一身狼狽，朝不謀夕，托鉢歌妓之院，分餐孤老之盤，往來鄉親，恬不知恥，五快活也」。他自己認為人生有一於此，生可無愧，死且不朽。

這就是遊者的人生觀。旅行是遊觀，歌舞嬉謔是遊戲，與遊閑相交遊，以至於成為遊丐，不亦快哉！其生活是流動的，屬於江湖，不屬於鄉土，故索性賣掉了田舍，蕩盡了家資，而浮家泛宅於舟中。

這是個極端的例子吧？不！聞啟祥〈西湖船會〉一文就說道：人若居，縱使居山，依然是不流動的，「山居飲食寢處常住不移，而舟則活。山居看山，向背橫斜一定不易，而舟則幻。山居剝啄應對猶苦未免，而舟則意東而東、意西而西」。所以希望集合十個朋友，十年之間，造十條船，「人主一舟，忽焉雲合，忽焉鳥散。於焉晤嘆，於焉詠歌。觀衡對宇之歡，賞文析義之義，不在陸而在水，不在屋而在舟」。要以「玄真浮家、米顛書畫舫、廉夫春水船」為楷模⑤。

浪遊者棄其田土，沒有比這更絕決的了。定居者所嚮往的家室之好，自然也不放在心上。因此，在安土重遷傳統中甚為強調的情愛主題，在這裡便十分淡漠。就像袁中郎所說的那樣，思鄉念遠、遊人欲歸等等，在這些記遊文字中都很難發現。

晚明小品當然十分重視「情」，但那只是對女人的美感欣賞與享用，亦即欲望的美感化而已，並不企求有兩性生命融合的愛情。故衛泳《冰雪攜．談美人》論美人之神態情趣，萬般欣賞，卻總結道：

負心吾不忍為，痴心又不禁也。自此緣深情重，何時脫離？展轉愛戀，交互纏綿，流浪生死海中，何時出頭？不若暫時籠鳥瓶花，點綴光景，到頭來各奔前程。大家不致耽誤，何如何如？說至此，亦自知殺風景極矣。然不能不殺風景也。昔日袁中郎在天竺大士前祝曰：「只願今生得壽，不生子，侍妾數十人足矣」，極得此意。

浪人與遊子的愛情觀，正如海客浮舟，在每個港口，可能都有一段情史。但他不會安住定居於其間。暫時點綴光景，為此人生添些顏色，到頭來仍是要各奔前程的。此類情愛對象，自以侍妾及娼妓為宜。妻孥，在遊子心中，是最難安頓位置的。故《冰雪攜》又有〈及時行樂〉一則，說男人面對美人要及時行樂；但「一生也要有別離時方有致」。各奔前程，揮手遠離，對遊子來說，不但不會像定居者那樣傷心黯然、神消骨醉，更被認為是有美感的事⑥。

對此，許多人可能會感到難以接受，但這是沒辦法的倫理衝突。在遊子的人倫關係中，比夫婦一倫更要緊的，是朋友一倫。所以我們看晚明小品，特饒友朋遊賞之趣，極為強調朋友交遊之樂。袁小修論人之所以要離家遠遊，原因之一便是為了滿足與良朋勝友交遊的樂趣。其〈李溫陵傳〉更說：「我老矣，得一二勝友，終日晤言以遣餘日，即為至快，何必故鄉也」。袁中郎欲遊杭，也說是「欲尋閑談之方丈，遠閨閣之佳人」。凡遊，不是與朋友共，就是旨在訪友。不止二袁，如陳仁錫「及遊則裹歲糧，攜同心一二、奇書數種」（〈記遊〉），顧起元「平生山水之興，最所鍾情。……每遇興到，招致友人」（〈寒松館遊覽詩序〉），魏大中「藝文、友生、山水之好出乎性」（〈碧雲篇題辭〉）……等莫不皆然。即使是男女關係，也常要想辦法轉成朋友關係：

> 焚香啜茗，清談心賞者為上。諧謔角技，攜手閑玩者次之。酌酒餞殺、沉酣潦倒者為下。一至牽衣連坐，便俗殺不可當矣（《冰雪攜・晤對》）。

不牽衣連坐，而只對坐清談，就是轉「男女」為「友朋」。這是晚明人的理想，希望美人同時又是知己，成為所謂的紅粉知己。雖然這個美人可能連字也不認得，依然要如此：「間有不能識字，暇中聊為陳設，共話古今奇勝，紅粉自有知音」（同上，〈博古〉）。

在紅粉中覓知己，只是晚明人交友活動之一環。這是個士人熱衷於交遊的時代。如張岱，

「大江以南，凡黃冠、劍客、緇衣、伶工，畢集其廬」（硯雲甲編本《陶庵夢憶》序）；或陳繼儒，雖「賣文之外，絕妄漁、愧干請」，卻「交大遊廣……一生似動而靜，似靜而動，客眾厭其喧，客去苦其寂。每當春秋佳日……一時名姝騷客，輻湊而至」（陳夢蓮《眉公府君年譜》），都是有名的例子。此一風氣，據錢謙益說，始於嘉靖年間：

> 本朝布衣以詩名者，多封己自好，不輕出遊人間。其挾詩卷、攜竿牘，遨遊縉紳，如晚宋所謂山人者，嘉靖間自子充始。在北方則謝茂榛、鄭若庸。此後接跡如市人矣（《列朝詩集小傳》）丁集上〈吳山人擴傳〉）。

士出遊人間，甚或遨遊於縉紳之門，才會形成晚明遍地「山人」的現象，如薛岡《天爵堂筆餘》卷三所說：「今長安中，無位而遊者，不分牛驥，皆自稱山人」。所謂山人，實即遊士之別名，故薛氏《辭友人稱山人書》又云：「今日遊客，動號山人……遊大人以成名……交無深淺，稱皆知己」（《天爵堂集》卷十八）。

在一個強調交友、重視交遊的時代，士以交遊廣大自期，以求覓知己為事，既已蔚為風俗，則必有以此為俗，而力求避免者。如薛岡就是。又，曾異撰也說：「今世之所謂遊者，我知之矣。其卑卑曳裾者無論，高者挾一冊一卷，往而師一先生，謁當世大人數輩，投刺名下士數輩，歸而索贈言十數通，評文滿紙，嘐嘐然揭揭然建鼓而號於人曰：『某吾師也，某吾友也』。今世之所謂遊者，如斯而已矣」，所以他推崇他的朋友李世熊，謂其遊歷「歷覽之奇，未聞求一友，訪一士」（〈送林守一重遊吳越序〉）。可見他推行的，乃是一種「以遊為交，非以交遊」、「雖不以交遊，且以遊獲交」的倫理態度，欲以矯厲流俗。

又有些人則主張交友須更嚴格，須有條件，以免交遊浮濫，反損遊興，如吳從先〈賞心樂事〉云：「凡遊戲結伴，有一不韻，尚令煙霞變色、花鳥短致，況高齋秘閣乎？必心千秋而不迂者，冥心而不妄解者、破寂寥者、談鋒健而甘枯坐者、氤氳不噴噪者、不顛倒古今而浪駁者、奏調皆合者，或師之、或友之，皆吾徒也」。此即擇友論。

無論是主張慎交，或主張以遊為交，都不反對遊，因此這種反山人反交遊的議論，其實正是對遊士精神的進一步深化，要讓遊能更有趣、更有韻、更有品格。遊歷之道，亦復如是。

袁宏道〈高梁橋遊記〉曾描述有一次他與兩友人同遊高梁橋，「堤上遊人，見三人枯坐樹下，若癡禪者，皆相視以為笑。而余等亦竊謂彼筵中人，喧囂怒詬，山情水意了不相屬，於樂何有也？」這就是兩種遊歷遊賞遊戲的態度，小品文家經常藉著這種對比，來彰顯自己的遊賞方式。認為唯有如此遊，方能得山水之趣、盡遊賞之樂：

> 古今遊三山者，咸便帆過舫，稍稍載筆延討，輒以傲人。是以皮相山靈，貽辱非淺。如此遊山，與未遊等耳（陳仁錫〈記遊〉）。
>
> 午霽，偕諸友至第三橋，落花積地寸餘。遊人少，翻以為快。……少倦，臥地上飲。以面受花，多者浮、少者歌以為樂（袁中郎〈雨後遊六橋記〉）。

遊有四快，而天時之宜、風月之美、眺覽之奇不與焉。遊當茹素之期，不以酒肉絲竹，塵點山靈，一快也。又當淪棄之日……草衣衲屨，遊乃益清，二快也。窮林屋之勝，至於煙迷徑絕，田夫野老，驚相告語，奔走救援，此猶足以徵人心焉，三快也。……不必先結一記遊之想，以撓其登高臨深之天趣，四快也（文震孟〈洞庭遊記序〉）。

把自己和一般遊人區隔開來，或重新發掘遊的樂趣，都是在遊的行為中再建立雅俗的層次感，以提高遊的品味。此種工作，一方面確能達到它的效果，一方面也因它是刻意矯揉而為，有時亦不免於造作，袁小修〈書遊山豪爽語〉謂：「凡古來醉後弄瘋作癲者，固有至性，其中亦有以為豪爽，而欲作如是態者」，即指此言。

（四）遊者亦有道乎

曹淑娟論晚性靈小品處世模式中，謂當時這些記遊文字表現了「美感形相的觀賞」、「心物應感的體驗」、「人情偕好的珍惜」。但此類態度，其實均與上述矯俗為雅之心理有關。例如大家都酒肉絲竹、歌舞鼓吹，我就偏要幽處獨尋，獨立落花；大家都寫遊記，我就偏要說：「遊不必記，記不必文」（陳繼儒〈臥遊編序〉）；大家都選擇良辰佳日出遊，我就偏要在「大雪三日，湖中人鳥聲俱絕」（張岱《陶庵夢憶・湖心亭小記》）中去遊；大家都遊於山林中，我就偏要說：「心有天遊，則朝市之與山林，惡至而分靜躁哉？」（顧起元〈寒松館遊覽

詩序〉）

這些文字，都不能太認真看待，以為晚明人真的那麼清高絕塵。蓋此僅是故作絕俗語，以顯示自己的遊與眾不同罷了。例如袁中郎，自稱「堂前列鼎，堂後度曲，賓客滿席，男女交舄，燭氣熏天，珠翠委地」、「千金買一舟，舟中置鼓吹一部，妓妾數人，浮家泛宅」為人生之至樂。出遊時又對遊客「舟中麗人，皆時裝淡服，摩肩簇屣，汗透重紗如雨。其男女之雜、燦爛之景，不可名狀」（〈荷花蕩〉），至為欣賞。則其人顯然並不盡為出遊時枯坐痴禪之人，更未必只是遊人稀少才以為快之人。因此，這些文字，必須從旅遊者的心態上去了解。喜歡遊的人、認同遊的價值的人，要不就是經常表示：大家雖然遊一樣的地方，看一樣的風景，可是我之所見、我遊的品質與層次，卻要比你們都高。要不就是說：我遊的地方，你們都沒去遊過哩。

因為遠遊者既不為實現自己的理想而遊，而是逕以遊為理想，遊便愈遠愈好，愈奇愈妙。愈遠愈奇，愈能顯示出遊的價值。例如東坡貶於海南島時，雖在島上四處遊覽觀玩，卻總不免恚怨，所謂：「登高望中原，但見積水空，此生當安歸？四顧真途窮」（〈行瓊儋間，肩輿坐睡，夢中得句，覺而遇清風急雨，戲作此數句〉）；直到渡海北歸，回顧這段遊歷經過時，才從遊的本身之價值來讚嘆：「九死南荒吾不恨，茲遊奇絕冠平生」（〈六月廿日夜渡海〉）。愈是奇絕的旅途，愈是九死一生的經歷，愈能表現出遊的價值，此即明證。世之旅遊者，之所以喜歡尋幽涉奇、探險獵異，其心理狀態亦正如是。

也因此我們才會看到徐霞客這樣的人物。像袁中郎、袁小修等，其遊跡均與一般人無大差異，所以就偏重於從遊的趣味、品質方面來表現自己喜歡遊也會遊。對於大部份小品文家來說，真去窮山惡水中遊歷，必會「煙迷徑絕，田夫野老，驚相告語，奔走救援」。因為此輩文人遊士，雖輒號為山人，而實不居山，本非山林野老，僅僅是去遊山的客人而已。要遠涉遐遊，力所未逮，故不能不於層次境界上著力，徐霞客卻是另一種類型。

徐之好友陳繼儒，乃「飛來飛去宰相家」之山人典型，好交遊而不能旅遊，故編有《臥遊編》，說道：

> 且山遊之難我知之矣：巨靈五丁洗鑿之地，半出於神鬼護呵，俗子命車，則風雷雨雹隨其後，非夙具靈根者不能遊。猱巖虎窟，蛟穴鼉宮，與夫族家叢祠之林，狐狸嘯而鵂鶹啼，非有膽智者不能遊。棧腐梯殘，葛枯蘿脆，非捷如猿鳥而頑如樵牧者不能遊。寒暑載途，變色而進，喘不續吁，胸與膝柱，非精爽壯旺而好奇者不能遊。諸遊具矣，而糾於俗務、頓於老病、左於非時⑦。

此雖不免有為自己解嘲之意味，卻也道出了遊歷的困難。而也正因遊歷如此之難，所以遠遊的價值就愈高，徐霞客這樣的人也就出現了。

徐氏之遊，旨在由旅遊以觀天地之大觀奇觀，除此之外，別無目的。故其遊，友人黃道周謂其為「搜奇」（〈分拈十六韻・引〉），友人康秦謂其「多少奇峰收拾盡」（〈問先生粵中山水作〉）「探奇」（〈與先生夜酌〉）。陳函輝所撰〈徐霞客墓志銘〉也說他：「欲問奇於名山大川」。

今存《徐霞客遊記》，並無徐氏遊京城都邑、名勝古蹟的記錄。所遊的，乃是天台山、雁蕩山、白岳山、黃山、武夷山、廬山、九鯉湖、嵩山、太華山、太和山、五台山、恒山及滇黔各地山川。尤其是在雲南貴州，當時人視為蠻荒之域，其遊跡則最遠、歷時亦最久。

可見徐氏之遊，頗有探險涉奇之意，有「九死南荒吾不恨，玆遊奇絕冠平生」之豪情。當時人王士性稱此為「遊道」。

王士性（一五四七—一五九八），萬曆五年進士，平生遊蹤，除福建以外，遍及當時兩京十二省，著有《五嶽遊草》、《廣遊志》、《廣志繹》等書，乃當時遊歷之大家，又與屠隆、王百穀、湯顯祖交好。唯其集久佚，故論晚明小品者均不知徵述⑧。他曾有信寄給屠隆，說自己車轂馬跡已遍燕、齊、趙、魏、隴、蜀、荊、襄，「當其意得，生死可忘，吾我盡喪，嘗怪世路人不能盡識」，並勸屠隆效法他：

> 舟過吳閶門，聞足下除夕尚滯留新都，乃為一詩招隱，投王百谷半偈庵中，未知足下有味乎余言否也。……足下詩道卓矣，遊道則未知。

所謂「遊道」，可有兩種說法，王士性〈寄何振卿〉云：「僕椎不文……每知慕古成性，又好遊……無論五嶽，即峨嵋點蒼，猶極意冒險攀躋為快」。又（《五嶽遊草・華遊記》）云登太華山時，進退失所，想到：「蘇子瞻謂食河豚美，足當一死。矧余得當太華哉！死生命耳。平生度險多矣，乃握念用息，仍曳衣而寸升之。」這種冒險攀躋、探險的精神，不避危難，越危險越有成就感，正是遊道之一端。而冒險之時，死生可忘，吾我盡喪，更是技進於道了。

遊，就必須在這樣的冒險陟奇之中，才能體驗出超絕流俗的快感，具有一種精神性的價值。所以王士性在《五嶽遊草・序》中揭出天遊、神遊、人遊之不同，說自己只能稱為人遊，但此道「卑之或玩物，高之亦采真」：

> 客有濯纓詢余溪頭，爰問余曰：「子好遊乎？夫遊亦有道耶？」曰：「心志不分者神凝，耳目不眩者慮定。故丈人之承蜩也，若或掇之也；夏侯氏之倚柱而書也，雷霆而嬰兒之也。余之嗜遊，類有然者。夫遊必具賓主，戒車徒，提筐篋，語云：良辰美景，賞心樂事，所以試也。余遊則不擇是。當其霜雪慘烈，手足皴病，波濤撼空，帆檣半覆，朝畏嵐煙，夜犯虎跡，垂堂不坐，千金誰擲，余不其然。余此委蛻於大冶乎何惜？遇佳山川則遊。抑或王程有嚴，星分夙駕，受命大吏，弩矢是荷，風波眼底，緇塵滿袖，迂迴間道，動稱掣肘，余不其然……昔人一泉之旁，一山之阻，神林鬼塚，魑魅之穴，猿猱所家，魚龍所宮，無不託足焉，真吾師也。豈此於枕上乎何有？遇佳山川則遊。又或百憂忞心，萬事勞形，死生離別，黯然銷魂，雲陰月黑，風雨連旬，追歡買笑，強顏掀脣，余不其然。余此郎當舞袖，一付偃師氏之手，遇佳山川則遊。吾視天地間一切造化之變，人情物理，悲喜順逆之道，無不於吾遊寄焉。當其意得，形骸可忘，吾我盡喪，吾亦不知何者為玩物，吾亦不知何者為采真。」

從境界上說，是技進於道，由一藝一玩，進而達到契乎道真的地步。從主體感受體驗上說，則在遊之時根本管不到什麼契道與否的問題，一切價值，就在當下，俱足於遊的活動之中。此之謂「遊道」。遊的價值觀以及遊做為一種人生觀，這篇文章講得再清楚不過了。

從客觀意義上看，則如此浪遊，也是對世界的重新探索。

春秋戰國時期孔子的遊歷、屈原的遠遊，都重在自我理想的實現，而非對外在世界的理解。差別只在於孔子式的遠遊，是為了要實現自己的理想才離鄉遠涉，去父母之邦。屈原式的遠遊，則是因理想喪失，故而流離失所，去國懷鄉、憂思罹騷。兩者都重在表述自己的理想，即主觀面的希冀與失落，而不甚在意外在世界的描述。因此孔子雖遊跡甚遠，我們卻無法由其所遺文獻中看到任何有關其所經地域之描繪。讀屈原的《離騷》，我們也只能想見其為人，聽見澤畔行吟者心裡的吶喊，卻很難認識其所行吟之澤畔，不知彼時澤畔之景觀究竟如何。至於莊子的逍遙遊，遊心於淡，合氣於漠，心有天遊，外物若遺，更是純屬內心境界之遊，故超舉於六合之外，遊於荒唐悠眇的無何有之鄉。

所以此時士之遊歷，只顯露了遊之意識的主觀面，欲透過遠遊去實現自己的抱負、成就自我，甚或自遊於心。而尚未能關注其客觀面，未能通過遠遊去理解外在的世界。

此一客觀面的開顯，須待漢朝以後始漸展露。漢代的賦，本來就是一種鋪陳物類的文體，後人往往嗤其敷飾閎夸而不見諷喻，殊不知此正為其重大價值之所在。它超越了詩人抒情言志的格局，較為注意對外部世界的描寫，寫宮殿、紀江海、狀京都、圖鳥獸、賦物色，比物連類，鋪陳敘述以摹寫世狀。這種文體雖在漢朝以前即已出現，如屈原的〈橘頌〉、荀子的〈賦篇〉，都是體物陳辭的，但其體大盛，畢竟仍在漢朝。這與漢人重視氣類世界之思想有密切的關聯，董仲舒即有〈山川頌〉一文，「風景」一詞也在漢代逐漸形成，故其重視外在世界之構成與景物，實為該時代之特色。

而尤應注意的是：此種觀物態度，與遊士意識結合，亦始於漢朝。如班叔皮〈北征〉、曹大家〈東征〉之類紀行之賦，往下發展，即成為魏晉間的遊覽之賦，如孫綽〈遊天台山賦〉等，形成遊記文學的先聲。

由此，便出現了兩種有關旅遊的表述，一是偏重於描寫行旅之苦、遠遊之心情，而較少對外界物色的描繪，如〈古詩十九首〉所云：「行行重行行，與君生別離。……浮雲蔽白日，遊子不顧反」、「人生天地間，忽如遠行客，驅車策駑馬，遊戲宛與洛」，可說是孔子式或屈原式遠遊的延續。遊，由真正的遊歷以求實現理想，發展到對於遊的人生思考。

另一種，則重點並不在於主觀面的抒情言志，而是側重物色描述，成為客觀的紀載。如《華陽國志》、《荊楚風土記》、《水經注》之類。這些紀錄各地風土民物景觀之作，態度是客觀的，既不摻雜個人理想的實現與失落之感，也沒有旅遊者遠離鄉土的情感糾葛。只是就某地某山某水，客觀描述其物色景觀而已。

這主客分流的情形，至唐朝始漸趨結合。柳宗元〈永州八記〉這類作品，不僅在主觀上刻畫了懷鄉去國的原因，表達了失鄉者的心情，記述了此地與故土的空間距離和心理衝擊、流露了思鄉的情緒，也具體描寫了永州西山、鈷鉧潭等地之景觀。主觀的心情與客觀世界的描寫，合而為一，「抒情言志」與「寫物」整合在一篇篇遊記中。

但是，這時仍然是「以客襯主」或「以客顯主」的。寫景固然深刻細緻，畢竟目的不在於寫景；記敘永州之風土固然詳晰，宗旨終究是為了表達懷鄉者的感慨，重點仍然在於抒情。這就是柳宗元和明朝徐霞客不一樣的地方了。

徐霞客、王士性等人的記遊文字，和柳宗元一樣有著主客合一的寫作型態，但不是以客顯主式的，他們是「以主入客」，進入山川景觀之中，全身心地投入旅遊，以欣賞風光物色。因此，遊本身的價值才被凸顯出來。王士性區分「天遊」、「神遊」與「人遊」，意即在此。所謂天遊，莽蕩其馬，支離其御，睹六合之外，乃莊周之超然物表也。神遊者，偶然精神寄託於某山某水，如黃帝之夢遊於華胥國。兩者都是主觀性的遊。人遊，則神林鬼塚、魚龍宮穴，皆應涉足。進入客觀世界，去仔細體會其間之夷阻、享受其中的風雨、經驗各地的人情土俗。

他們的文字，也因此而介乎客觀地志及抒情文章之間。不盡然只表達美的感受、描述主觀審美所見，也有許多具客觀意義的記錄，可正山經地志之誤、補史之缺文。如《徐霞客遊記》就被視為地理學之名著，其中對江源之考證、巴斯喀溶洞地形的討論、植物品類之介紹，均甚受學界重視。王士性《廣遊志》、《廣志繹》等書亦是如此⑨。

我認為晚明地理學之興，即由此處導出。如顧炎武《天下郡國利病書》卷一《輿地山川總論》全文照錄了《五嶽遊草》中論地脈、形勝、風土三節文字。《肇域志》記兩京十三省地理現象，在各省的結尾部分，也都抄錄了《廣志繹》各相關省份的內容。其他晚明地學著作，如謝肇淛《滇略》、陳第《五嶽遊草》《東番記》等，亦均與遊歷行為及遊記寫作有關⑩。

（五）遊觀晚明之史

遊是複雜的現象，因此也可以從許多角度來分析，晚明文人之遊，體現了遊之精神的豐富面相，也是貫穿其眾多行為表現之重要線索。本文主要是歷史性的討論。論史者觀其勢，故首先說明這個時期的遠遊意識如何逆轉了鄉居安土的傳統。其次論遊子的倫理態度、生活方式、交遊狀況。再其次，則談遊者尚異旌奇的心理狀態，以及在旅遊中獲得生命價值之現象。其「遊道」之建立，既確立了遊的價值，也開啟了探索世界的新傳統。

晚明小品中遊之意識的研究，當然可以不止於是，例如遊戲的人生觀、創作觀，遊園的意義，遊與心理治療，遊與書畫藝術之關聯等等，均可循此線索面賡續探討之。本文聊為嚆引，以待同聲⑪。

三、居人的神遊臥遊

我們現在回顧歷史，總覺得旅遊好像是每個時代都有的事，遊記似乎更是古已有之，歷代不缺。但在某一特定時空中，遊與遊記卻未必如此理所當然。晚明的遊風與遊記，乃是發展而成的，熱心提倡遊道，鼓吹且慫恿旅遊，如王士性之類人物，居功厥偉。王士性有尺牘〈寄吳伯與學憲〉云：

不佞嘗讀何振卿《遊名山記》。前輩風流，惟都公元敬、喬公白巖足跡遍天下，而彩筆未光，山靈氣短。足下婚嫁未畢，五岳已四。讀足下《華山記》，始覺三峰神王耳。然振卿本雖冗，而蒐輯之功多。至慎氏刪而節之，參以魚目，便成惡道。足下校文之暇，何不取其書，筆削成一家言？亦奇事也。

顯然嘉靖萬曆以前，遊風不及其後之盛，遊記也不如以後多。何氏蒐輯古代遊山之文，慎氏刪節以廣流傳，王士性又勸吳伯與重新整理一部記遊文學專著，均可見遊與遊記已漸被當成一回事來看待。吳氏本人也有遊記之作。

王士性另有〈寄何振卿〉云：「几上置明公遊記一部，鞭箠退食，即夜闌，猶燒燭讀之數首，當臥遊焉」。可見何氏所編之書，正是王士性這類人取法之楷模，希望遊人也能兼具文彩，讓遊記成為一種具文學意味的寫作。故他另有〈答艾淳卿〉說：「光州君故是奇人，記太華遊，頗稱凌厲之筆。足下風塵表物，當復倍之，乃翰教止於終南，何以故？」對於艾淳卿沒能好好寫遊記，他是頗覺遺憾的。

王士性不但鼓勵或讚賞人家寫遊記、編輯紀遊文學，更積極慫恿別人一道去遊。例如〈與劉忠父〉云：「放舟笠澤，一坐洞庭君珊瑚床上，須俟足下共之。僕已駕數楹於天台、桃源之間，存劉阮故蹟，計九日可成。足下倘有龍山之興，僕且持茱萸一枝俟於山下可乎？」這類邀遊信柬，常近於苦口婆心，如〈與王胤昌〉：「明公此行當遂浮江漢而下，弔黃鶴赤壁遺蹤，南上匡廬，跨白鹿，當勝覽矣。弟由此遄歸則已，若欲訪趙蘭溪、會張西湖，則漸入吳越之間。……若泛蘭溪二百里，可度括蒼。又二百抵台中，又一百里而遙，則登海嶠、上雁蕩。……過李白所夢天姥，便拏舟下剡川、泊鑑湖、探禹穴、躡會稽、修禊蘭亭、弄錢塘潮而歸，亦一快也。明公其有意乎？」

旅遊時，獨遊當然有獨遊的樂趣，但「遊」本來就與「交遊」有著親密的親屬關係，出遊也往往具有和朋友同遊的意念，正如遊戲常是要與友人一道玩才能構成的。凡人欲去旅遊，都喜歡拉朋引伴。王士性之邀遊，殆即類此。

然王氏之意，似又不止於如此。因為常人總是憚於遠涉的。困於俗務，有時也難以拋下一切，逕自出去遊歷一番。朋友的慫恿鼓動，就是極為重要的動力。王士性所扮演的，就是這個推動者的角色。

他與屠隆的關係，便可從此處來理解。

屠隆是典型的「居人」，王士性則是典型的「遊子」。屠隆曾對王士性感嘆居官甚苦，擬歸隱山林。王士性便勸他出來遊旅。因為遊旅乃是遊世，既不住於世俗，又不是真正出世，王氏覺得最符合屠隆之需。但屠隆一直不肯出遊，提出了各種理由。王氏則一再勸勉，以遊道相勗。兩人之往復論答，足以證明當時提倡遊道也是頗費了氣力的。

以下依《王恒叔近稿》尺牘部分之順序，略為介紹兩人的見解。〈與屠長卿〉云：

至所三嘆於軒冕之苦、山林之樂，則片言隻語，咸當僕心。起擊唾壺，不覺為缺。然足下母老而貧，勢不得逃於山林，且當住世出世。……秋冬之間，一驢一僕，訪括蒼、度石門，宿嚴陵釣台。兩上匡廬，尋白鹿跨之。棹歌武夷九曲中。還至四明，登雪竇。渡海謁大士於普陀之上，而息足焉。獨過足下門，不得與足下拍肩共渡滄溟耳。然此東南之美也，則以讓不佞。五岳、太和、峨嵋、點蒼猶待與足下共焉。何如？

本函以東南壯遊歆動屠氏，而另訂再遊之約，確是善於勸遊者的手段。但屠氏顯然仍不肯行動，有信給王士性，大講玄理，說：「塵囂易生厭惡，既生厭惡，乃思逃於清虛。久寂易生淒涼，既生淒涼，必眷念舊日榮華光景」。意謂出遊山川只是對塵囂的出離與逃避，而此種逃避並不徹底，恐怕反而會眷念起榮華來。這麼一說，兩人就從遊不遊的問題，談到人生觀及處世之道的問題了。

王士性這時仍對屠長卿抱有信心，認為屠氏「大隱隱於朝市」，並非眷戀於世味官爵者；但總覺得屠氏尚未真正透悟，恐怕仍不免有世俗之念。因此〈復長卿〉先褒贊後接引，欲屠氏更進一步：

足下蟬蛻世味，早了玄關，不佞所深信也。即潦倒一官，猶云東方曼倩、陶隱居玩世已爾，非心悅其羶而嗜之。若世人執玉捧盈，徒自戲遊三昧，如負破甑而趨也。一旦墮則墮耳，復何所顧戀，而云足下動念耶？人生一息不來，四大猶捨，矧區區頭上一冠何足有無？以足下動念者，或好事者自度度人，謂理或有，不知足下超然世法之好，固別有一種乾坤也。

抑不佞又嘗思之，茫茫身世，對境何窮，一念之差，便至失腳。覺和尚誤向史浩片言，遂落為彌遠；蘇子瞻、王龜齡諸公前身亦皆比丘。此轉輪業中，如側足而臨百仞之淵，可為危懼，在足下堅持之。元宵左右，當就足下分半榻語。

王氏對屠隆的用心，實甚深至，苦欲度化他，這封信可為明證。惜屠氏之反應，越來越讓王氏覺得屠隆是在敷衍他，故〈與長卿〉說：

> 足下屢語僕以台、鴈之約，乃東行李待也，而與足下竟參商。僕則拉一二所知，逕走鴈宕，宿江心，登玉甑峰，望大海出日，雖乏孫山人赤腳發狂大叫，而胸中萬斛積垢亦庶幾盡取而滌之。正悵不得與足下俱，乃歸不二日而足下以書至，至稱聞道後不復以名山洞府為念，繼之見坐一室即是九州。僕回首昨遊，真所謂肉視尸行，怳然自失也。至云既究禪觀，更講還丹，則僕不能無疑。謂三教之於世不能偏廢可矣，而烏云能同？
>
> 僕昨從長安道中不語足下以觀火之說乎？儒者之教，斤斤於生人，而不屑屑於死後者。是火之在燈，明於夜，而不明於晝也。仙則脫離死生，白日沖舉，能以其身與乾坤同久。然能與乾坤同久耳，未有乾坤毀而存者。則譬之炭而火，其光歷晝夜能存，然灰飛而燼滅矣。莊生云：「列子御風而行，冷冷然矣。然猶有待也」。彼見性成佛者，修性而不修命，故能若亡若有，不滅不生，千劫長存。虛空粉碎，猶之五行真火，止存其氣，故擊石有火，燃竹有火，遇物則有，徂化則銷，水激風掀，真性常在。何以故？為其情境俱空，無所待也。仙則渣滓猶存，犯形必毀矣。足下如已究禪觀乎？則靈光千劫，何假九還；如欲更講還丹乎？則河車轉運，火候抽添，既數吸噓，復坐子午，

安能反流全一，六用俱忘，頓悟真空，直下成佛？故二氏之學邈乎異矣。

第謂三教聖人其初從入，皆由苦行，漸以齋心，悠焉坐忘，柄壩在吾，隨緣而度，或仙或佛，是則可耳，未敢謂二氏之本同，學道可互用也。足下三教書成，幸賜僕一覽之。僕近且重九，遠或清明，欲從雪竇度普陀，過足下，劇論斯義。

屠隆所云：「不復以名山洞府為念」、「坐一室即是九州」，乃居人最高明的辯護語。不遊即遊，則遊就成了浪費。詭詞自遁，態度實與他從前謂久寂靜者恐會反而眷念榮華相同。王士性對他這番道理，從兩方面來批評，一是指屠隆所聞之道、所悟之理，實為一團混亂；一則直說倘依屠隆所云，自己遠遊之舉便成了無聊無謂的「肉視尸行」。這是反語，嘲諷屠隆所說根本不成理由，純屬藉口。因此後來一封〈與長卿〉就更不客氣了：

客春孟浪北上，舟過吳閶門，聞足下除夕尚滯留新都，乃為一詩招隱，投百谷半偈庵中，未知足下有味乎余言否也？

不佞自離金閶，今復易歲，莽蒼塵鞅，奔走無休。重以畏途風波為祟，行路之難，自昔記之。第一載中登岱、登華、登太和，得為嶽者三。而峨眉、棧閣、劍門、灩滪，高必千仞，險或重淵，雲霞可餐，星辰堪摘。時或積雪被體，罡風吹衣，沁齒舉袂，寒徹詩脾。又或東海蜃樓，西域雪山，大荒尤物，近在膣胼。兼以周、秦、漢、唐、王侯將相，殘陵敗壁，芳草離離。弔古有詩，探奇有記，車轂馬跡已遍乎燕、齊、趙、魏、隴、蜀、荊、襄。當其意得，生死可忘，吾我盡喪，嘗怪世路人不能盡識。

王生傾蓋寒暄，每每訣吾宦轍。不佞則自謂紅塵衣袖，青山腎腸，匪殉雞肋、止逐羶臭者也。足下詩道卓矣，遊道則未知。足下有老親在，臥遊為是。

本函直謂屠氏不知遊道，又說您老兄還是臥遊罷，頗有分道揚鑣、道不同不相為謀之意。而且指桑罵槐，說屠隆是「世路人」，是貪戀宦仕之雞肋，故滯留於新都者。

這幾封信，不但顯示了居人與遊子間的衝突，也可說明這種衝突具有哲學意義。遊與不遊，不只是個性、喜好、行為方式的差異，還涉及人生意義的選擇。依王士性的看法，「宦途如戲夫，焉可憑乎哉？固知人間世態，喜怒榮辱皆入幻境」（〈寄滕博士〉），並無可以留戀之處。遊，正是他超越世俗人執取於名利狀態的表現。他熱衷於勸人出遊，其實就是由於他討厭人家溺於世俗嗜利。

也即因為如此，故其遊道，殊不同於山人遊士的交遊之道，〈寄田子藝〉說：

賢山之麓、獅水之濱，足下遊道廣矣。瑤篇種種，撐柱奚囊，南國山川恍矣生色。又聞李大夫時與足下飛蓋西園。主人愛客，終日忘疲。足下翩然峨冠上坐，致令宗伯虛左、太史擁篲，咳吐珠玉，滿座風生，興劇而呼，一飲千石，致足樂也。

昔東方曼倩以歲星示化，陶華陽以列仙浪跡。彼其大隱朝市，玩世不恭，嘲笑王侯，簸弄造物，足下蹤跡無乃是耶？然以彼其術皆能和光同塵，處方用圓，牛馬嬰兒，不為物先。若乃正平行哭於座人中，散螟蛉乎貴介，識者無不飲恨奸雄，甘心豪傑。而利器揮霍，自足殞身，二子不為無過也。世人欲殺，古昔所慨，今當事欠憐才者幾人？

足下業已籠絡仕途，則不得一以山人自命。足下自惟豪傑，欲以孤立行一意乎？然能裂冠毀冕乃為可也。夫欲逃山林，則不得懷雞肋之愛；猶羈簪紱，胡可嘆行路之難？願足下以嵇、禰為戒，勿為東方生所笑。

僕雖足下晚交，而傾蓋肝腸，便欲提出，故不憚盡言相正。

王士性曾說王承父是真山人，無人間世情，與世間煙火習氣者不同，又批評其他山人云：「邇來偽學禁，曩時以學射利者，輒逃為山人。夫不有大隱，胡入市朝？遂令郭有道、邵堯夫輩均受斯穢」。田子藝自然是他所指摘的這一類人。而屠隆，在王士性來看，或許也漸漸認為他亦屬於這類人了吧。

於此，便可見遊道在晚明，實甚複雜。遊者遊出了鄉土，皆以山水為遊旅之目標，但其中不乏名為遊山林而實遊於朝市者。仕隱之衝突，乃不發生於市朝與田園之間，而實在於山林與朝市之間。此乃遊之分化。由遊與不遊者的衝突，發展成遊者的分化與衝突。

其次則是出遊者既遊於山川自然，亦遊於友朋情義之間。良友晤對，可浣俗腸，交遊同心，乃是抵抗庸俗、超越流俗世情之手段。但交遊竟又成為逐名射利的方式，與世俗有了更深的聯絡。以致遊山川者，遂又與交遊朋輩者有了矛盾的關係。

於是，遊市朝、廣交遊之遊士，喜云臥遊，倡言「坐一室即是九州」的，是遊子的一種類型。遊山水、息交絕遊，自出遠陟，遍行九州，不居一室的，又是一種類型。兩者皆遊而不遊。前者為遊士，然不常出遊山川，只偶爾遊園，或為臥遊而已。後者慣於旅行遊歷，亦樂交友，卻不喜交遊酬酢。

晚明的名士或文人，可能是其中之一類，也可能在這兩大類型間頗有依違流動，但大體說來，後者比前者更純淨可愛些。因為前者要有許多飾詞，才能巧妙地說明他們為什麼號稱山人卻不遊山，為何寄情山水而總難得真正去親近山水，老是在歌筵酒座中流連。此類人士，往往立言絕妙，超軼塵俗，而實均為玩弄口舌而已。王士性有〈與長卿〉一函謂：

> 足下昨嘆文字業障，欲取上清慧劍斷之。此如牆花路草，任其開落，髓竭株朽，一切華葉乃脫不生。強刃斷之，止截其節，未誅其根，暖風一吹，萌孽還續。
>
> 瑯琊先生之言，文士固然要之。造化至理，羅剎城中，諸大菩薩自信無始劫中諸漏已盡，然猶有逐淫障者、多聞障者、富貴障者。固知根境易合，習氣難除。昔藥王屢劫為醫，因味悟禪。足下獨不可冥心寂照，因文悟道？不佞於文章路上未得從入，尚未敢以此為障，顧心念君。

屠隆以文字為業障，而欲斷除之。境界可謂極高。但本身即是文士，不託身於文字，行嗎？王士性勸他不必捨棄文字，而應因文悟道，就實在多了。此是真能遊心者，故能不為世情所累，立言也不刻意騁虛逐玄，故意作些豪爽風致語。

此蓋遊而能近於俠者也。俠本屬於遊人的世界，王士性〈復傅伯安〉云：「酒酣過要離塚，坐吳王試劍石，能無俠氣淋漓、品藻盈緗帙乎？」又〈與王承父〉謂：「酒酣擊缶，讀商生之傳，招曹劉輩魂復起，淋漓俠氣，又令眇君子愧死」。可見他是一位有遊俠氣質的人，因此與地主型的遊士文人不甚相同。

什麼是地主型的遊人文人呢？編《臥遊清福編》的董其昌，或任御史而在娑羅館中清言不已的屠隆，都稱得上。編《臥遊編》的陳眉公也是。眉公有《志林》一種，內有〈顏子身諷〉一則，云：

顏子居陋巷，一簞食，一瓢飲。孔子賢之，非賢其安貧樂道也。安貧樂道，獨行苦節之士皆能行之，何足以難顏子？顏子王佐才也，簞瓢陋巷中，卻深藏一個王佐。當是時，不特仲由子貢諸儕輩拉他不去，即其師孔子棲棲皇皇，何等急於救世，而顏子只是端居不動，而且有以身諷孔子之意。其後孔子倦於轍環，亦覺得陋巷中無此勞攘；厄於絕糧，亦覺得簞瓢中無此困頓。又其後，居夷浮海，畢竟無聊，原歸宿到蔬水曲肱地位，而後知顏子之早年道眼清徹耳。所以有感而三歎其賢也。

古人云：「智與師齊，減師半德，智過於師，乃堪傳授」。其顏氏之謂耶！故終日不違，不見他如愚，惟於簞瓢陋巷時味之。絕不露王佐伎倆，亦絕不露三十歲少年圭角，至此方見得顏子如愚氣象。

此文乃是《論語》之妙解。居然說孔子境界不如顏淵。謂孔子周遊列國、居夷浮海都是無聊之舉，要到晚年擾攘一番以後，才懂得居陋巷的滋味。這真是懶得出遊者巧妙的辯護辭，說顏淵道眼清徹，何嘗不是自我品第？批評孔子浮海遠遊為無聊無意義，又何嘗不是為自己的「端居不動」解嘲？

從這篇文章來看，陳眉公號稱山人遊士，而實僅屬於臥遊的居人。此類居人，本身是端居不動的，但他們可以臥遊，以精神性的遊來替代實際的遊歷。屠隆的情況大抵亦類似於此，他〈答李惟寅〉一函描述自己居官入朝時：

含香之署，如僧舍，沉水一爐，丹經一卷，日生塵外之想。蘭省簿牘，有曹長主之，了不關白，居然雲水閒人。獨畏騎款段出門，捉鞭懷刺，回飆薄人，吹沙滿面，則又密想江南之青谿碧石，以自愉快。吾面有回飆吹沙，而吾胸中有青谿碧石，其如我何？……五鼓入朝，清霧在衣，月映宮樹，下馬行輦道，經御溝，意興所到，神遊仙山，托詠芒朮。身穿朝衣，心在煙壑，旁人徒得其貌，不得其心，以為猶夫宰官也。（《白榆集》卷十）

這就是「神遊」，端居不動而自詡心有天遊，立朝居市而自謂可以超然塵外。王士性在〈寄子行〉中即曾推崇屠隆說：「屠長卿神遊八極，湯義仍志抉三墳」。立心於遠古，和神遊於八極，都是超越現世塵俗的一種態度，然皆屬於遊心，而非遊體。兩者之分，亦晚明遊士之大較也，論史者不宜不知。

四、普陀行記

自寧波往舟山，車行直入舟中，人乘車、車坐船，海行一小時而達舟山島鴨蛋山站。棄舟復乘車，行三十餘公里始抵沈家門港。舟山自古為漁場，中土有故，則輒為海上交兵之所。明末張煌言以此抗清，周旋甚久。一九四九年國府南遷，舟山與台澎金馬互為犄角，亦與中共相持甚久。待大陳島失機，始全師撤入台灣。故今日來遊，別有感會。

唯所見屋宇齊整、街市繁華，疑在台灣台北縣永和中和之間，殊不覺其為漁市也。心極訝異。且島甚狹長，至沈家門，已昏夜，雨勢轉劇，航輪亦復停駛。正倉惶無計間，有私人運貨船家來兜攬生意。遂隨上船，逕赴普陀。船極狹小，艙中無它物，人皆席地倚木板艙而坐。柴油味撲鼻，輪機聲亦吵雜不堪，海風帶雨，尤感森寒。瑟瑟昏昏，約半小時乃達。

出艙，昏夜無燈，暗不辨東南西北。風狂雨驟，又不能直登海岸。夜雨中，倉遽橫跨別船，尋舟而登，匆促間幾乎落水。蓋船家本以運貨為主，所泊又非遊人碼頭，兼以黑夜暴雨，招呼遂難周至。幸而旅店小車已在不遠處接應，否則定將凍煞。

夜中，小車盤旋顛簸而至其所謂千荷山莊。意必有芰荇滿地、菡萏飄香也，然亦無之。僅一小樓，方整修中，門口鷹架未卸，僅容低頭鑽入而已。樓中極濕潮，衾被若洗，門鎖亦壞損。樓梯則懸白床單數張以待風乾。廚灶正冷，客來始升火為炊。匆匆晚膳畢，即閉門抗寒。

普陀乃觀音菩薩道場，遊人香火，鼎盛者千餘年，初以為旅遊設施必極周到，不料居然如此。或因其地旅遊僅限於一、二旺季，尋常冷淡時節，相應而有此冷淡生涯，正合其宜。

次日晨起，即僱車出遊。先登佛頂山，海風吹霧，較前日在雪竇所見大霧，不遑多讓。衝寒冒雨尋其所謂天燈，悅焉難覓。於峰頂見一人縮入一小碉堡中，往問，云天燈菩薩即在此。入視之，石碉堡中一小龕，有香燈一豆耳。心甚疑之。峰側又見一小石塔。或漁人舟行，藉此點燈為標記，故稱天燈，亦未可知。

自峰下，入慧濟寺。寺前石徑，鋪荷蓮圖為飾，云為美國華僑捐贈，樹石銘謝。寺前照壁，有「佛頂頂佛」四大字。寺中有售進香令旗者。取旗後，在大殿中另鈐一印，以為紀念。遊人香客燒香焚紙極多，煙氣瀰漫，燭油遍地。參拜者多為農民。婦女著藍襖黑褲，襟前或左臂別一小紅布，略如服喪者帶麻，唯顏色不同而已。又戴頭布包覆頭髮，持香，攜包袱，相扶而至。亦有逕著黑色海青者。意皆極虔誠，不知究從何地而來。信仰之力，殊可敬畏。

由慧濟寺出，往法雨寺。前者在山，今則在海畔。前為千步沙。沙岸甚美，已有業者在此經營海濱渡假休閒村，大約將仿洋人規制，與寺院情景頗不協調。幸法雨寺門牆甚高，居寺中或可以眼不見為淨也。寺乃印光法師駐錫處，門鐫「法雨天華」四字，則為弘一法師手筆。入山門，古木參天，森然綠碧，令人意解魂消。且寺宇宏闊，氣象寬舒，不愧為海上名剎。然僧眾似乎尚宜精進。在其中見有誦經做佛事者，率皆心不在焉，舉止懈慢。誦經中甚且夾雜有呵欠之聲，使人失笑。遙想印老弘老宗風，不覺憮然。

法雨之外，島上大寺，當推普濟。此觀音主要道場也。寺較法雨更大。山門前放生池，碧波十頃，橋跨三進，為余平生所未見，氣象果然不同凡響。寺塑觀音，寶相莊嚴，三十二應身，一一俱現，南來見此，可以無憾。寺旁有售法物紀念品者，見一香樟木雕韋馱尊者像，捧金剛杵而立，祥和威嚴，得未曾有。以攜帶不便，終未請購，心殊怏怏。

寺側為市街，皆販售法物紀念品者，兼有土海產，以紫菜鹹魚等為多。未見活海鮮，甚以為異。自來東浙海濱，初以為飲食必當以海產為主，一如台灣。而其實甚少。偶食魚蝦，皆清蒸一二件而已。不然則為鹹魚、醃螺、醬菜、乾脯之類，如拌海水食，殊不可口。余因雨霧冷寒，恐風寒入骨，央山莊廚房為製薑湯，亦不得法。但取細薑切碎煮水一盂而已，乃不知用老薑熬紅糖。豈山居清簡，故飲啖之道未甚講究，或倉促間不易辦理耶？

島上觀音寺院，著名者尚有紫竹林。南海觀音，端坐紫竹林中、持淨瓶、洒楊枝水之形象，幾於家喻戶曉；而南海紫竹林，則能親炙往遊者畢竟甚少。實則紫竹林乃指石呈紫色，其紋理如竹，而非真在紫竹林中建觀音院也。

今人以紫竹林無竹為憾，始於寺旁植之。竹莖為暗紫色，葉則仍為綠葉，略與想像不符。觀音為素色造像，僅畫眉目點朱唇而已，甚特殊。三十二應身，以玻璃胎上瓷釉，亦頗雅素。院前皆海石，下為潮音洞，海潮浸灌衝擊之，其上建澹澹亭，望海天蒼茫，風高氣肅，亦令人意消。

亭畔別有「不肯去觀音院」，即建於石崖上。院精小，相傳乃五代時日本僧人慧鍔自天台國清寺請得觀音像，欲歸奉日本，於舟山出海後忽逢巨風，海上並見鐵蓮花阻其歸路。彼知觀音不肯去國，不得已，遂於此建院供奉之，以此著名。

入其中，見一道士正為人治病。觀音在道教中，名慈航大士，故道士亦來參拜。遊人不知，故多訝異，其實不足為奇也。早在慧濟寺，亦曾見喇嘛數人來遊。密教中如達賴喇嘛即為觀音化身，所以密教中人亦至此參拜。吾國神祇中，佛教顯密兩派，乃至佛道兩教俱皆奉崇者，僅此而已。

今星雲大師往羅馬，晤會教宗若望保祿二世，贈予水晶觀音一座。正以觀音信仰在吾國最為普遍，且與天主教之聖母崇拜可以相通之故。

下午往遊所謂西天，即島之西山也。山多石骨，嶙峋突兀。廈門南普陀寺，山景正肖似此。經心字石、銅觀音殿，而至梅福庵。庵本梅仙煉丹處，今為尼姑居所，清靜簡樸。寺後尚有梅仙丹室遺跡，泉水汩汩而出，香客奉接，歡喜而去，云可以療疾也。庵後不遠，有磐陀庵，亦尼庵。其前有巨石懸立另一石上，故名磐陀。其下則為觀音洞尼庵。皆古樸簡寂，尼師或擔水或曬菜乾，清苦靜穆，與山海共老。

循觀音洞而下，導遊者曰：「何不往觀音跳？」問：「何為觀音跳？」答：「普陀山之旁有洛伽山，亦一小島，觀音一跳而過，故峰邊尚存一腳印，足趾宛然，以是得名」。至則果然。唯遊人玩賞日久，岩石風化，已漸模糊矣。崖邊亦建一寺，名西苑淨寺，供玉佛。天王殿中尚有修整彌勒佛相，有工匠正為佛圓頂祝髮。斯情斯景，可悟禪機。

大抵普陀無他物，唯佛寺而已。舊稱「海天佛國」，庵寺數百處，今雖屢經劫難，存者尚多，遊不能盡。今偶著因緣，聊一拜觀。匆匆來去，未能披圖經而考故實，雖感遺憾，然亦何傷？若或得緣，不妨再至。則今日所記，亦雪泥鴻爪之類也。午後三時，往碼頭乘快艇轉沈家門、復遊鴨蛋山而趨寧波。將轉紹興、杭州而返台矣。此一九九七年四月間事，有詩記曰……。

〔底下的詩，後來並沒作成。事忙，做事往往虎頭蛇尾，原不足怪。這次去普陀，乃由杭州啟程。赴杭州時，袁保新囑咐我替他買包真空包裝的金華火腿，我跑了幾處，並未買著。杭州大學楊樹標教授說：「真空包裝的火腿有啥吃頭？我冰箱中尚有一整隻腿，便送給你了罷！」取來，龐然大物，掖之如抱吉他。於是竟抱著這個吉他，由杭州轉紹興，經奉化至寧波，再渡海到舟山，由舟山又渡海抵普陀。普陀山，觀音菩薩立此道場數千年了，大約料想不到居然有人抱根大火腿來參拜她。善才童子五十三參，於今乃多了另一參，正是：「童子拜觀音，龔鵬程普陀問道；火腿證菩提，紫竹院海天同參」。因為之補記如上。〕

五、人生誤旅

我曾去江西南昌遊歷。市容蕭瑟，滕王閣、百花洲亦不足觀，頗覺悵悵。當地友人云：余秋雨先生來南昌時也有同感，因此曾撰文說南昌是個比較不好玩的省會，幸好它旁邊還有個「青雲譜」。南昌當地人覺得這個品題也甚為諦當，遂激起我一訪青雲譜的雅興。

但長江中下游正在鬧水災，大雨滂沱，到處都是積水。我僱車摸到青雲譜時，譜前陂塘池水漫沒，已溢淹橋梁。我不肯錯過這個拜訪明末著名畫僧八大山人舊居的機會，便磨著車夫冒險駕車衝了過去。站在院子門口，望著門楣上鐫刻的郭沫若所題「八大山人紀念館」等字樣，心情頗為激動。

因為這裡不但建築清雅、古意盎然，布列八大山人朱耷書畫文物甚多，令人徘徊摩挲，翛然有出塵之想。抑且老木之下尚有八大山人墳墓一座，足供遊人緬念襄昔八大建立青雲譜以避世之高誼。

但是，我站在院子門口，便斷定這根本不是八大的居處了。

為什麼呢？青雲譜是個道院，而且是江西南昌人所信奉的忠孝淨明道，拜許真君的。八大乃和尚，怎麼可能建個道院來此遯居？佛道之間固然也有彼此假借融通之例，如講仙佛合宗的伍柳仙宗，或主張性命雙修的南七真北全真之類，僧道界限未必嚴格。然皆道家而兼說禪佛，未聞佛家正信衲子竟兼習道術者。何況，淨明道更不可能並奉佛道。說八大山人曾建青雲譜道院，必然是因矇於佛道源流而形成的誤解。

大陸人因為反對宗教，所以對宗教事務不甚理解，以致張冠李戴，是不難想像的。但以神州之大，豈無能人？難道郭沫若、余秋雨等人也都如此不辨驢馬嗎？我甚為疑惑。可是略一思索，不禁哈哈大笑說：「原來如此，我明白了。」

原來，有關青雲譜的記載，有康熙四十一年戴有祺的〈青雲圃碑紀〉、周體觀〈青雲譜道院落成記〉，及後出的《青雲譜志》等。

據這些文獻記錄：明末宗室朱道朗，道號良月，建立青雲譜。後曾短暫離開，復返道院，任住持，並闡發淨明道教義，編訂《青雲圃志略》，晚年又棄道還俗，再離青雲譜。

這位朱道朗，某些研究八大的學者，如李旦、葉葉、汪世清、萬兆鳳等，便聯想到另一位同屬明朝宗室，且年代也相當接近的八大山人朱耷，硬說兩者同為一人。謂八大於二十三歲時剃度為僧，三十一歲去江西奉新建「耕香院」，其後則入洪崖隱居。三十六歲時，其弟奉母回南昌，朱耷亦來，並邀友人建青雲譜道院以便安居。於是馮京變成了馬涼，一座淨明道道院，居然硬被編派成為和尚的紀念館。而郭沫若、余秋雨等學者名流，固然學問通博，但對這段史事並不熟知，僅能信據所謂專家之言，以致被心有蓬塞的專家所矇，才鬧出了這麼個笑話。

這便可見讀書之難。八大山人行蹤成謎，行止殊難推斷，研究者苦欲覓得相關線索，因此什麼能有點瓜藤葛蔓關聯的東西全都可能被攀扯出來。把朱道朗認定為朱耷，不但是個創見，而且可以為八大的生平「填補」一段不為人知的空白。這樣的誘惑，便足以誘引得專家們一步步走上荒謬。

正如某些紅學家會去創造曹雪芹的生平及文物那樣，硬是跑出一大堆毫不相干的人物、傳說及所謂的證據，說某某為曹氏舊居、某處即大觀園舊址、某地又發現了曹氏文稿……。治絲益棼，徒亂人意，原本就是不可輕信的。

何況，觀光事業有待發展，各地父老強欲為其地方製造名賢事述，瞎編胡謅，所在多有。又喜歡邀名人題識、請文士撰文。捧場者未忍遽拂其意，往往徇其所謂，客套應酬一番。但其題識揄揚便因此而成了各觀光地區的活廣告，這種情形更是屢見不鮮。

這當然也都是信不得的。老實說，觀光地區上的言辭，又哪有什麼能相信的呢？

有次我去蘇州，夜遊網師園。園中居然掛滿了霓虹燈，傖俗不堪。各廳堂廊榭，又佈置了一些表演，如跳加官、評彈、越劇、崑曲等。大抵人來了即站起來唱一段，人去便止。嘈雜瞎亂，毫無技藝可言。

我走到一處，坐在水石間，有兩個女娃子正脫了鞋、丫著腳，坐在長板凳上，用腳趾頭繃起來打毛線。忽遊客來到，忙趿起鞋，站起來，演了段杜麗娘遊園驚夢。隨意扭扭，比劃比劃，聲音則是錄音帶播出來的。正欲作嘔間，忽聞導遊介紹道：「各位，這就是我國戲曲的精華、經典、典範。啊，各位看，這叫崑曲。崑曲呢，是我國元朝的戲種，到現在……。」我聽得一陣血氣翻湧，乃大咳起來了。

這是大陸才有的現象嗎？有次我去台南孔廟，正逢一導遊在介紹秦始皇焚書坑儒。據說焚書時，幸得有一人，名叫魯壁，把經書藏在水桶裡，才沒使經典全被燒完。「魯壁藏書？」一位遊客很疑惑，小心地問道：「不是說書是藏在魯恭王府牆壁裡的嗎？」只見導遊很嚴肅地說：「傳說都是有很多說法的，你說的是其中之一。但據考證，應該是『魯壁』這個人藏的。」

碰上這種情形，我常會想站出來抗辯一番，但總是廢然而止。因為縱或說了，人家究竟相信導遊還是相信我？即或信了我的解說，此亦不過「許多說法」裡的一種罷了。況且，想到人生、想到學問，我就虛乏了，還抗辯什麼？

不是嗎？我們站在人生的旅程上、立在學問的殿堂前，一無所知的旅遊者、求學者，全仰賴我們可敬的導遊前輩先生，來介紹這宮室之美及旅途上可遊可賞之處。而不幸導遊者的見解與言論，輒如元代崑曲、魯壁藏經於水桶、八大曾建道院云云，叫我們能怎麼辦？在充滿了無數誤解與錯亂的人生旅程中，那一點點有關八大或崑曲的錯誤又算得了什麼呢？余秋雨但知文化苦旅，不知旅途多誤、人生多歧，其敘事錯誤，固其宜也。

這當然是人生的無奈。既是無奈，便應如莊子所說，無可奈何而安之若命。不過，安於此無可奈何，並不是要人安於無知。在面對充滿虛妄錯誤報導的知識世界地圖時，提高警覺，是每個人都應有的心理狀態。

「大師」和一家小旅行社的導遊其實並沒什麼兩樣，也可能會捏造故事或為人所矇。教科書也跟八卦雜誌、旅遊手冊同樣不可輕信。要能辨識其中之真偽虛實，則須有些本領。

為什麼我站在青雲譜門口一看，便能判斷此地絕非八大山人故居？因為喜歡八大山人者類皆文藝界人士，而文藝界人士對佛教道教又往往一知半解，喜其情調而不達其史實與義理，故未能如我所能見。這就顯示我所謂「本領」的涵義有二，一是說讀書要通博，許多知識是相關的，牽來扯去，總有些關係。若僅如其一不知其二，便如聚獵者圍捕獵物時，有了許多缺口，真理就從這些缺口中逃逸了。導覽園林者，須懂戲曲；觀賞廟寺，應諳經學史；討論書畫藝術，要懂得佛教道教……。讀書做學問，涉獵領域越寬廣，越能左右逢源，也越能免於發生常識性的錯誤，越不會受到欺騙。

其次是說讀書做學問不能僅僅是一種情調式的滿足，東摸摸西搞搞，這裡看看那裡聽聽。那是旅遊觀光客的做法。什麼都知道了，什麼都品賞到了，但什麼都沒進到生命裡去。知識沒辦法在體內生根、滋長，情意沒辦法獲得真正的潤澤。許多人旅行觀光了許多地方，知道了許多事，但「學問」一詞卻談也談不上，就是這個道理。一隻鴨子，環遊世界歸來，仍是一隻鴨子。做學問讀書不是觀光，是攻城。須要盤營紮寨，用強弓硬弩，一刀一槍去奪下城池來。攻得下、占得住、守得牢，那才真是自己的。

這豈不跟「通博」之說矛盾嗎？怎麼會？真要徹底弄通弄懂一個領域，談何容易？沒有施展渾身解數，不就其相關之各種知識廣為羅掘，哪談得上徹底瞭解？因此真能徹底瞭解一個領域一件事，其實也就通曉了許多事。

在人生的誤旅中，只有這樣自求多福，才能獲得一點點可以依憑的慰藉，這樣的慰藉，真能保證不再受到愚弄或矇蔽嗎？我也不曉得，但大家不妨試試看吧！

注釋

①研究晚明小品者，詛無不知此書。但為符合所謂論文寫作體例，不得不費辭注明出版年月及性質，曰：民國七六年台大中研所博士班論文，頁二三〇。

②殷商不斷遷都之原因，學界討論甚多，我相信傅筑夫〈殷代的遊農與殷人的遷居〉之說，文收入民國七六年谷風出版社翻印《中國經濟史論叢》。

③領土國家形成之問題，另詳趙世超《周代國野關係研究》第五章第六節〈領土國家的初步形成和國家含義的變化〉。一九八八四川大學博士論文，民國八二年台北文津出版社出版。

④社，本是祖先崇拜，從示從土。土，猶如祖的且，本象男性生殖器之形。詳龔鵬程〈宗廟制度考略〉，收入《思想與文化》，民國七五年業強出版社。社，到漢代以後變成祀后土的祭祀。

⑤晚明小品文家多是江浙人士，江南的舟楫之利，也是促使他們有這類觀念的原因。北方中原人士便不可能或不易有此想法。類似之文，尚有〈青玉舫避暑記〉，可參看。後來復社幾社的大會，也都

是舟楫雲集的。

⑥陳萬益〈馮夢龍情教說試論〉謂李卓吾〈夫婦論〉替晚明情論做了決定性的開闢之功。民國七七年大安出版社，頁一六八。我以為不然。原因是：一、「夫婦，人之始也」、「夫婦正，然後萬事無不出於正」，本是儒家傳統的觀點，卓吾之說，並無顛覆性；二、夫婦一倫，在晚明文論或文人之生活中，實在並不受重視。晚明文人所論之情，是「兒女」而非「夫婦」，逍遙冶艷場，遊戲煙花裡，集古今之奇女，評金陵之百媚，皆非論夫婦人倫之道也。《情史》卷一：「古者聘為妻、奔為妾。夫奔者，以情奔也。奔為情，則貞為非情也。又況道旁桃柳，乃望以歲寒之骨乎？……娼而行妾之事焉，妾之可也」。便說明了情字不是針對夫妻說的，可施之於妾、可用之於娼，卻不是夫婦關係中所可以用來指涉的。

⑦晚明人之臥遊，如李流芳〈西湖臥遊圖題跋〉、〈江南臥遊冊題詞〉，憶舊遊蹤跡，供他日臥遊，與一般遊記相同。陳眉公《臥遊編》與董其昌《臥遊清福編》，則係無法真正出遊者的替代品。兩者不同，宜予分辨。

⑧一九九三年上海古籍出版社始出版周振鶴編校《王士性地理書三種》。惜編校者完全從地理學的角度看王氏著作，不達本體。然此風實自丁文江之推崇徐霞客始。近代研究徐霞客，丁氏有奠基之功，但自從他由地理學角度審視徐氏著作以來，論者一窩蜂地由科學（多識草木鳥獸蟲魚、民族、動植、地貌、水文……）來討論徐書。未考慮到徐霞客的觀察是審美的，而非科學的；其記錄也不是客觀的，更不是實驗科學。其所發現者，乃旅遊中自然之耳目所見，是因觀賞而知之知。猶如一賞花者之知，不同於一位植物學家之知。不容混為一談。

⑨旅遊原本是可以自然景觀為標的，也可以人文世界為對象的。如司遷之遊，雖探禹穴、遊崆峒，但旨不在觀玩其地之風景，而在於考黃帝夏禹之遺蹟，印證古書上的記載。東坡在鳳翔，作〈八觀詩〉，所觀者亦皆為人文勝蹟。我們旅遊時，常會去觀覽古蹟名勝，徘徊追憶昔人之文采風流或豪情壯事。也常會去參訪各地，觀其風俗人情、社會結構與動態。這樣的旅遊，便是人文的。徐霞客之游，則基本上是自然的。其所遊觀，以自然景物為主，如其〈雞山十景詩〉所示，日觀、海觀、雲觀、雪觀，「奇觀盡收今古勝」。所謂今古，其實就是亙古，非古今歷史人文變遷所形成的今古，而是一時性的。此地一觀，盡收古今海日雲雪之奇。王士性則不同，既有自然景觀的遊賞，也

有人文的觀察。

⑩周作人所編《明人小品集》收有鍾惺〈蜀中名勝記序〉，所論曹能始《蜀中廣記》亦屬此類。

⑪遊與心理治療之關係，可以袁小修為例，詳龔鵬程《晚明思潮》論袁小修章。遊與繪畫，可以李流芳為例。

第八章　遊的文學與社會

一、詩的超越性與社會性

詩歌的欣賞與研究，可以有很多方法與觀點。當然，不同的方法與觀點，就會看出不同的結果。

本文舉李白詩為例，考察李白詩的研究史，發現：曾經接受道籙、信仰道教、且不斷求仙練丹的李白，碰上了一大堆不信道教的研究者，結果這些人不但對李白的求仙詩視若無睹，不是說那些詩可能是別人偽造的；就是說那些詩只是表面上講神仙，實則比興諷喻，關懷現實。

其實並非李白關心現實，而是這些解詩人太執著現實觀點了。他們只曉得以一種政治社會現實的角度來看詩，所以才會把一些抒發或描寫私人情懷與生活經驗的詩歌、超越現世而探討形上問題與價值的作品，都解釋為忠君愛國、關心社會。

詩歌有時只表達個人性的私密經驗，與社會國族公眾事務無關。有時紀錄公共生活與時代經驗，描述社會、批評時政民俗。又有時忘世、逃世、超世、離世，多證道悟道語，表現了詩人對另一種世界與生活的追求。對於這些「不及世」、「當世」及「超世」的作品，我們應探討其所表現之不同人生態度與美感境界，不宜只從單一角度去掌握。

正如詩仙之詩，既常寄情於神仙世界，自然就表現出飛揚飄逸的美感型態，瀟灑出塵，獨與天地精神相往來。詩聖杜甫，則常關懷社會朝政，充滿人間性，其美感也傾向於沉鬱頓挫，深入人倫物理之中。超越性與社會性，頗為不同。若硬要以杜甫的標準來要求李白，或以李白的型態來批評杜甫，顯然是不甚妥當的。

不幸，顯而易見的道理，實踐起來往往不易。整個李白詩的研究史，就犯了這個毛病，且也不只在研究李白時才如此。尤其是近百年的中國文學界，社會觀點與寫實主義當道，不論國民黨、共產黨、台獨派、左派、右派，大都反對為藝術而藝術，更反對不關心現實政治社會之藝術。

本文將指出這樣討論文學，將如古人研究李白般蠻橫、偏激、不達事理。也將從文藝心理學的角度，說明詩人那種超越現實的眼光，才是文學創作真正的靈魂。故超越現世的文學，可能比關心現實的作品更為重要，更值得注意。

矯枉者也許過正，本文持論可能失之偏激，但不妨視為今日欣賞及研究詩歌時，所應當有的方法論反省。

(一)信奉道教的李白

我國詩人中有較明確的宗教信仰者並不多,李白即為這少數者之一。他奉信道教,且曾受道籙,其〈奉餞高尊師如貴道士傳道籙畢歸北海〉詩有云:

道隱不可見,靈書藏洞天。吾師四萬劫,歷世遞相傳。別杖留青竹;行歌躡紫煙。離心無遠近,長在玉京懸。

此詩,今人詹鍈云:「按太白就高尊師受道籙確在何時,史無明文。李陽冰〈草堂集序〉云:『天子知其不可留,乃賜金歸之,遂就從祖陳留採訪大使彥允,請北海高天師授道籙於齊州紫極宮。』知受道籙事,蓋在出關後未久。《唐會要》卷四一:『天寶五載七月二十三日,河南道採訪使張倚奏:諸州府今後應緣春秋二時私社,望請不得宰殺,如犯者,請科違敕罪。從之。』河南採訪使駐陳留郡,故亦得稱陳留採訪大使。據此,李彥允之為河南採訪使似應在天寶五載以前。太白集兼有夏秋及嚴冬在梁宋一帶所賦詩。《少陵先生年譜會箋》云:『白至齊州於紫極宮從高天師受道籙,疑在歸兗以前,天寶三載秋冬之際。』」

可見李白是正式道士,對於接受道籙這件事,他也是很認真的。其集卷十有〈訪道安陵遇蓋寰為余造真籙臨別留贈〉曰:

清水見白石,仙人識青童。安陵蓋夫子,十歲與天通。懸河與微言,談論安可窮?能令二千石，撫背驚神聰。揮毫贈新詩，高價掩山東。至今平原客，感激慕清風。學道北海仙，傳書蕊珠宮。丹田了玉闕，白日思雲空。為我草真籙，天上慚妙工。七元洞豁落；八角輝星虹。三災蕩璇璣，蛟龍翼微躬。舉手謝天地，虛無齊始終。黃金滿高堂，答荷難克充。下笑世上士，沉魂北羅酆。昔日萬乘墳，今成一科蓬。贈言若可重，實此輕華嵩。

似是先赴安陵（河南鄢陵）由蓋寰書造真籙，再往濟南紫極宮（老子廟）受之。在此詩中亦表達了李白對於仙道世界的超越性嚮往，故其奉道籙絕非一時仕途受了挫折的情緒反應。試看下列諸詩：

我思仙人，乃在碧海之東隅，海寒多天風，白波連山倒蓬壺。長鯨噴湧不可涉，撫心茫茫淚如珠。西來青鳥東飛去，願寄一書謝麻姑。（〈古有所思行〉）

白日何短短！百年苦易滿。蒼穹浩茫茫，萬劫太極長。麻姑垂兩鬢，一半已成霜。天公見玉女，大笑億千場。吾欲攬六龍，迴車挂扶桑。北斗酌美酒，勸龍各一觴。富貴非所願，為人駐頹光。（〈短歌行〉）

遠海動風色，吹愁落天涯。南星變大火，熱氣餘丹霞。光景不可迴，六龍轉天車。荊人泣美玉，魯叟悲匏瓜。功業若夢裡，撫琴發長嗟。裴生信英邁，崛起多才華。歷抵海岱豪，結交魯朱家。復攜兩少妾，豔色驚荷葩。雙歌入青雲，但惜白日斜。窮溟出寶貝，大澤饒龍蛇。明主儻見收，煙霄路非賒。時命若不會，歸應鍊丹砂。（〈早秋贈裴十七仲堪〉）

由這些詩看來，李白並非無功名之心，但其生命型態實甚特殊。他是基於對生命流失的恐懼，故希望能掌握住有限的時光，好好表現一番，綻放生命的光耀和姿采。從這一面看，便顯露出他謀求現世事功的急切與渴欲。可是，這與一般人只為了現世事功而追求現世事業的成功，極為不同。他並非歆動艷羨於這些事功的權勢聲華，而是在生命內部存有一種憂惕，傷年光易逝，韶華難留。也就是這種憂生之感，使得他時時想要求仙。因為只有神仙才能超越這種生命有限性的憂懼，解脫那「撫心茫茫淚如珠」的存在痛感。前面這幾首詩，便可充分顯示此一心境。入道豈遊戲為之？又豈僅是一時藉以療治世路挫折的創傷？彼〈贈嵩山焦鍊師詩〉有云：

二室凌青天，三花含紫煙。中有蓬海客，宛疑麻姑仙。道在喧莫染；跡高想已綿。時餐金鵝蕊；屢讀青苔篇。八極恣遊憩；九垓長周旋。下瓢酌潁水；舞鶴來伊川。還歸東山上，獨拂秋霞眠。蘿月挂朝鏡；松風鳴夜絃。潛光隱嵩岳，鍊魄棲雲幄。霓裳何飄飄！鳳吹轉綿邈。願同西王母，下顧東方朔。紫書儻可傳，銘骨誓相學。

此詩並有序，曰：「嵩山有神人焦鍊師者，不知何許婦人也。又云生於齊梁時，其年貌可稱五六十。常胎息絕穀，居少室廬，遊行若飛，倏忽萬里。世或傳其入東海、登蓬萊，竟莫能測其往也。余訪道少室，盡登三十六峰，聞風有寄，灑翰遙贈。」如此訪道學仙，不是真有信仰，會這麼做嗎?序云焦鍊師「遊行若飛」，與詩中說「八極恣遊憩」的遊，都很值得注意。這是與遊仙、遠遊意識相結合的道教術語，上紹莊子的逍遙遊，展現一種遊行遊歷飄遙仙舉之狀態，在李白詩中頗為常見，下文所引詩還會提到「遊心」、「遊物祖」、「遊盤」、「好入名山遊」等詞語，含意相同，皆遊於方之外者也①。

他又曾煉過丹。他說：

天地為橐籥，周流行太易。造化合元符，交媾騰精魄。自然成妙用，孰知其指的?羅絡四季間，綿微無一隙。日月更出沒，雙光豈云隻?姹女乘河車，黃金充轅軛。執樞相管轄，摧伏傷羽翮。朱鳥張炎威，白虎守本宅。相煎成苦老，消爍凝津液。髣彿明窗塵，死灰同至寂。擣冶入赤色，十二周律曆。赫然稱大還，與道本無隔。白日可撫弄，清都在咫尺。北酆落死名，南斗上生籍。抑予是何者?身在方士格。才術信縱橫，世途自輕擲。吾求仙棄俗，君曉損勝益。不向金闕遊，思為玉皇客。鸞車速風電，龍騎無鞭策。一舉上九天，相攜同所適。(〈草創大還贈柳官迪〉)。

這是煉大還丹。「抑予是何者?身在方士格」，方士自居，把自己這種道士行為刻畫得再清楚不過了②。柳官迪乃其共修道友。李白友人中，頗多這類人物，略舉數例，以見一斑：

西岳崢嶸何壯哉！黃河如絲天際來。黃河萬里觸山動，盤渦轂轉秦地雷。榮光休氣紛五彩，千年一清聖人在。巨靈咆哮擘兩山，洪波噴流射東海。三峰卻立如欲摧，翠崖丹谷高掌開。白帝金精運元氣，石作蓮花雲作台。雲台閣道連窈冥，中有不死丹丘生。明星玉女備灑掃，麻姑搔背指爪輕。我皇手把天地戶，丹丘談天與天語。九重出入生光輝，東求蓬萊復西歸。玉漿儻惠故人飲，騎二茅龍上天飛。（〈西岳雲台歌送丹丘子〉）

元丹丘，愛神仙。朝念潁川之清流，暮還嵩岑之紫煙。三十六峰常周旋。長周旋，躡星虹。身騎飛龍耳生風。橫河跨海與天通，我知爾遊心無窮。（〈元丹丘歌〉）

朝飲蒼梧泉，夕棲碧海煙。寧知鸞鳳意，遠託梧桐前？慕藺豈曩古？攀嵇是當年。媿非黃石老，安識子房賢？功業嗟落日，容華棄徂川。一語已道意，三山期著鞭。蹉跎人間世，寥落壺中天。獨見遊物祖，探玄窮化先。何當共攜手，相與排冥筌？（〈贈饒陽張司戶燧〉）。

去國客行遠，還山秋夢長。梧桐落金井，一葉飛銀床。覺罷攬明鏡，鬢毛颯已霜。良圖委蔓草，古貌成枯桑。欲道心下事，時人疑夜光。因為洞庭葉，飄落之瀟湘。令弟經濟士，謫居我何傷？潛虬隱尺水，著論談興亡。客遇王子喬，口傳不死方。入洞過天地，登真朝玉皇。吾將撫爾背，揮手遂翱翔。（〈贈別舍人弟台卿之江南〉）

敬亭一迴首，目盡天南端。仙者五六人，常聞此遊盤。谿流琴高水；石聳麻姑壇。白龍降陵陽；黃鶴呼子安。羽化騎日月；雲行翼鴛鸞。下視宇宙間，四溟皆波瀾。汰絕目下事，從之復何難？百歲落半途，前期浩漫漫。強食不成味，清晨起長歎。願隨子明去，鍊火燒金丹。（〈登敬亭山南望懷古贈竇主簿〉）

雲臥三十年，好閑復愛仙。蓬壺雖冥絕，鸞鳳心悠然。歸來桃花巖，得憩雲窗眠。對嶺人共語；飲潭猿相連。時昇翠微上，邈若羅浮巔。兩岑抱東壑，一嶂橫西天。樹雜日易隱，崖傾月難圓。芳草換野色；飛蘿搖春煙。入遠構石室，選幽開山田。獨此林下意；杳無區中緣。永辭霜台客，千載方來旋。（〈安陸白兆山桃花巖寄劉侍御綰〉）

我昔東海上，勞山餐紫霞。親見安期公，食棗大如瓜。中年謁漢主，不愜還歸家。朱顏謝春暉，白髮見生涯。所期就金液，飛步登雲車。願隨夫子天壇上，閑與仙人掃落花。（〈寄王屋山人孟大融〉）

藍岑聳天壁，突兀如鯨額。奔蹙橫澄潭，勢吞落星石。沙帶秋月明，水搖寒山碧。佳境宜緩棹；清輝能留客。恨君阻歡游；使我自驚惕。所期俱卜築，結茅鍊金液。（〈涇溪南藍山下有落星潭可以卜築，余泊舟石上寄何判官昌浩〉）

吾將元夫子，異姓為天倫。本無軒裳契，素以煙霞親。嘗恨迫世網，銘意俱未伸。松柏雖寒苦，羞逐桃李春。悠悠市朝間，玉顏日緇磷。所共重山岳，所得輕埃塵。精魄漸蕪穢，衰老相憑因。我有錦囊訣，可以持君身。當餐黃金藥，去為紫陽賓。萬事難並立，百年猶崇晨。別爾東南去，悠悠多悲辛。前志庶不易，遠途期所遵。已矣歸去來，白雲飛天津。（〈穎陽別元丹丘之淮陽〉）

久辭榮祿遂初衣，曾向長生說息機。真訣自從茅氏得，恩波寧阻洞庭歸？瑤台含霧星辰滿，仙嶠浮空島嶼微。借問欲棲珠樹鶴，何年卻向帝城飛？（〈送賀監歸四明應制〉）

這尚只是李白集中詠及道教事的一小部分。在這些詩句中，李白與其友人共傷年時、同勵仙道，語句均甚明白顯豁，故不必再多加申論了。我們引了這麼些詩句來，也無非是想再提醒一下人們，注意李白是個真誠的道教徒這件事實罷了。

何以要大費氣力來說明這樣一件簡單的事呢？

李白雖被稱為謫仙人，但歷來論詩者卻罕從「仙人」這個角度去看他。稱他為謫仙詩仙，無非形容其詩才高妙、性格超曠而已，並非針對其仙道信仰及道士身分而發。甚或有許多評論者試圖規避、抹消李白道教方面的色彩，把李白及其詩「去道教化」。這種傾向，我覺得是極為有趣的，不僅可以觀察詩歌、歷史與詮釋之間的問題，也涉及詮釋團體的社會學性質，使我們增加一個理解歷史的面向。

（二）不信道教的李白

讓我們先來看一首詩。李白的〈謁老君廟〉：

先君懷聖德，靈廟肅神心。草合人蹤斷，塵濃鳥跡深。流沙丹灶滅，關路紫煙沉。獨傷千載後，空餘松柏林。

李白既是道士，又姓李，謁老君廟而有所興懷，當是極為自然的事。何況他獲授道籙就是在老君廟中哩！但詹鍈〈李詩辨偽〉云：「歐陽修《集古錄跋尾》卷六：『唐玄宗謁玄元廟詩，歲月闕』……宋無名氏《寶刻類編》卷一：『謁玄元皇帝廟詩，唐玄宗製，並行書，天寶中立。』考《文苑英華》所據，多係祕府舊本，御製詩斷不致與一般作品相混。今又有宋人所記碑刻，鑿鑿可據，則此詩必屬玄宗御製，殆無疑問，特不知何故竄入太白集中耳。」由於這首詩在版本記錄上有點可疑，所以評者即由此斷定了這首詩是贋鼎。

然而，這是客觀考證的問題嗎？不，純從考據上說，本詩殊難判定究竟係唐玄宗作還是李白作，王琦即曾說過：「《文苑英華》以此詩為玄宗〈過老子廟詩〉，而以先君為仙居、丹灶滅為丹灶沒，三字不同。琦玩草合一聯，似非太平時天子巡幸景象，此詩定是太白作耳。」可見同樣依據《文苑英華》，也可以不認為此詩是偽作。那麼，此詩究竟是真是偽？

李白詩集中收了不少別人的作品，是論者公認的事實，因此李詩辨偽學向極發達③。可是，由詹鍈的辨偽情況看，我們卻彷彿可見一種將李白論及道教之詩視為偽作的傾向，使得表面客觀的考證，其實只是論者主觀態度的幻形表演而已，例如〈廬山謠・寄盧侍御虛舟〉：

> 我本楚狂人，鳳歌笑孔丘。手持綠玉杖，朝別黃鶴樓。五岳尋仙不辭遠，一生好入名山遊。廬山秀出南斗旁，屏風九疊雲錦張，影落明湖青黛光。金闕前開二峰長，銀河倒挂三石梁。香爐瀑布遙相望，迴崖沓嶂凌蒼蒼。翠影紅霞映朝日，鳥飛不到吳天長。登高壯觀天地間，大江茫茫去不還。黃雲萬里動風色，白波九道流雪山。好為廬山謠，興因廬山發，閑窺石鏡清我心。謝公行處蒼苔沒。早服還丹無世情，琴心三疊道初成。遙見仙人綵雲裡，手把芙蓉朝玉京。先期汗漫九垓上，願接盧敖遊太清。

這是李白有名的作品，但朱諫《李詩辨疑》認為它：「辭有純駁，強弱不一，為可疑也」。對於這種批評，方東樹辯護道：「廬山以下正賦，早服數句應起處，而提筆另起，是以不平。章法一線乃為通，非亂雜無章不通之比」（見《昭昧詹言》）。這是從詞氣章法上反駁朱諫。我們從詩意上看，其云琴心三疊，是用《黃庭內景經》意；願接盧敖遊太清句，是用《淮南子・道應篇》盧敖事來切合盧侍御的身分。使事用典不唯恰當自然，亦吻合李白的上清道派立場。詩為李白作，應該是不錯的。故梅鼎祚《李詩抄》云：「朱諫刪入《辨疑》，非」。既然如此，我們便不禁要問：為何朱諫會這麼做呢？原來，朱諫不只對這一首詩不滿，對李白其他表達了道教信仰的詩，也往往謂其為偽，刪入《辨疑》。如李白〈懷仙歌〉：

一鶴東飛過滄海，放心散漫知何在？仙人浩歌望我來，應攀玉樹長相待。堯舜之事不足驚，自餘囂囂直可輕。巨鰲莫載三山去，我欲蓬萊頂上行。

朱諫云：「語無倫次，意多牽強，徒以大言欲效謫仙不可得也。較於〈江夏行〉等篇，無有村俗之氣，雖曰過之，然亦未免張皇也。」斷為偽作。又〈鳳笙篇〉：

仙人十五愛吹笙，學得崑丘彩鳳鳴。始聞鍊氣餐金液；復道朝天赴玉京。玉京迢迢幾千里，鳳笙去去無窮已。欲嘆離聲發絳唇，更嗟別調流纖指。此時惜別詎堪聞？此地相看未忍分。重吟真曲和清吹，卻奏仙歌響綠雲。綠雲紫氣向函關，訪道應尋緱氏山。莫學吹笙王子晉，一遇浮丘斷不還。

此詩朱諫亦以為乃李赤作，非李白詩。這樣的論斷，連詹鍈都不能同意，他徵引王琦的講法說：「王云：『仙人十五愛吹笙』，正實指其人，非泛用古事。所謂『朝天赴玉京』者，言其入京朝見，非謂其超昇輕舉。舊注以遊仙詩擬之，失其旨矣。』按：王說是也。此道流或即是吳筠歟！《李詩辨疑》以為李赤偽作，非是。」

然而，並不只朱諫一人如此。本詩查慎行也視為偽作，云：「初唐庸近調格，如何入得太白集中？」（《初白詩評》）可見這種辨偽方式並不是個人的問題，乃一種處理李白詩的態度。對於李白的道教信仰，他們並不重視，更不認同，李白的詩若強烈表達了道教求仙意識，那就很可能被歸類為偽詩，劃出「李白詩」的範圍以外。指認這些偽作時，他們會從辭氣、格調、異文等各個角度來找理由，以便認定那些作品的所有權人並非李白。

但因這些理由本來就是疑心所生出之暗鬼，當然不見得確鑿不移，故亦不免產生各種疑義與爭論。你說它章法亂、詞氣粗、品格低，我就認為它章法妙、辭氣好、格調高。如此爭辯，近乎鬥口，亦無大意義。因為辨偽者的真正理由並不在此，只是瞧見李白煉丹求仙便覺其礙眼而已。

許多人還不至於這麼激烈，逕行將李白道教詩掃剔出視線之外，不再諷誦。他們仍讀著這些詩，這些詩也仍是「李白詩」，只不過，他們覺得：這些詩若光講些神仙嚮往，有啥意思呢？李白乃「大」詩人，其詩必表達了他對時代社會的關懷。因此，這些詩固然表面上彷彿說神仙講金丹，李白之用意應該不只在於此。例如〈山人勸酒〉：

蒼蒼雲松，落落綺皓。春風爾來為阿誰？胡蝶忽然滿芳草。秀眉霜雪顏桃花。骨青髓綠長美好。稱是秦時避世人，勸酒相歡不知老。各守麋鹿志，恥隨龍虎爭。欻起佐太子，漢皇乃復驚。顧謂戚夫人，彼翁羽翼成。歸來商山下，泛若雲無情。舉觴酹巢由，洗耳何獨清！浩歌望嵩岳，意氣還相傾。

這首詩，《唐宋詩醇》云：「泛詠四皓便是無情之文。故注家以為感時事刺盧鴻輩，不為無見。」這話講得真清楚！若僅詠四皓，他們覺得沒啥意思，一定要對時事有關懷有意見才好。

此所謂注家，指蕭士贇。蕭氏注李白此詩云：「太白蓋為明皇欲廢太子瑛，有所感而作是詩也。初，瑛母以倡進，鄂、光二王母以色選。及武惠妃寵幸後宮，生壽王，愛與諸子絕等。而太子二王以母失寵頗怏怏。惠妃女婿楊洄揣妃旨間太子短，譁為醜語。惠妃訴於帝，且泣，帝大怒，召宰相議廢之，張九齡諫得不廢。俄而九齡罷，李林甫專國，數稱壽王美以探妃意，妃果德之。二十五年，洄復構瑛、瑤、琚與妃之兄薛輔有異謀，惠妃使人詭召太子二王曰：『宮中有賊，請戒以兵入。』太子從之，妃白帝曰：『太子二王謀反，甲而來。』帝使中人視之如言，遽召宰相林甫議，答曰：『陛下家事，非臣所宜豫。』帝意決，乃詔廢為庶人，尋遇害。天下冤之，號三庶人。……明皇之時，盧鴻、王希九隱居嵩山，李元愷、吳筠之徒皆以隱逸稱，或召至闕庭，或遣問政事，徒爾高議闊論，然未有能如四皓之一言而太子得不易也。」這便是「知人論世」的解詩方式了，把太白詩和當時的時事結合起，認為李詩即是針對這件事而作，非真詠隱逸求仙者。

然當時固然有廢太子事，李白此詩是否即為此而作？瞿蛻園認為不是，謂此詩應是為了李林甫害死李邕之事：「蕭氏所稱是開元二十五年事，李白時猶在安州，恐於宮闈事不能如此詳悉。據《通鑑》天寶五載：『初，太子之立非林甫意，林甫恐異日為己禍，常有動搖東宮之志，而（韋）堅又太子之妃兄也。皇甫惟明嘗為忠王友……林甫因奏堅與惟明結謀，欲共太子。……將作少匠韋蘭、兵部員外郎韋芝為其兄堅訟冤，且引太子為言，上益怒。太子懼，請與妃離昏，乞不以親廢法。……贊善大夫杜有鄰女為太子良娣，良娣之姊為左驍衛兵曹柳勣妻。勣性狂誕，好功名，喜交結豪俊，淄川太守裴敦復薦於北海太守李邕，邕與之定交。勣至京師，與著作郎王曾等為友，皆當時名士也。勣與妻族不協，欲陷之，為飛語告有鄰，妄稱圖讖，交搆東宮，指斥乘輿。林甫令京兆士曹吉溫與御史鞫之……有鄰、勣及曾等皆杖死。……六載春正月辛巳，李邕、裴敦復皆杖死』此事為震動一時之大獄，李白既與李邕夙好，不能無所感，事由太子而起，故假商皓以寓意。」

瞿氏箋注，把這首詩繫在天寶五年，顯與蕭氏不同，其駁蕭氏語亦甚合理。但兩人所用的箋釋方法卻是一樣的，即援引史事以與詩意貼合。唯此詩既詠四皓，依蕭注，乃是譏當時隱者不能保全太子如四皓也。瞿氏既反對蕭氏的說法，則請問：李林甫構害太子及李邕、柳勣等事，究竟與商山四皓云云有何關係？且詩意明明是說四皓一類人物輔佐了太子，成就功業後，復歸隱於商山之下（王琦注，即謂此詩大意，係美四皓當暴秦之際，能避世隱居，及漢有天下，雖一出而輔佐太子，功成身退，曾不繫情爵位）。故此乃「美」而非「刺」，牽引太子被害事而說，殊不切合。認為李白會譏刺道士吳筠，更是匪夷所思。

把李白詩朝社會批判方向上解釋，顯然常會遭到類似這樣的問題。因此較聰明的辦法，便是不鑿指其為某事，而僅就其大體意向去說李白的政治社會批評。例如〈古朗月行〉：

> 小時不識月，呼作白玉盤。又疑瑤台鏡，飛在青雲端。仙人垂兩足，桂樹何團團？白兔擣藥

成，問言與誰餐？蟾蜍蝕圓影，大明夜已殘。羿昔落九烏，天人清且安。陰精此淪惑，去去不足觀。憂來其如何？悽愴摧心肝。

詩詠月，而傷其淪胥將盡，故生憂感。這樣的詩，完全可從詩人憂生的超越面來解釋，但注家多不如是，蕭注云：「按此詩借月以引興，日君象，月臣象，蓋為安祿山之叛兆於貴妃而作也。」陳沆《詩比興箋》則謂：「憂祿山將叛時作。月后象，日君象。祿山之禍兆於女寵，故言蟾蝕月明，以喻宮闈飲蠱惑。烏鳥無羿射，以見太陽之傾危，而究歸諸陰精淪惑，則以明皇本英明之辟，若非沉溺聲色，何以安危樂亡而不悟耶？危急之際、憂憤之詞。蕭士贇謂祿山叛後所作者亦誤。」這是以「比興」、「寄託」的講法來解詩了。謂李白詩之表面語言雖為日、月、桂樹、白兔等，但此類意象均係隱喻。透過對於意象的隱喻分析，我們即可明白李詩乃是針對當日時局之杌隉而作。

這種解詩法，論李白詩者經常採用，如前文所舉之〈懷仙歌〉，蕭注便說：「此詩太白睨顧宗國，繫心君王，冀復進用之作也。一鶴自喻，仙比人君，玉樹比爵位。時肅宗即位於靈武，明皇就遜位，時物議有非之者，太白豪俠曠達之士，亦曰法堯舜自古有之，何足驚怪，為是囂囂者不知古今，直可輕也。末句其拳拳安史之滅，宗社之安，或者用我乎！身在江湖，心存魏闕，白有之云。」把李白形容成一位惓惓君國的忠藎之士，而謂其詩中語多為比興。

至於寄託之說，則如〈夢遊天姥吟留別〉：

海客談瀛洲，煙濤微茫信難求。越人語天姥，雲霞明滅或可睹。天姥連天向天橫，勢拔五岳掩赤城。天台四萬八千丈，對此欲倒東南傾。我欲因之夢吳越，一夜飛度鏡湖月。湖月照我影，送我至剡溪。謝公宿處今尚在，淥水蕩漾清猿啼。腳著謝公屐，身登青雲梯。半壁見海日，空中聞天雞。千巖萬轉路不定，迷花倚石忽已暝。熊咆龍吟殷巖泉，慄深林兮驚層巔。雲青青兮欲雨；水澹澹兮生煙。列缺霹靂，丘巒崩摧。洞天石扇，訇然中開。青冥浩蕩不見底，日月照耀金銀台。霓為衣兮風為馬，雲之君兮紛紛而來下。虎鼓瑟兮鸞回車，仙之人兮列如麻。忽魂悸以魄動，恍驚起而長嗟。惟覺時之枕席，失向來之煙霞。世間行樂亦如此，古來萬事東流水。別君去兮何時還，且放白鹿青崖間。須行即騎訪名山。安能摧眉折腰事權貴，使我不得開心顏？

此詩，題名夢遊，是典型的遊仙詩。因唐人除了襲用樂府及古詩舊題作遊仙詩之外，更發展出「夢遊仙」、「夢仙謠」、「夢仙」一類作品來。如王延齡〈夢遊仙庭賦〉、沈亞之〈夢遊仙賦〉、白居易〈夢仙〉、祝元膺〈夢仙謠〉……均屬此等。所夢之仙境，則頗有佚出六朝原有仙境傳說之外者，例如以十洲三島等新的海外仙山意象代替崑崙、蓬瀛等舊說，在唐人詩中常見。李白此詩所云之天姥，即是此種新仙境之夢遊，探尋新的洞天福地，為典型之道教仙界遊歷詩，自無疑義④。

但這樣的詩，並未獲得後代評論者之青睞，很少人討論它。偶有評述，又輒以寄託比興說之，如陳沆《詩比興箋》云：「此篇昔人皆不論，一若無可疑議者。……蓋此篇即屈子遠遊之旨，亦即太白〈梁甫吟〉『我欲攀龍見明主，雷公砰訇震天鼓，……閶闔九門不可通，以額扣闕閭者怒』之旨也。太白被放以後，回首蓬萊宮殿，有若夢遊，故託天姥以寄意。首言求仙難必，遇主不易，故『我欲因之夢吳越，一夜飛渡鏡湖月』，言欲乘風而至君門也。『身登青雲梯，半壁見海日』以下言金鑾召見，置身雲霄，醉草殿廷，侍從親近也。『忽魂悸以魄動』以下言一旦被放，君門萬里。故云『惟覺時之枕席，失向來之煙霞』也。『世間行樂亦如此，古來萬事東流水。……須行即騎訪名山，安能摧眉折腰事權貴』云云，所謂『平生不識高將軍，手汙吾足乃敢嗔』也。題曰留別，蓋寄去國離都之思，非徒酬贈握手之什。」拒絕承認這是李白為訪遊名山而留別東魯公之作，一定要從李白的金鑾之思上講求。故將李白擬為屈原，謂此詩乃託遊天姥以寄意。

似此，以李白詩比擬離騷，前文所舉〈短歌行〉「白日何短短，百年若易滿」那首，蕭注亦是如此。云：「樂府詩古皆有此詞，言人壽不可得長，思與知友及時為樂，並自戒勗之意。太白此詞雖擬之，然其詞意則出於騷，肆為誕詞以寄興而已」。不認為李白詩與樂府古詩原意相同，而謂其出諸屈原〈離騷〉忠君愛國美人香草的傳統，因此其詞雖妄誕，意旨卻甚正大。

傷流年、慕神仙，在他們看來，都是妄誕的，故而大費周章，將李白詩說得如此迂曲，說李白詩不是講求仙的。但這只是消極性的詮釋：箋注者更有積極性的解說，把李白描繪成一位反對鍊丹與求仙的鬥士哩！請看〈春日行〉：

深宮高樓入紫清，金作蛟龍盤繡楹。佳人當窗弄白日，絃將手語彈鳴箏。春風吹落君王耳，此曲乃是〈昇天行〉。因出天池泛蓬瀛，樓船蹙踏波浪驚。三千雙蛾獻歌笑，撾鐘考鼓宮殿傾。萬姓聚舞歌太平。我無為，人自寧。三十六帝欲相迎，仙人飄翩下雲軒。帝不去，留鎬京，安能為軒轅，獨往入杳冥?小臣拜獻南山壽，陛下萬古垂鴻名。

陳沆云：「此以王道諷求仙也。不直譏求仙，而曰『帝不去，留鎬京，安能為軒轅，獨往入杳冥?』以反規荒廢萬幾之失，明不如王道太平之可慕也。孰謂太白不聞道，但賦凌雲飄飆之氣者?」但此詩提到〈昇天行〉，據《樂府古題要解》：「昇天行，曹植『日月何肯留』，鮑照『家世宅關輔』，皆傷人世不永，俗世險艱，當求神仙，翱翔六合之外」，可見詩意雖非正面為求仙，甚或也表明了皇帝要留在人間，但對神仙世界並非批判性的寫法，陳沆卻逕以諷刺說之。

更強的例子則如〈上之回〉：

三十六離宮，樓台與天通。閣道步行月，美人愁煙空。恩疏寵不及，桃李傷春風。淫樂意何極?金輿向回中。萬乘出黃道，千騎揚彩虹。前軍細柳北，後騎甘泉東。豈問渭川老，寧邀襄野童?但慕瑤池宴，歸來樂未窮。

蕭註云：「詩言漢武巡幸回中，不過溺志於神仙之事，豈為求賢哉?明皇亦好神仙，此其諷諫之作歟!」又〈飛龍引〉之二：

> 鼎湖流水清且閑。軒轅去時有弓劍，古人傳道留其間。後宮嬋娟多花顏，乘鸞飛煙亦不還，騎龍攀天造天關。造天關，聞天語。屯雲河車載玉女。載玉女，過紫皇。紫皇乃賜白兔所擣之藥方。後天而老凋三光，下視瑤池見王母，蛾眉蕭颯如秋霜。

沈德潛評此詩云：「後天而老猶蛾眉蕭颯，則不老者化老矣。學仙何為哉？」（《唐詩別裁》）亦謂此為刺人學仙之詩。但王母「蛾眉蕭颯如秋霜」實係用典，司馬相如〈大人賦〉：「吾乃今日睹西王母嵩然白首，戴勝而穴處」，李白用此描述王母情狀，並無諷刺之意；後天而老句，亦不指王母，乃指紫皇賜丹藥給黃帝，故黃帝得以不老。沈德潛藉由誤讀，把這首詩解釋成反學仙，與〈飛龍引〉第一首（黃帝鑄鼎於荊山，鍊丹砂。丹砂成黃金，騎龍飛上太清家。雲愁海思令人嗟。宮中綵女顏如花。飄然揮手凌紫霞。從風縱體登鸞車。登鸞車，侍軒轅。遨遊青天中，其樂不可言）也是不合的。

總之，信仰道教神仙說的李白，遇上了不信神仙的箋注家，李詩的解讀便出現了難局。像〈來日大難〉，李白是用古詩〈善哉行〉「來日大難，口噪唇乾」以言人命不可保，應求長生之術，而與王喬八公同遊：

> 來日一身，攜糧負薪。道長食盡，苦口焦唇。今日醉飽，樂過千春。仙人相存，誘我遠學。海凌三山，陸憩五嶽。乘龍天飛，目瞻兩角。授以神藥，金丹滿握。蟪蛄蒙恩，深媿短促。思填東海，強銜一木。道重天地，軒師廣成。蟬翼九五，以求長生。下士大笑，如蒼蠅聲。

這樣的詩篇，箋注者可能莫名其妙，不解所謂，如徐世溥云：「太白來日大難篇：『來日一身，攜糧負薪，今日醉飽，樂過千春。』一醉飽耳，而遂樂過千春乎？何其言之汙也？」（見《榆溪詩話》）；也可能認為這只不過是文字遊戲，聊備一格，不必深究，如《唐宋詩醇》云：「此題本屬寓言，白詩亦是擬古，辭旨恍惚，奇譎可喜，故存之以備一體」，不以為有何深意。

有的人又覺得如此似乎不妥，只好勉強去講一些道理，於是就出現了類似這樣的妙解：「夫英雄混跡於傭保，異人隱形於乞丐，不屑不潔，饕餮炭崎，往往如斯，蓋以玩世不恭遂其超然自得，此其所以能金丹滿握而乘龍上天也。此太白自道自傳神。前乎此者惟東方曼倩足當之，故能戲萬乘若僚友，視儔列如草芥耳。」（《榆溪詩話》）「此蓋被放賜歸，初辭金鑾之時也。今日置酒離別，明日則為放臣矣。然而感恩懷德，曷敢泯忘？何者？升我以雲霄、攀我以鱗翼、賜我以仙藥，誠思效銜木之誠，報山海之德，而已為下士所思矣。彼但見萬乘之尊下一布衣如此，豈知道在則勢力輕？古以軒轅而下廣成，視天位如蟬翼，豈高力士營營青蠅者所識哉？蓋力士恨太白貧賤驕人，而太白謂其不足驕也。詩云：『營營青蠅』，刺讒也。集中〈贈崔司戶詩〉云：『惟昔不自媒，擔簦西入秦。攀龍九天上，忝列歲星臣。布衣侍丹墀，密勿草絲綸。才微惠渥重，讒巧生緇磷。』又〈贈宋少府詩〉云：『早懷經濟策，特受龍顏顧。白玉栖青蠅，君臣忽行路。人生感分義，貴欲里丹素』云云，皆足證此詩之旨。」（《詩比興箋》）運用想像、強言比興寄寓；牽合史事，以說其現實政治社會關懷，而把李白詩解釋得歪七扭八。如若再講不通，那就乾脆說它是偽作，辭氣粗鄙、見解塵陋，不值得一讀。

（三）李白詩的詮釋史

李白詩的詮釋學史，素來乏人問津。原因是李白詩本身並不晦澀難懂，如李商隱詩那樣需要猜測，所以容易被人忽略了它也是含有許多詮釋問題的。同時，它又不像李商隱詩那樣，有太多方向迥異的解釋，或從愛情或從政治或從人生態度，各個角度形成了互諍與對辯，引人注意。李白詩的詮釋者太一致了，他們多具有濃厚的政治社會傾向，所以也常從這一面去把握李白，希望替李白描畫一幅比較像樣的臉譜，證明李白不只是如王安石所說，只懂得酒、女人及任俠，更有著大時代的關懷。

因此李白詩的詮釋問題，不是方向不同，而只是在具體指實李白詩與現實事件之關係上有些差異罷了。此外，則主要發生在李白及其詮釋者之間的差別上，信奉道教的李白，其內心世界顯然並未被箋釋李詩者所了解。對李白感懷生命、表達超越界之追求的詩篇，注者均淡漠視之，甚或如前文所分析地那樣，曲解成了現世諷喻。

這種解釋，其實早見於李陽冰所撰〈草堂集序〉。陽冰在這篇最早的李白論中便稱讚李白：「凡所著述，言多諷興」，並慚愧自己無法好好紹述其志業：「論關睢之義，始愧卜商；明春秋之辭，終慚杜預」。把李詩喻為《詩經》、《春秋》，正是指其中藏有微言大義，可以使聞之者生出戒心。

其後范傳正〈唐左拾遺翰林學士李公新墓碑〉則具體地替李白的神仙道術思想辯飾，云：

「公好神仙，非慕其輕舉，將不可求之事求之，欲耗壯心、遣餘年也」。這種說法，是把道教信仰完全看成邊緣性的無聊遣日行為，既非真與生命相關，更是現世關懷受挫後的自汙活動。但他忘了早先魏顥〈李翰林集序〉已說過：「白久居峨眉，與丹丘因持盈法師達。白亦因之入翰林，名動京師」，李白信崇道教，本不在金鑾放歸之後，豈能以自汙佯狂或自暴自棄來解釋？

但唐人持此類說法者不只范傳正，如吳融〈禪月集序〉即云：「國朝能為歌詩者不少，獨李白為稱首。蓋氣骨高舉，不失〈頌〉詠〈風〉刺之道」。其後杜甫的地位逐漸崛起，宋人普遍認為李白詩在諷興時事方面不如老杜。如「荊公論李、杜、韓、歐四家詩，而以歐公居太白之上，曰：『李白詩詞迅快，無疏脫處，然其識汙下，十句九句言婦人、酒耳』」（《捫蝨新話》引）；「李杜號詩人之雄，而白之詩多在風月草木之間、神仙虛無之說，亦何補於教化哉？」（趙次公〈杜工部草堂記〉）；「李太白當王室多難、海宇橫潰之日，作為歌詩，不過豪俠使氣、狂醉於花月之間耳。社稷蒼生，曾不繫其心膂。其視杜少陵之憂國憂民，豈可同年語哉？」（《鶴林玉露》）……。都是從關心時代的角度，貶李白而褒揚杜甫。

這是對李詩價值的質疑，也是對李白地位的挑戰。面對杜甫，李白遂不再能以其早先為人所艷稱的角色形象出現了。一位飲酒、任俠、遊仙的李白，乃再度憂國憂民起來了。他的詩，不再是表達他個人縱放不羈的生命，而是努力地關切世道政局。如《韻語陽秋》即謂：「李白樂府三卷，於三綱五常之道，數致意焉。慮君臣之義不篤也，則有〈君道曲〉之篇。慮父子之義不篤也，則有〈東海勇婦〉之篇；慮兄弟之義不篤也，則有〈上留田〉之篇；慮朋友之義不篤也，則有〈竺籔謠〉之篇；慮夫婦之情不篤也，則有〈雙燕離〉之篇」，該書又說：

> 李太白古風兩卷，近七十篇，身欲為神仙者殆十三四，或欲把芙蓉而躡太清，或欲挾兩龍而凌倒影，或欲留玉京而上蓬山，或欲折若木而遊八極，或欲結交王子晉，或欲高揖衛叔卿，或欲借白鹿於赤松，或欲餐金光於安期。豈非因賀季真有謫仙之目，而因為是以信其說耶？抑身不用，鬱鬱不得志，而思高舉遠引耶？嘗觀其所作〈梁父吟〉，首言釣叟遇文王，又言酒徒遇高祖，卒自嘆己之不遇，有云：『我欲攀龍見明主，雷公砰訇震天鼓……』，人間門戶，尚不可入，則太清倒景，豈易凌躡乎？李白忤楊妃而去國，所謂『玉女起風雨』者，乃怨懟妃子之詞也。

不但認為李白的神仙嚮往並非本懷，更試圖透過對每一首詩的具體解說來指實李白與現實世界的關聯。這些解釋，大體是扣住李白政治生涯的失敗而說，一方面指出李白哪些詩表達了他自己在政治上失敗的感慨，一方面說明李白雖遭放歸，仍然忠君愛國，對當時政局時事也仍保持高度之關切。順此思路，李白詩遂緊密地與時代政治聯綴起來，立意彷彿皆為時為事而作了。例如〈蜀道難〉，便有人說此非僅詠蜀道而已，乃確實有政治上的諷刺寄託。然則所刺者何事？詩未明言，論者遂或猜是「以刺嚴武」，或猜是「為房、杜危之也」。又如〈雪讒〉那樣的詩，「大率言婦女淫亂敗國」，並無專指。論者亦從李白的身世政治遭遇上去猜想：「余味此詩，豈貴妃與祿山淫亂，而太白曾發其奸乎？」（《容齋隨筆》）。

李白詩的箋注家，即出現於這麼個時代。南宋楊齊賢先成《李翰林集》、元蕭士贇刪補楊注而成《分類補注李太白集》二五卷，充分吸收了宋人這套解釋觀點和個別意見，建立了李白詩的詮釋基調。後來明朝胡震亨的《李詩通》廿一卷，雖訂正楊蕭二注甚多，然這一詮釋路向並未更動。

因此，我們可以說：自宋朝以後，李杜地位已判高下，「謂仙不如聖，一在學行甚正，一在流離造次不忘君國」（**齊召南〈李太白集輯注序〉**）。替李白爭地位的人，要不就是避此鋒鍔，專從藝術性及修辭方式上去講李杜各擅勝場、各有佳處；要不就只能勉強說李白也與杜甫一樣，學行甚正、每飯不忘君。

如陸象山云：「李白、杜甫、陶淵明，皆有志於吾道」者，言李白學問亦甚正也；如劉鑒云：「予伯父固云：『李源〈風〉，杜源〈雅〉。』相提而論，乃知兩公之詩，體從〈風〉、〈雅〉出，而情從憤入矣。李何憤？憤宮鄰之階厲。杜何憤？憤皇輿之洊傾。然青蓮〈梁父〉、〈行路〉諸吟，〈巧言〉、〈巷伯〉之倫也；少陵〈驪山〉、〈洞房〉等詠，〈匪風〉、〈下泉〉之恩也。其存君興國，發於性情心術之隱者。夫既合，不啻合，而或〈風〉或〈雅〉，互為經緯，非古近殊體，幾於分無可分。」則是說李白與杜甫雖表現方法不同，但均是有君國之思的。

以「風」來解釋李白詩，便需具體闡述李白如何諷刺時政、憂心社稷。箋注家們即於此賣弄手段，鉤稽史事、參合記傳、潛心體味詩中隱曲幽微之處，面對其日月花鳥諸意象，輒覺其間或有比喻寄託存焉。此等風氣，至明已蔚為大觀，而對此能提出反省，則須遲至清朝乾隆年間的王琦。王氏《李太白全集・跋》說：

世之論太白者，毀譽多過其實。譽之者以其……作〈清平調〉、〈宮中行樂詞〉得〈國風〉諷諫之體。毀之者謂十章之詩，言婦人與酒者有九，而議其人品污下；又謂其當王室多難、海宇橫潰之日，作為歌詩，不過豪俠任氣、狂醉花月之間，視杜少陵之憂國憂民，不可同年而語。試為平情論之，……若夫〈清平調〉、〈宮中行樂詞〉，皆應詔而賦者，其辭以富麗為工，其意以頌美為主，刺譏之語無庸涉其筆端，理也。或乃尋措其引用之故事，鉤稽其點綴之虛詞，曰此為隱諷、此為譎諫，支離其語，娓娓動人。然按之正文，皆節外生枝，杳無當於詩人之本意，殆有似夫讒人險士，吹毛洗垢而求索其疵瘢以為口實者。……馴致其弊，為梗於語言文字者不淺，不但有悖於溫柔敦厚之教而已。善言詩者，駭之而勿敢道也。……至謂其當家國多難之日，而酣歌縱飲，無杜少陵憂國憂民之心，以此為優劣，則又不然。詩者，性情之所寄，性情不能無偏，或偏於多樂，或偏於多憂，本自不同。……後之文士，左袒太白者不甘其說，而思有以矯之，以杜有詩史之名，則擇李集中憂時憫亂之辭，而拈摭史事以釋之，曰此亦可稱詩史；以杜有一飯未嘗忘君之舉，則索李集中思君戀主之句，而極力表揚，曰身在江湖、心存魏闕，與社初無少異。此其意不過欲措抑李者之口，而與之相抗。豈知論說杜詩而沾沾于是，顛倒事實，強合歲時，昔人已有厭而闢之者，何乃拾其牙後慧，而又為李集之駢拇枝指哉！

批判歷來注家以忠君愛國、關懷時局解釋李白之謬，從無如此深著明快者。王琦何以能跳脫舊有箋釋傳統的窠臼，而發現李白的精神面目並非如舊註所云云呢？那是因為他對佛教道教較有了解。其友人杭世駿說：

李供奉太白，才兼仙佛，……其於杜也，並驅方軌，未易軒輊也。……二氏之書，與吾儒之著述相埒。上下千古而能盡讀之者，吾於唐得一人焉，曰段柯古；吾於宋得一人焉，曰釋氏贊寧；吾於前明得一人焉，曰宋氏潛溪。以近代而論，蒙叟研精內典而玄門之旨奧未窺；竹垞朱氏自言於竺乾之書，詩文未敢闌入，則并蒙叟之長而猶且怖若河漢，他可知矣。載庵（即王琦）早鰥，寂處若退院老僧、空山道士，日研尋於二氏之精英。以其餘事而為是書，足以登太白難顯之情，而抉三家未窺之妙。

言其所以能超越舊注，發太白難顯之情者，正因王琦本人有佛道之知識，也在具體存在狀況上能夠貼近佛家道家。這段分析是極為精采的，它說明了詩歌與詮釋者在閱讀過程中的互動關係，「才兼仙佛」的李白，碰到一群耳目心志只盤旋紓繞在君國社會之間的儒家信徒，他那一方面的心境便長期處在一封閉的領域中，箋注者皆不得其門而入，直到有一位能夠傾聽這套特殊語言的注家出現，「太白之精神與前注之得失，軒然若揭日月」（《李太白全集・序》）。

王琦注當然亦非盡善盡美，但王琦注呈現了李白詩歌詮釋史中儒家觀點和夾有佛道觀點者的差異，也顯示了「現世關懷」與「超越嚮往」之間的區別。通過王琦注，我們其實更可以發現李白那久遭佚忘的道教徒形象。

（四）超越的人生與詩

最早刻畫李白形象的杜甫，共有論及李白之詩十二首，其中如「秋來相顧尚飄蓬，未就丹砂愧葛洪」（〈贈李白〉）「豈無青精飯，使我顏色好」（〈贈李白〉）「自是君身有仙骨，世人那得知其故」（〈送孔巢父謝病歸遊江東兼呈李白〉）「短褐風霜入，還丹日月遲」（〈冬日有懷李白〉）等均涉及其仙道信仰，可見詩、酒、神仙是李白最明顯的標記，也是杜甫理解李白的基本指標。任華〈雜言寄李白〉也說：「又聞訪道滄海上，下令王喬時往還，蓬萊經是曾到來，方丈豈惟方一丈？」獨孤及〈送李白之曹南序〉更描述：「是日也，出車桐門，將駕於曹，仙樂滿囊、道書盈篋」。

這些親與李白交接遊處的人，輒能感受到李白在仙道追求方面的強烈氣息，他整個人所給予別人的印象，也是神仙式的。不僅賀知章一見即稱他為「謫仙人」；司馬承禎也說他「仙風道骨，可與神遊八極之表」。李白後來與賀知章等共遊，號飲中八仙，劉全白〈唐故翰林學士李君碣〉且稱白：「志為道術，謂神山可致」。皆是由各種行為上體現一種超越於現實世界之上的精神。這種精神，無以名之，或可稱為一天地精神，李華〈故翰林學士李君墓志〉云：「嗟君之道，畸於人而侔於天」者，正有見於此。

這是與人文精神迥異的一種精神，李白其人及其詩，在在顯現「逸邁」、「倜儻」、「拔俗無類」、「不拘常調」、「器度弘大，聲聞於天」、「若在天上物外，神仙會集、雲行鶴駕，想見飄然之狀」、「有逸才」、「飄然有超世之心」、「飄然思不群」、「出入燕宋，與白雲為伍」……之狀態，實即為此等天地精神之表現。從入世的人間性看，此乃「逸格」：後世以詩仙稱之，也極為妥貼。

有些讀詩人，對李白詩仙之稱號尚能接受，也還能欣賞李白的「天子呼來不上船，自稱臣是酒中仙」，或亦稱美其遊俠行為，但對他的道教信仰卻無法理解、更不能接受。郭沫若《李白與杜甫》一書甚至立了一節，標題就是：「李白的道教信仰及其覺醒」，驚詫：「李白幹下了多麼驚人的一件大蠢事」、「想到那樣放蕩不羈的李白，卻也心甘情願地成為這樣的人，實在有點令人難解」，而硬要說李白晚年已從信仰的迷霧中覺醒了過來⑤。

這實是把李白之信教孤立地了解，且帶有宗教偏見之謬說。這些人不曉得李白的「酒仙」「詩仙」形象及性質，與其學仙之行為，整個是一體的，是一種仙骨道風的生命氣質顯現於各個方面的表徵。且凡物同類乃能相應，同聲乃能相求，只有道教的神仙生活與境界，才能吸引像李白這樣飄然超世的人物；塵俗的事務，和李白是不同類的。正如莊子感世沉濁不可與莊語，而獨與天地精神相往來，所以一下說藐姑射山有神人、一下說黃帝遊赤水，荒唐悠眇，讀之亦飄然有凌雲之感。李白的飲酒、豪俠，也輒顯露為一種超離世俗正常行為與秩序的狀態，與其好言神仙，其實同樣是人世之逸格，為生命之逸氣。

不僅此也，遊俠遊行之遊，本來即與遊仙之遊屬於同一種心靈活動；神仙世界與縱酒酣樂也是不可分的。遊仙詩中向來以酒、宴、神仙行廚為主要意象，唐人曹唐〈小遊仙〉詩：「酒釀春濃瑤草齊，真公飲散醉如泥，朱輪軋軋入雲去，行到半天聞馬嘶」、「侍女親擎玉酒卮，滿卮傾酒勸安期」、「笑擎玉液紫瑤觥」、「青苑紅堂壓瑞雲，月明閑宴九陽君，不知昨夜誰先醉，書破明霞八幅裙」等，不都與李白詩類似嗎？飲酒縱樂的神仙不老世界，和苦寂易死的人間，恰好互相對照。李白的〈將進酒〉，呼喊的都是他的道教朋友如丹丘生之流，並非沒有原因的。李白飲酒之後，逸興湍飛而有詩作，也與曹唐描述九陽君醉後書破明霞八幅裙相似。仙、酒、藝術性不自覺的神性演出，在此是整合為一體的⑥。

李白之親近佛教，也是如此。〈與元丹丘方城寺談玄作〉：

> 茫茫大夢中，惟我獨先覺。騰轉風火來，假合作容貌。滅除昏疑晝，領略入精要。澄慮觀此身，得通寂照。朗悟前後際，始知金仙妙，幸逢禪居人，酌玉坐相召。彼我俱若喪，雲山豈殊調？清風生虛空，明月見談笑，怡然青蓮宮，永願恣遊眺。

這樣的詩，不能從嚴格的宗教意義看，因為李白腦中並無太明確的佛道分別。他對佛家的義理當然並不陌生，使事用典談禪說法亦甚內行。但正如本詩所示，所論者佛理也，乃謂為談玄；佛家言四大假合，乃以莊子夢覺之說喻之；寂照雙運，乃亦以道家之彼我俱喪解之。可見佛教與道教，在李白視之，係同類物事，均可以從其中獲得「冥機發天光，獨照謝世氛」的體會。他對佛教的欣賞，亦如他對道教一般，由其出世超世離世的型態中，顯其不入世的心境，「飄然思不群」。

因為如此，所以李白所給予人的美感是飛揚。所謂飛揚跋扈為誰雄。他的詩也是飄動的。齊召南說它「一如飛行絕跡，乘雲馭風之仙」，其美正在飄逸。

杜甫所給人的美感便不然，它是質實。所謂頭戴笠子日卓午。詩歌則是沉鬱頓挫的，深入人倫物理之中，非超然萬物之表，與李白恰好相反。因此以杜甫的人間性來要求李白，不只在道教方面不契，與李白整個生命型態、精神氣調都是不貼合的。我們根本不能解釋那獨顯天地精神的李白，為何在詩歌的藝術美感上表現出飄逸出塵之姿，而卻在觀念指向上處處不忘社稷民生、時時注意到君政臣事。

李白的生命不是如此分裂的，他整個人所給予人的印象，是神仙式的：仙風道骨，瀟灑出塵。這種神仙式的人，其生命樣態是超離此世的，於當世之務並不繫著。因此在行為上常有豪逸之舉，縱任不拘，顯露俠氣；在生活上，飲酒歌詩，不食人間煙火黍飯；在詩歌的歷史意識及美感態度上，望古遙集，不屑與當世文風為伍，「興復古道，非我而誰？」在人生觀方面，又「吾將營丹砂，永世與人別」。因為人世的所有繁華與價值，對他來說都無意義，他的人生歸向是在天上而非人間，〈古風五九首〉之四：「桃李何處開，此花非我春。惟應清都境，長與韓眾親」、之十三：「君平既棄世，世亦棄君平，觀變窮太易，探玄化群生」，均可見得此遺世獨立之態度。人間事功，亦非不能有所表現，但如神仙降世歷謫，遊戲應化一番即當棄去，所以他最佩服的人物，是魯仲連、范蠡這一類人。

這些片片段段整合起來，即是一種「超越性」。別有天地非人間，獨與天地精神往來。精神狀態恆若在天上，俯瞰人世，不勝悲憫：「素手把芙蓉，虛步躡太清，霓裳曳廣帶，飄拂昇天行。邀我登雲台，高揖衛叔卿，恍恍與之去，駕鴻凌紫冥，俯視洛陽川，茫茫走胡兵；流血塗野草，豺狼盡冠纓」（**古風之十九**）。

對紅塵人世的悲憫，首先在於體認到生命飄忽易盡，人生不能避免生命必將消逝的悲哀。李白古賦八首，除劍閣、明堂、大獵三賦外，〈大鵬賦〉自喻，其他四篇都是這種憂生之嗟。如〈擬恨賦〉謂人生之恨在於「與天道兮共盡，莫不委骨同歸」，〈惜餘春賦〉、〈愁陽春賦〉、〈悲清秋賦〉更是顧名思義，傷此流光。其餘篇什，莫不類此。

既然「在世復幾時，倏如飄風度」（古風之廿），則人間的事業功名榮華富貴，一切也都是轉眼成空的。豪橫如秦始皇，「秦王掃六合，虎視何雄哉」，竟亦「但見三泉下，金棺葬寒灰」（之三），所以「富貴固如此，營營何所求」（之九）。

這都是對人生本質性的否定。經此否定，他對人生自然就會興生哀感，悲憫世人執戀於此。以他這種人生是空的眼光觀照之，一切人世的活動，均是營營，本無意義；但人即在此無意義的營營擾擾中產生了爭奪殺伐，使得世界更加恐怖，「流血塗野草，豺狼盡冠纓」、「人心若波瀾，世路有屈曲」，是非顛倒，價值錯亂，簡直一無是處。李白詩在這方面的質疑與批判，可說是千古一人。世途、世路、世道，從來不曾以正面價值出現過，鋒鍔所向，甚且直指堯舜周公。

這不是歷來「感士不遇」的舊調，不是知識分子因不能獲君重用、貢獻社會而生的感慨與牢騷，乃是對世間君臣、父子、夫婦、朋友一切人倫關係都不信任，對於世俗社會所認可的價值及其行為模式，都覺得荒繆紆錯：「慢世薄功業，非無胸中畫，謔浪萬古賢，以為兒童劇」（〈贈友人〉三）。

這是對人生的超越性了解。固然因人仍然必須在人世間生活，因此對應酬答仍須在世路上進行，一時之喜怒亦不可能遽絕世情。例如雖然在本質上明白「他人方寸間，山海幾千重。輕言託朋友，對面九疑峰」（〈箜篌謠〉），可是人世來往總還需要朋友，所以相與酬答時乃不免以友道相勗；對於具體的友情滋潤，也不會毫無感動；失歡於友朋，更會難過惋嘆。但，這一切都不會改變那種本質性的了解，因為那是涉及人生意義的信仰性了解，也是李白的基本人生態度，一切情感的波動，都是在這個基線上起伏的。不能掌握這一基線，就不能理解李白為何會對遺世超舉的神仙一直心生嚮往，為何一再修道煉丹以求超度人生苦空的哀傷。更會指鹿為馬，把李白在世路上的悲歡，解釋為追求世間價值、縈懷得失而生的反應。

李白的世界，不在地上，不在現世：在玄古，在天衢。故其在世殊不稱意，殊覺寂寞。「人生在世不稱意」，而「登高覽萬古，思與廣成鄰」（〈送岑徵君歸鳴皋山〉）既是造成這種寂寞的原因，同時也就成了他寂寞後的結果。

（五）現實的世界與詩

詩歌有抒情功能，重在顯現自我，表達自我，處理個人私密經驗，與社會國族公眾事務及生活無甚關係。例如寫男女戀愛、友朋交遊、夫婦父子親情、生活瑣細、行處見聞、讀書心得等等，一般均屬於個人抒情性質，是「不及世」的。另一種，則不只抒發自我，更紀錄了公眾的生活與時代經驗、描述了社會、批評了時政民俗，這就是社會性人間性的詩，屬於「在世」的詩。還有一類，忘世、逃世、避世、超世、離世，寄精神於萬物之表，遊心方外，超然玄冥，多悟證語與見道語。用「太上忘情，其下不及情，情之所鍾正在我輩」一語相擬，亦可稱此為出世之詩。

這三類詩，代表了詩人不同的人生態度和作品的境界型態。可是，一如情之所鍾正在我輩，我輩在世之人多，出世不及世之人少，鍾情於時世社會的人，便常認為詩文只能是在世的，出世者無情、不及於世者卑瑣無聊，均非文學創作之正途。

這種價值判斷，勢力極大，就連杜甫，也常遭指責。例如程伊川即謂老杜「穿花蛺蝶深深見，點水蜻蜓款款飛」一類詩毫無意義。可是詩人焉能永遠都在關懷國計民生？焉能無一點生活個我的閑情與陶寫？怎能真是一飯不忘君？同理，老杜亦有其超越之玄思，關心禪觀，不盡落在人世義理倫常之中。然而論者對此便刻意或無意忽略之，只是一再強調他的一飯不忘君。這樣的批評觀點，必然造成許多偏執，不僅會壓抑不及世和出世之詩的地位，也將疑神疑鬼，把不及世及出世之詩看成是針對世事而發。

李白詩的遭際即是如此。趙次公指責它「多在於風月草木之間、神仙虛無之說」，不如杜甫「有益於當世」，故慨嘆：「亦何補於教化哉！」其他人為了說明李白詩有價值，便極力去證明李詩如何有益於當世、有補於教化。

這種「當世」的觀點、以及說明詩歌如何有益於教化的方法，並不只表現在李白身上，其他人也常會遇到。

例如蘇東坡有關〈水調歌頭〉，乃熙寧九年中秋作，以懷其弟蘇子由，所謂：「明月幾時有，把酒問青天，不知天上宮闕，今夕是何年」云云。據《坡仙集外紀》載，宋神宗讀到這闕詩時便讚嘆道：「蘇軾終是愛君！」

我們現在的讀者，對於宋神宗這番評論可說多半是摸不著頭腦的。此詞明明是中秋望月感懷，並念其弟者，與愛不愛君有何關係。

但此非宋神宗偶發奇想之妙評，清人劉熙載《藝概》說：「詞以不犯本位為高。東坡〈滿庭芳〉：『老去君恩未報，空回首彈鋏悲歌』，語誠慷慨，然不若〈水調歌頭〉「我欲乘風歸去，惟恐瓊樓玉宇，高處不勝寒』，尤覺空靈醞藉」；黃蓼園《蓼園詞選》說：「忠愛之思，令人玩味不盡」；張惠言《詞選》說：「忠愛之言，側然動人」。他們都認同了宋神宗的講法，覺得這闋詞主要確是表達思君的意思。

因此我們應該注意這種解釋方法。這種方法，基本上乃是將一般抒情寫景之作朝政治社會方向去解釋。如詠嘆月亮裡的廣寒宮高處不勝寒，他們就認為是思君。同理，左偃「千家簾幕春空在，幾處樓台月明中」，雖為寫景，讀者卻認為此乃表達「佞臣將退，明王將立」之意；高駢「煉汞燒鉛四十年，至今猶在藥爐邊，不知子晉緣何事，只學吹蕭便得仙」，雖是道神仙事，讀者也覺得它非僅吟詠學仙而已，乃譏刺王鐸拜為都統也……。

這類例子，簡直不勝枚舉。黃蓼園謂歐陽修詞「小徑紅稀，芳郊綠遍，高台樹色陰陰見」，是言花稀葉盛，喻君子少而小人多，高台指帝闇。「東風不解禁楊花，濛濛亂撲行人面」，是言小人如楊花輕薄，易動搖君心。「翠葉藏鶯，珠簾隔燕」喻事多阻隔。「爐香靜逐游絲轉」，喻己心鬱紆。「一場愁夢酒醒時，斜陽卻照深深院」，言陽光黯淡，難照深淵。即是把這種文學的社會性解釋運用在細部分析上的現象。此一現象顯現了傳統文評家多具有政治敏感，所以辛稼軒作了「更能消幾番風雨，匆匆春又歸去」那闋詞，羅大經就替他捏把冷汗，說他寫這樣的句子，若在漢唐，恐怕早被宰了；而歐陽修這番酒後愁夢，也被黃氏理解為政治諷刺。這些具體事例，不都與前述李白詩或東坡〈水調歌頭〉的遭遇相同嗎？

由此可知，此中存在著一套文學的社會性系統解釋。讀者、作者、作品之間，即通過這一解釋而建立起默契，故一見春晚紅稀，便知是傷君子飄零；一見斜陽黯淡，便知是指國勢衰頹或君王勢衰。這套默契系統與隱喻符號，詩論詩話中多有述及。如鍾惺《詞府靈蛇》便歸納了許多意象，云此意象均不只於其表面含意，而是「日月、天地、夫婦比君臣。風雨、霜雹、波濤比佞臣。遊仙，君臣道阻。落花，國中正風將隳」。這些意象及其所構築之象徵系統，雖不見得就是進入中國古典詩詞的秘碼鑰鎖，卻實為認知中國詩文極為重要之一部分知識。前文所述那些解釋李白詩者，顯然也是依據此一象徵系統來敘說李白詩具有比興寄託意涵的⑦。

這種社會性文學觀點，乃是把一切文學作品都看成是社會——政治的：文學之發生、內容與目的，均是社會——政治的。

因此，「文章合為時而作，詩歌合為事而作」，文學寫作不但事實上是因事而發、為時而作，更應當是為時事而發。在實然與應然兩個層面上，文學都是社會的。此中便排除了文學只發洩個人情緒或寫些男女私情、生活瑣事之類東西的價值與可能性。也不考慮文章是否有敘及超越現實世界之處，不主張文學只在安頓個人心靈與信仰，更不認為文章只是「文章」，只是文之雕采成章的文字藝術性表現。在社會——政治的指向上，文學被認為必須是為了社會為了時代而作，故有超乎一己私情以及文采雕飾層面之外的重大政治——社會功能。

為滿足此類文學觀，論者必須尋找適合理想的作者，例如杜甫，來印證此類論述。云杜甫每飯不忘君，其詩足為詩史，紀錄刻畫了他那個時代云云。杜甫之所以能成為「詩聖」，正拜此類人士與此類文學觀之賜。其他作者之詩作，也常被人用這種觀點來把握。例如指李白詩欠缺政治社會性的王安石，特別欣賞李商隱者，端在其「永憶江湖歸白髮，欲回天地入扁舟」。這些人於是李商隱遂被牽合上他與杜甫的關係，謂唐人學杜而能得其精髓者，惟李商隱一人。這些人在讀義山詩時，不會去注意他的愛情詩及學仙詩，只把眼光放在〈有感〉〈重有感〉〈隋宮〉一類詩上。

但如此選擇性閱讀和理解，箋注家並不適用，因為他們必須對詩人的詩作進行全面解讀，故社會——政治觀點必須也要能通貫地解釋愛情、閑情、仙釋詩。這時便不能不借用比興寄託說了。從《詩經》、《楚辭》中發展而來的詮釋方法，所謂美人香草以比君子，言之者無罪、聞之者足以戒云云，對箋釋家實在極為有用，可以合理合法地將詩中夫婦、男女、自然物象之關係轉換解讀成政治上的君臣遇合及現實指涉關係。

解詩人這種閱讀法，同時也成了作詩人的寫作方法。朱慶餘「昨夜洞房停紅燭，待曉堂前拜舅姑，妝罷低聲問夫婿，畫眉深淺入時無」，以新嫁娘之心情，來擬喻應試考生不知文章能否見賞於考官。辭面意義是寫閨房情趣，實際指涉則為「近試上張水部」。此為作者運用比興隱喻最有名的例子，被投詩的張水部，自己也曾有著名的「還君明珠雙淚流，恨不相逢未嫁時」（〈節婦吟〉）。此亦非詠節婦，乃詠個人之出處遭際也。

這些詩，整體都是擬喻。至於非全首擬喻，而只在個別意象上表現其政治社會指涉的，那就更多了，如李商隱〈樂遊原〉云：「夕陽無限好，只是近黃昏」，沒有人會認為這只是單純的寫景，因為夕陽通常都被用來描述國勢衰頹。如朱彊村詞：「同倚斜陽看雁去，天迴地動一沾巾」「傍樓陰，東風又起，千紅沉損，鵯鶋聲中，殘陽誰繫？」（〈燭影搖紅・晚春過人境盧話舊〉）這裡的斜陽為什麼會令人望之沾巾呢？難道不是由於它直接指涉了國事日非嗎？擴而充之，風雲月露均可象喻國政朝局。

這樣構成的文學作品，或依此社會觀點來看文學作品，文學對社會的描寫與指涉，便可能是一種象徵與比喻之關係，而非只是摹擬反映。同時，文學作品的描述社會，是須建立在對作者心境之認定上的。我們必須先相信作者具有政治——社會態度，有社會關懷，才能依此而解說其作品如何涉及現世。故此類解說一般不會從客觀描繪了什麼社會去看，而是從作者「言志」的角度說作者如何與世界互動遂生何種反應。這便使得傳統詩的詮釋縱使有著強烈的社會政治氣息，卻仍具有了抒情文學的立場，並不同西方以反映論為骨幹的社會寫實主義。

雖然如此，在抒情傳統中強韌有力的這項社會關懷傾向，在近代卻是愈趨激烈。造成它越來越激烈的，是兩個相反相成的因素。

一是五四新文化運動所帶生的個性解放浪漫主義態度，強調文學的去社會性，重視文學在「獨抒性靈」方面的作用，人要能反抗社會禮教所給予人之各種壓迫桎梏，方能形成（個）人的文學。這種文學態度，使得《詩經》脫離了政治諷喻的解說傳統，被看成是發抒情思的個人歌詠，男女愛戀，不關帝后君臣；《楚辭》也未必即是楚國逐臣屈原之牢騷，而可以從人神戀愛等角度去理解；至於那表達個人生活情趣的晚明小品文，也獲得了高度的推崇。文學可以不寫時代動盪、社會良窳，只表現自己，顯露自己的脾性。這樣的文學，才能不再是「非人的文學」而是「人的文學」。這是激烈反對以社會角度來要求文學的思潮。但正因它反社會，強調人要從社會對人的層層剝削宰制中解放出來，所以它又具有濃厚的社會批判指向，整個運動所帶起的方向，便不是個人化內在化，而是社會化。例如我們推崇晚明小品的「獨抒性靈，不拘格套」，不拘，就是要破除或擺脫規範的意思，這裏便含有反禮教、反體制、反權威、反社會規約之精神。文學，即因此種提倡而成為社會改革之武器，以致逐漸走向社會寫實主義的道路，寖假而至於出現社會主義寫實主義。

所以從整體趨勢上看，文學須與社會結合，是近幾十年來甚為普遍的認定。民國五十七年五月廿七日嚴家淦副總統為全國第一次文藝會談開幕致詞時即說：「充實人民的生活、發展社會的生存、旺盛國家的生機、光大民族的生命，實際上就是當前文藝創作的四大目標。……凡有助於這四大目標的作品，都是值得積極鼓勵的；凡有損於這四大目標的作品，都沒有提倡的必要」。因此，當時政府所說的創作自由，是指「為達成這四大目標而自由創作」；那些「灰黯陰鬱」「滿紙呻吟」「一片夢囈」的「頹廢文風」，是遭到唾棄的。嗣後嚴先生亦於第二第三次文藝會談中重申此一觀點，「談到文藝創作和國家建設的關係」。

這是國民政府對文藝的認定和相關政策導向。與政府站在對立立場上的社會主義左派，主張又如何呢？尉天驄《理想的追尋》一書，第一篇就是〈放眼世界，關懷現實〉，希望〈從現實中建立大家的理想〉。他所批評的，則是：「這些年來，在我們文學界，特別是學院之中流行的一種文學與現實無關的藝術至上的學說」等等⑧。

這種鄉土、民族、現實的文學主張，與政府固不相同，與其後台灣文學本土化運動所標榜的「以台灣的人與土地為文學發展主軸」見解，對於何謂「現實」亦有極為不同的認知。政府所說的文以載道，是以有益於國家建設為標準的，文藝係以配合政府政治方向為其價值所在。尉天驄等人，則謂台灣之現實，就是被帝國主義控制而日漸資本主義化，故唯有認清現實、擺脫美日帝國主義的支配，才能建立人的尊嚴和民族的文學。台灣文學本土化運動者，當然也反帝反殖民，但他們認為現實社會的大問題不在美日資本主義宰制台灣，而在於許多人仍不能認同台灣這塊土地，所以「作家是否繼續抱持著疏離、敵視的態度，對待他所生存的土地、環境和周遭的人，決定他是否具有對這裡的文學發言、詮釋的權利」⑨。

雖然分歧如此之大，但他們都是現實的觀點，以社會——政治來討論文學。故一致地抨擊「為藝術而藝術」，也都譏嘲那些討論人生存在困惑的文學是夢囈與呻吟，謂其為無根、為虛無。現代主義文學，就是他們聯手攻伐的標本。

批判為藝術而藝術之文學，反對文學只刻畫一己之生活與情性，譏嘲那些關心人生存在境遇、而對現實世界缺乏描述與認同的作品，既是如此蔚為風氣，人們似乎也就像古代評述李白的箋注家一樣，或將「未描寫台灣的土地與人民」、「未表達對台灣本土社會認同」的文學家及其作品剔除在「台灣文學」之外，或將之存而不論、視若無睹，或曲折地把一些現代主義作品也講成是具有現世關懷及社會批判意識的。

這些辦法，無論古今，除了顯示其霸道、顯示它具有一種社會現世偏執之外，亦暴露了論者對文學之無知。文學，正如前文所分析，至少有「不及世」、「當世」和「超世」三個面向，論者不能通觀鑒覽，使各得位所、各見其價值，而強欲膠執一端，必然會製造若干荒謬扭曲的畫面，冤殺作者。李白詩的詮釋史及李白的形象變遷史，正可做為今日衡文者之殷鑒。

（六）文學價值的等級

不僅如此，從文學創作的立場上說，我們更要進一步認為：超世遊世出世的文學，價值實較現世的文學重要，我們應該對它有新的認識。

此話怎講？

我們活在現實世界，對此世界有描述、有評議、有感受，是每個人都會有的自然活動。以文字表述此類感受、描述及評議，亦為正常之現象。這些文字表述，或為文學，或為論文或為記錄報導等等，形式可以極為不同。但從這個意義上看，文學作品與其他文字表述形式，其性質與功能，並無不同。文學與史料、史述、評論，實屬於同一類東西。文學作品也常因如此而被用做史事供證，認為它記錄了社會的實況。文學家則常被喻為社會的良心，為改善現實社會而奮鬥。

這當然也是文學的一種價值。可是，文學之所以為文學，它與史料史述史論之不同處卻被抹煞、被遺忘了。我們忘記了藝術創作本身並非技術製造。一個文學家與一般文字紀述者最大的不同，在於他具有嚴羽所說的「別材」，一種特別的創造性能力，這種能力，即是美學藝術學家想要究明的所在，歷來或被形容為「神性的視力」、「天才」、「靈感」、「神遇」……等等。

關於「天才」、「靈感」的研究，早期偏重於神性的解釋，如江淹夢中傳彩筆、郭璞授五色錦之類故事所象徵的，文學家乃是異於常人的神聖性人物，它們或是天上神靈星宿下凡、或是文人偶然地與神靈相遇，例如「李太白少時，夢所用之筆頭生花，後天才贍逸」（**見《天寶遺事》**），因夢與神交或遭逢奇遇，以至文藻艷發。文人天才的來源，是在他本人以外的神聖且神秘之某某。從古代巫覡靈媒吟誦詩篇，到我們對文學家的各種靈異傳說，無不顯示了這種神聖的創造力才是文學藝術的靈魂所在。

現代的研究，比較不從神聖性的一面去解釋此種能力，而是從其「異常」來說其為一不正常狀態，亦即視之為一種病態。例如從瘋狂、殘缺（**如智能低下、精神薄弱、自閉、痴呆**）、變形（**如幻覺、妄想**）、顛倒（**如不安、不滿、性錯倒、叛反正常世界**）等角度來說明文學的創作及意涵。

這種說明通常又有幾種進路，一是就其精神異常的特殊狀態說，認為殘缺者的藝術表現，即由殘缺者的世界觀所構成，所以顯露出一種類似兒童或原始人那樣的拙稚感，也會表現出驚恐及精靈崇拜的傾向。另一種解釋進路，則是說此類異常之表現只不過表露了他的潛意識而已；因此，要研究的便不是各種瘋狂、殘缺、變形，而是人類的潛意識。所謂天才，其神秘不能自我覺察的靈感，蓋即來自其潛意識。

這些講法均極繁複，流派紛雜，但在這套文學心理學的研究傳統中，我們可以注意到幾點。一、是多數精神病學者都發現：天才並不是精神病患，但藝術才華必然與瘋狂等精神病有一定之聯繫。拉爾夫・朗格納《文學心理學：理論・方法・成果》一書指出：

在有關的研究文獻中，人們喜歡用一些文學家、造型藝術家、作曲家等人的例子來佐證藝術

創作同精神病有關這個想法。人們用許多例子來說明，有成就的藝術家幾乎都患精神分裂症或憂鬱病，……朗格・艾希鮑姆（Lange-Eichbaum）、比爾因鮑姆（Birnbaum）、什林（Schilling）等人看到了許許多多精神錯亂的作家和藝術家，通過了解這些人的命運，他們確信：在精神病和突出的藝術創造力之間有一個必然的內在聯繫，以至可以確定每個藝術家的精神病徵兆，這徵兆正是從事藝術創造的先決條件。……希爾施（Hirsch）在措辭上比較謹慎。他說，在天才的作家與精神病患者之間只有相像的特徵。……龍勃洛斯……他認為，天才是一種「墮落」，是一種特殊形式的「羊癲瘋式的墮落」，每一個作家都在蛻化，都有墮落的特徵，所以天才是蛻化的一種表現形式。……在這以後的許多心理學家都採納了這種看法，雖然他們不太願意使用蛻化或墮落這些字眼，而喜歡使用藝術家秉性中的心理疾病基礎或病理因素。……伊斯特在《精神亂錯與天才》一書中尖銳地指出，艾希鮑姆在研究中，錯誤地把傳染病如梅毒等引起的精神分裂症也算了進去。其實，那些病是根本不能說明天才與精神病之間的關係的。……不過，這一切並沒有完全使天才與精神病有必然聯繫的觀點消聲匿跡。相反，它在關於神經官能症的心理分析法中又還魂了。這種分析法有一個前提，即：創作過程與夢幻是同時進行的，這包含著這樣一層意思：藝術家要進行創作，必須先退化到第一性思維中去，這個退化同神經官能症中的退化現象很像。這個想法其實是從弗洛伊德的理論中演變過來的。（頁一四—一七）

在說明藝術天才與精神病之關聯時，眾家理論各有巧妙，但基本上大家傾向相信兩者間有關聯或有類同之性質。這一點，充分說明了：在文學藝術創造活動中，這種「異常」的精神狀態才是藝術的核心部分。此與從前由天才靈感的神聖性質方面去論述藝術創作，實乃異曲同工。

二、正因這種發自天才異常能力的創造活動，是文學特殊藝術價值構成的關鍵力量，因此，論者即可據此區劃文學的等級。那出諸神秘能力而形成之作品，似乎較那只由一般自然或正常能力構成之作品更具價值。

以榮格一九一二年發表的《談分析心理學與文學作品的關係》為例，他把文學作品分為「無跡象」的文學與「有跡象」的文學。其中「無跡象」的文學又分為「內向的」和「外向的」兩種。他在一八三〇年發表的《心理學與文學》一文中，保留了這個劃分法，但分別用「心理學文學」與「視覺文學」代替了直接從「心理學類型」中引伸出來的「內向的」和「外向的」兩個概念。榮格對文學作這種分類的基礎，是作家內心的心理源泉，即作家的個性和集體無意識以及從中引伸出來的創作本質。榮格認為，一切可以在源頭中窺察到個人無意識的作品都是「有跡象」的文學作品，而「無跡象」的文學，根基始終扎在集體無意識之中。

榮格在區分「有跡象」文學與「無跡象」文學的同時，也就是在注意作品的源頭是個人無意識還是集體無意識的同時，提出了一個「藝術的標準概念」。榮格認為，出自個人無意識的「有跡象」文學作品算不上藝術品，因為作者囿於個性的圈子之中，而突破個性的界線，是文學作品的一個必要條件。所以，有跡象的文學作品和沒有藝術價值的精神病無多大差別，藝術作品標準之概念只有在「無跡象」的作品中才得以實現。在分析「有跡象」文學與分析「無跡象」文學時，也有一個根本的區別：分析前者必須採用「因果、歸納」的方法，分析後者須用

「誘尋式」方法。所謂「因果、歸納」的方法，就是根據作家的個人無意識，把作品內容與作者生平中情感的矛盾與衝突掛起鉤來。而「無跡象」的文學，也就是藝術性強的文學，發端於集體無意識，所以就不能用「因果、歸納」的方法去把握。分析這種文學，需要一種專門的方法。榮格認為，「誘尋式」或曰「合成式」的分析方法就是這樣一種行之有效的方法⑩。

榮格的理論，自為一家之言，視一切文學均源於無意識。但他所說那種出自個人無意識之作品，因可透過對作者個人生平之因果歸納而分析之，故吾人可說那即是一般作者在現實世界生活中所產生感情波動而形成之作品。至於來自集體無意識，邈無跡象之作品，則如嚴羽所謂：羚羊掛角、香象渡河，無跡可求。只能由分析某個時代中遠古原型的表達方式及其象徵而知之。此類文學，並非作者個人由理性感性能力及其與社會之互動而生，係生自一種神秘幽遠的奇特記憶或異常能力，猶如巫師靈媒在諦聽或顛狂狀態中偶然被神靈喚起之應答。其作品之內容，遂亦非顯露他個人的社會態度，而是呈現了一種真理的象徵性表達。

榮格把後者視為真正的藝術，自為其特殊之理論使然。但去除其理論的特殊性，我們仍應同意這種文學等級的判斷。而且把這種判斷挪用到有關李白詩歌的討論上去，我們即可發現：被稱為「天才」，並慣於酣醉中吟詩的李白，所體現的即是那種真正藝術的精神，黃山谷云其詩「如黃帝張樂於洞庭之野，無首無尾，不主故常，非墨工槧人所可擬議」，正謂其為無跡象之文學，呼喚一種遙遠的神靈意象，超離此世，復歸元古。

此等文學，強欲求其跡象，自其生平情感之矛盾與衝突處說其個性，已屬下乘：乃意欲將之等同於、黏著於現世的文學，殊非善策。對李白詩的理解，看來是應超越社會現實觀點，注目於它「神性的靈視」性質、異於常人的精神狀態、神仙世界的描述以及遨翔騰凌於滄溟上古的姿式才好。因為，這是神性的文學，原是不能以人間性擬議規範之的：

噫嘻歘奇哉！自開闢以來，不知幾千萬餘年。至於開元間，忽生李仙，是時五星中，一星不在天。不知何物為形容，何物為心胸，何物為五臟，何物為喉嚨，開口動舌生雲風，是時大醉騎遊龍。開口向天吐玉虹。玉虹不死蟠胸中，然後吐出光焰萬丈凌虛空。蓋自有詩人以來，我未嘗見大澤深山、雪霜冰霰、晨霞夕霏，千變萬化，雷轟電掣，花葩玉潔，青天白雲，秋月曉江，有如此之人，如此之詩！（徐積〈李太白雜言〉）

是的，李白是超世之仙，偶謫人間。故宜究明其神仙性質。但，其實每位藝術家都可能在某一特殊時刻忽爾「異常」、忽有神感靈遇，天機偶發，而切斷他與現世正常的邏輯因果聯繫，偶然畸於人而侔於天，並表現了他對超越界形上領域的興趣，顯露出他對人生的終極關懷。對於這些文學作品，我們難道也仍要用現世觀點去限囿它嗎？

二、本土化的迷思：文學與社會

本土化，意指政治、社會、文化各個領域原本都是屬於外來、後起、無根，所以需要予以轉化，使之落實於本土。例如政治上，執政的國民黨被反對者民進黨指為外來政權，要求人民反抗這個政權，由台灣人民當家做主；國民黨也要本土化，從「中國國民黨」轉換為「台灣國民黨」。文化上，過去的語言政策、教科書編撰方式、歷史地理教育，都廣遭抨擊，謂不重視母語，不能讓學生認識本鄉本土之歷史與事務，應予調整改進。文學方面，亦強調本土意識，主張文學須表現台灣本土風情或生存環境與生活，使用台灣本土語言，而且以本地土生土長本籍作家為主。指摘從前許多懷念大陸或受西方現代主義影響的作家與作品，都是失根的。

這種本土化運動，影響層面非常廣泛。台灣近年在政治社會上各種爭論，殆皆與此有關，情結錯綜，是非棼如。發言者各據立場，也幾乎難以溝通。

但仔細思省本土化運動中存在的問題，畢竟是學術界不可推卸的工作。本文即為此而作，旨在探索本土化成為一種運動或風潮之後，它所呈現的幾種可憂慮之面相，例如土地崇拜、法西斯民粹傾向、在地血統主義，以及泛本土情結等等。本土化的問題，當然尚不止於此，但打破迷思，重建台灣的理性世界，正是現今應做的事。

近年台灣的本土化運動，是瀰漫於政治社會各個層面的，文學僅為其中之一環。在文學上，所謂本土化，涵義頗多爭論，但主張台灣文學應該本土化者，其見解大抵可以彭瑞金所說為典型。

一九八二年《文學界》第二期彭瑞金寫的一篇〈台灣文學應以本土化為首要課題〉文章中，對台灣文學有這樣的界定：

只要在作品裡真誠地反映在台灣這個地域上人民生活的歷史與現象，是植根這塊土地的作品，我們便可稱之為台灣文學。因有些作家並非生於這塊地域上，或者是因故離開了這塊土地，但只要他們的作品裡和這土地建立存亡與共的共識，他的喜怒哀樂緊繫著這塊土地的震動絃律，我們便可將之納入「台灣文學」的陣營。反之，有人生於斯、長於斯，在意識上並不認同這塊土地，並不愛這裡的人民，自行隔絕於這塊土地人民的生息之外，即使台灣文學具有最朗廓的胸懷也包容不了他。有人把這樣的檢網稱做「台灣文學」的「本土化」特質。其實這不只是一項特質而已，應該是台灣文學建設的基石。溯此而上，我們不僅可以以此檢視數十年來的台灣新文學運動，甚至可以檢視三百年來自荷鄭以降的所有台灣文學作品，從這裡我們證明了台灣文學自有其歷史的淵源和它獨特的精神傳統。

游喚在〈八〇年代台灣文學論述的質變〉中曾指出：「這段話的重點，在標出土地化的台灣文學觀，以地理意義的土地加上一個經過人為的『化』字過程，土地之自然成形乃轉而成為人文意義的名詞。土地不再是單純的事。土地的含意已將鄉土文學論戰在三〇年代與七〇年代的土地僅做為鄉土的含意，擴為生命共存的土地含意。」

許多本土文學論者對游喚這篇文章甚表不滿，認為他不該說台灣文學本土化論者即是由文學的關懷轉向了對政治的關懷、本土化文學論就是台獨建國論。但不管台灣文學本土化之論者是否即主張台獨，本土化運動本身包含了政治與文學各層面是不容否認的，強調本土化的文學家，不論他是否意在政治，本土化的意涵、思維以及提倡的方法、語言，在政治和文學層面乃是相通，甚且經常混融為一的。如果我們認為像彭瑞金這樣的本土化論點有問題，那麼這些問題也必浮現在政治社會的本土化運動中。因此，底下我準備綜合討論文學與社會的本土化現象，說明在近些年本土化熱潮發燒時，一些過了頭的或尚未廣為人知的問題。

（一）過激的本土化

什麼叫做「過激的本土化」呢？讓我舉個例子。

行政院教育改革委員會於民國八十四年十一月提出建議草案，希望公元兩千年前，北、中、南、東各設置一所社區學院，供社區民眾進修。

這個構想，是模仿美國的，其性質為成人的非正規教育。將來可開設大學兩年的通識課程、職業訓練，以及成人繼續教育、成人一般教育課程。因這類社區學院並非正規學校，其主要功能，係以教育服務於社區。故社區服務，如演講、音樂會、戲劇、諮詢活動等可以充實社區生活者，以及繼續課程，如識字、充實工作知能、休閒娛樂等無學分之課程，才是社區學院橫向核心重點。此外，諸如對學生的諮商、診斷測驗、財力幫助，或對雇主提供諮詢服務等，也是它主要的功能。換言之，通識教育、職業訓練、補救發展等傳統垂直核心課程，只是其中之一部分。此即社區學院與一般正規專科或大學不同之處。

因此事實上社區學院之主要功能已可涵括在現有的社教機構中。目前社教機構所開各項課程，或各大學所辦成人教育、推廣教育、學分班，方面之廣、門類之繁，實已遠遠超過仍在擬議中的全省四所社區學院，為什麼不逕行改制或擴充現有社教體系，而卻要大費周章去規劃什麼社區學院呢？

倘若目前我們社會尚應擴大社教工作，那麼政府出來做點事，自無不可。但現在擬議中的社區學院，卻又是另外一個東西，與美國之宗旨恰好相反。乃是以社區學院來推動終生教育，且擬藉此達成各類型教育的流通銜接。因此，將來的社區學院一定會變成「成人學力鑑定」的補習所，偏重於垂直核心課程部分，而與社區服務之功能甚為隔閡。況且北中南東各設一所，平均五、六個縣市才有一個社區學院，這麼遼闊的「社區」能達成什麼社區服務意義？

既然如此，我們不禁要問：現今既無增設社區學院之必要性，所增設者又非真正之「社區」學院，教改會為何忙不迭地推出這個建議呢？這恐怕正是拜了「社區」這個名詞之賜。政治上，因李總統正在推動其社區總體改造工程，於是東也社區，西也社區。以前的內政部社會司所推動的社會工作，現在幾乎要改名為社區工作了。內政部社會司、省政府社會處，國民黨社工會，也幾幾乎要改稱做社區司、社區處、社區工作會了。中華文化復興運動總會，以一民間社團，也居然可以擔任指導單位，指導省政府社會處在北、中、南、東辦理各梯次之社區文化與意識研討會。故而在教育方面，教改會出來主張於北、中、南、東各辦一社區學院，自然也就沒什麼可奇怪的了。

舉這個例子，要說明什麼呢？

這些年來，「本土化」、「社區」、「共同體」、「認同這塊土地」等口號高喊入雲，熱鬧非凡，可是其中多少是東拉西扯、亂貼標籤、名實殽亂的？又有多少是人云亦云，雜纏在政治勢力和風潮中胡亂鼓盪的？

有天我看報，看見一個「大地之愛」基金會，以為是推動環境保護的，卻不料乃是關懷癌症病患之單位。又有一次，全國義工總會辦了個「我願為大地做義工」園遊會，我又以為是要鼓吹環保，結果則是李總統去大談其社區意識。

這難道不荒謬嗎？在這種荒謬與錯置中，所謂本土化不但會喪失其文化性，化為政治活動，更可成為一種宗教性狂熱。

仍以所謂社區意識來分析。社區（Community）或譯為共同體。本來是指一個生活區域單位之民眾，彼此在生活上充分互動，有共同的利益與困難，放在心理、組織結構、行動上能結合起來，對這個社區亦有認同歸屬之感。

目前討論社會變遷或社會史的學者，普遍認為從封建傳統農業時代，發展到資本工業時代，「社區」實已消失，轉而成為一種工業化、都市化、普遍參與、高度功能分化、高度普遍成就取向的「社會」。也就是說，在工業革命以後，人民流動、資本流動、資訊流動日速，大型組織興起，生活事業與服務機構集中化，都剝奪了小社區的傳統功能。地方社區不但失去了自主性，居民也不再有社區感。因為整個人民的生活方式，早已不是社區型，而是社會型的了。

此社區失落論，是社會學之基本常識，杜尼斯（Tonnes）、沃爾斯（Lous Wirth）、帕森思（Talcatt Parsons）等各派均如此主張。時至今日，雖有修正，但從沒有人認為社區型態生活尚能復現，更不主張以傳統社區意識做為未來整體社會發展之動力，頂多以之為非正式的社會生活之補充，或發揮於急難救助、守望聯誼部分而已。

不料，農業博士李總統，緬懷古風，大力提倡社區文化及意識，利用文化總會及文建會大肆推動。以民俗廟會、鄉村常民文化、地區文物特產、鄉鎮小社區為具體文化建設之核心工作對象。並將社區的觀念，擴大為「社區、國家、命運共同體」。

如此蠻幹，懂得社區理論的人，只好封口，要不便只好附會曲阿一番。例如省社會處所辦「社區文化與意識研討會」中報告〈社區意識的概念、測量與提振策略〉的林瑞欽博士就曾說：「社區意識是相當現代化的名詞，就名社會學家費孝通而言，即是熟悉感。」接著引了兩段費孝通的話做為佐證。可是，費孝通到底說的是啥？費氏是說：傳統中國社會，因為是個封閉的、人民不流動的農耕鄉土社會，所以才形成了如今日所謂社區意識那樣的熟悉感（見《鄉土中國》）。這樣的文獻，豈不恰好證明了社區意識非今工業都市化社會所有嗎？凡我所見過的替政策辯護的文章，都是這樣曲解附會、繚糾不通的。對學術形成了最大的摧殘與諷刺。

另外有些人，懷著素樸的善意，只想到能替社會（哦，不，現在應該說「鄉土」）做點事，社區工作似乎是個可以著手的起點，便熱心地參與推動。從事社會工作者，多半缺乏理論的訓練，也無思考性之頭腦，遂為鼓吹者所愚，說起來更令人難過。

以前述林博士的調查來看，目前覺得自己所住社區之人民，彼此生疏、甚少往來者，占五九・八九％。認為社區組織功能未能發揮者占七四・七五％。批評居民有自掃門前雪心理者，占六一・五六％，不喜歡自己所住社區者占三〇・六四％。覺得居民格調不高者占四五・五七％。可見居民對社區並無認同感，社區功能亦甚小。此乃社會變遷自然的結果。從事社會工作者，只宜略為補苴，焉能逆勢而為？不針對現今社會的特性與發展方向去進行文化建設，卻企圖以鄉土感情、農村生活型態、社區倫理來「矯正」社會，走上保守倒退的路子，豈是國家之幸？

當然，提倡者在社會業已轉型之際，重提一種已非社會主體之生活型態，做為社會發展之鵠的，其用意並不是社會工作這個層次和意義的。以Irwin Sanders所提出的社區發展四類型說來觀察，討論社區發展，可以有四種觀點，一是視其發展為一過程，二是視為一方法，三是視為一個方案，四是視之為一種運動，社區發展被看成是個神聖的奮鬥意程，人民為它獻上所有的一切。

前三種是社會工作含義的、中性名詞的、工具性的，且都不以社區發展為社會整體發展之目標。第四種則否，所以社區發展才可能與農民、廟會民俗、祭祀、鄉土等血緣地緣原生性文化結合，形成一種文化運動或社會運動。而不幸，現在我們正是在這麼做的。

本土化所帶來的問題多哩，此僅其中一端而已。在本土化運動中浮現的法西斯幽靈及土地迷信更值得憂慮。

(二) 法西斯的幽靈

著名的新馬克主義學者馬庫色（一八九八——一九七九）曾對「命運共同體」之說有所評論。他認為有一種「新的歷史和社會學說，堅持用『種族』、『人民』、『血』與『土地』這些自然主義生物學的術語。把那些『自然——有機的』材料，想像為是本質性的『歷史——精神的』事實，而由此事實中產生出歷史的『命運共同體』」。

他所指的這種學說，是法西斯主義。可是，看起來，多麼像在講台灣呀！

依馬庫色之分析，法西斯獨裁國家有一種總體主義和自然的非理性思想內涵。所謂總體主義，是說國家與社會是個有機的整體，在整體中的個人，其命運及其人格意義，要在他們參與這個整體之中才能實現。

除了社會有機整體論之外，法西斯獨裁國家的特色，更在於其所謂整體，是自然有機的整體，而非社會有機整體。例如「人民」，在這兒就不指經由社會具體制度型塑出來的人民，而是指自然的，它「隸屬於血，從土地中產生出來。它賦予『故鄉』以不可摧毀的力量和持久性。它通過『種族』的特徵而統一起來」。

一旦社會被認為是由這些非理性的自然條件所有機整合而成，社會的結構與秩序原則，便來自非理性的所謂「人民的力量」了。

將社會的原理歸為自然，把具體的存在交付給決定論型態的「不可侵犯」之力量，就會形成人的英雄化。馬庫色說：「這是一種英雄之人，臣服於血與土的力量。他們做事不問理由，直接投入行動，為此獻身。他們犧牲自己並非為了其他理由，只是對滋養他們的那種黑暗力量之順從。這一形象，擴展成了具有超凡魅力的領袖幻象」（見〈總體主義國家觀中反對自由主義的鬥爭〉，收入《現代文明與人的困境》）。

對法西斯獨裁統治，馬庫色這樣的分析，可以具體說明它為何會形成國家主義、種族偏見、領袖崇拜和民粹式的「英雄民眾現實主義」（heroicfolkish realism）。

台灣這幾年，執政的國民黨政治論述及政治行為，固然不能直接比擬為法西斯獨裁統治，但在提倡本土化、強調生命共同體之際，在為了勝選而不斷強化李登輝總統之領袖魅力、要求鞏固領導中心之際，或在高呼人民最偉大、鼓勵大家「愛拚才會贏」之際，是否忽略了這其中蘊涵的法西斯性質，越來越朝總體——自然主義的道路前進了呢？

而執政黨的「生命共同體」說，又沿襲自民進黨彭明敏的「命運共同體」說。民進黨強調「本土」、召喚「台灣人民」為集體前途打拚、擺脫台灣人的悲哀，更甚於國民黨，其總體——自然主義之氣味，亦遠比國民黨更強烈，民粹法西斯式的態度似乎也更為明顯。

但古語有云：「國者人之積」。個體先於群體，且個體積聚而成之國，是為個體之生存與發展而存在的。若上無道揆，下無法守，自然就會「民散久矣」。總體主義就在這個地方弄錯了，才會以總體命運與國家安全為名，限制個體之意志與發展，乃至於成為秘密警察之恐怖統治。對於散去的人民，也很容易心懷忿恨，責其不願參與整體之命運、為土地獻身，而忘了思考人民散離之故。

自然的總體主義又太過強調血緣與土地等原始性的力量，濫用「人民」、「台灣人」等名詞。其所謂台灣人，則不是社會意涵的，非指在台灣具體社會中呼吸勞動，一切學思、工作、娛樂都作用於此社會中的人。而是依血緣及在地與否，來判斷台灣人的屬性，或以「是否愛這塊土地」這樣對自然實體的皈依，來檢別人群。當然也就容易造成社會內部的族群分化與種籍對立。

法西斯的歷史惡名，使得誰都不喜歡被戴上這個稱號。但在具體的政治行為中，為了鞏固既有之權位與利益，卻可能使人逐漸滑向它的領域。為了表達對人民主權的尊重、凸顯台灣追求自我實現的決心、鼓舞人民同舟共濟，也可能使人不自覺地採用了總體——自然主義的觀點與思路。再加上搞政治的人，對思想及理論問題，泰半並無深究，抓著一些看起來很不錯的詞彙，喊喊「人民主體」、「大地之愛」、「生命共同體」之類口號，本非蓄意，竟亦步上法西斯的壇坫，也是情理之常。

提倡本土化的朋友或許又要說這些都是「抹黑」、都是「扣帽子」，其實不然。討論法西斯主義的文獻甚多，為何選擇使用馬庫色的講法呢？這是因為馬庫色的理論有其特色。

馬庫色對法西斯總體國家的批評，是和自由主義相關聯起談的。他認為法西斯主義是自由的對反，因為它不承認人的自由之本質，所以人是不自由的，只「在民眾的共同體的權威性之帶領下，被權威化為自由」。對於這樣一種態度，馬庫色覺得人們應該質問：「我對之負有義務的這個共同體是什麼樣的？它能維持人的幸福和尊嚴嗎？僅是血和土地的『自然的』接納，決不能證明個人向共同體的總體屈服之正當性」。

換言之，不能把共同體視為每個個體責任的唯一來源和對象。自由的政治義務只是個體本人的自由實踐。舉例說：不能要求每個人都應「愛台灣」、「認同這塊土地」、「為生命共同體打拚」；更不能以「愛台灣」、「認同台灣」做為每一個個體責任的來源與對象。好像不先表示「哇嘛係台員郎」或比賽宣誓愛台灣，就無法取得發言和行動的正當性。而是要先問：「要我們愛的這個台灣，究竟是什麼樣的台灣？」只有接納土地或被土地接納的認同，這種自然主義態度，是不足以要求人民為此承擔其政治義務的。

論述至此，馬庫色的講法頗有自由主義之風格。但他新馬克斯主義的立場，事實上又是反對自由主義的。因此，他提出了一種法西斯主義與自由主義辯證發展的講法。

馬庫色認為：自由主義，是在私人企業家成了資本主義經濟的實際承攬者時，所形成的理論。其理論雖然繁複，但基本上乃是個人經濟主體的自由所有權、私人財產支配權，以及對這些權利的政治法律保障。因此，在自由和私有財產受到威脅，例如無產階級革命的挑戰時，自由主義的統治也立刻會運用國家權威強力干預，而具有專政和國家的獨裁傾向。

其次，自由主義者必須相信「自然的規律」。認為要得到自由發展，不受人為之干擾，社會上不同需要之間的衝突、普遍利益和私人利益間的矛盾、社會的不平等，都可獲致整體和諧之解決。例如相信那可以自由調節的市場機制之類。由這一點來看，自由主義同樣也是非理性的。

正因自由主義與法西斯主義有著相同的經濟基礎，又具有非理性的信仰，由自由主義向總體——獨裁國家轉換，就是在同一社會秩序和思維框架中發生的。可以說，是從自由主義自身中產生出了總體——獨裁主義國家。馬庫色為了強化他這一論斷，也徵引了金蒂蕾給墨索里尼的信做為佐證，說道：「一個直言不諱和堅持原則的自由主義者，就應該加入到你的追隨者隊伍中去」。

他這種「辯證性」的說法，自極有趣，但亦未必即能視為定論。自由主義加盟法西斯者固不乏例證，然反對法西斯的更多。相同的經濟基礎，可以構成不同的思想流派，現在也已成了常識，不能說如此即形成了思想間可以轉換的條件。故馬庫色之說，僅為一家之言，尚待商榷。

但此說之有趣處，在他點出了從自由主義到法西斯的「可能性」。以台灣的民主化運動來說，早期之衝鋒陷陣者，多高擎自由主義之旗幟。但到後來，例如民國八三年新黨九二五高雄遭毆事件時，我們就可以看到若干人站出來辯護，哦，不，是斥責被毆者。說「外省豬滾回去」云云並無不對，台灣是屬於台灣人的，那些人不愛台灣，所以該打。或者（例如作家彭瑞金）說民主是我爭取的，因為當年我爭取了讓人講話的權利，所以你們現在沒有資格講話。呂秀蓮甚至在立法院提案限制言論自由，以致被報紙譏為時空錯置。爭民主、爭自由的鬥士，遂於此變轉成為殺氣騰騰的法西斯悍將。

不但如此，馬庫色的理論，也替法西斯主義找到了它與資本家可能的聯結。

在法西斯的總體——自然主義中，農夫原來是他們最欣賞的階層，因為與血緣、土地、故鄉等自然性質最為接近；對資產階級資本家之貪婪，則頗為反感。但馬庫色的理論似乎說明了資本家與法西斯的聯結亦非不可能之事。我認為，這其中若以自然的「土地」做為中介，恐怕就會更可能。在地的資本家，以土地炒作為資本，自由主義的市場機能便將瓦解，經濟問題亦可轉換為血與土的問題，而出現「外省人財政部長要分掉本省人的土地」、「外省人欺侮台灣人總統」之類說詞與實際政治鬥爭。

（三）對土地的迷信

這裡，最值得注意的就是「土地」。

李登輝總統八四年九月在苗栗竹南鎮運動公園，參加由中華民國義工總會所舉辦的「我願為大地做義工」園遊會，特以該會登記第一號義工，及榮譽總會長的身分，致詞呼籲大家要一齊來為大地做義工。並說現在是「社區意識」的時代，人人要為社區犧牲、奉獻，共同把社區建設起來。

李總統的呼籲，實在有點角色混淆。他是總統，針對台灣土地濫墾濫葬，胡亂開發，河川、垃圾、土壤汙染、水土資源嚴重毀損破壞之情事，執政者首應依其角色、秉其職權、擔其責任去處理，而不是棄此不為，跑去當什麼義工。不在其位者，本諸社會正義之原則，見義勇為去做事，去替人服務，才叫做義工。總統對此等事，職責攸關，怎能當義工？他是職工。

其次，依環保署完成的《八十三年環境保護年鑑》之資料，該年土地及環境狀況改善有限，政府部門，有無違失或應可改進之處，才是總統所應先去了解的。呼籲人民去做義工，實乃本末輕重倒置之想。

第三，在人民普遍對政府處理非法高球業者竊占國土、破壞水土保持之事不滿時，在政府仍主張將被竊占土地售予非法高爾夫球業者之際，鼓吹人民替大地做義工，不覺得甚具「反諷」之效果嗎？人民恐怕有不少人會想請教中華民國義工總會登記第一號義工，對於傷害大地至為嚴重的高爾夫球業者，為何竟仍保有高球證？為何竟無較能保護大地之作為？

第四，「為大地做義工」，為什麼竟然牽扯上「社區意義」？要知道，把這兩個概念結合起來說，為大地做義工就不再是環保的意義，而是「疼惜土地」、「為土地打拚」之類，附著於土地崇拜的政治行為語詞。

所謂土地崇拜，乃是一種宗教行為，指人以土地為其根源意識之來源與歸向，與血緣祖先崇拜一樣，都是人類的原始信仰行為。古代「社」字，本指男性生殖器為代表的祖先崇拜，後來轉換為以土地為崇拜的禮儀。祭社，即為祭土地，這顯示了土地崇拜與血緣崇拜的相互關聯或可替換性。

近年來，所謂「本土化」，事實上即蘊涵此土地崇拜之態度，而且常以一種非理性的方式來強化土地為神聖性符碼。本土與血緣也迅速聯結，形成省籍情結，在地人排斥外來者現象。「土地」與「人民」一樣，漸成為神秘的咒語，不斷有人要別人「認同這塊土地」。

從一理性化之觀點來看，政黨乃一群有共同理想的人所集結，國家則有其立國精神與目標。人民所應認同者，是這個理想、這個立國精神與目標，而不是土地。除非把土地視為神龕。因此，從一個國家領導人之立場，在發現社會上可能存在這種土地迷信時，應予以導正之，而不是更去激揚推動之。過去李總統和許多民進黨人一樣，一再提倡社區文化運動，強調政黨必須認同台灣，痛斥移民者是不認同台灣，所以「要移趕快移」。現在李先生又以義工大會榮譽總會長的身分，不鼓勵大家為「社會」做義工，而要為「大地」做義工，恐怕都只會更加強了土地迷信的狂熱。

土地迷信是違背中國文化精神的。《論語．里仁篇》說「里仁為美」，殆即社區主義所欲達致之境界，但此境界卻不是靠著疼惜土地所能達到的，所以孔子說：「君子懷德，小人懷土。」另外，孔子又在〈憲問篇〉中再次強調：「士而懷居，不足以為士矣。」正執著於土地意識的李總統，及某些土地偏執狂，實在該想想孔子為何如此說。

無奈近年本土化運動所提倡的，卻正是像李總統這樣的土地崇拜態度，要人認同台灣這塊土地，強調在地人之觀點。似乎越黏著於土地，其行為、言論及思想就越具有正當性。像新地出版社《台灣當代文學精選》在每冊書內頁都打上「獻給站在台灣土地上的人」，即是此種姿態。

這在近年之文化社會景況中固為一種新興現象，但其實乃是古老鄉土情結之延申，更是傳統社會學的舊觀念。

現在，我們的社會學界，或講中國文化的先生們，不是仍愛強調中國國民性是如何如何與土地關係密切、如何如何「安土重遷」嗎？費孝通所描繪的「鄉土中國」形象，到大陸上凸顯「黃河母親」之文化意象，中國人總是被形容成一個無可救藥的土地眷戀者，踩著黃土地、披著黃皮膚、擁抱著土地。社、稷、祖墳、土地公、大地母親，構成了中國人意識的根源。於是，中國文化被形容成一種農業土地的文明，恰好和所謂西方海洋商業文明對反，成為兩種不同的典型。

此種中國文明或中西文明論，邇來更促發了許多政治社會運動，如被中共指摘為患了民族虛無主義的〈河殤〉，其「主導思想是：背著一個衰落文明的沉重包袱的中國人，現在不得不拋開內陸封閉型文化，向海洋開放型文化發展」，由黃土地，走向蔚藍色。這個講法對台灣各界頗有啟發。於是誇耀台灣經驗者，立刻把台灣形容成一海洋文化，或直呼此為「海洋中國」，以與「大陸中國」相對比。台灣獨立建國論者，也逮到一個大好機會，隨即將先民渡海來台的意義擴大：謂「渡海」就代表了告別鄉土中國的儀式；海洋台灣，更是獨立於大陸中國之外。本屆總統直選，民進黨把台灣彩繪為一尾鯨魚，做為航向海洋國家的圖騰，即代表了這種涵義。

但，台灣的主體性，雖靠著土地與海洋的對比而建立，台獨論者本身卻仍舊無法擺脫對土地的執戀，所謂海洋文化的台灣，仍陷入在嚴重的「本土」論述中。土地，成了符咒性的辭彙。聲嘶力竭地教人要愛這塊土地、要認同台灣，對移來的、或準備移出的人也充滿了敵意。從這一方面看，豈不正是所謂的小農意識嗎？不正是固著於一封閉土地者的態度嗎？

他們都不理會中國歷史和現實社會中龐大的流民遊氓現象，兀自固執於定居社會觀，仍然用「正常／異常」、「定居／流動」、「土／水」、「主流／邊緣」等架構來理解社會，且自說自話地把中國形容成一個人人安土重遷、定著於土地的社會，人人不輕去父母之邦。流離遊走不是特例，就是別有深意，意在訣離故土、另闢新疆。

但流動可能才是社會真正的行為方式。水不流則腐，人不動則朽。現今在都市中居廣廈者，當初亦多由其他地方流入，有過一段遊民生涯。現在自稱為台灣人、自居於土著的，不也多是由大陸移來嗎？縱使是所謂「原住民」，又真有多少是原住？南島民族，事實上不也主要是由大陸移來的嗎？

惟先入者往往逐漸忘記了自己原本也是遊民，占住地方以後，就自居「土著」，排斥後來的流入者，壟斷土地的所有權，鞏固自己既得的利益。就像台獨人士經常會發出「外省豬滾回去」、「終結外來政權」之類言論那樣。

因為他們把外來者視為另一種人。非我族類，其心必異。既擔心它會對我不利，自以及早將之攘除為佳。排斥新移民、限制流入人口，乃至逮捕並驅遣移民，都是他們要努力做的工作。

從人道觀點來看，移氓流民，都堪矜恤。謀食萬里，歷盡辛酸，其中實有可歌可泣、涵天地大悲痛大哀憫之故事。民國三十八年政府撤退、拋棄家園、流離轉側，而渡海來台者，所遭遇的悲痛，規模之大、創痛之酷，實又遠勝於「二二八」。但自居土著者從不如此想，沒有人會由人道的角度看待遊民。他們懶得理解遊居者為何要棄土離業、出走外鄉。故輒以嗤諷的口吻來嘲訕他們丟失了鄉土，以怨憤的心情去責怪他們侵占了自己的利益。對於來台灣而又準備移民往國外的人，則疑其為崇洋媚外、貪戀榮華，以致不能守住家園、無法「世其業」。又覺其出走即代表了對土地不夠愛惜、對執政者不夠滿意，而為之憎厭不已。對於來台的外省人，懷念他們自己的鄉土、講自己的鄉音，更是反感，往往責備道：「吃台灣米，不會講台灣話。就是不愛台灣，不認同這塊土地」。只准自己愛鄉土，無限膨脹自己的鄉土情懷，卻不准別人亦同樣懷鄉。且更霸道地要求異鄉之人只能愛且必須愛我的土地。

因此，與土地崇拜相聯結的，乃是權力意志。據有土地者，在早期移民來台時，即曾為了搶奪地盤而械鬥火併甚為慘烈，好不容易確定了勢力範圍。待國民黨來台之後，這些地盤與勢力範圍遭受衝擊，乃至於瓦解重組，使許多人具有強烈的權力失落感。在地人如何重新取得統治權，即成為台灣本土化、民主化的主要基調。

政治上如此，文學上亦不例外，鍾肇政先生在替《台灣作家全集》撰序時，便說：「國府退敗撤台，有不少大陸作家詩人隨同渡台，與前此自戰後來台的若干人組成『自由中國文壇』，占有了所有媒體與文學園地」，形成了台灣文學完全的斷層期。他說這些話時，「台灣文學」便不是指在台灣的文學，而是將外地來台者排斥在外了。對這些人「占有了」原本應由本省人士揮灑的舞台，也顯然心存不忿。只有讓本地人重新回到舞台的中心、重新占有了所有的媒體與文學園地、重新界定這個園地內部的權威關係，才被認為是符合正義的，才是本土化、民主化。

糾結在這種權力意志之中的土地崇拜，同時也是一種血統主義。什麼是血統主義呢？譬如一位江蘇人，少小來台，迄今居處歌哭於斯四五十年，行亦將埋骨於此。可是，才二十來歲的台籍小青年，卻動不動就指稱這些「台臘」（我仿「傖臘」而杜撰的名詞）遠多於他的人是「外省人」。縱使這位江蘇人的閩南語說得很流利、娶了本省籍老婆、也一再強調「哇嘛係台員郎」，他還是永遠被定位為「外省人」。為什麼？所謂在地人，是依他的血統來衡量的。就像同是生在台灣的人，仍然可能被界定為本地人和外省人。生在台灣的人，若其血統為外省，則為外省人。生在台灣的人，若其父親是所謂的本省人，那他也就是本省人了。故省籍地籍情結，其實又是血統主義。是對於血統的迷戀。

依血統主義而形成的土地崇拜，並非真正面對土地的態度，正如強調要為大地做義工者，與真正愛惜土地資源者並不相同一樣。某些人強調要為台灣這塊土地打拚，可是卻對在台灣這塊土地上真實生活、奉獻、奮鬥了幾十年的外省人視若無物，霸道地界定他們為外來的、不屬於這塊土地的人、剝削者、糟塌土地者。彷佛只有生在這裡的人，才真心疼愛土地，才懂得珍惜，才會為台灣的未來打拚。外來者只是過客，隨時會席捲而去，甚或更是台灣人民潛在的敵人，是「台奸」或「中共同路人」。因此經常呼喊著要「捉拿吳三桂」「慎防出現施琅」。那在權力結構中與民進黨出現競爭關係的新黨，很快就在台獨基本教義派眼中被形容成外省黨、抗拒民主改革的保守頑固分子、中國新黨，台灣人民的敵人、中共代言人之類。似乎只有生在台灣且血統上注明籍貫為台灣的人，才雙腳踩在台灣的泥土上，那些血統籍貫不是台灣的人，則往往是飄浮在空中的。

（四）戀母弒父情結

土地，便在這類思維中逐漸本質化。既是生命的根源，也是生命價值的歸宿，甚且就是生命本身。例如林宗源〈愈肥愈臭愈好的泥土〉說：

只求一次風暴
讓他投入水中
在這很臭的泥土裡
重生

對於具有強烈的本土意識者來說，台灣海峽，乃是李敏勇所云：「深不可測的裂痕／分隔兩岸」。而台灣這塊土地，縱然被人認為很小、很卑瑣、歷史不很輝煌，但卻是自己的母親，「故鄉是黑漆漆的／母親從那樣的世界／生下我」（〈鬱金香〉）。所以土地是人的根源、生命所由來之處。同時，生命也只有回歸這泥土，才獲得救贖與新生，就如同林宗源所云。

在這種信仰中，土地也成為人生奮鬥的目標：

我們世世代代落居的
這小小的島……
沒有亮麗的銅鐶點綴歷史的煙火
但我們不是孤兒
我們走著美麗之島的婀娜步履（李敏勇〈我們的島〉）

世世代代落居的島，就是自己的「祖國」。雖然這世與代其實短淺得很，多是三代五代而已。但人與土地的關係被本質化了，彷彿生命的根源就是泥土，彷彿台灣人自盤古開天以來就亙古自存地生在這個島上，彷彿島嶼從來就不是大陸塊的連帶，彷彿海洋原本就只是裂痕而不是通路：「被異族割據的時代／我們就著手建立自己的祖國／美麗島就是我們的家鄉／永遠的慈暉是藍天／島嶼不是大陸的連帶」（同上）。

在這樣扭曲的土地意識中，封閉性的農民性格，躍然紙上，與其所努力粧點之海洋意象形成強烈之反諷。文學家經常自喻為農人，以一種類似植物的態度，與土地相依附。

白萩〈樹〉詩說得很傳神：

我們站著站著如一支入土的
樁釘，固執而不動搖
噢，老天，這是我們的土地，我們的墓穴……

人被形容成植物，要像植物一樣釘著在土地上。如李魁賢〈檳榔樹〉所說：「單足獨立我的本土／風來也不會舞蹈搖擺」。本土意識和植物人典型，是分不開的，所以陳秀喜說：「紮根在泥土才是真的存在」。對此態度，吳潛誠〈台灣在地詩人的本土意識及其政治涵義——以《混聲合唱，笠詩選》為討論對象〉一文有精闢的描述云：「本地詩人的鄉土認同充分顯示在樹木紮根泥土的意象中，《混聲合唱》整部詩集從頭到尾，樹木，乃至其他植物花草，釘根的意象不知凡幾，幾乎可以看成台灣文學的主要母題之一」（一九九四，時報《當代台灣政治文學論》收錄）。

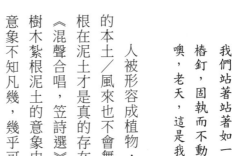

人是動物，不可能像植物一樣釘根在泥巴裡，因此真正釘根者是找不到的。退而求其次，便只好轉求諸農民意象。農人在士農工商諸業中，與土地關係最為密切，經常踩在田土泥水裡，所以文學家除了自擬為植物之外，亦常以農人自喻，文學工作則以農事耕耘相擬況。例如李敏勇自稱：「《笠》是一群自食其力，土生土長的台灣詩人，在自己的土地上辛勤耕耘，不管風吹雨打」（《笠》一三九期），陳明台論《笠》的成長，文章題目也就是「播種、耕耘、收穫」（一〇七期）。笠，本身亦即已成為農民的象徵。

陳芳明曾呼籲要「重建海洋文化的信心」（刊於《台灣文藝》一〇八期的篇名）。如廖中山《海洋台灣VS大陸中國》這類論述亦處處可見。但本土意識濃厚的文學家們，卻似乎仍固執於其土地上，連風來都不肯舞蹈，更遑論乘長風破萬里浪，開啟海洋文明的新世紀了。在理念上，固常藉海洋與大陸之分來區隔台灣和大陸，以爭取台灣相對且優於大陸的地位，而在內在思維意識上卻仍擁抱著泥土、農村，自擬於植物，正是本土化論者人格最深沉的分裂與矛盾。

另一種反諷，則是一方面把台灣形容成祖國，一方面又從性別上瓦解「祖」的含意。土地根源意識的代表者乃是母親或母系，而非父親父系：

生我的母親一如生我的土地，她有玉山的靈氣
她有府城的個性
她有日月潭的容貌（林宗源《給父親的詩四》）

土地猶如母親，「乖兒，乖兒／不要哭不要枯／媽媽有的是奶汁」（白萩〈母親〉），母親是詩人的生命根源，乳育著植物般依附於土地的人們，讓它不枯、使他不哭。在這裡，母性的大地，是以生命之根源意義出現的。但土地與母親的關聯並不止於此，土地與母親在現實上的關係，也被認為比真正去隴畝中耕稼的父兄還要密切。吳晟〈泥土〉云：

日日，日出到日落

和泥土親密為伴的母親，這樣講——
水溝仔是我的洗澡間
香蕉園是我的便所
竹蔭下，是我午睡的眠床
沒有周末，沒有假日的母親
用一生的汗水，辛辛勤勤
灌溉泥土中的夢
在我家這片泥土上
一季一季，種植了又種植

家園、鄉土、種植、媽媽，構成一組相互關聯的意象。而父親呢？男性父親在這兒是被遺忘、忽視或殺掉了的。就像白萩〈天空〉所說，〈天空〉已不是「老爹」「老爹已不是天空」，喪失了根源性，所以「他艱難的舉槍朝著天空，將天空射殺」（另一首〈天空〉）。母親是大地，父親是天空，但天空或許已非天空，或許已被射殺。其地位顯然遠遜於母親。於是，祖國，便不再是父祖相傳。而是由祖母到媽媽的傳承。陳明台〈骨〉：

白色的骨的碎片是看得見的東西
骨的碎片的背後　幻影是看不見的東西

白色的溫煦的陽光的背後，神是看不見的東西
然而
成為神的祖母的笑容是清晰地看得見的東西
幻影一般的故鄉的臉是清晰地看得見的東西

故鄉、祖母都是詩人心目中憧憬的生之根源與依憑對象。就像廖中山〈認同的盲點與突破——母親、鄉土、死亡、新生〉所說：「人的一生，最先認同且是無可取代的人和環境，應該是母親和家鄉」（一九九五，海洋台灣出版社）「祖國並非祖先之國。最尊者為祖，有什麼比自身賴以生存的土地更尊貴呢？」（一九九五，田欣《台灣，我唯一的祖國》序）。祖的意義已被扭轉，由父祖的血緣，轉為土地，再轉為祖母與母親，如陳秀喜〈台灣〉云：「形如搖籃的華麗島／是母親的另一個／永遠的懷抱」，這個土地媽媽，則明確地指台灣。

從前，祖國不是這個含意的，例如巫永福的〈祖國〉：

未曾見過的祖國
隔著海似近似遠
夢見的，在書上看見的祖國

這個祖國，當然是指中國而非台灣。張冬芳〈美麗的世界〉則雖也用母親來向嬰兒說話，

告訴他是從哪兒誕生的，但「母親又說：你的父親和祖父，都曾經渴望著這美麗世界的來臨，但在美麗的世界奮鬥而死……要守護這塊祖父的土地啊……吾兒啊不要害怕，這就是誕生在美麗的世界的你要負起的唯一使命……」（陳千武譯），土地仍是父祖所在之處，仍是父祖之國。這時，土地並不僅屬於母親，故巫永福〈泥土〉說道：「泥土有埋葬父親的香味／泥土有埋葬母親的香味」。

待土地的含意轉化以後，中國變成了台灣，父祖之國變成了母親的土，詩人也變成了一株「女人樹」：

或許我的子孫也將會被你迷住吧
像今天，我再三再四地看著你
我也是
誕生在島上的
一棵女人樹（潘芳格〈相思樹〉）

土地女性化之後，迷戀土地者也將自己女性化、植物化，可說是非常明顯的了。但是，有趣的事，也就發生在這裡。文學家對女性的土地，台灣，一方面擔心她會被雄性的外來者強暴蹂躪，一方面卻又忘不掉自己是雄性的事實，而對之進行性接觸。如鄭炯明把台灣當成戀人，對她唱著〈最後的戀歌〉，說：「通過時間的巨流／所有的歡樂與死亡／都將接受審判／那時，我們的土地將開始復活」。陳芳明則說：「躺下來，我的神」，「妳是躺下來的島嶼」。在失眠的年代，「請妳寬衣解帶／睡在我催眠的心跳裡」，並祈求畏冷的你，「裸體緊貼我的胸口」，問：「我雄性的體溫，是不是讓妳暖和了一些？」

台灣這塊土既是提供乳汁的母親，又是性對象。這種意識狀態，恐怕正是用弗洛依德戀母情結理論來深入分析的好題材哩。對父祖之國——中國的揚棄、對母土母語的堅持，所謂台灣人情結、李登輝情結，往往也可由此索解。

（五）迷思化的本土

由經濟發展來看，台灣早期的經濟政策，大致有下列幾項特點：

一、熱烈追求貿易順差，對外貿易則是達成此項目標最主要的策略性工具，故鼓勵外銷（出口主義），抑制非生產性進口；

二、國家資助獨佔性的企業活動，並提供關稅保護。受到關照的企業，在國內享受扶持與協助，在國外市場上則得到經營的特許權；

三、所謂的經濟福利是以國家財富來定義的，而非以滿足社群的消費偏好為主，政府希望國內的消費儘量壓低；

四、鼓勵增加人口，以當作勞力的來源，增產報國。工資儘可能的壓低，以使生產成本極小化；

五、利率也受到政策性的壓低，以減少生產與存貨的成本。同時，國內的儲蓄率受到鼓勵而相當高，國內的貨幣存量也很充裕；

六、充分就業是主要的經濟目標。

這個經濟政策發展到八〇年代，便出現了危機，原因之一是許多人都看見了獨佔特許的超額利潤，而想加入分沾油水。這些潛在的超額利潤競爭者，都會想盡辦法、用盡手段，透過政治上的訴求，來改變與政府爭議經濟特權的環境，因而也會改變追求超額獨占利潤的成本與利益之結構，終而使經濟管制遭到破壞。

此可稱為追逐獨占利潤（rent-Seeking）的趨勢。這個趨勢，促進了台灣的政治民主化，也激起了經濟自由化的浪潮；但也同時使得財團派系等追求超額獨占利潤團體越來越龐大，介入政治越來越深。發展迄今，便是目前大家看到的賄選、金權政治、立法院國民黨黨鞭要求將關說制度化等光怪陸離之現象。

至於一九八〇年代末期的經濟自由化運動，則基本上是在拆解國內市場的獨佔結構，使它趨向於競爭化，追逐市場競爭利潤（profit-seeking）。

造成此一趨勢之主因，除了上述爭奪獨占利潤，故勇於挑戰質疑舊有的管制措施及獨占局勢，要求改變原有的經濟不公正利益之外，也肇因於外匯存底過多，台幣被迫升值，外銷能力與國際競爭能力受損，而進口管制又必須放鬆，以消化過多外匯的新時代狀況。台灣經濟發展策略上自宜改弦更張，把經濟體制自由化，趕快消化過多的外匯存底，以免匯率的被迫升值在短時間內全面性地傷害這個很仰賴出口的小型開放經濟。

可是台灣的問題，在於不是由「追逐獨占利潤」轉而成為「追逐市場利潤」，乃是兩者共生的奇異結構。這便使得自由經濟派所相信的那個理性的市場機能，事實上無法達成。整個形勢，其實只是一種半管制（如外匯管制仍然太嚴；只能靜態投資，存款生息；如仍管制出口物資，限制交易對象；如仍保護國營或特定產業……等）的擬自由化市場，市場機能仍被少數利益團體操控。所謂理性之市場機能，成為實質上唯力是競的叢林競爭法則。

以上的分析，是以賴建誠《重商主義的窘境》一書所述為基礎的。由這個基礎看台灣在八〇年代的變化，自有與一般泛政治化的討論不同之處（賴氏書為一九九二年三民書局出版。與本文有關者，為頁六十至七八、頁八四至九八）。

據我的觀察，此種追逐獨占利潤之趨勢，有兩條路線的發展：一是藉助黨外以迄民進黨的力量，衝開經濟獨占事業的壟斷局面，抨擊黨國資本主義體系，而接收或參與了部份獨占事業。二是國民黨本身原有獨占體系的發展。因為國民黨及政府原本有一組國營及黨營獨占事業，但在同時社會上還存在著土地改革時因水泥、農林、工礦、紙業四大公司民營而轉型的台灣舊大地主階級，所構成之民間壟斷部門。後者勢力，主要分布於金融、土地、水泥等金融資本和民間寡占的生產部門。這些部門，雖然在過去也為政府所支持，但畢竟與政府仍屬兩組體系，其間有聯合，卻也有衝突。俟八〇年代以後，國民黨對外既要應付黨外及民進黨，不能不努力拉住台灣各地方勢力及資本集團。再加上本身內部流派政爭加劇，國營事業本身又在轉型，這兩組體系乃逐漸裂解，重新拼合為一體。土地金融集團，這種內向型經濟勢力漸漸進入政治力量的中心，金權勢力空前高漲，並進而主導了國民黨黨國體系。以外銷為主的中小企業則日益退居邊緣位置。經濟上外銷衰退、政治上本土在地主義升高，呼籲根留台灣、疑懼赴大陸投資、選舉時靠財團及地方派系維持政權……等，都是這個結構性因素的反映（關於國民黨政經體系的重編，另參南方朔《李登輝時代的批判》，一九九四年，風雲時代出版公司，頁七一）。

在這種結構下，本土在地主義其實是反土地的。土地被符號化、符咒化，被工具化，以爭取權和利。就像土地炒作集團那樣，自然的土地，經其運用後，變成了商品、成品或籌碼。環境意識，雖然會被拿來做為向國民黨抗爭，以向執政之路邁進的工具，但整個號稱日益本土化的社會，環保意識和環保實際狀況，卻越來越糟。疼惜土地的口號越喊越響，土地倫理則越來越遭漠視。農民形象越來越聖潔，農村卻越來越萎蔽困窘。被形容為踩在泥土裡辛勤耕耘的農人，許多已不再耕種，只等著地目被變更，好發一筆財。

構成這種情境的，正是宣稱業已本土化的國民黨和不斷推動本土化的民進黨等等。標舉「土地倫理」、編輯《參與者》雜誌的作家陳健一在〈尋找政黨的土地意義〉文中即曾慨嘆：

當國民黨精英不斷讓國土淪陷在財團手中時，民進黨的緘默也就不稀奇了。當我知道七股濕地的開發危機在民進黨縣長的曖昧態度下日益擴大時，更是不感覺意外。畢竟，民進黨、國民黨的知識份子都是在同樣環境下被養成的。他們的共同特點都是：不知道有「土地」（另參見王家祥〈台灣本土自然寫作中鮮明的土地〉，中外文學，一九九五，廿二卷十二期）。

提倡土地倫理的自然生態文學，正是針對本土化之後土地反而淪陷了的處境而發。但此處所指陳者，僅僅是本土化熱烈推動後，我們所見到的一種錯倒現象而已。本土化運動所顯現的錯倒殊不僅止於此。為什麼宣稱要疼惜土地的本土化運動，竟會造成大地生病？或者說，在熱烈推動本土化時，土地亦同時日益病重？

原因可能很多，但我覺得本土化越來越被神話化，可能是個重要的理由。

所謂神話，一般泛指古老及原始社會中流傳的一些傳說和故事，主要是與神祇和英雄有關的事跡。但是神話不只是原始時代的產物，它在每一個時代都會有，也都有意義，而且這些意義又構成了那個時代人認知的一部分或思考的型態。因此，在社會學的研究中，我們也常把這類現象，根據神話（myth）的譯音，稱為「迷思」或「謎思」、「秘思」。

為什麼稱為迷思或謎思呢？神話意涵之不確定，固然是其所以成謎的原因。但此類思想與概念經驗知識相悖，也是其中一個重要因素。最早，神話之形成，目的就不在於呈現世界本來面目的客觀形象，而只是說明人對於他自己生活的了解。因此，到底它所陳述的事件是事實還是假想、是象徵還是記錄，都不太要緊，它表現的乃是人類的宗教經驗或精神經驗。根據這些經驗，人類構建了一套神話的文字符號系統，以徵示他的世界觀（welten-shauung）。但這種神話的世界觀，並不是運用理性的方法或認識論方法，而是原始人憑其直覺經驗而來的。因此，神話意識中，現實和表象往往不分，他所經驗的一切事物，都被當作真實的、活生生的個體（an individual substance），有屬於他自己的意志和個性。例如死亡，是人所經驗到的事，但在神話意識中則出現為死神及其他各種足以象徵死亡的符號。這些符號，構成了神話的內容。同理，人的願望、焦慮、戰爭、迫害、飢餓，挫折的理想，都常出現在神話中。這些經驗，包括個人的經驗和社會集體的經驗，通過神話，可以使這些經驗具體化（objectification）；而神話的符碼，也因為可以顯示人類的這些感覺經驗，所以具有符號意義（symbolic significance）。

神話的基本性質如此，故人只要採用神話式的思考跟處理，把真實的事物，附上抽象意義，迷思就出現了。比如只要有人舉出過去的軼事（例如唐山過台灣、羅馬締造、法國大革命、三代聖王），當作引導人類目前活動的前例，則該軼事就喪失「歷史性」，而成為一種理想、信仰。至於這則軼事到底在從前是否真的這樣發生過，反而無關緊要了。

這就是卡西勒（Cassirer）為什麼會說任何事物都可以突然成為神聖的事物之原因。因為只要用某種迷思的宗教眼光來看，它就變成神聖的了。它自成一個閉鎖的世界，擁有一整套特殊的格調與氣氛，跟日常的、經驗的生活內容，殊為不同。

因此，總括的說，神話與迷思，有幾點值得我們注意：第一，迷思雖以歷史事實為材料，但本質上與歷史事實無關，亦非真實歷史回憶或記錄。第二，迷思基本上顯示的是歷史事件在宗教方面的意義，代表了迷思的製造者和傳遞者之信仰。第三，某一個說明或陳述之所以是迷思，並不在乎它含多少事實的真實性，而是因這個說明被人信以為真。

既然如此，則第四：謎思是在某一特定時地所產生的言辭，它有一種意義，而我們怎麼知道它的意義呢？這就不能不回過來看迷思製造者的信仰到底是什麼。同時，這種意義若能獲得其他人士的認可與了解，則顯然迷思製造者的意見或信仰，是與當時當地「意見氣候」（the climate of opinion）相符的。許多迷思是社會集體心理的產物，原因也在此。

所以，第五，迷思是有功能和目的的。它的功能，在強化傳說，使傳說更有價值和威望；

表達、強化、並彙整社會群體的信念；維護且強化道德；確保儀式的有效；減輕社會緊張；並暗示大家應該依照某種方式去行動。

文學的本土化，是一個特定時空中，一群人為彙整、表達、強化其群體信念，並鼓舞大家依之行動而發展的理論。將「台灣」神聖化，台灣、土地、台灣人等符號則凝聚了作家個人的經驗和集體經驗。台灣的歷史被重新解說，並賦予反壓迫、追求自主獨立等意義。信從這種歷史的人，也往往由此找著了他生命的意義，奉為行動之準則。葉石濤說：

威權式統治的瓦解，使得承繼台灣本土文學傳統抗議精神的抵抗文學更加激化和深化。屬於這流派的台灣作家大多以土生土長的作家為主。他們認為過去鄉土文學的歷史性使命已告結束，太多的懦弱和妥協必須停止；他們身負創建自主獨立的台灣新文化，以為文學必須反映廣大台灣人民的意願才行。他們也嘗試用台灣話文去寫作，以符合他們政治主張。他們的創作方式也會採用魔幻寫實或科幻的形式，但是大多數作品仍然以現實主義寫作為主。縱令如此，他們作品的內涵同過去的鄉土文學時代作品不同，較富有戰鬥性和政治性，他們注意作品的衝擊甚於藝術性。

本土化已成為神聖的行動及信仰，一切理性、概念、知識往往為卻步。沉浸在迷思中享受其氣氛者，所關切的，乃是經由不斷謳歌台灣本土之美、不斷緬懷本土傳統、不斷抗議外來政權外來文人勢力、不斷表態愛台灣，來達成其「創建獨立自主的台灣（新文化）」之目標。猶如彭瑞金在八九年度最後一期的《台灣文藝》之卷頭語所說：「當前台灣作家最緊要迫切的是做一個有歸屬、有國籍、落地生根的台灣作家。」既然本土化的宗旨只在於此，它乖離土地、表現出種種違反歷史與社會現實之景況，亦難以避免了。

土地做為人的根源意識之一，是不容否認的。但台灣的本土化風潮中存在著以上這些問題也不容否認。唯有善於反省者，方能由激情歸於理性，由神話思維轉而面對真實的台灣。

（六）附記

本文於一九九六年四月廿日在「第二屆台灣本土文化學術研討會」上發表，對某些人來說，自然頗具挑釁之意味，情感上很不能接受。因此，評論人楊照認為本文乃是將本土化運動予以簡化後，變成一個被批判的稻草人，以表現我對本土化運動的憎厭而已。我引用馬庫色的理論來談本土化與法西斯的關係，他認為是硬搬外國理論、套用概念。我說本土化論者既執戀土地又歌頌海洋文化，頗有矛盾。他則批評我對台灣的歷史不尊重不了解。所以他向我講述了一番他對台灣人民為何視土地為受難象徵的歷史解釋。

如此討論問題，實在令人失笑。我要談的，是過激的本土化，是本土化運動中泛濫、冒用、錯置之各種現象，並指出推動者若干心態與認知上的盲點。而不是把本土化本身視為罪惡或罪惡之源。他卻以為我要和本土化宣戰。

我指出某些本土論者只把海洋看成裂痕是不對的。他就指摘說我不應云海洋只是通路，而且只能通向大陸，台灣只能跟中國連合。我何嘗說過這些話呢？

我認為本土論者若仍執戀土地，便甚難確實成為海洋文化。他則再講一遍歷史，用來說明本土論者對土地如此執戀的原因。殊不知歷史來源性的說明，並不能證明土地崇拜的正當性。且歷史亦不能本質化或獨斷化。他所講的，其實只是他自己對歷史的解說，別人自可有完全不同的認知。

像他這樣，把本土化視為信仰，不容討論批評，認為討論其瑕疵者必定心懷惡意。又不仔細了解別人講什麼，便將自己的預設立場捲進去，讀出令自己憤怒的含意。而且以歷史主義的態度，壟斷歷史，隨隨便便就指責別人不尊重不了解台灣史，正是本土化運動使人難以樂觀的原因，也是本文寫作的價值所在。

本文第一節問：現今推動社區工作時，其中「多少是東拉西扯、亂貼標籤、名實殽亂的？又有多少是人云亦云，雜纏在政治勢力和風潮中胡亂鼓盪的？」顯然並不曾反對社會工作意義的社區發展。

第二節說明本土化與法西斯在歷史事實上的關係與理論上的關聯，反對以「愛台灣」、「認同這塊土地」之類名義，來要求每個人以共同體為其責任之唯一來源與對象。若要證明本土化不會變成法西斯，唯有如本文所呼籲，將比賽宣誓愛台灣，改成追問：「我們愛的台灣，究竟是什麼樣的台灣」。談其他的，都不相干。

本文第三節，說土地崇拜會將土地神聖化、符咒化，陷於土地崇拜中的人，更可能因自居為土著而排斥外來移民。且如此執著於土地，亦不能發展出海洋文化。若要反駁，就須設法說明小農意識可以發展出海洋文明，土地崇拜態度中亦無權力意志、血統主義，及排斥外來者之現象。什麼理論能辦得到這樣的事？

從事實面說，陳萬益先生認為本土論者並未排斥外省人。但那是陳先生個人良好之態度，我談的則是一種運動中的「蘊涵」及「意見氣候」。在本土化運動中，反對外來者，正是此一運動之所以被稱或自稱為本土化的緣故。逢著別人質疑它時，它也可能以「我並未排外」來辯解，但事實上它怎能不排斥外地人呢？民進黨新國會政策研究中心副主任王時恩剖析道：

更可怕的是，新成形的所謂「台灣人意識」竟然「進化」成為「血統純正論」的政治文化。一點一滴地滲入政黨日常的基層經營、選舉事務乃至意識型態與政黨文化，排除了其他族群認同參與的可能性。對於支持民進黨的外省人不是作為樣板「示範性演出」，就是禮貌性的予以支持，但是心底仍然忍不住犯嘀咕：他（她）們會不會「變節」？會不會「帶槍投靠」？這個不被承認但是普遍存在的懷疑，就這麼一直在黨內氾濫、流傳，成為一種「大台灣沙文主義」。不但阻止了民進黨的發展，也阻止了民進黨的社會進步性。甚至在這樣「他族噤聲」的情形下，也阻止了民進黨對路線的討論，形成在「台灣人意識」上的反智傾向（〈民進黨新世代的苦悶〉，中國時報，八五．四）。

四月八日，以外省人獨立促進會成員為主的外省籍民進黨新世代，包括外獨會會長胡勝英、執委蔣國麗、前任秘書長田欣及新當選國代鄭麗文等人，亦赴民進黨中央黨部拜會，要求將族群及語言政策納入辯論並對現行做法提出諸多質疑。他們指出，雖然黨的領導人及政策白皮書一再強調「族群融合」與「多語言政策」，但是否真正落實？為什麼民進黨的政見發表會上，河洛話成為唯一優勢語？為何民進黨的支持者，外省籍始終無法增加？似乎外省人在民進黨有「原罪」……。由此看來，我論證本土化運動中曾出現排斥外省人之事況，難道是無的放矢嗎？

在土地崇拜方面，八五年五月六日東年在《聯合報》寫道：「台灣位處亞太海運的樞紐，古來即是。但是渡海的漢人把這海島當田地耕種，已經忘掉了自己的海洋歷史，也沒發展出什麼海洋特徵的性格和文明」（評介〈迎向海洋〉）。這種歷史事實，以及它與「海洋文明的宣稱」之間的矛盾，本土化論者從來不願也不敢正視，楊照反而說台灣島人對土地的執戀是因國民政府實施土地改革，故才把土地視為受難者，予以疼惜。這難道不是歷史的雙重扭曲嗎？

海洋文明的特徵，在於視海洋為通路，可是本土論者往往以海洋為裂痕。或者認為唯有確定海島台灣與大地陸塊的斷裂關係，方能保障此土地的獨立性格。而此種充滿隔離性格的海島，卻又要聲稱它具有海洋文化之特徵，比大陸文化更開放、更能接受外來文明。這在理論及事實上都是矛盾的。就連此種宣稱，亦陷入另一種海島迷思之中，誤以為海島文化一定是開放且可接受多元文化的。實則以歐洲大陸和英倫三島來比較，我們即可發現海島英國遠比歐洲大陸國家如法國顯得保守。而世界第二大島印尼婆羅洲上面，又發展出什麼海洋、開放、商業文明了呢？論海洋文化，而根本昧於世界情勢，行嗎？

同理，「本土化」一詞，在國際學術界，經常是與「納粹」、「法西斯」相連在一起的。納粹之「運用」本土化運動，對德國及歐洲世界都是難以抹滅的記憶。會議當天，德國科隆大學教授馬漢茂即特別指出了這一點。因此，提醒本土化運動與法西斯具有歷史及理論上的關聯性，根本不是硬套或抹黑。只是在台灣的鼓吹本土化者，視本土化為理所應然的方向，充滿了道德感與神聖性，更帶有反壓制的色彩。故完全不能理解本土化運動在世界上也常具有負面評價，其本身的正當性神聖性也都是可以懷疑的。而我們指出這些，亦並不是要打壓本土化，反之，乃是企圖避免使本土化變成法西斯來打壓別人。

難道不是嗎？激越的本土論者，認為過去的「國語」打壓了閩南話，於是就極力主張閩南語即「台語」，且應成為國語。認為過去本省人在政治上被壓抑，於是現在就應由本省人主政。認為過去外省作家占據了台灣文壇，於是自己就重新界定台灣文壇，將非我族類者排棄在外，說別人不夠資格稱為台灣作家。攻擊過去政府利用教育，灌輸人民大中國主義，現在則主張利用教育，建立大台灣主義……。這樣的本土論者，究竟是悲情的受壓迫者，還是壓迫者，難道還不明顯嗎？

唯有擺脫受害者的偽裝，真正檢視整個本土化運動中蘊涵的問題，才能使這個運動對台灣有益！

三、星馬華文報的政治社會史分析

遊民流往海外，為十八世紀以後中國社會之一大特點，不能不予注意。海外移民地與中國本土有許多文化互動關係可供探討，新移民之社會也值得觀察，此處選擇新加坡馬來西亞來做討論。

新加坡馬來西亞華文報為我國早期報業發展的特殊部分。因為我國現代報紙實創刊於馬來西亞，且因晚清政局較為特殊，言論不見容於國內者，輒至星洲及馬來西亞鼓吹改革。故服務華僑、維繫其祖國認同之報紙，與討論時政、意在導引我國發展方向的報紙，格外逢勃。其風格與言論，對邇後報紙及政局，均有深遠之影響。例如國父孫中山先生與革命黨即曾在星馬創辦若干報社，康有為與保皇黨人亦辦有報紙甚多。此一現象，乃是研究晚清史、華僑史及報業史者所不能忽視的。

新加坡馬來西亞華文報的發展，在第一次世界大戰前，略可分為三期：

一是一八一五年至一八八〇年，此期辦報者以傳教士為主，旨在傳教。

二是一八八一年至一九一九年，此期華文報業勃興，藉報紙議政之風氣甚為普遍，卒顯示為革命黨和保皇黨的報業競爭。

三是一九一九年以後辛亥革命成功、五四運動出現，國內政局丕變的階段。而以第二階段最為重要。

可惜過去在晚清史、東南亞史及報學諸研究領域，都對一八八一至一九一九年的星馬華文報認知不足，既缺乏資料整理，更未進行內容分析，對於報業發展與其政治社會關聯，尤其少有討論。

（一）研究背景及其重要性：

甲

1　中國現代報紙，並不發軔於中國本土，而是在馬來西亞的麻六甲。自戈公振《中國報業史》以降，研究者均認為一八一五年創刊於麻六甲之《察世俗每月統紀傳》（Chinese Monthly Magazine），為現代報紙之嚆矢。其後則有一八二八年同在麻六甲刊行之《天下新聞》（Universal gazette）。

2　論中國報業史者，或推一八三三年刊於廣州之《東西洋考每月統紀傳》為最早。但此報後遷至新加坡，至一八三七年才又遷回國內。

3　可見當時新加坡及馬來西亞華文報業，與中國境內報紙，實構成一種整體關係，不僅來往密切、用中國紀年、亦表現中國意識。此種關係至一八九八年戊戌政變後益發明顯，康有為等人赴南洋組織保皇黨分支部，創刊報紙，宣傳維新勤王：國父孫中山先生也以南洋為基地，創辦報刊、鼓吹革命。其言論與報導不唯號召華僑，也直接影響國內政局之發展。

乙

1　至一九一一年時，馬來西亞華人人口已達九十一萬，華文報紙之發展空間甚大。據知清末民初星馬之華文報，略如下述：

一八一五	察世俗每月統紀傳	馬禮遜、梁發	麻六甲
一八二八	天下新聞	麥都思	麻六甲
一八三三	東西洋考每月統紀傳	馬禮遜、郭實獵	一八三七年移新加坡
一八五八	日升報	威廉史密斯	新加坡
一八八一	叻報	薛有禮	新加坡
一八九〇	星報	林衡南	新加坡
一八九七	廣時務報		吉隆坡
一八九六	檳城新報	華謙、黃金慶	檳城
一八九八	天南新報	邱菽園	新加坡
一八九九	日新報	林文慶、黃乃裳	新加坡
一九〇四	圖南日報	陳楚楠	新加坡
一九〇六	檳城日報	黃金慶	檳城
一九〇六	南洋總匯日報	陳楚楠	新加坡，一九二九年改名《南洋總匯新報》
一九〇七	中興日報	陳楚楠	新加坡
一九〇九	星洲晨報	周之貞	新加坡
一九〇九	吉隆坡報	杜道南	吉隆坡
一九一〇	南僑日報	黃吉宸	新加坡
一九一〇	光華日報	孫中山	檳城
一九一一	四洲週報	陳占梅	吉隆坡
一九一四	國民日報	陳新政	新加坡
一九一九	新國民日報	謝文進	新加坡

2　以上報業發展，其實可再細分為兩個階段：一為一八一五至一八八〇年，此期辦報者均為傳教士，基於宣教之需要而設。一八八一年以後，則為華僑或華人所辦，宗旨立場與內容均異於前期。至於一九一九年以後，因五四新文化運動興起，政局結構迥異從前，報刊編輯宗旨及言論內容亦隨之丕變，故應屬於另一期之發展。

丙

研究中國早期報業史者，對於自一八八一至一九一九年此一時期之報刊均極注意，主要關注點有二：

1　報業史之意義：本時期報紙乃現代報業之先驅，具有歷史意義，自不待言。

2　報刊之政論功能：報紙有娛樂功能、告知功能、引導功能等。本期報紙，在充分告知民眾有關內幕、新聞事實之外，引導性的評析至為蓬勃，戈公振嘗云：「最近辛亥數年之間，政府以備立憲貽人民，而內幕之腐敗愈甚。其尤著者，在官僚亦知輿論之不可終遏，乃設法溝通報館，以為私人作辯護。斯時報紙之道德，固已墜落達於極點，而真正輿論無可發洩，則激成反動力，主張根本改革之反對報紙，乃應時而發生也。」（《中國報業史》第四章）。在這些主張改革、批評政府的報紙中，又分化成保皇維新與民主革命等系統，相互辯難，致使曾虛白所編《中國新聞史》也專立〈政論報紙的興起及其發展〉一章，討論本期報刊之特性，且認為本期報刊此類特性對爾後報紙影響深遠。

（二）相關研究狀況：

甲

一八八一至一九一九年這個時期的星馬華文報業發展史，對於研究晚清政治史思想史者、研究我國早期報業史者、研究星馬華人開拓史或研究星馬大眾傳播事業史者，都具有極大的吸引力，因此相關論述頗為豐富，可參考資料包括：

1 《這半個世紀——光華日報金禧紀念增刊》（一九一〇——一九六〇年，光華日報出版）

2 宋哲美《馬來西亞華人史》（香港，中華文化事業公司印行，一九六三年）

3 戈公振《中國報學史》（台北，學生書局，一九九四年）第四章

4 《星檳日報銀禧紀念冊》（星檳日報出版，一九六四年）

5 曾虛白主編《中國新聞史》（台北，國立政治大學新聞研究所，一九六六年四月初出版）第五章

6 黃堯《馬星華人志》（香港，明鑑出版社，一九六七年初版）

7 鄭文輝《新加坡華文報業史》（一八八一——一九七二）（新馬出版印刷公司，一九七三年一月十五日初版）

8 《雪蘭莪中華大會堂五十四週年紀念特刊》（一九七七年）

9 《雪蘭莪中華大會堂五十五週年堂慶紀念特刊》（一九八三年）

10《南洋商報六十年》（一九二三—一九八三，南洋報社（馬）有限公司）
11 彭松濤《新加坡全國社團大觀》（新加坡文獻出版公司，一九八三年六月）
12《星洲日報五十五年》（星洲日報出版，一九八四年一月十五日）
13《光華日報七十五週年紀念刊》（光華日報出版，一九一〇—一九八五年）
14《美里日報三十週年紀念刊》（美里日報出版，一九五七—一九八七）
15 王慷鼎《新加坡華文報刊史論集》（新加坡新社出版，一九八七年三月）
16 楊松年《大英博物館所藏戰前新華報刊》（一九八八年，新加坡同安會館）
17 馬崙《新馬文壇人物掃描》（一八二五—一九九〇）（書輝出版社，一九九一年八月初版）
18《我們的七十年》（一九二三—一九九三）（一九九三年五月，新加坡報業控股有限公司華文報集團出版）
19 周南京主編《世界華人華僑詞典》（北京大學出版社，一九九三年一月）
20 朱自存《縱觀華報五十年》（一九九四年一月，吉隆坡，東方企業有限公司出版）
21 葉觀仕《馬新新聞史》（吉隆坡，韓江新聞傳播學院，一九九六年）
22 顏當泉〈馬來西亞報業史略〉（《南洋文摘》第四卷第十二期，一九六三年十二月一日）
23 向誠〈星馬華文報業的過去和現況〉（《報學》三卷三期，一九六四年，台北市編輯人協會印行）
24 洛衡〈第一報人梁亞發〉（《南洋文摘》第八卷第三期，一九六七年三月二十日）

25 溫梓川〈檳城報壇春秋〉（《南洋文摘》第十一卷第六期，一九七〇年六月二十日）
26 許甦吾〈新加坡中英報業史話〉（《南洋文摘》第十四卷第二期，一九七三年二月二十日）
27 柯木林〈葉季允任主筆期間的叻報〉（《南洋文摘》第十四卷第九期，一九七三年九月二十日）
28 王賡武〈新加坡早期華文小報與雜誌〉（《南洋文摘》第十四卷第十一期，一九七三年十一月二十日）
29 〈中國報簡史〉（中國報總社開幕特刊，一九八四年十二月八日《中國報》第五、八版）
30 李業霖〈戰前「星洲日報」的八位編輯——紀念「星洲日報」創刊六十周年〉（一九八九年一月九日《星洲日報》副刊）
31 〈南洋商報創刊七十週年紀念輯〉（一九九三年九月六日《南洋商報》）
32 Cheng Mong Hock, "The Early chinese Newspaper of Singapore : 1881-1912",（University of Malaya Press, Singapore, 1967）
33 John A. Lent, "Newspaper in Asia"（1972）
34 K. Baghavan, "Tamil Nesan : Its Origin and Development"（"Malaysia in History", Nol, 27,1984）
35 The Story of Bernama.
36 World Communication, UNESCE.

乙

縱觀上述資料，可以發現，本時期之報紙狀況，雖然關心者眾，論述不絕，但大多數為報社報人之回憶性資料，或附論於華人史中，若干由報學、新聞學角度討論其發展史者，亦屬綜述概論性質，且時日距今亦已久遠。可見此一時期之報紙狀況，雖甚受重視，卻仍有待學術界進行更深入之探討，近十年間，則少有相關研究面世。所有觀點，大體也仍侷限在戈公振、曾虛白兩書所提示的內容。

丙

對本期報紙之研究，之所以久無進展，其原因有三：

1　資料已佚。曾虛白所編《中國新聞史》第五章曾謂：「革命黨與保皇黨的報業對抗，是政論報紙發展非常重要的一環，清末僑報在海外的蓬勃，與這一門爭有密切的關係。馮自由《中華民國開國前革命史》曾就當時雙方的報紙列了一張很詳細的表，可惜現在這些報紙大半都亡佚了。」馮氏所列，其實尚不詳備，但其中資料已散佚不齊。時至今日，許多材料更難覓致，研究者只能依傳聞及舊有論述重抄一篇，研究遂難有進展。

2　新馬歷經日軍佔領及獨立之後，其社會發展與中國並無整體關聯，我國研究新聞史或報業史者、對於這些「外國報紙」逐漸喪失理解及研究意願。

3　新聞史之研究，在傳播學領域中，夙屬較為冷僻之科門，因為研究者必須兼具歷史學及傳播學知識。因此在研究晚清及民初史學界中既少人運用這批材料來研究晚清政治、社會、思想史；在傳播學界，也罕有人能討論此一課題。

（三）本研究之內涵與目的：

甲

一八八一──一九一八之星馬華文報刊，目前雖已多散佚不齊，但依然可以間接考察。尤其是一九〇八年創刊於緬甸仰光的《光華日報》，於一九一〇年遷至馬來西亞檳城之後，除於一九三〇年因日軍佔領被迫停刊三個月外，一直保持發行，為全世界歷史最悠久的華文報，至今仍正常出刊，且仍為檳城第一大報。該報於一九三六年收購了原由保皇黨所主持的《檳城新報》。使得研究晚清民初兩派人士如何運用報業相互競爭者，在資料的獲取上十分方便。因此本研究首先即擬以《光華日報》為基礎，全面清查現存於星馬地區的當時報紙資料狀況。合併已收錄於我國國民黨黨史會所編《革命文獻》、《開國五十年文獻》中之相關資料，整理供學界參考。

乙

過去的相關介紹、評述等，對於本時期報刊之言論，均只有概括的描述語。云某報為保皇黨所主持，某報支持革命黨而已，完全沒有內容分析（Content Analysis）。因此對於這些報紙究竟表達了什麼觀念，反映了什麼樣的政治社會現象……均屬茫然。本研究應在這方面用力。

丙

清末民初，維新派與革命派之論戰及報業競爭，主要發生在三個地區：一是日本，《民報》與《新民叢報》可為代表。二是美洲，檀香山舊金山地區，以《檀香山新報》與《新中國報》為代表。三即是南洋地區。一般論者較注意在日本的論戰，其實發生於南洋地區之爭論，不但激烈程度不遜於日本，其報業經營方式、競爭關係，較日本更為複雜。例如革命黨人所辦《圖南日報》純屬贈閱性質，停刊後，繼辦《總匯報》。俄而合夥者拆股，承接者約了傾向維新者加股。遂成為保皇黨之主要報紙。同樣的，創刊於仰光的《光華日報》，乃收購原支持維新保皇之《仰光新報》，後轉而為保皇黨人所收購，易名《商務報》。革命黨人乃又辦第二份《光華日報》，與《商務報》展開筆戰。保皇黨人又於一九一〇年夏，請求英領事向緬督控告《光華日報》鼓吹無政府主義。緬督下令將主筆居正驅逐出境，《光華日報》又遭第二次的停版。一個月後，革命黨人又用該報的資金籌組報館，易名《進化報》，繼續鼓吹革命。但八個月後又被保皇黨結合地方警吏，迫使《進化報》停刊。革命黨人乃於一九一〇年再發刊第三《光華日報》於檳城。這樣的報刊變動過程，所顯示的傳播媒體經營問題，是日本地區所沒有的。換言之，本研究應一方面進行內容分析，說明在南洋的論爭，提出了那些問題與說法，是在其他地區所沒有的；另一方面則應進行報業經營管理學的討論。探究報紙的開辦、停刊、改組與易主。此種研究，必須將報紙放入其社會狀況與脈絡中去觀察。而這樣的研究，也正是從前人所不曾做過的。

丁　研究報業發展及其內容，應結合社會面的探討，可舉數例言之：

1　一八四九年之統計，華人移民進入星馬之人口僅有二七、九八八人，但至一八八一年已暴增至一七四、三三七人，幾達八倍，可見一八八一年華人開始辦華文報，實有其市場需要之因素。

2　移往南洋之華人，原本以勞工為主，來此謀生而已，並無太強烈之政治意識，更無政治組織。但中國領事館於一八七七年設於新加坡，黃遵憲等著名文人及外交官絡繹南下，北洋艦隊且三度訪問新加坡，致力維繫海外僑民對清廷的效忠，中國意識乃逐漸提高。再加上戊戌政變的刺激，才使得華人政治意識高漲，並逐步發展出政治組織，而此組織，又是與其原先之移民會館幫不同的。

3　革命黨人及保皇黨人除了辦報之外，也辦學會、辦學校。新馬兩地之華校即建立於此一時期，據陳育崧〈星馬華文教育近百年史緒論〉說，康有為所推動建立的華校即有三十所。革命黨人之策略則是辦書報社，在全馬各地城鎮郊鄉，共辦了五十八家書報社，並以書報社來辦學校，如檳城鍾靈（一九一五年，檳城閱書報社）、崇德（一九一一年，公益閱書報社）、日新（一九一八年，中華閱書報社）、益華（一九一三年，益智閱書報社）；霹靂州光漢（一九〇七年，光漢閱書報社）；森美蘭州中華（一九一三年華商書報社）；柔佛州培智

（一九一九年，愛群書報社）（見王愛詳主編《馬來亞華校全貌》檳城，一九六一年。及林有虞編《馬來西亞華校近況及發展史》檳城，一九七三年）。因此，研究當時之報紙，有必要結合學校及書報社來討論，方能了解其間複雜之關係。本研究計畫將在這些地方深入探討，既補過去研究之不足，也可藉此深入了解當時的星馬華人社會，提供給研究星馬華人社會史者參考。

戊

當時華文報紙之言論及辦報目的，除針對當地之社會外，也針對中國政局的改造。因此有必要觀察它與國內政局的關係。事實上，除了辛亥革命以前保皇黨與革命黨之爭論外，辛亥以後，南洋仍有支持復辟及袁世凱的報紙。故考察它與中國政局的關聯，比較它與國內報紙立論的差異，也是本研究所應做的。

四、中華文化與文學的世界觀

中國常被形容成一個大陸型國家：整個文化形成於大地陸塊的中間，黃土高原上。產業以農耕為主，人民敦厚勤勞地從事稼穡，養成了人與土地深厚的感情。所以「安土重遷」、不喜歡經商及冒險，文化也因此而傾向於保守。

這種鄉土中國的意象，可說是一般人對中國的基本認知，且往往拿「鄉土中國」來和那發源於地中海愛琴海的西方「海洋型文化」來做對比。

但事實上中國人是善於航海的民族。孔子曾說：「道不行，乘桴浮於海」，可見出海航行不但在經驗中不陌生，甚至還會成為某些特殊之嚮往。春秋戰國時期，燕齊一帶的航海活動想必已甚為頻繁。當時已盛傳有海上三山。說仙山矗立海中，但船划近了，山就沉入海底，所以永遠無法到達。惹得秦始皇派遣徐福率五百童男童女出海去尋訪仙山。其後漢武帝造樓船，也是造船史上偉大的績業，這些都足以說明中國人並不只會固守其田宅耕稼而已，海上的世界，也是我們所樂於經營的。

中古以後，「海上絲路」出現了，中國與海外各國互通使節，貿易往來，十分頻繁，以致這條航道又被稱為「香料之路」、「白銀之路」、「陶瓷之路」。從唐宋到元明清，這條航線幾乎可以稱得上是全世界的黃金航線，人員、資金、器物及技術，通過此一航道而溝通者，難以計數。

在這種環境中，對人的思維狀態有何具體影響呢？

我想，影響最顯著的，第一是人的世界觀。海外三神山的說法，實際上就發生過不少作用。從齊威王、齊宣王、燕昭王時代即已流傳著蓬萊、方丈、瀛洲的神話。這樣的神話，除了誘引人們嚮往神仙之外，更讓人把世界觀立刻恢拓到大地陸塊以外，寄情於那會浮沉於波濤上下的宮闕殿宇。

更重要的是，中國人常認為世界基本上是水構成的，土地只是浮在水上的一個個陸塊。所以才有鄒衍的「大九州」說。九州，又寫為洲，即水面上淤積而成的土塊。《神異經》又說：「大者為五岳。中岳崑崙，在九海中，天地之心」。九海，才是整個世界的領域。太陽從東邊出來，落入地下，在中國人說，就是沉入水底了。放太陽落下去的地方，稱為「虞淵」，升起來之處，則稱為「暘谷」。暘谷也是水，相傳太陽每天要在此洗乾淨了才升起。《楚辭・九歌・少司命》：「與汝遊兮九河，衝風至兮水揚波；與汝沐兮咸池，晞汝髮兮陽之阿」，即用日出暘谷、浴於咸池的神話。

太陽尚且如此，要歸入水中，人也一樣。看起來死掉後「一抔黃土」，好像是埋到土裡，其實不，乃是入於「黃泉」。《白虎通，五行篇》：「水位在北方，北方陰氣，黃泉在下，萬物任養」。在漢人的五行觀中，中央黃土最為重要，但天一生水，水卻是整個生命的起點。而中央黃土之下，其實又是黃泉。因此，所謂皇天后土，土實浮於水上，和漂浮在海上的三神山，基本上並無不同。或者，如張衡〈渾天儀注〉所說：「天如雞子，地如雞中黃。……天表裡有水，天地各乘氣而立，水載之以行」，整個宇宙都是水，天在水中，地又在天中之水裡。總之，自己所居住的這一方土地，無論從大九州或渾天說等任何角度來看，都只是宇宙間一小塊，尚有所居本土之外，無邊廣闊、不可測度之空間。

這樣的世界觀，其實頗有上承孔子時代的地方。例如子夏說：「四海之內皆兄弟也」，就是說我們所居之世界，乃四海環抱的空間。鄒衍推廣此意，說九州之外，「有大瀛海環之」、「有裨海環之」。對於這土外之水，一般人固然視之為天然的隔阻，可是漢人之思想卻常是要積極朝水的世界走去的。因為水被視為生命的來源與回歸之處，故離土趨水，即被認為具有生命的舒發、永生的追求等超越性的意義。

第二、空間觀必然也影響著人們的行動觀。要知道，一個封閉不流動的社會，通常是由於這個社會對其外部缺乏認識，或欠缺自己所生活之區域只是整個世界之一小部分的體認。一旦領會到自己所居住的，只是整個世界之一小部分，自然就會對其外之地區產生一探究竟的嚮往與好奇。因此，一個安土重遷的社會，必然相應地配合以封閉自存的地域觀。而一個開闊廣袤，九州之外更有九州，瀛海之外尚有瀛海，海內有《山海經》，海外亦可以有《山海經》，九州之外，甚至還可以有《十洲記》的世界觀，則必然相應地出現超越於一方一角的周遊意識以及周遊的行動。

遠遊者侈談遠方珍異、殊域風光、他方靈祕，看似荒唐幽渺，而實能開拓時人之胸襟視見，啟人遐思。中國人的海外移民活動，起源甚早，規模也很大。其原因並不同於西方的殖民行為。除了為衣食所迫外，大體上即來自這種世界觀及行動觀，視遠遊為追尋理想樂土，可超越現世之苦難，故遠涉遐方。

遐者，遠也。我們要注意：方士們稱成仙飛升，也叫「登遐」。所以平面地遠離所居之一方土地，流觀山海，壯遊萬里，固然是遠遊的行動。向高山上去隱居或採藥，遠離所居俗世，也是遠遊之一種。再向上，進入超越界，登仙升天，更是遠遊。

三、超越的人生與山水文學。

因為中國人相信有海上神山及地上仙山、海外世界，故山海遊憩，對人生便具有超越性的意義。

以漢朝桓譚為例。他是不相信方士所說之仙道的，在其《新論》中頗著駁議。但他到華山，見到武帝所建集靈宮，住在存仙殿，仍不免「竊有高眇之志」，而作了〈仙賦〉。可見方士所說的神仙及其世界，未必使人確信即有神仙、即有此神仙之世界；但其所說，卻可使人對之興起一種超越塵土俗世的高眇之志，飄飄乎若使人之精神亦與仙人一般：「乘凌虛無，洞達幽明……齊宇宙，與沉浮，灑輕霧，濟傾崖，觀滄川而升天門，馳白鹿而從麒麟」。

這是桓譚看到華山時的態度。同樣的，班固看終南山，也發現此山集靈存仙：「彭祖宅以蟬蛻，安期饗以延年，唯至德之為美，我皇乘福以來致」、「固仙靈之所遊集」（〈終南山賦〉）。仙之所以稱為仙，就是因為他們住在山裡。而又因為仙人山居，所以山對人來說，便具有不同的意義。不再只是自然地理意義的土堆，其林木煙霞，都「若鬼若神」，會帶給人們超越性的嚮往，覺得它是仙靈遊集之處。

至於海。班固之父班彪有〈覽海賦〉說他「覽滄海之茫茫」時，不但想到了孔子乘桴浮海，也擬渡海「索方瀛與壺梁」，更想像海中神仙世界：「松喬生於東序，王母處於西箱，命韓眾與岐伯，講神篇而校靈章」。對此世界，他甚為嚮往，故「願結旅而自託，因離世而高遊」。

這種山海意識，可以由體會此自然之生生不息，而生上下與天地同流之感。而且山海本身即是「別有天地非人間」的，乃仙靈遊集之處，故遊山觀海也就表示人要離世高遊，能使人興發高眇之志。

漢末費長房學道，被教以重陽節時須登高避禍，其風俗流傳至今。同理，漢代這種山海觀，也使中國文學史上開始出現遊山登高之詩文。遊山，代表避離塵囂。登高則是為了望遠、求仙或傷惘下土。遊觀山海傳統，於茲展開。山水文學，亦漸次出現於歷史舞台。

五、「散居中國」及其文學

（一）中國及中國體制

沖繩大學校長新崎盛暉，曾贈我一冊他所主編，而為日本圖書館協會、全國學校圖書館協議會所選定的介紹沖繩專著：《沖繩　素顏》。我拜讀之下，大生感慨。為什麼呢？全書二四〇頁，談及沖繩與中國關係者，僅有區區二頁。被改名為日本名字「沖繩」的「琉球」，看來它的歷史也日本化了。

雖然如此，該書仍不可避免要談到琉球王國的誕生與中國皇帝對它的冊封有關。也就是說：琉球王統治的正當性，係由中國政府給予確認的。該書並說明此種「冊封」儀式，是把琉球納入以中國為中心的東亞世界秩序體制，對於這個體制，它稱為「冊封體制」⑪。另外有些學者則稱之為「天朝禮治體系」⑫。

明王朝對其藩屬的冊封，與藩屬對其「進貢」是彼此相關的。據《明史．外國傳》載，周邊諸國入貢的次數為：琉球一七一次、安南八九次、烏斯藏七八次、哈密七六次、占城七四次、暹羅七三次、土魯番四一次、爪哇三七次、撒馬兒罕三六次、朝鮮三十次、瓦剌二三次、滿剌加二三次、日本十九次、蘇門達臘十六次、真臘十四次。琉球的次數高居榜首。另據新崎盛暉書中所考，明朝時期，中國與琉球間渡海往來者達十萬人，清朝時則約有三十萬，其數亦不可謂不多⑬。

《明史》把琉球列入「外國傳」，自然是將琉球視為獨立王國。但這個「國」的涵義，恐怕不能以現代國家觀念來看待。因為現代國家之特徵之一，在於有獨立之主權。而琉球的主權既須經由中國朝廷之冊封，顯然它就不是獨立的。

其次，中央政府也經常賜人民入琉球。如洪武二五年「賜閩人善操舟者三十六姓，以便往來」。此後一直到萬曆，賜姓不絕。賜姓，是一種政治表示，表示爾我人民相同之意。亦即在政治上，將琉球人與中國人視為一類。現代國家另二重要特徵，即有其屬地、屬民。明皇朝此舉，益發顯示當時琉球不能視為現代意義的國家。

再者，潘相《琉球人入學見聞錄》載：「琉球版《近思錄》屢引明《一統志》、丘瓊山《家禮》、梅誕生《字匯》，乃似刻於明季者。……球人讀法，非日本人所能，且遵用前明弘治、萬曆年號正朔，屢見於序文」，可見在文化意識上，琉球亦以中國文化為主。故〈琉球國新建至聖廟記〉說：「稽古危微之旨，堯以是傳之舜，舜以是傳之禹，禹以是傳之湯，湯以是傳之文、武、周公，至我孔子而集大成」。口氣中便是把堯舜禹湯文武周公孔子當成「我」的文化傳統。

由這幾點看來，我認為如今吾人對《明史》所謂「外國」，應有恰當之認識。它非現代意義之外國，而是中國傳統意義下，中央政府與地方方國的關係。

這個關係，在周朝時，表現為周天子與諸侯王國的型態。諸侯王國自治其領地，進貢於周天子，以表達共同隸屬於中國的意義。秦漢以後，則表現為中央政府與地方王國的關係。漢朝自七國之亂以後，中央採「眾建諸侯而少其力」之措施，歷代大抵沿用之。明代也仍封有諸侯王國。琉球王國與明朝的關係，應即如此類之王國。故洪武五年中山王入朝，政府即冊封之，承認其中山王國的地位。山南王、山北王，隨後進貢，也同樣獲得承認。一琉球而有三國，蓋即視若諸侯王國然。

換言之，像琉球這樣，經朝貢、冊封，而納入所謂「冊封體制」或「以中國為中心的東亞世界秩序體制」，其實就是廣義的傳統意謂的中國體制。

《明史》所列諸進貢國，大概都可以如此看待，起碼從中國的角度看，殆即如是。因為像漢光武二年，「東夷倭奴國王遣使奉獻」（後漢書．光武帝記），漢朝給它的印璽就是「漢倭奴國王印」。在倭奴國上加了「漢」字，即表示它屬於漢。只不過，傳統中國的概念，包含中原及羈縻、藩屬。倭奴國與琉球國一樣，均屬非中原本土的藩屬，然其同為漢屬則一。中國的漢唐宋明皇朝，要加上這些藩屬，才合起來成為一個完整的「中國」。

這樣的觀念，本於《春秋》。《春秋》大義，認為，「夷狄」若能「進而中國，則中國之」。也就是夷狄若能進入中國這個體系，吾人自應視之為中國。進而中國的方式，便是朝貢、接受冊封、接受中國文化（例如建孔廟、受經書、行科舉、採用漢字、接受儒家倫理觀……等）。

（二）中國體制的散離及中國人的散居

這樣的中國觀，乃是彷彿同心圓式的，由中央直轄地向外輻射，一圈一圈，由封國而羈縻而藩屬。以周為例。其封建，本來就是「封建諸侯，以屏藩周」的。故周在中央，諸藩列屏於四周。屏藩諸國，併周才成為整個周。其間楚曾一度自居荊蠻，不與中國，齊桓公就替周天子去質問：為何苞茅不入？楚納貢了，才又被視為周之一體。可見未納入中國的是「蕃」，納入了就成為「藩」。藩屬一辭，亦即屏藩之意；雖非直轄，仍是屬地。清初以吳三桂、耿精忠、尚可喜等為三藩，均封王，也是本著這個觀念，我們絕不能說三藩之地就非中國。

要這樣看，才能了解《大唐西域記》之類的書。該書所記百一十餘國，皆在玉門關以西，在喀什庫車和闐之外，乃現代意義均應承認為外國之地，但在該書中均稱為大唐之西域，非唐以外之邦國。也就是根據同樣的觀念，中國的傳統疆域，才不僅指本土直轄的中原地區，也包括著琉球、台灣、越南、日本、韓國、暹羅、爪哇等地。南海被稱為南中國海，與東海在韓被稱為中國海道理相同，其實均為中國之內海。這個疆域中的南沙東沙西沙群島也因此被認為乃中國固有之地。

但歷史不是一成不變的。許多藩國逐漸脫離中國體系。如日本，在宋代便漸趨獨立，蒙元時因其不再納貢稱藩而發兵攻打。結果失敗。日本便脫離了中國體系。在明朝時，明皇朝仍想用封貢方式來將日本納入中國體制，派使者去封豐臣秀吉。但使者讀冊封文，讀到「封爾為日本國王」時，豐臣秀吉大怒，取冊書撕裂，驅逐明使。正式與此一體系決裂。其後開始與中國競爭，先後併取琉球、朝鮮、台灣、東南亞諸地，想建立另一個大日本體系，所謂東亞共榮圈。其他印尼、越南、朝鮮……等地，也各有不同的歷史際遇，總之是漸漸獨立，並逐漸轉型為現代意義的國家。同心圓式的中國體系，不但打破了，且常成為被攻擊或諷訕之材料。

藩屬各自獨立後，中國便僅能指涉中國政府所能直接管轄的地區（**連台灣，現在也有一部份人主張「中國人民共和國政府」於一九四九年後從未直接統治管轄過台灣地區，故台灣不屬於中國**）。中國的涵義及所指屬地，大大縮小了。

但是，在中國體系逐漸瓦解、中國義涵及領屬逐漸縮小的同時，中國人的世界擴散行動卻越來越規模越大。

在秦漢唐宋時期，中國聲勢盛大，四裔慕義來歸者多，因此以是「夷狄」或「諸蕃」進入中國體系為主的。中國人移往海外蕃國、諸夷者畢竟為少。明清時期恰好相反。中國體系開始鬆動，藩屬逐漸散離，而中國人，亦日益走出直轄本土，向世界擴散了。

以馬來西亞為例，中國人在漢代就已經到過馬來西亞，但直至唐宋，均無華人定居該地之記錄，元朝以後才有，如汪大淵《島夷誌略》所載：單馬錫「男女中國人居之」（**單馬錫，即新加坡舊名**）⑭。鄭和下南洋以後，此類人漸多。而大規模移入，則須待一七八六年英軍占領檳榔嶼之後。隨著英殖民勢力擴占馬來西亞各州，華人之移入人口也隨之增加。十九世紀已移入五百萬人，二十世紀以後更移得多。僅一九〇〇至一九四〇年便移入了一千兩百萬⑮。

在菲律賓，西班牙人於一五七一年建立馬尼剌以後，留居華人也從數十人，在三十年之內暴增至幾萬人⑯。

這真是個奇怪的現象。中國人不在中國體系建立且強盛時散布於「中國」境內，而在中國體系散離時才擴流出去。可能的解釋，是早先中國等於世界，中國體系瓦解了，中國人才認識或發現世界。又或者是：中國體系的鬆動散離與中國人的散之四方，恰好是同構的。

但不管如何，中國體系散解了，中國人散居於世界各地了。北走歐、美、加拿大，東入日本、韓國、琉球，南則中南美、東南亞、澳洲、紐西蘭，甚或非洲等處，無不有華人蹤跡及其所形成之華人社會。在那些華人社會中，往往即體現著具體而微的中國。

（三）散居中國的新體系

以報紙來觀察。任何談中國現代報刊的人或書，都說第一本現代報刊為一八一五年創刊的，《察世俗每月統紀傳》。但這本刊物根本不在中國直轄本土出版，而是在麻六甲創刊的。一八三三年在廣州發刊的《東西洋考每月統紀傳》才是中國境內第一份報刊。可是這無礙《察世俗每月統紀傳》為中國第一份報刊的地位。顯見中國也者，不止指中國政府所直轄地區。中國人所在之處、發行給中國人看的報刊，就是中國報刊（**同理，中國人所在之處，就是中國。而中國人又是散居的**）。《東西洋考每月統紀傳》於一八三三年創刊後，一八三七年便移到新加坡發刊。它也呈現著散居、移動的性質。

這些海外報紙的內容，每每體現著它的中國意涵。如美國《唐番新聞》，光緒二年七月九日創刊。名為「唐番」，義殆指唐人在番邦，其報刊體例則自稱：「茲《新聞》之作，亦是率由舊章，與唐山《轅門日報》同出一轍」（〈**發刊詞**〉），可見是以內地報紙為典範的。《金山正埠中西日報》「用中朝之筆墨，仿西報之體裁」，似若與之不同，然其凡例自謂：「凡上諭奏摺公文等體，亦必恭錄，所以勵華民忠愛之忱也」、「各省官紳近事、商務情形，有聞必錄，例固宜然，所以紓旅人故鄉之念也」，亦可看出辦報者均自居華人唐人，雖旅居外邦，忠愛之對象仍是中國。⑰

許多報紙，更是直接以中國為名。如宣統二年在美國創刊的《少年中國晨報》即是。某些報紙雖不用中國字樣，但名義類似者實在太多了。如泰國於民國元年創辦的天漢日報、中華民報；抗戰期間的國民日報、中原報、中國報、晨鐘日報、中華民報、中國人報、建國報、重慶報；戰後的光華報、中華日報、新中國報。菲律賓於民國四年辦的新福建報、十二年的救國日報、二十一年的新中國報、二十七年的國民日報、三十年的中山日報、三十四年的中正日報、重慶日報、三十七年的大中華日報。緬甸於民國二年辦的覺民日報；抗戰期間的中國新報。印尼於抗戰時期辦的新中華報、中華日報、興中報。越南於抗戰前的中國日報、中華日報；抗戰期間辦的中國日報、中華日報、民國日報，戰後的中山日報、光華日報、大夏日報。新加坡馬來西亞於民國以前辦的光華日報、中興日報；民國十四年的中華商報；二十三年的中華晨報。凡此等等，難以枚舉。⑱

這些中國、中華、大夏、天漢，固然都是指中國。民國云云，也非它所在地之國，而是指中國。其所謂覺民、鐸鐘，要震聾發聵、啟迪民智之民，乃是中國人民，非「番邦」之人。至於重慶、福建、中山、中正、中興、光華等，涵意也是非常明顯的。

可見，由整個報業史來看，清末以來，華人散居於世界各地，但其意識內容，並不覺得他離開了中國。不止是在種族、國家文化認同上，他均認同中國，僑居異地，亦未必即與中國形成了疏隔，因為他們仍然談著中國事，仍參與救國、中興、建國、光華、覺民大業。因此他們遂亦成為「大中華」、「大中國」中之一份子。「興亡有責、匹夫足動聖聽」（〈金山正埠中西日報敘〉）⑲。

據王慷鼎《新加坡華文日報社論研究》說，新馬華文報在戰前和戰後多年，每逢中華民國國慶、孫中山誕辰忌辰，都循例要休假停刊一天，且要發表社論。華文報在文章中談到中國或與中國有關事務時，也都以祖國、我國、國慶、國父、國人、國府、國事、國運、國脈、國貨、國幣、國軍……等來表示。提到自身及在新馬與自身有關之事務，則常用華僑、我僑、同僑、僑胞、僑務、僑社、僑團、僑教、僑校……等詞彙為之。到一九五二年之後，情況才改變，中國認同漸淡，本地認同漸盛。⑳

新馬華文報此種現象，其實非一地之特例，甚為普遍。僑居各地之中國人，自稱中國人，用自己的文字，談著自己國家的事。國籍法上登記的國籍，只是他暫居的居住地罷了。他真正屬於的國度，並非所僑居之地。在僑居散處於世界各地之際，這些中國人也用這種方式，建構了一個新的中國體系；散居的族裔與散居的中國。

中國無所不在，在僑民所在之處。「四海、四海都有中國人」（〈一首歌的歌詞〉），這些中國人合起來又構成了一個世界性的大中國。

但在中國天朝體系瓦解，而逐漸發展為上述散居中國新體系的過程中，恰好經歷了西方殖民主義擴張及其後民族國家興起的浪潮。

（四）與國族主義的糾葛

中國天朝體系之瓦解，並不導因於西方殖民主義擴張，但西方殖民勢力確有推波助瀾之效。此一時期流散移居中土以外西方殖民地區之中國人，亦由天朝華夏之人，一變而為奴工般的被統治著。現實地位卑下所形成之屈辱感，與中國人在種族歷史文化上的優越感，遂混雜併存於散居中國人心中。這種心理，奇妙地激生了國族主義，渴望中國能富強、能再恢復傳統的榮光。晚清的維新改革運動或革命救國主張，之所以廣獲僑界支持，即由於此。

但國族主義既不申張於中國本土，而申張於別人的國土上，自然會遭所在國的疑忌排斥，視華人為「境內的異國人」。偏偏二十世紀又是東南亞非洲中南美洲各地紛紛擺脫殖民，走向獨立及民族建國的時代，民族國家努力伸張其國族主義以自脫於世界殖民強權之外。對於在他們國境內，非其族類，其心也異之中國人，既有感於族類之異，更對中國人這種跨國性的世界網絡深具戒心，認為那也是一種強權，故不能不伸張其國族主義以壓抑之。

於是散居世界各地之中國人，不申張其國際性、世界性，而申張其國族主義。但方申張其國族主義時，卻又開始遭到各國國族主義的壓制。處境異常弔詭。

所以我們才會看到馬來西亞、印尼、新加坡、泰國……等地各種排華或壓抑華人的舉措。手段或剛烈或陰柔，總之，是要轉化中國人為馬來西亞人、印尼人、新加坡人、泰國人……等，轉化僑民意識為國（所在國）民意識，轉化「落葉歸根」心態為「就地生根」，轉化僑社為屬國團體，轉化華僑資本為所在國內民族資本。

「中國人」一詞也越來越不好用。因為會突顯國家認同上的困窘，因此漸漸以「華人」相稱。正如王慷鼎所統計，一九五〇年以前，《南洋商報》等報刊中，華字頭詞彙（如華人、華教、華校之類）可說完全沒有地盤。但一九五一以後，逐漸追上僑字頭詞彙（如僑胞、僑團、僑社、僑教、僑校、僑務……等），取而代之。國字頭詞彙（如我國、祖國、國父、國府、國軍……等），則在一九五一年便已絕跡了㉑。這種僑民意識或中國意識之弱化現象，殊不僅新馬一地而然。各種現象足以證明：在客觀形勢不利的情況下，原先申張國族主義的世界各地中國人，已逐漸識時務地放棄其國族主義，企圖融入所在地國家了，其國家認同已發生了變化。

雖然如此，華人的國族主義亦並未全面潰散。因為「中國人」的認同中，包含著種族血緣認同及文化認同。具體的國家認同雖已轉向，「忠愛之忱」不施於中國政府，而施之於所在國，但種族血緣卻無法接受改變。文化上，亦只有兩條路，一是放棄自我文化，同化於所在國之文化；二是以「國境內少數民族文化」的身分及名義，要求所在國容許其存在。若採取後一條策略，種族文化之重要性與獨特價值，便會被不斷強調。如此，事實上又強化了國族主義。

或曰：此僅為文化上的族類意識，談不上是國族主義。誠然。但華人在其所在國之處境，終究仍與中國強不強大有關。因此，無論如何說僑民意識、中國意識已弱化或轉化，對中國本土政府仍不能不有期許、不能不寄予關切。期冀「光華」之心，或許不如早期直接且強烈，畢竟不能去除。國族主義，會以隱晦的方式潛存，遇到機會即可能發抒。而文化上「存文保種」之做法，可能也是一種迂曲的表達方式。

存文保種，具體顯示在散居中國人在世界各地辦中文學校、推廣華文教育、辦華文報刊上。發展華文文學，亦為其中之一端。

（五）國族主義壓力下的世界華文文學

在歐美社會中，華人文化本非主流，華人又被視為較低下民族；在東南亞華人及其文化，則或是被排抑，或是被同化的對象，或是被殖民文化壓抑之物。因此，一位作家，若想融入主流社會，當然是以該國主流社會之文學為表達工具較佳。且既生活於該社會，除非別有原因，否則該國語文亦無不嫻熟之理。可是，他偏偏不以該國語文來寫作，而要選擇使用中文。選擇使用中文，在所在國學習困難、發表不易、讀者稀少，又不能為自己帶來太多令名，反而對前途有所妨礙，豈非自討苦吃嗎？故知華文文學作家之從事華文文學創作，應有其特殊之心理因素使然。他們某些人固然不敢承認有所謂「存文保種」之意，甚或激烈反對大中華大中國之概念，主張文學在地化，可是，不合現實邏輯的創作行為，除了這種特殊心理因素之外，實在也很難解釋。

某些作家，如印尼的黃東平，在一九六五年印尼政府禁斷華文的時代，白天替商家記賬，夜裡在家中寫作。為免意外，用六張複寫紙抄寫，完成《僑歌》四卷本長篇小說。自費在香港出版。為何如此辛苦、自找麻煩呢？他在〈結算〉一文中說：「為了苦難無告的華僑，也為了非吐不快的我自己」、「悠悠千百年，廣佈各群島，華人人口發展至千萬眾。可直到今天，還只有由各殖民地洋人記存的文字多，由華人自己寫下的經歷少。遂令那千百年、千萬眾的種種甘苦，直至近世，少有留存的。教我們後代人，無從聆其心聲。何況從文學作品一睹當年華人各種人物、各式生活，以至進一步感受到他們的欲求言動、思緒情操等等了」㉒。自述其創作心理甚為明晰。這是以存文保種為志，且極為明顯的例子。

其他許多華文作家可能不如此明顯，但存文保種仍是主要關懷。對此關懷之肯定、焦慮、質疑、批判、反思、猶豫……等等，亦成為拋不去的情緒。

正因為如此，故「新馬華文文學的歷史已有百年，創作數量極豐碩，但卻很少寫到異族題材，更少有華族和原住民族、情愛、婚姻的」㉓。澳門文學家的「文化心態卻也限制了作家的視野和敏銳觸覺，不重視對西方文化精粹的吸取；所以，雖身置中西文化交匯的獨特環境中，卻極少在文學創作裡有突出表現，淡薄了澳門文學的地方特色」㉔。……。華文作家往往如此，較不重視所在國之政經社會文化，而較關注自我的處境；對自我處境的思考，則又與他的種族和文化分不開。

菲律賓詩人吳天霽，〈家在千島上〉說道：「我們的家／散落在千島上／朋友、親人／划舟相探望／起火、圍坐／在沙灘上／飲椰子酒／用最親密的母語／講盤古開天／女媧補天／講，羿射九日／夸父追日／與晚潮同讚嘆／多美麗的神話啊／神話多美麗／已經是遙遠的年代了／只在夢裡／與我們相依／及至明天／晨曦爬入窗內／摸醒我們／我們看到的／仍是一大片海／漂浮的島嶼／我們想到的／仍是曝曬的漁網／修補舟楫」。散居千島之上的華族，用母語訴說著自己的文化記憶，可是這個記憶卻是與現實不搭調的。這樣的詩，豈不是具體象徵著散居中國人的身分處境嗎㉕？

當然，菲律賓也有詩人蒲公英說〈我是蒲公英〉：「打從千陶萬瓷之鄉／向南的風向／把我吹去／吹去／千島之路／札根／生根」。可是札根生根以後，仍是華人；要表述自我，用的也仍是華文；而且，更重要的是，所在國並不因他們改口稱「我的母國菲律賓」（南根一首詩的副題）或印尼、馬來西亞、英國、美國或什麼，而認為她就不是華人，就承認華人與彼等同類。政治清明、經濟繁榮時，華人及其文學文化，固足以為彼國社會增色；一但政局不穩、經濟衰退，華人及其文學文化便隨時會遭壓抑。一心在地化，願對在地國效忠的華人，對此，也是不能不深具感慨的。

也就是說，散居中國人在各所在國國族主義的壓抑下，本身的國族主義表現，僅能是存文保種式的弱勢保存。而縱使僅僅如此，也仍不能不受到壓抑。

更奇特的地方，則在於它還受到中國本土國族主義的排斥。

以華文文學來說。依散居中國之概念，凡世界上以華文書寫之文學，均為華文文學，猶如散居各地之中國人都叫中國人。可是，如今，似乎只有中國政府所轄地區之人民才叫中國人。於是其他地區中國人就不好再自稱為中國人了，只得叫做「華人」。本來，中國人所寫之文學作品就是中國文學，但現在似乎只有中國政府所轄地區人民所寫才能稱為中國文學。於是世界其他地方「華人」所寫者便只能稱為世界華文文學。

大陸文學研究界所通行的，大抵就是這麼個看法，如公仲主編《世界華文文學概要》便說：「世界華文文學的研究對象，主要是中國大陸以外的中國文學（港澳台文學）及海外華文文學」。在世界各地存文保種的文學作品，乃被摒於中國文學史之外㉖。討論華文文學、開設世界華文文學課程、關心各地華文文學發展，也絕非普遍現象。

「中國文學史」本來就是晚清才出現的。原初本為新式大學教育體制開立課程及編撰教材之需而設。可是晚清民初正是國族主義的建構期。在當時建構的國族主義中，國家、民族、文化、文字是一體的。如章太炎在〈中華民國解〉一文，即謂：「華云、夏云、漢云，隨舉一名，互攝三義。建漢民以為族，而邦國之義斯在。建華國以為名，而種族之義亦在。此中華民國之所以謚」。把中華民國、中華民族等同起來，再把文化與種族等同起來。在這種國族主義底下，中華民族成為一個擁有共同祖先（均為炎黃子孫），建立一個自己國家（中華民國）的群體。那個時期，中國文化史、中國通史、中國文學史、中國哲學史、國學……之類論著，事實上均共同建構著這樣一個國族論述。

這樣的國族主義，以建立一個新國家為目標（也就是前文所引一些華文報所說的建國、新中國、新中華）。建國時期，須要世界上的中國人以僑民身分共同申張國族意識以成其事。建國成功後，國卻成了畛域。其國與中國人所在地國家不能並容，中國遂將其國境以外的中國人放棄了。境外中國人所寫的文學，不能稱為中國文學，僅能稱做世界華文文學。

可是，中國境內中國人所寫的就是中國文學嗎？在中國境內，國與族恐怕就不可以等同起來。中國本來就非民族國家。所謂中華民族，乃是一個「想像的共同體」。實質上，它內部包含著五六十種民族以上。故中國文學史，若真要寫，或許須如陳慶浩先生所主張，應包含各少數民族之文學史。可是如此一來，傳統之中國文學史論述架構及意識內容也就瓦解了。中國文學史也非「中文」、「華文」一詞所能賅，須包含蒙古、滿、維吾爾、藏等各少數民族語文。

在中國境外的一些作家，如由台灣去美國的白先勇、張系國、陳若曦、於梨華、許達然、聶華苓、非馬、李黎、杜國清、葉維廉、鹿橋、夏志清、程步奎……等；由新加坡、馬來西亞來台灣的李永平、王潤華、李有成、陳慧樺、張貴興、商晚筠、潘雨桐、溫瑞安、陳大為、黃錦樹……等，如果在台灣撰編「中國現代文學史」，又能把他們排除在外嗎？他們的文學作品及活動，固然表現於美國與新馬等地，也直接介入台灣文壇，是很難被切除的。

但國族主義態度的文學觀雖然有這些疑難，大陸和台灣卻似乎仍以此為盛。大陸之觀點，已如上述。台灣也不乏國族主義的文學史論述，把台灣、台灣人、台灣民族、台灣文學、台灣獨立建國等同起來。不關心散居中國的各地華人命運、世界華文文學的發展，也不喜歡談與「新興民族」、「這塊土地」無涉的事。

於是，在世界各地向其所在地國家爭取存在合理性，說我是屬於你們（**我是新加坡作家、馬來西亞作家、菲律賓作家……之類**）的華文作家，在中國及台灣政府所轄國境內，便被人說：喔，那正好，你是新加坡作家、馬來西亞作家或什麼，所以你跟我們不是同一國的。散居中國的中國人，乃因此而漂流於國家與國家之間。

（六）散居的世界性中國

時序進入廿一世紀，全球化論述風起雲湧，國族主義頗遭看衰，散居中國的命運又如何呢？

譚天星〈戰後東南亞華人文化變遷探討〉認為現代華族的問題主要有幾派意見，一謂已形成「世界華族」，海外華人已形成為世界上最大的跨境民族，或者說中華民族已向海外延申成一個世界性民族。二謂海外華人只是各所在國中之少數民族。三謂現代華族乃是在二次大戰後，在東南亞形成的一個新興民族。四謂華族已非實際存在物，如泰國之情形。譚氏自己的看法則是：「華族，是海外源於中華民族，分屬於不同國家，基於共同文化與種族認同的共同體」㉗。

朱耀偉〈全球化論述生產年代的中國圖象〉則藉一九九七年《新文學史》（New Literary History）《第二界》（Boundary 2）的專輯，呼應周蕾的講法，提出：「從中國性到諸中國性（Chinese nesses）」認為大陸、香港、台灣、海外華人都具有中國身分（Chinese identities）。中國不僅指大陸單一之地，亦不能單一同質化地去說中國性㉘。

若從「諸中國性」、「諸中國身分」這些觀念來看，華人既已形成世界最大的散居族裔，則其散居之處，即為諸中國之一部分，亦即散居中國之一體。

過去，已故德國漢學家馬漢茂曾在一九六六年，於德國萊聖斯堡舉辦過一次「現代華文文學的大同世界」研討會。「世界華文文學的大同世界」一辭，根據王潤華解釋，是引用劉紹銘的翻譯，他把「大英共和聯邦」（British Commonwealth）中的共和聯邦一詞加以漢化，成為「大同世界」。因為他認為目前許多曾為殖民地的國家中，用英文創作的英文文學，一般就稱為「共和聯邦文學」。同樣，世界各國使用華文創作的文學作品，譬如東南亞的馬來西亞、新加坡、香港、印尼、菲律賓、泰國、歐美各國的文學創作，也可以稱為「華文共和聯邦文學」。以共和聯邦來比擬，固然不盡符合散居中國內部諸中國身分的關係，但卻具巧思。約略在此同時，即一九六四年，亞洲華文作家協會成立，其後組織越來越擴大，目前除「亞華」有二十個分會代表外，「北美華文作家協會」（二十二個分會）、「大洋洲華文作家協會」（九個分會）、「南美洲華文作家協會」（九個分會）、「非洲華文作家協會」（九個分會）、「歐洲華文作家協會」十七個分會、「中美洲華文作家協會」（六個分會）等七個洲際分會均已組成。這世界性的華文作家組合，事實上正體現著散居中國的新特徵㉙。

我們講過，中國人散居世界各地，由來已久。但十九、二十世紀時，散居世界各地之中國人，不申張其國際性世界性，而伸張其國族主義。現今則類似華文文學作家協會這樣，散居中國人開始國際性、跨國組合，如譚天星前揭文便也曾提到：「目前的華人社團有一種國際化的趨勢」，文學、宗教、宗族、鄉親組織，無不如是。像泰國，論者一般認為泰國華僑社會到八十年代已完全轉化，目前已不存在華僑社會了。但是，「在新的歷史條件下，泰國華族的某些特點卻得到新的發展。這就是通過業緣紐帶、地緣紐帶、血緣紐帶建立起來的華人社團，走向國際化」。諸如世界華商大會、國際潮團聯誼會之類。目前，國際客屬、國際陳氏宗親、國際佛光……等各種會議或組織，盤根錯雜地架構出一個新的世界華人新網絡。單講「世界華文經濟網絡」或「華文經濟圈」、「文化中國」，都可能過於簡單化而難以成立，但若注意這個多元互補、交光互攝、縱橫交織的整體網絡及發展趨勢，便可知一個新的時代確已來臨。

在申張國族主義時期，世界各地散居中國人，為了建什麼國、支持什麼樣的中國，曾經打得不亦樂乎。早期是維新與革命之爭，後來是支持中華人民共和國的左派與支持國民政府者爭。如今，此類爭論，固然流風未沫，大陸與台灣也仍在爭，卻漸非主流矣，國際化的新現象新趨勢才是值得注意的。

（七）

二十世紀的九十年代，大陸文學研究者曾提出「中國文學整體觀」的講法，認為二十世紀中國文學應視為一個整體來看待，陳思和在《中國新文學整體觀》台灣版序中說道：「一旦六、七十年代的台灣文學被整合進中國文學史的話，就可能會使以往文學史面貌完全改觀」。大陸與台灣既都是中國的一部分，大陸研究文學史時，其視野就不能像過去一樣，僅以大陸，甚或僅以中共建國史為範圍。換言之，大陸的文學研究者，腦袋中「中國」之概念必須擴大，把大陸、台灣，甚至港台合起來當成一個整體。

徐國綸、王春榮主編《二十世紀中國兩岸文學史續編》（一九九三，遼寧大學出版社）、孔范今《二十世紀中國文學史》（一九九七，山東文藝出版社）、陳遼與曹惠民主編《百年中華文學史論》（一九九九，華東師大出版社），已朝此方向處理。朱棟霖等主編《二十世紀中國文學史》（二〇〇〇，台灣文史哲出版社），則是另立台灣文學卷、香港文學卷。楊守森《二十世紀中國作家心態史》（一九九八，中央編譯出版社），也有一章談港台作家。他們的做法，距真正「整體觀」當然還頗有距離，但把台灣、大陸、香港、澳門「諸中國」合為整體而觀之，這個傾向，無疑是二十世紀末期最重要的文學史反省方向之一。

可是，順著我前文的講法來看，這種整體觀，所見仍隘。新時代，乃是個流動性、多元性與混雜性日益加大的社會，所謂中國作家，也越來越不能以國籍來界定。故二十一世紀的中國文學史，需要重新用世界華文的概念來架構。

然而，如此雖能有效突破大陸上論述中國現當代文學史之成規，在世界其他地區卻可能產生歧義，甚或質疑。

因為，散居中國的講法，在中國本土境內，具有拆解中國之意味。不只中國本土才叫中國，其他世界各華人社會也都是中國的一部分，或者中國成為複數。這對強調「世界上只有一個中國」，或對中國採固定、中心、單一觀點的人來說，當然無論在政治態度或文學理論、心理認識上都難以接受。

可是，對中國本土境外的華人或外國人來說，散居中國，又不折不扣是個「大中國」，中國以世界為疆域。於是：

一、世界華人共和聯邦，意擬「英語帝國主義」，令人不安，對其他國家、民族來說，頗有威脅。

二、這樣一個大中國，如何安立它與內部早已不認為自己是中國人（而是「新興民族」如馬華、台灣人等）之關係，亦使人困惑。

三、各地華文文學，發展的方向，是要讓自己歸屬於當地的國家文學（例如，在北美的，爭取讓自己成為像美國黑人文學那樣，屬於美國文學中之一支；在新加坡、馬來西亞、印尼等地，爭取成為該國國家文學之一部分，為該國多元文化中之一元），抑或要讓自己歸屬於世界華文共和聯邦，更是會引起爭論。

四、海外中國人對自己的中國身分，感情複雜，自尊與自卑往往交雜難理。或堅決反對「中國人」之稱，只願自稱「華人」；或對中國身分頗不以為然，提出如「血緣上我無可避免是中國人，但我只有時同意自己是中國人」的講法〔Ien Ang, "Can One Say No to Chineseness ? Pushing the Limits of the Diasporic Paradigm," Boundary 2 25 （Fall 1998）: pp.223-242, p.242.〕或者根本拋開華文與中華文化，期望能融入主流社會。這樣，連華文都已放棄了，還奢談什麼華文共和聯邦？

五、再說，從總體趨向上看，華人因移民流動，固然散居於世界各處者越來越多，可是在許多地方，學習華文、寫作或發表華文文學，仍極困難；華文資訊流通又遠不及英文。因此，移民第二、三代輒已不嫻習華文了。未來，二十一世紀的新趨向，到底是華文、華文文學擴及國際化，形成真正的共和聯邦，還是終歸衰亡，也是個可爭辯的問題。

朱耀偉曾引用德希達（Jacques Derrida, 1930-）的理論，說國族有如幽靈（specter）般陰魂不散〔Pheng Cheah, "Spectral Nationality: The Living On〔sur-vie〕of the Postcolonial Nation in Neocolonial Globalization," Boundary 2 26 （Fall 1999）: 225-252.〕。認為在「散居中國」和「華文共和聯邦文學」的構想中，國族的陰影仍會繼續纏擾不休。又提出「批判的世界公民主義」（"critical cosmopolitanism"）的說法，〔Aihwa Ong, Flexible Citizenship: The Cultural Logics of Transnationality （Durham and London: Duke university Press, 1999）, p.14. 此說引自 Paul Rainbow, The Anthropology of Reason （Princeton: Princeton University Press, 1996）, p.56.〕謂我們對霸權、普遍的真理、高低不同的道德觀和自己本身的「帝國主義」傾向，都要抱持懷疑態度，才能避免墮入狹隘的國族主義的陷阱。

這個提醒很有用。在面對上述諸爭議時，我們不能天真地認為散居中國或什麼國際化云云就能超越國族主義，或擺脫國族主義。也應注意世界華文大同世界之說，對其他民族、其他國家，就可能形成文化霸權的壓力。我們只能把散居中國與世界華文共和聯邦當成一個開放的描述體系。

在這個體系中，有些華人不再使用華文、不再自視為中國人，而同時也就有許多非華人正在學華語、正在使用華文寫作（想想許世旭、韓秀、馬漢茂、葛浩文、白傑明、馬悅然……的例子）。這個體系中，努力讓自己成為所在國國家文學中一部分的作家及作品，在另一國度也往往將他劃入。如前文所說之新馬作家，某些也被視為台灣文學中不可分割的部分；某些國籍已歸屬美國、加拿大、法國、澳大利亞的作家，在討論台灣文學、大陸文學時，一樣不可忽視。因此，散居的中國、散布於世界的華文文學，與國家文學並無不可相容的關係。反倒是，運用這個開放的描述，才能真正說明中國人散居世界時的文學表現。例如高行健這樣，出身於大陸，居住於法國，為法國籍，也參與法國文壇與藝壇，作品則在台港等各地出版。這種現象，在二十世紀後期便已越來越多，將來只會更形普遍，不用一個新的架構來理解來描述，難道還能再用二十世紀的老辦法嗎？

同理，在二十一世紀，國族文學是主流，早期以中國文學史之建構為主，後來逐漸發展成新加坡（華文）文學、馬來西亞（華文）文學、台灣文學……分起競勝。世界華文文學，只是文學研究中的旁支、小流。未來，則能不正視世界華文文學的動向嗎？

六、中國傳統觀念中的西方

（一）中國與異域

東方與西方，相對的稱呼。稱呼反映著世界觀。就像阿拉伯在漢文文獻中稱為天方、印度則稱為天竺。此固與其音讀有關，如印度本來只譯為身毒，但後來改身毒為天竺，卻是由於信仰佛教者認為印度才是中土，居天地之中，故改稱曰天竺。阿拉伯之名為天方，也是如此。許多民族都自認為其所在地即是世界的中心，我國也不例外。自稱中國。國，這個字，並不是現代意義的國家，乃是方域之意，指我們住在世界中心這塊土地上，語意等同於中土。

世界，就是以中土這個區域為其中心，向外輻射開展出去的，以同心圓的型式，一圈一圈地展開。由政治上說，是因此而形成朝貢關係，周邊四裔四荒，一圈圈向內聚攏，向中心朝貢。由文化上說，則一圈圈由中心向外擴散，文明教化逐漸散播影響四裔。

這種世界觀，稱為「天朝型世界觀」。中國雖不敢自號天國，但天子坐明堂，率水之濱莫非王土，怎麼會自居東方，且認為另有一個西方世界存在並足資比對呢？「王者無對」，其他的方國，乃是夷狄戎蠻或「四裔」、「九服」、「殊方」、「異域」、「四荒」。稱謂上就顯示了它們臣服、隸屬、邊緣、異常、特殊的性質。中國人對於其他方國的認識，即建立在這樣的架構上。

（二）思西方美人

但中國也不是沒有「西方」這個概念。如《詩經・邶風・簡兮》就曾說：「云誰之思？西方美人。彼美人兮，西方之人！」

在中國，方位是有特殊含意的。例如北方代表死亡，人死後，魂魄則歸往北方。東方乃日出之處，代表生命或生機。西方代表什麼呢？《詩經》這幾句，朱熹說：「西方美人，託言以指西周之盛王」，講得太鑿實了。其實西方很早就已被當成是一個理想的處所，是美好的人、美好的事物之所在地，代表希望。故《詩經》說西方有美人而我思之。《楚辭・離騷》則說：

> 何離心之可同兮，吾將遠逝以自疏。邅吾道夫崑崙兮，路修遠以周流。揚雲霓之晻曖兮，鳴玉鸞之啾啾，朝發軔於天津兮，夕余至乎西極。……忽吾行此流沙兮，遵赤水而容與。麾蛟龍使津梁兮，詔西皇使涉余。……路不周以左轉兮，指西海以為期。

人在現實世界中遭到了困阨，只好離去，遠涉流沙，前往西方崑崙。流沙，即大沙漠；赤水，神話中的河名，相傳出自崑崙山；不周山，也在西北海外，大荒之隅，見《山海經・大荒西經》。故這是一趟超越之旅，也是一趟希望與理想的追尋之旅，由東方走向西方。

類似的說詞。還有〈遠遊〉：「恐天時之代序兮，耀靈曄而西征」等等，西方都代表一個理想的所在，與其他方位的層次並不相同，故阮籍〈詠懷〉：「西方有佳人，皎若白日光」，黃節注：「古詩：燕趙多佳人，美者顏如玉」，就注解錯了。燕趙非西方。且若就現實世界的美女而說，燕趙或西方東南方北方都可能有佳人，阮籍又何必獨詠西方美人而抒懷？

這樣的西方觀，當然跟周穆王西征、西王母故事、崑崙層城仙境傳說等有密切的關係，所以西方又為神仙不死之地。

（三）西方極樂世界

代表理想或神仙世界之西方觀，到佛教傳入中國後，更加強化了，那就是佛教西方極樂世界的講法。

佛教認為人生是苦、現實世界是穢土，所以人要修證，以解脫生老病死、業力輪迴之苦，超離穢土、往生淨土。淨土，依不同經典及宗派所說，可分為阿彌陀佛西方極樂世界、藥師佛東方淨琉璃世界、阿閦佛東方妙善淨土、靈山淨土、法華三變淨土、毗盧遮那佛蓮花藏世界、涅槃經淨土、維摩經淨土、無量壽觀經淨土、摩醯首羅天淨土等。可是傳入中國後，其他各派淨土說都不如西方極樂世界之說盛行，這個結果，在佛學義理上當然可以有許多不同的解釋。佛教界對往生法門究竟何者為優，淨土如何分類，何者為權、何者為實、何者為報土、何者為應土，也有種種爭論。但可能的原因之一，就是「西方極樂世界」這個講法，剛好與中國原有的西方觀相吻合。

《山海經・海內西經》：「海山崑崙之墟在西北，帝之下都」，〈西山經〉又說：「崑崙之丘，實惟帝之下都」，帝指上帝，謂崑崙乃神仙之都。《竹書紀年》另有周穆王「西征崑崙，見西王母」的說法，崑崙又成為西王母所在之地，唐道士杜光庭，即撰〈虬髯客傳〉者，曾作《墉城集仙錄》，專講崑崙山金墉城的西王母女仙集團。但不管它是男帝抑或女仙之都城，總之都代表超越俗世死亡的仙境神鄉。中國人在秦漢之間，抱此信仰；秦漢以後，佛教傳入，中國人乃接著大談西方極樂世界；崑崙西方之說遂因被替代而漸衰了。

（四）中土外的西天

除了西方極樂彌陀淨土替代了崑崙仙境信仰外，佛教傳進中國，並在中國獲得普遍信崇，也影響到中國人實際的地理觀。

早期中國人所擁有的是一種天朝型世界觀，因此縱使講東方講西方，其實所講的仍只是中土的東部西部而已，並非中土之外的另一地。佛教傳進中國，撼動了這個世界觀，使中國人體認到此土之外尚有文明，文化不是由我這個中心輻射出去，反倒是由彼處傳播進來的。中土之外，尚有佛國，兩者乃相對舉，出現於中國人意識之中。

許多學者懷疑《列子》寫作於魏晉時期，就是因為該書說：「東方有聖人，西方有聖人，此心同，此理同」，反映了這種新的世界觀。中國正式居於東方，而另有一個西方世界與之相對。在佛教方面，則以印度為中國、為西天，謂中土為東土，而且兩者之地位並不是平等的。西方代表真理之發源地，中土則為接受者、被拯救、被治療者。無數佛教徒或赴西方取經、或來到東方傳教，都以行動表達著這樣的世界觀。法顯《佛國記》謂印度為中國、中土為邊陲，實不足為奇。

（五）在西方的中國

漢代南方海上交通，最遠僅到印度。陸地則僅至安息（古波斯）、條枝、大秦。大秦，一般認為是指羅馬，方豪《中西交通史》則說它有廣狹兩義：狹義之大秦，所指不一，印度附近諸國、印度、羅馬、敘利亞都可稱為大秦；廣義之大秦，則為「西方」，即「海西」之通稱，猶今日所言之「西洋」（第十三章）。

方豪的見解是對的。漢自張騫班超通西域而漸由中亞、西亞、以通歐洲，但對於歐洲世界基本上是陌生的，從無使者到過所謂的大秦。故《後漢書》中〈南蠻西南夷列傳〉、〈西域傳〉以及《魏書》卷一〇二《晉書》卷九七、《梁書・諸夷傳》等所記之大秦，不脫述異誌奇之色彩。張華《博物志》甚至說：「大秦國人長十丈，中秦人長一丈」。又因當時來華之西方人多能歌舞，擅技藝、會變魔術，以致我國人竟推測大秦國之民俗即是如此：「大秦國俗多奇幻，口中吐火，自縛自解，跳十二丸，巧妙非常」（後漢書・西域傳，大秦國注引魏略）。可見時人對其地之無知。

但據來往商旅藝人等轉相傳述，我國人也漸覺得該地似亦為一有文化之地，因此說：「其人端正長大，衣服車旗，擬議中國，故外域謂之大秦」（魏書）「有官曹簿領而文字習胡，亦有白蓋、小車、旌旗之屬，及郵驛制置，一如中州。其人長大，貌類中國人而胡服」（晉書），又說其地西有白玉山，玉山西有西王母山。可見大秦之所以稱為秦，顯示了中國人是把它看成另一個「西方的中國」。故白鳥庫吉〈見於大秦傳中的中國思想〉一文，以為漢代華人決不以為世界別有國家優於中國；後聞西極有一國家，與中國不相上下，於是乃目之為本國之流裔，稱之為「大秦」。同時又深信極東有仙境，極西亦有西王母，於是〈大秦傳〉謂其國近西王母；更推想此國人亦必長大，且必較常人為長大，乃名之曰大秦。故此後記述大秦之文物制度，亦極力以本國之文物制度符合之。

羅馬亡後，一個泛指西方文明的指謂也逐漸消失了。中國乃無一個統一的「西方世界」觀念，論中亞、南亞、西亞諸邦或歐洲，都是就其一地一邦而稱。而且，與中國較有往來者，畢竟仍是「西域」諸國，連元朝西征，耶律楚材《西遊錄》、長春真人丘處機《西遊錄》所載，也不脫張騫、班超之範圍，可見我國與歐洲文明之接觸極少。偶有自歐洲傳入者，亦延襲大秦之稱，如基督教稱為「大秦景教」之類。

因此，從地理學或中西交通史的角度看，中國人對歐西文明是極為陌生的。雖或知之，但或僅勉強以中國的狀況去擬測想像一番，或以其為遠方殊異之地，稱為大秦，而實置於意識之若存若亡間，更不認為那是個足以與中國相提並論，且讓中國自居「東方」的「西方」。

因此，在中國人的地理觀中，中國仍是居中的，東為東海，南為南海或南洋，印度洋則稱為西洋。明三寶太監鄭和下西洋，所指即此。東西洋之稱，始於元《島夷志略》，明朝通用之，如鞏珍《西洋蕃國志》、黃省曾《西洋朝貢典錄》、羅懋登《三寶太監下西洋記》、張燮《東西洋考》之類都是。據《明史》卷三二三〈婆羅傳〉說：「婆羅又名汶萊，東洋盡處，西洋所自地也」，則西洋也包含一部分南洋地區。可見至明代中葉，中國人對於地理上的西方世界，所指仍不過是印度洋或中西亞一帶，要到明代末期，才把歐洲葡萄牙等處稱為大西洋。

（六）中西對比論述

大西洋之文明，經明末耶穌會教士傳播來華，才形成第二次中國世界觀的震動，另一個西方極樂世界之觀念才出現於中土。

當時傳教士來自大西洋，故簡稱西洋、西土、西教。其曆法幾何學水法等則稱為西法西學，如李之藻有〈請譯西洋曆法疏〉，以西曆與中國曆法相對而說，於是一種「中／西」的論述架構乃逐漸出現。崇禎二年禮部議開曆局，用西法，徐光啟疏云：「西臣與在局人員日算夜測」、清初梅文鼎〈寄懷青州薛儀甫先生詩〉說：「詎忍棄儒先，翻然西說攻」……等，都可以看到這樣的架構。

利馬竇等傳教士也有意使用這類中西對比方式，來凸顯其地位與價值。利馬竇曾作《西國記法》，介紹記憶術；撰〈西琴曲意八章〉，介紹西方音樂；熊三拔有《泰西水法》。掛名利馬竇作的〈利先生復蓮池大和尚竹窗天說四端〉，更是自稱西士，謂「西國分天文為五十二相」。此外士大夫如徐光啟也曾向萬曆帝建議：擇內外臣僚數人，同譯西來經傳。楊廷筠則主張：「試令一二解事人入於西教」。亦皆運用了中西對比的方式。

就像佛教傳進中國時也曾經歷過「華夷之辨」一樣，西學洋教在晚明也曾引起大辯論。但傳教士挾其天文曆算諸學，打敗了中國傳統的曆法，耶教東來，遂與佛教東來適堪比擬，都成功地建構了「中土／西天」或「中國／西方」的對比關係。也使西方成為真理的發源地，中土則只做為接受者、學習者、被拯救者。其後也有無數中土人士赴西方取經，學習西學或耶教；

無數西方人來到東土，宣傳福音、介紹新學。

這個有趣的類似性，可以舉一首清朝尤侗的〈佛郎機〉來說，詩云：

蜈蚣船櫓海中馳，入寺還將紅杖持。何事佛前交印去，定婚來乞比丘尼。

這是尤侗所作〈外國竹枝詞〉中的一首。尤侗曾與修《明史》，撰〈外國傳〉十卷，又曾仿唐劉禹錫竹枝詞記載各地風土人情之例，作外國竹枝詞。但看他對佛郎機（即葡萄牙）的記載，卻令人驚異，因為他認為該地「俗信佛，每六日禮拜，手持紅杖而行。婚姻詣佛前相配，以僧為證，謂之交印」，所以詩云：「定婚來乞比丘尼」。

葡萄牙怎麼會「俗信佛」？原來尤侗分不清佛教與天主教之別，又見佛郎機之名中有個佛字，遂以信佛來形容該地民俗，說他們每週做禮拜，結婚時在教堂，由教士證婚。他以佛形容天主。以僧形容教士，也就罷了。妙的是，居然道聽塗說以為證婚的是修女，故云：「定婚來乞比丘尼」。

尤侗是個修過史書、研究過外國情狀的高級知識分子，其外國知識不過如此。他將佛教與基督教混為一談，正反映了明清間政府及一般士人的態度。明代耶穌會傳教士自羅明堅一九八三年來中國後，即穿著中國官員賜與的僧服，自稱為僧。利馬竇雖主張改著儒服，且耶佛之分的爭論也漸展開，但一般社會人士看基督教，大概仍跟看待佛教差不多。這雖顯得有些可笑，可是不也曲折地顯現了此時基督教東來所代表的意義，恰好和早期佛教來華相似嗎？

但早期佛教東來，所代表的傳教者角色，自此卻已漸由基督教替代了。大西洋的歐洲成了新的佛國、新的西方淨土。新的取經者，如留學生、學者專家、政要等，絡繹於途。移民赴歐洲，追求另一種「往生」（**前往該地生存，或往該地才能獲得新的生命**）的人也日益增多。《詩經》「彼美人兮，西方之人！云誰之思，西方美人」的歌詠，遂亦有了新的意義。

（七）西方的圖象

綜上所述，可知中國早期僅以西部之崑崙山為西方，其後以印度為西方，更遠則以「大秦」為西方，最後，乃以歐洲美洲為泰西。

由地理上說，「西方」所指之地越來越西，正表示中國人越走越遠，地理上的認識逐漸擴大。但這種擴大是非常遲的事。除了不知名的商旅與流浪者之外，目前所知中國人去過歐洲的，最早僅能推溯到一二八七年奉伊兒汗之命出使的維吾爾景教徒巴瑣馬。但他的遊記，是以古敘利亞文寫的，至今尚無漢譯，英譯本："The Monks of Kublai Khan, Emperor of China"（**中國皇帝忽必烈汗的僧侶**）。其次為一七〇七年隨耶穌會教士去羅馬教廷的樊守義，著有《守身錄》，但稿藏羅馬，並未刊行。故以上兩書對中國人之西方觀均無影響。第一本中國人親歷海外，談西洋見聞之書，要到道光年間謝清高口述、楊炳南著的《海錄》。其中描述葡萄牙：「凡入中華為欽天監，及至澳門作大和尚者，多此土人」。可見雖屬親聞實見，談起西洋，仍然不免於附會。

此即可讓我們發現一個事實：早期中國人論西方，皆河漢其言，如《別國洞冥記》謂大秦國有一種花蹄牛，高六尺，尾長能環繞其身，角端有肉，蹄如蓮花。《後漢書‧西域傳》說大秦國宮室都以水精為柱，有夜光璧、明光珠、駭雞犀，「其國西有弱水流沙，近西王母所居處」等等。到了明清之際，西洋人來華雖已較多，但中國人對西方的認識大抵仍與漢朝差不多。如顧炎武《天下郡國利病書》云：「海外之夷，有大西洋，有東洋。大西洋則暹羅、柬埔諸國。……而東洋則呂宋，其夷則佛郎機也」，其所知之「天下」，顯然不包括西方世界在內，偶一敘及，便錯誤百出。

早期中國人相信大秦是大人國，又說其地另有小人國：「小人，在大秦之南，軀才三尺。其耕稼之時，懼鶴所食，大秦每衛助之」（通典）。到了耶穌會教士艾儒略編《職方外紀》時，仍然相信有小人國：「北海濱有小人國，高不二尺，鬚眉絕無，男女無辨，跨鹿而行，鸛鳥時欲食之。」這樣的記載，實在令人啼笑皆非。

直到道光年間，鴉片戰爭發生了，清朝還諭令浙東欽差大臣奕經，向所俘英軍詢問：「英吉利距離內地的水程，以及來華途中共經幾國？」又諭令台灣道姚瑩問：「英吉利所屬國共有若干？其最強大不受該國統屬者共有若干？又英吉利至回疆有無旱路可通？與俄羅斯是否接壤？」可見此時尚不確知英國為一海島。

對西方之知識如此，無怪乎魏源要批評：「以通市二百年之國，竟莫悉其方向、莫悉其離合，尚可謂留心邊事乎？」因此他發憤作《海國圖志》，以開啟國人對西方的認知。但《海國圖志》卷五八卻將瑞典分成瑞丁與璉國兩國，卷二六又把猶太列入西印度。他又曾作〈天主教考〉、〈西洋教門表〉，對天主教當然頗有理解，可是仍將它與佛教混為一談，謂：「大秦者，西洋之義大利亞國也。……為天主教之宗國，代有轉世之教皇代天宣化。……又請其大弟子數十，分掌各國教事，號曰法王。教皇猶西藏佛教之達賴喇嘛，而法王猶住持蒙古各部之胡土克圖」。

故此時之西洋知識，與秦漢相較，只是五十步笑百步罷了。國人真正對西洋展開較具體之認識，恐怕要到光緒年間才開始。在此之前，都只是對西方遙遠的嚮往，混雜著對奇風異俗的好奇而已。前者衍「思西方美人」之餘緒，紛紛以西王母神仙世界擬想西方；後者發揮「中土／異域」對比的思維，把西洋想像成異常、奇特的土地，謂其地有大人國、小人國、水精宮、夜光球。

（八）他界的想像

由古代到清末，中國人對西方世界的描述，都顯得離奇荒誕，主要當然是因對西方太過隔閡。但討論這個問題不能僅止於此。西方乃是我們觀念中的異界他方，對西方的描述，其實正反映了我們的觀念和心理狀態。

因為國人仍視海外為異域，故往往抱持一種搜奇探祕的心態，希望能在那裡看到一些奇風異俗、珍禽怪獸。文明乍相接觸時，旅遊探險者的眼光，總是如此。因此顯現在這些記載中的海外風光，便都是些天方夜談，奇異恢詭，難以究詰。例如尤侗〈外國竹枝詞〉說埃及：「百年不一雨。有天江水可浸田。江上有鏡。他國盜兵來，輒先照之。大塔高二百丈。國被兵，則據塔拒敵，可容二萬眾。」又說在西班牙南部有一國，叫木蘭皮，其國「一舟容萬人，中有酒肆。物產皆奇。大羊高數尺，尾大如扇，割腹取脂，縫合仍活」。這在今天看，自然都會覺得是奇談怪論。

但此類海外奇談實在太多了。滿洲鑲黃旗人福慶〈異域竹枝詞〉說痕都斯坦出產獅子，秋天月明時會登上山頂，「望月垂涎，盤旋跳舞。往往猛飛吞月，飛去八九里，墜死山谷」，又說該地多瘴厲，「人有病，食大黃則癒。貴客來及大筵宴，以大黃代茶茗。經年不見大黃則死」，這豈非神奇異談？天下那有此事？英國諺語謂旅行者享有「憑空編造的特權」（The Traveller's leave to lie），這些奇談怪說，大概有不少是由旅行者轉相傳述而來，故荒唐悠渺，如聞神話、如讀《山海經》。

但轉相傳述故多異說之外，其實也有不少是親身聞見卻仍不免於滿紙荒唐言的。一九八四年中華書局出版了一套鍾叔河主編的《走向世界》叢書，收集前人出國的日記、遊記、考察記、報告等，共計約三百餘種，充分反映了晚清人對外國與世界局勢的認識。但錢鍾書序鍾叔河之書，即謂康有為《十一國遊記》、王芝《海客日譚》往往無稽失實。所以說觀察者的眼光非常重要，倘或抱持一種搜奇獵異的心態去看世界，世界便顯得光怪陸離，有大人國、小人國、大尾羊、飛天獅。

不幸人都喜歡獵異蒐奇，又不幸人都相信「眼見為實」，故見此類奇談異話，遂多以其所述為實況實錄。福慶之竹枝詞，乃據椿園《異域瑣談》及《新疆紀實徵信錄》所記而作，誤信了別人的「實錄」，以致自己也把那些荒誕離奇的事講得天花亂墜。

這些奇風異俗，例如說俄羅斯西北有一回教國控噶爾，「地產黃金白銀，多於石子」，其都城之大，須騎馬九十日才能由南至北走一遍，城門有二千四百個。另有一回教國家郭酣，「其人短小，男婦皆長二尺餘。……產羊，高八九寸，長尺餘。……牛高二尺許，駝大如內地之驢。……夙聞異域有僬僥之國，人皆七寸，朱衣無冠，海鵠吞之，豈其類歟？」還有波蘭「四時常有赤蟒如龍，於空中飛舞，口噴熱風如火。……產獨角野羊，大如驢」。控噶爾西北尚有阿拉克國，「其工匠尤多巧思，冬能使之炎熱，夏能使之飛霜，以金木造為人形，以供服役」，……等等，其實都不足信據。但它所顯示的這種異界觀卻是十分值得注意的。

人總是把自己居住並生活的世界視為常態性的存在。我們在此中生活，也在此中形成一切生活性的知識。但人對這個世界又是不滿足的，這個世界之外的一些世界，仍不斷引生我們的遐想。什麼世界呢？從空間上說，即是異域；從時間上說，則是過去世與未來世界；另外，從層次上說，則有現實世界之上的超越界，如神仙宗教世界，以及生活世界之外的死後世界。人對這些世界都有其好奇，忍不住想去一探究竟。因此，異域遊記、天堂地獄遊記、回到過去、未來之旅，總是不斷出現，而其內涵也常相關聯、彼此滲透互通。

他界之所以令人好奇，是因為它與我們生存的現實此世不同。此界若為一正常社會、我人所熟知的世界，他界便與此界有迥然不同的結構：奇花異草、珍禽怪獸、滿地黃金瑰寶，人物則或極長大或極微小，時間空間亦與此界殊趣，例如晝極長夜極短，或只有光明而無黑暗，又或天上一天世上一年之類。總之，此界與他界，正是一個「正常／異常」的關係，所以才能讓人對之充滿好奇，千方百計，欲一探其祕，進入那個神異離奇的世界中。

我們對遠方世界，亦因有此心理期待，故不自覺地會以一種蒐奇獵異的眼光去看它。描述它時，更會誇張、擴大彼此相異之處，以滿足聽聞者的心理需求。上文所舉尤侗、福慶種種荒唐無稽之言，驟視之，不免可笑。但此類言談，自《山海經》敘述海外大荒以來，大抵皆是如此。有人不斷這樣寫、這樣說，又有人不斷願意相信它、傳述它，其實是有其道理的。

在這其中，能用以凸顯此界與彼界之差異之事甚多，人與人的關係，特別是男女關係，尤為有效。《異域竹枝詞》所載，略錄數則如後：

深目多髭種落新，弟兄共室蔑天倫。……男女無別，無人倫，弟兄四五人共娶一妻，次第歇宿，以靴掛門為記。

鄂羅斯……其女主有所幸，或期年、或數月則殺之，生女留承統緒，生男則謂他人之種。

克什米爾……花燭之夕，輒有物入洞房，新婦昏迷，聽其淫污而去，亦不知其為何物也。本夫次日合巹，萬千不爽。

拔達克山……風俗淫佚，無人倫，尤喜男色。

紅頭子國少人倫。……敖罕，西域一大國也，……尤重男色，人人各有俊童同臥起。其幸童之褲，緊束而以細鎖鎖之，慮有外遇也。

轄里薩普斯……風俗淫惡，不可以言語形容。惟男色是好，男女皆為龍陽。其塔里扈魯斯城內，有一墩，高數丈，建於城之中央。他國人入其城，瞻視其墩，心神迷亂，即登其顛。逾時而醒，手握二銅錢，已被雞姦矣。雖老醜禿髯，皆不得免。

巴喇哈……風俗淫佚，惟男風是好。

阿薩爾城……男女滿面皆毛，頭纏光明錦布，子壯則殺父。

札納巴特城……男女遍身皆毛，皆不穿褲。

國中成女不成男，神木胚胎化育含。……西海之中，有女國焉。其人皆女。有神木一章，抱之則感而孕。有狗國焉，生男皆狗，生女皆人。

阿諦國……其婦人艷麗姣好，長不過數尺，一如人形。夫婦亦如常人，但長短倍蓰，不能生育。沐浴而孕。且生啖人畜，與禽獸無異。

看！兄弟共妻、女主、同性戀、女兒國、小人國，以及子壯則弒父等「奇風異俗」，多麼受到寫作者的重視呀！經過這樣一刻畫，「西域各國禽行獸處」、毫無人倫的景象便躍然紙上了。

不是福慶對西域各邦獨存偏見，所有的異域記述，幾乎都呈現這種風格。潘乃光〈海外竹枝詞〉說巴黎：「此處男女私會習為固然」，又描述貞操帶說：「守貞殊不與人同，鐵鎖深嚴勝守宮，不愧佛郎蘇第一，王妃留帶挽淫風」，顯見他亦藉此使人得到一種法國風俗淫佚的印象。

潘氏所作，署名「寄所託齋戲編」。另有署名「局中門外漢」所寫的〈倫敦竹枝詞〉，角度與之略似。它對英國女王的制度當然甚感驚奇，對其地女性之衣飾裝束、男女關係，也極感為好奇，甚至疑心所有女人都是妓女。據他描述，當時女性打扮甚為奇怪：「細腰突乳聳高臀，黑漆皮鞋八寸新。……縛腰如束筍，兩乳凸胸前，股後縛軟竹架，將後幅襯起高尺許，以為美觀」。這是中國人審美觀所難以接受的。而更不能接受的，是男女交往之隨便：相見就接吻，隨處都約會。因此他說：「由來禮拜成風俗，都到花園覓所歡」。認為男男女女去上教堂其實只是個幌子，目的端在藉機幽會。

倫敦市肆多用女性店員，依他看，也是非常奇怪的：「或為店員或為女僕，然薪工甚微，糊口而已，故莫不有所歡焉，英之妓，大半皆此類」、「凡賣鮮花者皆絕代佳人，設店通衢，儘人調笑。日落閉肆後，相率不知所之矣」、「凡戲園會場中，多有貧女租尺地賣零碎玩物者，拉手接吻，無所不至，只圖生意而已」。這些女人既然都可能是妓女，女教師當然也可能是。所以他說倫敦常有外國人請女家教，教習英文英語，「或早或晚，約定晷刻，並坐諧笑，毫無顧忌。師之可也，即不師亦可也」，詩云：「豈徒教習英文語？別有師恩未易猜」。至於真正的妓女，亦即以娼妓為專職，或不用其他職業來掩飾身分的，他說沒有，因為：「英京無公然設娼寮者，故若輩所居，皆若良家」。換言之，英京倫敦乃是個良家婦女與娼妓難以析辨的世界，風俗淫佚，不可名狀。

其淫風不只由女性多為娼妓這一方面看，更可以由其藝術看。他對該地繪畫雕刻多裸男裸女像，甚不以為然，說道：「丹青萬幅掛琳琅，山水樓台著色良。怪底畫工皆好色，美人偏不著衣裳」。男畫家好色也就罷了，女人竟然也一樣，「大博物館中有石雕人獸各像。人無論男女皆裸露，形體畢具，凹凸隱現，真如生者。……畫工皆女子，攜畫具入院，靜對而摹之，日以百計，毫無羞澀之狀。蓋亦司空見慣而不怪耳」，故又有詩嘆曰：「怪他學畫皆嬌女，畫到腰間倍認真」。

男女關係，是人文社會的基本關係，這個關係不同，社會的組織及整體人倫關係亦必大異。上面舉的這些記載，為什麼要花這麼多篇幅來談這個問題，原因不難索解。而在其筆下，俄羅斯、克什米爾、巴黎、倫敦亦無不呈現出奇風異俗乃至傷風敗俗的景象。只是有些較近事實，某些則較為離奇難徵罷了。

我們固然可以說這是因人類社會地域睽隔、缺乏交往而形成的隔閡與誤解，一旦交往密切，彼此了解之後，此類離奇之說便不會再發生了。可是，所謂交往密切、彼此了解，其實只是異域殊方的正常社會化，把一個以往視為奇山異水、奇花異草、珍禽怪獸、異寶奇珍、奇人異事、奇風異俗之地，去除神祕化，視若正常如我人所居世界一般之社會而已。

這個地域「去奇異化」之後，人們自然會尋找另一個地域來替代它，填補它的位置。探險，深入高山、叢林、南北極、海底，是極常見的選擇。這些異域他方，仍有太多奇異的事，可以滿足我們的他界期待。要不然，則一般性的旅遊也仍可獲得他界好奇的滿足。

現今世界雖漸趨於同質化，但各地為了招徠觀光客所開闢的觀光旅遊點，卻是專為滿足旅遊者觀覽奇風異俗而設的，供人蒐奇獵異。因此，山珍海味、奇花異卉、奇景勝觀、奇風異俗，以及錯亂淫佚的男女關係，充塞於觀光場所，而與該地一般民眾之正常作息生活狀態迥異。所以說，這是個區隔出來的他界。拉斯維加斯、迪士尼、人妖秀……讓人進入奇幻魔魅般的神仙異境或童話王國。

除了這些之外，別忘了，我們還有外星人、星際探險、海底王國、地心之旅、侏羅紀公園、失落的世界、魔宮傳奇、大魔域、所羅門王寶藏……等數不清的他界異境可供遊歷哩。

注釋

①李豐楙〈唐人遊仙詩的傳承與創新〉認為：「唐代詩史上最有成就的大家名家，對遊仙詩這一舊題並沒有多大的興致。以憧憬神仙的李白為例，他就寧可採用其他題目表達其慕仙之思，卻不被拘於遊仙舊題及既有的寫作格式」。其說甚是。然李白雖不特別用遊仙之題，但遊仙意識事實上已內化成為李白詩歌的基本品質。

②魏晉南北朝時之上清道並不講究鍊丹，李白當時相與結交的上清道友如司馬承禎等人亦不談丹法。故李白之燒丹，應是別有淵源授受。倘能由此追索之，當能考得李白與當日道教各派交遊之狀況，亦能略知上清道與丹鼎爐火一派相揉相混的蹤跡。

③王琦《李太白全集》跋云宋熙寧中宋敏求廣搜李白逸稿：「篇數雖多於舊，然不免闌入他人所

作」。又說他自己所編的拾遺一卷「確知其偽」。可見偽作是極多的。王氏說：「集中所存，若〈長干行〉、〈去婦詞〉、〈送別〉、〈軍行〉等作，互見他人集中。若〈懷素草書〉等作，詞意淺鄙，與太白手筆判若仙凡，複雜然並列。東坡嘗言太白詩為庸俗所亂，可為太息。說者以咎宋次道貪多務得之所致」。

④詳見注一所引李豐楙先生文（收入民國八一年，彰化師大主編〈中國詩學會議論文集〉頁四〇九至四四〇）。但李先生顯然忽視了李白詩在這方面的成就。

⑤郭沫若論李白，著重其「在政治活動中的第一次大失敗」、「在政治活動中的第二次大失敗」，以及失敗後「長流夜郎」的狀況。因此，李白的道教信仰，主要是「在政治活動中遭到大失敗，被賜金還山，離開了長安以後，他索性認真地接受了道籙。這種信仰，郭沫若認為是迷信，且說李白最後是醒覺了的，醒覺的觸媒則是酒。證明李白已經醒悟、已經拋離迷信的證據，便是郭沫若亂解一通的〈下途歸石門舊居詩〉。謂李白「從農民的腳踏實地的生活中看出了生活的正路」、「體會到農民生活的真諦」。郭氏此書，於今視之，自然是只有笑話的價值。但其觀點仍具代表性，類此觀點者，亦復大有人在。

⑥遊仙詩中常出現酒、宴、神仙行廚等意象，詳李豐楙〈曹唐小遊仙詩的神仙世界初探〉，收入《第二屆國際唐代學術會議論文集》。酒醉中不自覺的神性藝術演出，李先生亦有〈孟郊列仙文與道教降真詩〉一文論及，見《唐代文化研討會論文集》以及本文第六節。

⑦此一龐大的象徵系統，詳見我《詩史本色與妙悟》一書第二章第八節。一九八六年學生書局出版。該文主要從詩與史的關係立論。本文亦可視為對該文之一補充。

⑧尉天驄《理想的追尋》，一九八五年五月，新地出版社出版。民國六六年興起的鄉土文學論戰，事實上便是主張文學應與時代、社會、現實結合的浪潮所迸激的浪花。後來大家在有關「現實」的認知上產生了差異，乃又形成「本土化」與「第三世界文學論」之分歧。

⑨彭瑞金即是此類觀點之代表人物。

⑩拉爾夫．朗格納編著《文學心理學：理論、方法、成果》，周健明譯，一九九〇，黃河文藝出版社，頁四四。

⑪新崎盛暉編《沖縄の素顏》，二〇〇〇，日經印刷株式會社出版，頁五〇。

⑫如黃枝連《亞洲的華夏秩序》一書所述。一九九二，中國人民大學出版社，為其《六朝禮治體系研究》上卷。

⑬同〔註⑪〕，頁五二。

⑭見林水濠、駱靜山編《馬來西亞華人史》，一九八四，馬來西亞留台校友聯合總會出版，第一章，頁二。

⑮見林水濠、何國忠、何啟良、賴觀福《馬來西亞華人史新編》，一九九八，馬來西亞中華大會堂總會出版，導言，頁六。

⑯見吳景宏〈華僑對菲律濱文化的貢獻〉，收入《中菲關係論叢》，一九六〇，新加坡青年書店，頁一八八。

⑰參見劉伯驥《美國華僑逸史》，一九八四，黎明文化出版社，二十九章〈中國報紙創刊紀略〉，頁四二六—四四七。

⑱詳見陳烈甫《東南亞洲的華僑華人與華商》，一九七九，正中書局，二十章三節及二十一章，頁四九四—五二三。

⑲新加坡馬來西亞的情況，可見顏清湟〈新加坡馬來西亞華僑的民族主義（一八七七—一九一二）〉，收入《海外華人史研究》，一九九二，新加坡亞洲學會出版，頁二一一—二四四。

⑳王慷鼎《新加坡華文日報社論研究（一九四五—一九五九）》，一九九五，新加坡國立大學中文系漢學研究中心出版。第五章第四節，頁二六一—二六三。另外，崔貴強《新馬華人國家認同的轉向（一九四五—一九五九）》，一九九〇，新加坡南洋學會出版，主要也是談這個問題。

㉑同〔註⑱〕所引書，頁二六五。

㉒見黃東平〈我寫僑歌〉。收入黃東平《短稿一集》，新加坡教育出版社，一九八四，頁五。轉引自陳賢茂主編《海外華文文學史》，一九九九，頁十三。

㉓見黃萬華《文化轉換中的世界華文文學》，第二編，澳美歐華文文學研究，頁一六三，一九九九，

中國社會科學出版社。
㉔廖子馨〈澳門文學的歷史性與獨特性〉，二〇〇二，五月，《文訊月刊》一九九期。
㉕詳見李瑞騰〈菲華現代詩中的華人處境〉，收入楊松年、王慷鼎合編《東南亞華人文學與文化》，一九九五，新加坡亞洲研究學會、南洋大學畢業生協會、新加坡宗鄉會館聯合總會出版，頁二〇九—二二二。
㉖二〇〇〇，人民文學出版社，第一章第一節，頁六。對此現象，朱壽桐解釋道：「一、中國本土對於『散居中國人』存文保種式的文學確實有所批判，主要是因為這樣的文學過多地承續著中國古代文學傳統，而研究海外華文文學的學者一般都以五四以來的新文化和文學傳統作為價值準則，其間的觀念齟齬自然難免。例如，林語堂在美國『跟外國人講中國文化』，創作了〈京華煙雲〉這一富有影響的小說，這是一部較為典型的存文保種式的作品，可在有了新文化價值觀的中國學者眼中，則會批評其塑造的主要人物姚木蘭：『她的家庭、倫理、婚戀等等觀念，基本上都沒有越出傳統的規範，所以她是一夫多妻制的信徒。』（施建偉《林語堂在海外》，天津百花文藝出版社，一九九二，頁一三九）中國本土的研究者與『散居中國人』之間存在著的這種文化傳統認同的差異，或許是產生上述『排斥』現象的重要因由。二、中國本土將海外華人文學『摒於中國文學史之外』，未必是主動排斥，更多的恐怕與法權界定有關。因為他們雖然是華僑，從人種上是中國人，但從國籍上已經不是中國人。而且，海外華人以獲得外國身份為榮者不少，將他們的文學核計在『中國文學』內，可能並不是所有的海外華人都樂意」。
㉗收入〔註㉓〕所引書，頁二四三—二六一。
㉘朱耀偉《本土神話：全球化年代的論述生產》，二〇〇二，學生書局，頁一—三六。
㉙《第十一屆歐洲華文作家協會年會特刊》，二〇〇二，瑞士。

第九章　餘論：關於遊的研究及其聯想

《一九九六年龔鵬程學思報告》的專題是「遊的精神文化史論」。對「遊」的探討，其實是我研究中國俠客問題的一個延申。因為遊俠曾被稱為社會的遊民之一，但歷來論俠者，對其「遊」均僅有些情調式的描述，或只概略談到他們在社會邊緣上的遊離性而已；它與遊士及其他各類人之遊有何異同，亦乏深究。故我初擬專論遊俠，以補以往我和其他論俠人士之未備。

原先打算由王船山對俠的批評分析起。但起筆後，縱橫旁涉，遠探遊民之賾、廣辯水土之際，漸漸便成為對整個中國社會的解析，而不僅僅是對遊俠的一種詮釋了。

當時林安梧正主持佛光大學哲研所的籌備工作，提倡對哲學須有「生活世界總體」的了解，所以也安排我講了一次，要我對「遊」這個概念，由生活世界的總體上進行分析。於是我越來越不可能僅從遊俠或遊士這些單一領域或對象，去處理遊的問題；越來越要由整個社會文化的生活面和精神面，來探討「遊」的問題。

其後赴歐洲參加歐洲華人學者會議，討論華人移居海外的文化問題；赴美國參加傅偉勳先生所籌辦的哲學與精神治療會議，都不免由遊的角度發言。所涉遂乃廣及域外，並及於超越界。

因此：由一本專著的角度看，我對遊的討論似乎太龐雜了，體例也不統一。但這是必須的。除了寫作因緣使然以外，我想強調的正是：遊的精神如何體現在中國社會文化的各種層面、各個領域中。

在生活世界中呈現的遊之精神、遊的行為，既在政治經濟及社會政策上產生過重要的作用，也影響到中國人的處世態度與精神動態。所以我必須從政治、社會、文學、藝術、哲學、宗教等各個方面去描述。優遊於各領域各論題之間。寫作本身也即是遊。

這種寫法，就像Udo Tworuschka "Sucher, Pilger, Himmelsstürmar-Reisen im Diesseits und Jenseits"：

第一部分寫追尋之旅。包括樂園之旅，如阿彌陀佛的淨土、伊斯蘭的和平之家；西方的救濟，如「走上彩虹盡頭」、教徒往西部移動、遙遠的海洋彼岸、西班牙之西、烏托邦：尋求救世主，如聖者之王的追求、魔術師之旅。

第二部分講脫逃（**包括出埃及記、王子的離家與回返**）、教主的流浪（**如耶穌、佛陀、老子出關、流浪的教主及其追隨者**）。

第三部分談旅行，包括世俗的旅行、朝聖之旅。

第四部分論內在及超越之旅，如靈魂的流浪、天界旅行、內在超越的舞蹈等等。

第五部分說人生的行旅意象，如把人生比喻為旅程的做法、以旅行為生者、在世界上旅行、在各世界間旅行（**輪迴**）、筏與船：災厄大海之度越。

第六部分則探討「道」，如街道與道的象徵關係、神之道與人之道、佛道、伊斯蘭道、印度教之道、精靈之道、屬道者、道的神祕經驗、歧路、到達救濟之路。

他所談的，僅偏於「遊」的超越面，亦即「遠遊以求道」的部分，但所涉已如此之廣博。日文譯本將其書名改為《遍歷》，甚為妥切。

其書確實是要遍歷諸方，以論人類如何超越土地之束縛、追求真理之樂園。我的研究，則可以視為與他相對舉的一個對論。他所談，偏於遊的超越面，我比之更廣，還包括了遊的現世政經社會面、文化藝術表現面，因此我也只能採取和他類似的寫法。但他想藉著遊的超越性追求，來說明人類精神的共同傾向，我卻較不如此做。我較想達到的，反而是要由遊這個角度來解析中國社會的一些特性、彰顯中華文化中遊的精神。當然，這些精神表現，亦與其他文明有相通之處，因此，我的研究，也應可補足他僅取材於西方社會之不足。

可是我的研究也同樣是不夠的，對於其中每個領域的討論，其實都太簡單。最近日本岩波書店推出的岩波講座《現代社會學》中即有《工作與遊戲社會學》一書，內含〈生活中的遊戲〉、〈個體社學會〉、〈遊戲在近代：認真與不認真〉、〈遊戲空間〉、〈工作場所之變化與設計：在家工作的可能性〉、〈音樂化社會的工作與遊戲〉、〈專業與遊戲之間：電子遊戲〉、〈旅行消費〉、〈展覽：遊戲者之夢〉等等。這些，都是我文中曾經涉及但仍有待開展的。我所論，偏於古代中國，因此無法針對當代休閒遊戲的社會學多所著墨，但遊戲社會學的理路，確實是我也想提倡的。將來若有人能賡此推闡，發展出足以與日本學者相頡頏的論述，自然也可以補充我的不足。

又如我在文中曾經探討過定居社會的身分良賤制，謂定居社會以農民為良民，以商賈遊民為賤民；又曾談過遊娼及女性的遊居狀況。此在日本學界，亦有「非人」及「遊女」之研究。所謂非人，是指日本在中世的身分制中，商工民、藝能民、咒術宗教者、漁撈者、狩獵者，都受到歧視，居於社會下層，獲有差別待遇，故總稱「非人」或「被差別民」。正因為它們被社會所歧視，故男性多不願擔任，女性反而從事此類職事甚多。

在中世紀時，女性旅行流浪之事跡，備載於《今昔物語集》、《御伽草子》之類文獻中者甚多。遊女賣藝、耍傀儡者固然甚為常見，室町時期、江戶時期或鎌倉時期，女性也經常擔任商人，賣炭或賣魚、貝、海藻、麩、蒟蒻、蓮根、酒、餅、鹽、扇等等。另外，則多成為祇園社的神職人員。

凡此巫女、商女、藝妲之類遊女之研究，延申至近代，已成為宗教研究、女性研究及人權問題領域中重要的一部分。我很慚愧，未能展開這些討論，僅粗發其端緒而已。推衍討論的工作，將來我當然會繼續做，但希望能鼓舞更多的人來參加。

以上舉證說明我的研究和日本、歐洲學界某些研究的相關性，另外還有個用意：由於我的性格及為人處事風格，本身就常體現著遊的精神，因此，遊人論遊，自敘其逍遙遊之人生觀，所論不免帶有些個人精神投射的嫌疑。許多對中國文化及社會的解說，也頗與俗說習見不同，例如反對講中國是鄉土文化、批評根土性本土觀之類。

這些意見或論說，可能會被視為自我精神人格的辯護，不具客觀意義。其實，主客觀不是對立的，本吾主觀精神之發顯，上達或符契於客觀實況，乃謂之為實相。正因我個人人格有此特質，所以才能發現一些囿於俗說習見者所不能知不能見的部分，對中國遊的精神做些闡發；而這些討論，不僅在解析中國社會與文化時非常有用，提供了一個迥異於既往的視角與進路；也在許多地方，足以開展比較文化學的討論。把日本和歐洲學界一些類似的研究拿來看看，大家一定就能明白這個道理了。

或許，我們也不必遠引外邦事例，自己周遭一些現象，就能輔助說明我的研究在比較文化學上的意義了。

一九九七年五月十七日，我們佛光大學民族文化學系所籌備處和台原文化基金會，承辦了一個「鄒族布農族社區與文化發展」研討會，南投信義鄉久美村的久美國小校長馬彼得報告了該地布農族的歷史與發展。

據他說，久美的布農族共分卓、郡、巒、丹四個社群，其中卓社群七五戶，四七二人。郡社群三四戶，一六七人。巒丹二社各二戶，居外圍地區。從活動領域來看，卓社群多在老聚落，郡社群則較富開拓性，該族甚至分布廣及花蓮、台東、高雄，不像卓社群只聚居在南投仁愛信義一帶。

從歷史事件看，過去參與抗日的，也只有郡社群。經濟活動方面，卓社群只從事傳統農作，且只在原有土地上；郡社群則不怕借貸，擅長以向銀行、農會借貸來開發農事活動，也常開發新的土地。

在氏族關係上，布農族乃氏族社會，但卓社群的氏族凝聚力並不強，久美與仁愛鄉之間，雖氏族甚近，卻少往來，住在久美本地的人也一樣。慶典分豬肉時，也未必全體參與。郡社群則正好相反，氏族極為凝聚，上下尊卑觀念很強，也定期召開氏族會議。由於郡社群內聚力既強，對外又具積極開拓性，所以其總人數雖遠少於卓社群，但在社會政治宗教活動各方面，反而都占主導地位。例如在教會中或社會上較具領導份量者，多屬郡社群，包括語言也是如此。布農族各社群間語言略有差異，各社群平時自有其語言，但以郡社群之語言為其共通語。該地同居之鄒族人，若說布農語，說的也是郡社群的話。在教育方面，郡社群大專程度以上的人，也比卓社群要多一倍以上。

在這種民族內部族群不同的比較中，我認為最有趣的地方，在於可以從側面說明漢族擴張的原因。

在早期漢族與其他各少數民族並存競爭的過程中，為什麼可以以區區一族而逐漸形成語言、宗教、社會、經濟上的優勢呢？會不會也和郡社群一樣，是因為它具有較為積極、進取、開放的性格？在很早的時期，漢人就深入各地民族地區，其後不斷移民、拓荒、開發，才使得其他民族漸漸變成少數民族，居地漸漸退到山區。包括台灣都是如此。

假如這種漢族擴張史的民族精神性格分析可以成立，那麼同屬氏族社會的布農族就更值得研究了

漢族的氏族宗族社會，過去曾被認為是造成國民性保守封閉的重要原因。費孝通式的鄉土中國論，把宗族和農耕定居社會聯貫起來，認為血緣和土地結合，使得中國成為一個安土重遷的社會。但在布農族裡，宗族凝聚力強的郡社群反而較具活動力，並不死守在老聚落裡，且更具有開放進取之精神，正足以說明以往對宗族的印象是偏頗的。

我對中國社會裡各種流動的狀況，包括民族、階層、類屬、性別等之流動，所做的分析，在許多地方，是可以和上述研究相聯結，而顛覆舊有之印象與解釋系統的。與少數民族研究間，也可以展開比較文化的對話。

舉此示例，或有助於理解。其餘待讀者自悟之，寫作者不能代替讀者去思考也。

龔鵬程學・思・俠・遊特輯

吟遊問俠之 吟遊——遊的精神文化史論

作者： 龔鵬程
發行人：陳曉林
出版所：風雲時代出版股份有限公司
地址：10576台北市民生東路五段178號7樓之3
電話：(02) 2756-0949
傳真：(02) 2765-3799
執行主編：劉宇青
美術設計：吳宗潔
行銷企劃：林安莉
業務總監：張瑋鳳

初版日期：2023年3月
版權授權：龔鵬程
ISBN：978-626-7025-46-8

風雲書網：http://www.eastbooks.com.tw
官方部落格：http://eastbooks.pixnet.net/blog
Facebook：http://www.facebook.com/h7560949
E-mail：h7560949@ms15.hinet.net
劃撥帳號：12043291
戶名：風雲時代出版股份有限公司

風雲發行所：33373桃園市龜山區公西村2鄰復興街304巷96號
電話：(03) 318-1378
傳真：(03) 318-1378
法律顧問：永然法律事務所 李永然律師
北辰著作權事務所 蕭雄淋律師

行政院新聞局局版台業字第3595號 營利事業統一編號22759935

定價：500元

國家圖書館出版品預行編目資料

龔鵬程學.思.俠.遊特輯：4.遊的精神文化史論 / 龔鵬程著. -- 臺北市：風雲時代出版股份有限公司, 2022.01面；　公分

ISBN 978-626-7025-46-8（平裝）

1.CST: 龔鵬程 2.CST: 學術思想 3.CST: 中國哲學

128.99　　110020380